아르케
북스

228

글쓴이　신종원(한국학중앙연구원 명예교수)
　　　　　서영대(인하대학교 사학과 명예교수)
　　　　　나희라(경상국립대학교 사학과 교수)
　　　　　김도현(고려대학교 외래교수)
　　　　　정연학(국립민속박물관 학예연구관)

민속원 아르케북스 228　minsokwon archebooks

추석秋夕　　無加無減似嘉俳
더도 말고 덜도 말고 한가위만 같아라

| 신종원 서영대 나희라 김도현 정연학 |

민 속 원

발간사

　올해는 한중수교 30년, 동북공정 20년이 되는 해다. 수교修交는 나라와 나라끼리 사귐을 뜻하는데 과연 우호적으로 잘 지내는지 의심스럽다. 공정工程이란 프로젝트 즉 과업이다. 중국 동북지역은 우리의 역대 북방 왕조의 터전인데 10년 사귀는 사이 상대편의 역사를 자기네 중국사로 편입시키겠다는 야망을 세웠다. 현재 그들의 국경 안에서 이루어진 모든 역사는 중국사라는 관점이다.

　2001년 북한이 고구려 무덤떼를 세계문화유산에 신청하자 중국은 새로운 주장 및 공작을 하여 2004년 7월 1일 유네스코는 조선민주주의인민공화국과 중화인민공화국에서 동시에 신청한 고구려 유적을 세계문화유산 목록에 등재하였다. '역사'는 과거이지만 그 유산/자취는 문화로서 '현재'다. 그들은 현재를 깨우쳐서 과거를 찾겠다고 한다. 수교가 표방하는 상호이익[互惠]에 적지 않은 상처를 입었다. 2004년 5월 한국이 강릉단오제를 유네스코무형문화유산으로 신청하자 중국의 정치가·언론·시민들은 다함께 한국이 단오를 훔쳐갔다고 격분한 적도 있었다.

　1996년 중국 학자 슝페이熊飛는 〈중추절 기원의 문화사고〉라는 논문을 발표했다. 그는 일본승 엔닌圓仁의 『입당구법순례행기』에 보이는 신라 유민들의 추석 기사를 인용하여, 당나라 중기 이래 중국 시문詩文에 '8월 15일'이 등장하는 것은 신라의 영향이라고 주장했다. 이를 반박하는 논문이 연이어 나왔고, 강릉단오제가 세계문화유산에 등재되자 추석에 대한 애착은 더욱 컸다. 중국은 추석이 자신들의 유구한 고유 전통이라 하면서 유네스코 등재를 목표로 일련의 법령을 공표했다. 그들 국무원國務院은 2006년 5월에 중추절을 「국가급 무형문화유산」으로 등록하고, 2008년에는 「전국명절과 기념일 휴가 방안」을 통과시켜 중추절을 법정 공휴일로 지정했다. 우리는 다시 '문화 전쟁'을 앞두고 있다.

중국 정사正史 『수서隋書』(636) 이래 역대 동이전東夷傳에서 신라의 '八月 十五日'을 기록해둔 까닭은 자신들 나라에 없는 풍정風情이기 때문이다. 특히 『구당서舊唐書』(10세기)는 '또 8월 15일을 중히 여겨'라고 하여 연희와 무술경연을 베풀었다고 썼다. 일본승 엔닌은 신라 유민들의 '八月十五日之節'을 본 뒤 "이 명절은 다른 나라에는 아직 없으며 오직 신라에만 있다."고 했다. 현대 일본인 학자들도 옛 고승의 결론에 하나같이 공감하고 있다. 일 천 몇 백 년 뒤의 연구자들이 어떤 논리로 금석같이 공고한 사실을 뒤집고 있는지 불가사의한 일이다.

자신自身의 일은 남이 더 잘 알고 관심도 가진다. 추석에 대해 이렇다 할 국내 연구가 적은 것도 현재 우리들이 보고 즐기는 명절이기 때문이다. 그런데 '문화 전쟁'이

도발되고 있으니 진실을 밝히지 않으면 안 된다. 학자들 가운데는 중국인들의 연구 경향이나 시각을 고스란히 받아들여 국내에서 재생산하는 이도 없지 않으나 같은 길을 가는 동학同學으로서 이견異見과 논의는 많을수록 좋다.

우리 공동연구자는 주제를 나누어 자료를 공유하고, 몇 번씩 모여 토론한 뒤 2021년에 학술대회를 개최한 바 있다. 당시 원고를 보완하고 필자 한 분을 추가하여 비로소 추석 주제의 단행본을 간행하게 되었다.

독자들의 이해를 돕기 위해 개별 논문에 대한 개요를 소개해둔다.

첫 번째 글은 서영대의 〈추석 연원에 관한 연구사 검토〉다. 이 글은 추석의 유래에 대한 국내외의 연구사를 쟁점 중심으로 살펴본 것으로, 모두 5장과 보론補論으로 구성되어 있다. 먼저 1장에서는 연구사 검토의 필요성을 제시했다. 2장에서는 추석의 성립 시기에 대한 논의를 관련 사료 검토를 통해 살펴보았다. 그 결과 추석이 신라시대에 이미 세시풍속으로 자리 잡았음을 확인할 수 있지만, 신라의 전승기원설이나 적마績麻 시합 기원설은 그대로 믿기 어렵다고 했다. 3장에서는 중국학계를 중심으로 전개된 중국 중추절이 신라의 추석에서 기원했다는 논란에 대해 살펴보았고, 이를 토대로 신라기원설의 옳고 그름을 따지기 이전에, 먼저 한국과 중국 각각의 중추절에 대한 심층적 이해를 도모하는 것이 올바른 연구 방향임을 지적했다. 4장에서는 추석의 농경적 기반이 밭농사인지 벼농사인지에 대한 논란을 주로 일본학계를 중심으로 살펴보았다. 이러한 지적은 추석을 도작문화와 관련해서만 논의되어왔던 기존의 연구 방법에 반성을 촉구했다는 의미가 있다. 5장에서는 이상과 같은 연구사 검토를 바탕으로 추석의 유래 문제 해명을 위한 연구 방향을 제시하였다. 마지막으로 보론補論에서는 신라인의 추석 명절 음식으로 알려진 박탁의 재료가 전작물田作物임을 언급함으로써, 추석의 농경문화적 기반을 논의하는 데 방증자료가 될 수 있도록 했다.

이러한 연구사 검토는 지금까지 추석에 대해 어떤 문제들이 제기되고 논의되었으며, 해결된 점과 앞으로 해결해야 할 과제들이 무엇인지를 점검해 본다는 점에서 의미가 있다. 그러나 추석과 관련되는 문제가 다양함에도 불구하고 유래 문제에 한정하여 연구사를 살펴보았다는 점에서 아쉬움이 있다. 이를 계기로 추석의 다양한 측면에 대한 연구 성과들이 폭넓게 검토되기를 기대한다.

두 번째 글은 신종원이 쓴 〈신라의 추석〉이다. 신라의 개국 연대와 거의 동시에 추석=가배의 의례나 놀이에 대한 자세한 기술이 『삼국사기』에 실렸다. 동아시아 한자문화권에서 이 정도의 '기억=기록'은 유래가 없다. 같은 책에서는 추석 명절에 일어난 에피소드가 몇 건이나 실려 있는데 그 풍속이나 관념이 근현대의 그것과 별다른 차이가 없음이 놀랍다. 이러한 추석의 시원始源과 레퍼토리에 대해서는 이웃나라 중국의 역사책이나 일본 승려의 견문에도 남아 있는데 모두 신라 사람들의 고유한 전통이자 볼거리임을 강조하고 있다. 그럼에도 현대에 와서 일부 연구자의 몰이해沒理解나 국가차원의 '욕심' 때문에 신라 추석이 왜곡되어가는 과정을 되돌아보고, 목적이 앞서는 연구의 폐해가 어떠한지를 보여주는 글이다.

세 번째 글은 나희라의 〈고려시대의 추석〉이다. 이 글은 한 사회의 문화 전통이 어떻게 형성되고 전승되어왔는가를 이해하는 데 세시풍속이 중요한 문제를 제공한다는 입장에서 출발하여, 그간의 세시풍속 연구에서 주목받지 못했던 역사적 관점을 견지함으로써 세시풍속을 구성해온 문화 요소들이 어떻게 전승되었는가를 살펴본 것이다. 특히 고려시대 추석 관련 기록들을 검토하여 고려시대 추석의 내용과 그것이 이전 시대와 이후 시대의 추석을 어떻게 잇고 있는가를 설명했다. 그 결과 고려시대 추석을 다음과 같이 이해할 수 있다고 정리했다. 신라시대의 추석 명칭인 '가배'가 고려 때도 계속해서 사용된 만큼 고려시대 추석에서 이전 시대의 추석 의례와 놀이의 흔적을 찾아볼 수 있다. 고려시대에도 보름날은 선조의 영혼과 소통할 수 있는 특별한 날로 생각되어 추석에 많은 사람이 조상을 제사하고 성묘하였다. 또 특별한 시간인 보름을 기념하기 위해 사람들이 모여 잔치를 벌이고 서로 선물을 주고받았다. 한편 풍요를 기원하는 주술적 편싸움과 성행위 요소를 포함하는 고대 이래 보름 행사의 흔적을 고려시대 추석 행사에서도 찾아볼 수 있다. 이러한 놀이 요소는 조선시대 이래 근대 민속의 보름 행사에서도 흔히 볼 수 있는 것이다. 이렇게 볼 때 고려시대의 추석은 고대 이래의 보름에 대한 인식과 그것을 기념하는 행위의 전통을 간직하고 이를 후대로 계승시키는 위치에 있었다는 취지다.

네 번째 글은 김도현의 〈조선~일제강점기의 추석〉이다. 이 글은 세시풍속으로서의 추석이 지닌 성격과 변동 양상을 파악하기 위해 조선~일제강점기에 간행된 『조선왕조실록』을 비롯하여 각종 문집·세시기·언론 기사·『조선의 향토오락』 등에 실린 내용을 중심으로 의례·음식·놀이·완월玩月·점복과 속신·모임으로 구분하여 살펴보았다.

한국을 대표하는 보름 명절 중 하나인 추석은 그간 무탈하게 농사를 마무리하여 추수를 하게 되었음을 조상에게 그 감사드리면서, 한편으로는 마을 내 친족, 동류의 집단들을 중심으로 즐기는 명절이다. 이 과정에서 햇곡식으로 빚은 송편을 비롯하여 신청주, 토란국, 콩떡, 닭찜 등을 준비하였다. 그리고 달맞이를 비롯하여 뱃놀이, 잡희 등을 즐겼으며, 씨름·강강수월래·줄다리기 등 다양한 놀이를 하였다. 아울러 한해 농사를 마무리 하는 시기로서, 또 이듬해의 풍농을 기원한다는 측면에서 큰 의미가 있음을 알 수 있었다.

다섯 번째 글은 정연학의 〈한국 추석과 중국 중추절의 풍속 비교 고찰〉이다. 이 글은 한국과 중국 추석의 공통점과 차이점을 살펴본 글이다. 한국과 중국의 절기와 명절은 명칭이 동일하고 유사한 풍속도 많은데, 중국인들은 한국의 절기와 명절이 자신들이 원조국임을 자부한다. 그런 상황에서 추석의 경우, 중국 일부 학자들이 한국 기원설을 주장하는 것은 놀라운 일이며, 실제로 추석과 관련된 풍속은 한국이 중국보다 다양하며 잘 전승되고 있다. 한국과 중국 추석의 공통점은 보름달에 대한 의미 부여와 달구경과 음주·가무, 가족 모임, 근친, 달밤 놀이, 절기 음식 등을 즐겼다는 점이고, 차이점은 한국은 차례와 성묘를 중국은 달 감상과 달 제사를 중시하였다는 점이다. 상호관련성과 관련해서는 추석 명칭, 달 관련 신화와 전설 등을 들 수 있다.

현재 한국과 중국 모두 설, 단오, 한식 추석을 4대 명절로 여기고 있다. 여기에 추석의 인식에 대한 강도는 큰 차이를 보이는데, 법정 휴일만 보더라도 한국은 3일,

중국은 1일이다. 심지어 중국 중추절의 1일 휴일은 2008년부터 시작되었으며, 그 이전에는 가족끼리 월병 먹는 것이 전부였다. 또한 한국의 추석 연휴에는 설과 마찬가지로 고향과 부모를 찾아가는 귀성 행렬로 대이동이 이루어지고, 고속도로 교통 체증은 일반적인 현상이나, 중국 중추절은 춘절과 달리 귀성 행렬이 없다. 여기에는 짧은 연휴 기간 탓도 있겠지만, 중추절 조상 차례나 성묘와 같은 풍속이 없기 때문이다.

  중국학자들은 자국의 민속문화 전승의 실패를 자책하면서 '중국 역사 문헌에 기록된 풍속이 한국에는 여전히 전승되고 있다'라고 종종 말을 하곤 한다. 따라서 두 나라 추석에 대한 공동연구가 절실하게 필요한 시점에 이르게 된 것이고, 이 글은 그런 취지에서 작성한 것이다.

  해를 넘기며 이어온 연구에도 끝까지 함께 한 공동연구자들께 고마움을 전한다. 끝으로 출판을 허락한 민속원 홍종화 사장의 안목과 마음씀에도 감사를 드린다.

2023년 추석을 앞두고
글쓴이들을 대표하여 　신종원 씀

차례

발간사 • 4

서영대 추석의 연원에 관한
연구사 검토
─── 012

1. 머리말 ·· 14
2. 추석의 성립 시기에 관한 논의 ···································· 16
3. 신라의 추석과 중국의 중추절의 관련성 논의 ············ 24
4. 추석의 농경적 기반에 대한 논의 ································ 38
5. 연구 방향의 모색 – 맺음말을 대신하여 ····················· 52
〈補論〉 재당 신라인의 추석 명절음식 '餺飥(餺飩)' ········ 62

신종원 신라의
추석
─── 098

1. 머리말 ·· 100
2. 연구사 정리 ··· 101
3. 신라의 추석 풍속 ·· 109
4. 고대 중국의 8월 민속과 그들이 본 신라의 추석 ······· 117
5. 일본승 엔닌(圓仁)이 본 당나라 신라 유민들의 추석 ·· 120
6. 맺음말 ·· 127

나희라   **고려시대의
추석**
── **130**

1. 머리말 ·· 132
2. 조상의 추모와 제사 ·· 136
3. 달 감상과 잔치 ··· 143
4. 보름 의례와 놀이 ··· 151
5. 맺음말 ··· 160

김도현   **조선~일제강점기의
추석**
── **168**

1. 머리말 ·· 170
2. 조선시대의 추석 ·· 171
3. 일제강점기의 추석 ·· 189
4. 추석 풍속의 전승 양상 ··· 198
5. 추석이 지닌 성격 ··· 212
6. 맺음말 ··· 217

정연학   **한국 추석과 중국 중추절
풍속 비교 고찰**
── **220**

1. 머리말 ·· 222
2. 추석과 중추절의 기원 ··· 224
3. 추석과 중추절의 풍속 ··· 233
4. 맺음말 ··· 268

참고문헌 • 277
찾아보기 • 291

추석의 연원에 관한 연구사 검토

서영대

1. 머리말
2. 추석의 성립 시기에 관한 논의
3. 신라의 추석과 중국의 중추절의 관련성 논의
4. 추석의 농경적 기반에 대한 논의
5. 연구 방향의 모색 – 맺음말을 대신하여
〈補論〉재당 신라인의 추석 명절음식 '餺飥(餺飩)'

서영대

추석의 연원에 관한 연구사 검토

1. 머리말

세시풍속은 생활주기에 공통성을 부여하여 사회구성원들의 일체감을 조성한다는 점에서 사회적·문화적 의미가 크다. 그중에서도 추석은 과거에도 한국의 대표적인 명절로 여겨져 왔을 뿐만 아니라,[1] 지금까지도 마찬가지이다. 그럼에도 불구하고 추석을 집중적으로 다룬 연구는 손에 꼽을 정도이며,[2] 이로 말미암아 추석에 대한 이해는 아직까지 충분하다고는 할 수 없다.

추석의 이해를 위해서는 우선 밝혀져야 할 문제가 무엇인지부터 검토할 필요가 있다.

---

1) 『洌陽歲時記』「八月 中秋」; 中秋又稱佳節 故民間最重是日.
   『東國歲時記』「八月 秋夕」; 十五日 東俗稱秋夕 又曰嘉俳 肇自羅俗 鄕里田家 爲一年最重之名節.
2) 근래에 와서 다음과 같은 연구들이 제시되었는데, 이러한 사실은 추석 연구의 활성화를 위해 대단히 고무적인 사실이다.
   윤성재, 2013, 「신라 嘉排와 여성 축제」, 『역사와 현실』 83, 한국역사연구회; 김인희, 2014, 「적산 법화원의 8월 15일 명절 연구」, 『동아시아고대학』 34, 동아시아고대학회; 백동인, 2019, 「新羅 嘉俳의 정치성」, 『한국고대사탐구』 32, 한국고대사탐구학회.

문제없이는 해답도 나올 수 없기 때문이다. 추석 관련 중요 문제로는 추석의 변천이나 실상 등이 있지만, 추석의 유래도 궁금한 문제이다. 추석이 언제·어디서·어떤 배경과 필요성에서 비롯되었는지 등에 대한 문제이다.

다행히 추석의 유래에 대해서는 기왕에 다소간 논의가 있었고, 이러한 과정에서 연구자 간의 견해의 차이가 드러나기도 했다. 그러므로 이러한 견해차를 해소하고 보다 타당한 이해에 도달하기 위해서는 추석의 유래에 대한 연구사를 살펴보는 것도 하나의 방법이 될 수 있다. 그것은 지금까지 제기된 문제에는 어떤 것이 있으며, 또 그것이 어떻게 논의되어 왔는지를 살펴봄으로써, 현재 연구가 어디까지 왔는지를 파악할 수 있기 때문이다. 또 지금까지 연구의 문제점과 한계를 점검해봄으로써, 향후의 올바른 연구의 방향도 모색할 수 있기 때문이다. 이러한 의미에서 여기서는 추석의 유래에 대한 연구사를 정리해 보고자 한다.

추석의 유래에 관한 연구사 검토를 위해서는 동아시아적 시각이 필요하다. 음력 8월 15일은 한국 뿐만 아니라 중국과 일본에서도 중요한 명절이기 때문이다. 물론 같은 8월 15일이라 하더라도 나라에 따라 차이는 있다. 예컨대 나라마다 고유한 명칭이 있다. 한국의 고유 명칭으로 추석과 한가위가 있다면,[3] 중국은 중추절中秋節·배월절拜月節·단원절團圓節 등이 있고,[4] 일본은 십오야十五夜·우명芋名(明)월月 등이 있다.[5] 뿐만 아니라 세시풍속의 내용에도 차이가 있다. 그러나 한·중·일은 같은 동아시아문화권으로 상호간의 관계가 밀접했기 때문에, 설령 나라마다 고유한 명칭과 독특한 풍습이 있다 하더라도 8월 15일 풍속에도 공통점과 접점이 있다. 예컨대 8월 15일이란 날짜도 중국의 역법이란

---

[3] 추석이란 명칭은 고려시대에는 있었던 것이 확실하지만, 이전부터 이미 사용되었을 가능성이 있다. 『삼국사기』 권 32, 「樂志」에 신라 하대 초의 인물인 玉寶高가 만든 30曲 중에 '秋夕曲'이 있다고 전하기 때문이다. 그러나 이 경우 추석은 단순히 '가을 저녁'을 가리킬 가능성도 있다.

[4] 이밖에도 仲秋節, 月夕, 秋節, 八月節, 八月半, 八月十五, 月亮節, 秋月節團, 玩月節, 拜月節, 女兒節, 果子節, 南瓜節, 后生節, 團圓節 등이 있다(蕭放, 2006, 「中秋節俗的歷史流傳及當代意義」, 『節日文化論文集』(中國民俗學會·北京博物館 編), 學苑出版社, 65쪽; 黃濤, 2006, 『中秋節』, 中國社會出版社, 2~3쪽; 王穎, 2007, 『中秋節』, 中國書店, 1쪽). 그러나 이 글에서는 중국의 경우 中秋節로 통일하였다.

[5] 이 밖에도 名月(メイグニチ), 稻草祭(イネグサマツリ), 莎草홉치기(スゲボウズ) 등이 있다(柳田國男 編, 1939, 『歲時習俗語彙』, 民間傳承의 會, 560쪽). 그러나 이 글에서는 일본의 경우는 十五夜로 통일하였다.

공통적 기반 없이는 생각하기 어렵다. 따라서 추석 유래는 물론 이에 대한 연구사 검토에서도 중국과 일본의 그것과 비교하여 관계를 구명하고, 그들의 연구성과를 적극적으로 참고할 필요가 있다는 것이다.

연구사 검토는 가성비가 낮은 작업이다. 놓쳐버린 연구성과들이 있을 수 있고 논지와 결론을 잘못 파악할 위험도 있다. 뿐만 아니라 뚜렷한 결론을 도출할 수 없다는 점도 한계이다. 이런 점에서는 이 글 역시 예외일 수 없다. 그러나 향후 추석 관련 토론을 촉진하고 연구의 발전을 위한 토대가 마련한다는 의미에서 추석의 유래에 관한 연구사 검토를 시도하고자 한다.[6]

2. 추석의 성립 시기에 관한 논의

추석과 관련하여 우선 제기되는 것은 성립 시기의 문제이다. 이 문제는 관련 사료의 검토를 통해 어느 정도 추론이 가능하다. 그래서 여기서는 관련 사료에서 이 문제가 어떻게 언급되고 있는지를 살펴보고자 한다. 관련 사료의 검토는 해당 사료의 제작 시기 순으로 진행하고자 한다.

추석을 언급한 가장 오래된 문헌은 중국 사료인『수서隋書』(636년)[7]와『북사北史』(659년)의「신라전」으로, "8월 15일에는 음악을 베풀었고 관인들에게 활을 쏘게 하여 상으로 말과 포布를 주었다"란 기록이 그것이다.[8]『수서』와『북사』는 신라가 건재하던 시기에

---

6) 한국에서는 세시풍속이란 용어가 널리 유통되고 있으나, 중국에서는 節日, 일본에서는 年中行事라는 말이 많이 사용되는 것 같다. 이하에서도 중국의 세시풍속을 언급할 때는 절일, 일본의 그것을 언급할 때는 연중행사라는 용어를 사용한 것도 이러한 이유 때문이다. 한국에서 세시풍속이란 용어가 사용된 가장 오래된 자료는 현재까지 확인된 바로 柳得恭(1749~1807)의『古芸堂筆記』권 5,「歲時風俗」조이다.
7) 『隋書』85권이 모두 완성된 것은 656년이지만, 본기 5권과「신라전」이 포함된 열전 30권이 완성된 것은 636년(貞觀 10)이다.
8) 『隋書』권 81,「신라전」; 至八月十五日 設樂 令官人射 賞以馬布.
『北史』권 94,「신라전」; 八月十五日 設樂 令官人射 賞以馬布.
비슷한 기록은『舊唐書』권 199上,「신라전」(又重八月十五日 設樂飲宴 賽群臣射其庭)과『新唐書』권 220,

편찬된 동시대 사료인 만큼, 이를 통해 신라에서는 7세기에 이미 8월 15일을 특별한 날로 여겼음을 확인할 수 있다.

뿐만 아니라 중국 수당대隋唐代의 사례射禮는 주로 3월 3일과 9월 9일에 열렸고, 8월 15일의 거행된 예가 없으며 황제가 직접 활을 쏘기도 한 데 반해, 신라의 사례는 날짜는 물론 왕이 직접 활을 쏘지 않은 점에서도[9] 이러한 사료는 8월 15일의 행사가 중국의 영향이 아니라 신라의 독자적인 것임을 보여주는 것이라 할 수 있다.

그러나 사료의 성격상 어쩔 수 없다고 하더라도 『수서』와 『북사』는 기록이 너무 간단하여 여러 가지 아쉬움이 남는다. 예컨대 8월 15일이 지배층의 행사에 그치지 않고 신라 구성원 상하가 함께하는 풍속이었는지, 또 8월 15일의 고유한 명칭은 없었는지 등이 의문이다. 세시풍속의 조건으로는 ①주기성(일정한 때가 되면 반복), ②사회성(사회 상하의 광범위한 참여), ③풍속성(다양한 활동과 음식), ④고유한 명칭이 있다. 그렇다고 할 때 이들 사료에는 고유 명칭의 존재 여부나 관인 이외 계층의 참여 여부에 대한 언급이 없어,[10] 8월 15일이 과연 신라의 세시풍속이었는지를 판단하기 어렵게 한다. 뿐만 아니라 이들 사료에는 추석이 어떻게 해서 시작되었는지에 대한 설명도 없다.

이와 달리 추석의 유래를 언급한 사료도 두 가지가 전하는데, 『삼국사기』와 일본 승려 엔닌圓仁(794~864)의 『입당구법순례행기入唐求法巡禮行記』가 그것이다. 이 중 저작 시기가 빠른 『입당구법순례행기』부터 살펴보면, 관련 기록은 다음과 같다.

「신라전」(八月望日 大宴賚 官吏射)에도 있다.
9) 大日方克己, 1993, 「射禮·賭弓·宮場始」, 『古代國家と年中行事』, 吉川弘文館, 33~36쪽.
한편 통일신라시대의 경우, 『삼국사기』에서 문무왕 17년(677) 3월, 성덕왕 30년(731) 9월, 흥덕왕 9년(834) 9월, 헌강왕 5년(879) 10월의 射禮 기사가 확인된다. 이때도 왕이 觀射했다고만 하여 중국과 다른 면을 보이지만, 헌강왕 5년의 예를 제외하고 날짜는 중국의 그것에 접근하는 면이 보인다.
10) 『수서』와 『북사』에서 8월 15일이라고만 한 것은 당시까지 세시풍속으로서의 고유 명칭이 없었기 때문일 수도 있고, 추석이나 嘉俳 같은 고유 명칭이 있었지만 중국인의 입장에서는 자신들에게 생소한 명절명 보다 8월 15일이라 하는 것이 의미 전달을 더 확실히 할 수 있다고 여겨 그것을 생략했을 수도 있다.

○ 開成 4년(839, 문성왕 1, 仁明天皇 承和 6) 8월 15일, 寺家에서는 餺飥[11]·餅食 등을 차려놓고 8월 15일의 명절을 지낸다. 이 명절은 다른 여러 나라에서는 없고, 신라에만 있는 것이다. 老僧이 말하기를, "신라국이 예전에 발해와 서로 싸울 때, 이 날에 승리를 거두었다. 그래서 풍악을 울리고 기뻐 춤을 추었는데, (이 풍습이) 오랫동안 이어져 그치지 않았다. 갖가지 음식을 차려놓고 음식·가무·管絃을 베풀고 3일을 쉬었다. 지금 이 山院(=赤山法華院)도 본국을 추모해서 오늘 절일을 지내는 것이다. 발해는 신라에 의해 토벌되어 겨우 1,000여 명이 북쪽으로 도망갔고, 그 후 물러가서 옛 땅에 의거하여 나라를 만들었으니, 오늘날 발해국이라 부르는 것이 그것이다"라고 했다.(『入唐求法巡禮行記』 권 2)[12]

이 기사는 838년(개성 3) 엔닌圓仁이 견당사를 따라 당으로 건너갔지만, 입당 목적인 천태산天台山 구법이 좌절되고(개성 4년 2월 24일) 견당사 일행과도 헤어지는 바람에 귀국마저 불가능해지자 등주登州 문등현文登縣 청녕현淸寧縣 적산포赤山浦에 도착(6월 7일), 이후 7개월간 신라 교민들의 사찰인 적산 법화원(현 산동성 영성시榮成市 석도진石島鎭 석도산石島山)에 머무는 동안, 839년 8월 15일에 보고 들은 내용을 기록한 것이다. 이에 의하면 8월 15일은 다른 나라에는 없고 신라에만 있는 독특한 명절인데, 재당신라인의 8월 15일도 이러한 본국의 풍습을 따른 것이라 한다. 그리고 이것이 3일간 이어지는 축제적 명절이 된 것은 신라가 발해와 싸워 이긴 날이기 때문이라고 했다.

추석의 유래가 신라의 발해에 대한 전승기념일이란 것인데, 여기에는 납득하기 어려운 점이 있다. 지금까지 알려진 바로는 신라가 발해와 싸워 매년 3일간이나 전승을 기념할 만큼의 큰 승리를 거둔 사실이 확인되지 않기 때문이다. 이에 대해 733년(성덕왕 32)[13]

---

11) 餺飥을 餺飩으로 판독하기도 한다. 이 문제에 대해서는 이 글의 후반에 첨부한 「보론」 참조.
12) "開成四年八月十五日, 寺家設餺飥(飩)餅食等 作八月十五日之節. 斯節諸國未有 唯新羅國獨有此節. 老僧等語云 新羅國昔與渤海相戰之時 以是日得勝矣. 仍作節樂而喜儛 永代相續不息 設百種飮食歌儛管絃 以晝續夜 三箇日便休. 今此山院追慕鄕國 今日作節 其渤海爲新羅罰 纔有一千人向北逃去 向後却來 依舊爲國 今喚渤海國者是也."
13) 이것은 발해의 登州 공격에 대해 당은 직접 군사를 동원하여 대처하는 한편 신라로 하여금 발해 南境을

신라가 당의 요청에 따라 발해의 남쪽 국경을 공격한 사실로 이를 설명하려는 입장이 있다.[14] 그러나 이 싸움에서 신라군은 큰 눈을 만난 데다가 산길마저 험하고 좁아 사졸의 반 이상이 죽어 아무런 공도 세우지 못하고 돌아왔다고 한다.[15] 따라서 이 전투는 신라의 승리도 아닐뿐더러 시기도 8월이 아닌 겨울이므로, 신라에 이 전투를 기념하는 명절이 있었다는 설명은 납득하기 어렵다.[16] 더구나 신라의 8월 15일에 대해서는 발해 건국 이전에 편찬된 『수서』와 『북사』에 이미 언급이 보이므로, 발해와의 전승기념일에서 유래했다는 기록의 타당성은 담보될 수 없다.

그래서 이 기사의 발해를 고구려로 바꾸어 이해하려는 견해들도 있다. 다시 말해 신라가 고구려를 멸망시킨 날이란 주장이다.[17] 발해가 고구려의 계승국이란 점을 고려하면 수긍되는 바도 없지 않으나, 여기에도 의문점이 있다.

고구려의 멸망일에 대해서는 네 가지 기록이 있다. 첫째 668년(總章 원년) 9월 계사일(12일),[18] 둘째 668년 9월 14일,[19] 셋째 668년 9월 21일,[20] 넷째 668년 11월[21]이 그것이다.

공격하도록 한 사건인데, 이에 대해『구당서』권 199하,「北狄 渤海靺鞨」에서는 732년(開元 20) 사실이라 한 데 비해,『삼국사기』권 8, 성덕왕 31년조 및 권 43,「김유신(하)」金允中 관련 기사에서는 733년의 사실이라 하여, 1년의 차이를 보이고 있다.

14) 石井正敏, 2001,「朝鮮における渤海觀」,『日本渤海關係史の硏究』, 吉川弘文館, 205쪽의 주 18에 의하면, 志田不動麿·足立喜六 등의 견해라고 한다.
15) 『舊唐書』199下,「北狄, 渤海靺鞨」(開元)二十年(732), 武藝遣其將張文休 率海賊攻 登州刺史韋俊 詔遣門藝 往幽州徵兵以討之 仍令太僕員外卿金思蘭往新羅發兵 以攻其南境 屬山阻寒凍 雪深丈餘 兵士死者過半 竟無功而還.
『삼국사기』권 8,「신라본기」8, 聖德王三十二年(733) 秋七月 唐玄宗 以渤海靺鞨越海入寇登州 遣太僕員外卿金思蘭歸國 仍加授王 爲開府儀同三司寧海軍使 發兵擊靺鞨南鄙 會大雪丈餘 山路阻隘 士卒死者過半 無功而還.
16) 이러한 모순을 해결하기 위해 "圓仁에게 8월 15일 명절의 유래를 전한 신라 승려의 뇌리에는 승패를 떠나 발해와 싸웠다는 의식만이 존재했기 때문"이란 설명(石井正敏, 위의 논문, 205쪽), "100여 년도 전의, 그것도 실제로는 패배를 맛본 전쟁을 승리로 둔갑시켜 기념한 배경에는 발해와의 전쟁이 신라인에게 강한 인상을 남겼고, 또 신라가 발해보다 우월하고 적개심을 계속 가지고 있음을 시사"한다는 설명(酒寄雅志, 2001,「唐帝國と東アジア」,『渤海と古代の日本』, 校倉書房, 109쪽)도 있으나, 다소 무리가 아닌가 한다.
17) 小野勝年, 1966,『入唐求法巡禮行記の硏究』2, 鈴木學術財團, 94쪽.
三品彰英, 1974,『新羅花郎の硏究』, 平凡社, 130쪽.
E. O. Reischauer(조성을 역), 1991,『중국 중세사회로의 여행』, 한울, 278쪽.
김인희, 2014,「적산 법화원의 8월 15일 명절 연구」,『동아시아고대학』34, 동아시아고대학회, 339~342쪽.
18) 『舊唐書』권 5,「本紀」5 고종 總章 元年九月癸巳, 司空英國公勣破高麗 拔平壤城.
『新唐書』3,「本紀」3, 고종 總章元年九月癸巳 李勣敗高麗王高臧執之.

여기서 기록 간의 상위를 따질 여유는 없지만, 어느 설을 따르든 8월 15일이 아닌 것은 확실하다. 따라서 추석이 고구려에 대한 전승일에서 유래했다고 보기는 어렵게 된다. 따라서 추석이 신라가 고구려든 발해든 간에 이와 싸워 이긴 전승기념일에서 유래했다는 설명은 납득할 수 없다고 하겠다.

추석의 유래를 전하는 또 하나의 사료는 『삼국사기』(1146년)이다.[22]

○ 유리이사금 9년(AD 32) 봄에 6부의 이름을 바꾸고 그에 따라 (6부에 각각) 성을 내려주었다. … 또 왕이 6부를 정하고 나서 이를 반씩 둘로 나누어 왕의 딸 두 사람으로 하여금 각각 部 안의 여자들을 거느리고 무리를 나누어 편을 짜서 가을 7월 16일부터 매일 아침 일찍 大部의 뜰에 모여서 길쌈[績麻]을 하도록 하여 乙夜(밤 9시~11시)에 그치는데, 8월 15일에 이르러 그 공적의 많고 적음을 헤아려 진 편은 술과 음식을 차려서 이긴 편에게 사례를 하였다. 이에 노래와 춤과 온갖 놀이를 모두 행하는데 그것을 嘉俳라 하였다. 이때 진 편에서 한 여자가 일어나 춤을 추며 탄식해 말하기를 "會蘇 會蘇"라고 하였는데, 그 소리가 슬프고도 아름다워 후대 사람들이 그 소리를 따라서 노래를 지어 會蘇曲이라 이름하였다.(『삼국사기』권 1, 「신라본기」1)[23]

이것은 신라 6부 여성의 적마시합에서 가배嘉俳가 유래되었음을 전하는 기사인데, 가배는 추석의 다른 이름이니 만큼,[24] 이를 추석의 기원 전승으로 보아도 무리가 없다.[25]

『資治通鑑』권 201, 「唐紀」, 고종 總章元年九月癸巳 李勣拔平壤.
  이보식, 1987, 『韓國年曆大全』, 영남대출판부, 668쪽에 의하면, 668년의 9월 계사일은 9월 12일이다.
19) 『唐會要』권 73, 安東都護府, 總章元年九月十四日(甲辰) 遼東道行軍摠管司空李勣平遼東.
20) 『삼국사기』권 6, 「신라본기」6, 文武王八年九月二十一日 與大軍合圍平壤 高句麗王先遣泉男產等 詣英公請降.
21) 『舊唐書』권 199상 「동이, 고려」, 總章元年十一月 拔平壤城 虜高臧·男建等.
22) 김부식이 『삼국사기』를 완성하여 인종에게 올린 것은 인종 23년 12월 임술(22일)인데(『고려사』권 17, 「인종세가」3), 이를 양력으로 환산하면 1146년 2월 4일이다(한보식, 1987, 『韓國年曆大典』, 영남대출판부, 1116쪽).
23) 儒理尼師今 九年春, 改六部之名 仍賜姓 … 王旣定六部 中分爲二 使王女二人 各率部內女子 分朋造黨 自秋七月旣望 每日早集大部之庭績麻 乙夜而罷. 至八月十五日 考其功之多少 負者置酒食 以謝勝者. 於是歌舞百戲皆作 謂之嘉俳. 是時 負家一女子 起舞嘆曰 "會蘇 會蘇!" 其音哀雅 後人因其聲而作歌 名會蘇曲.
24) 『경도잡지』에서 "中秋 俗稱秋夕 又曰嘉排", 『동국세시기』에서 "中秋, 十五日 東俗秋夕 又曰嘉俳"라 한 바와

따라서 이 기록은 추석이 신라 6부 여성들의 길쌈 시합에서 유래한 것임을 전하는 것이라 할 수 있다.

한국에서 마직물, 즉 삼베의 실물은 신석기시대에 이미 확인되고 있지만,[26] 무엇보다 신라에서 마직물이 생산되고 있었음은 여러 자료를 통해서도 확인된다. 신라의 관부 중에 마전麻典과 마리전麻履典이 있었던 사실,[27] 마의 착용 사실,[28] 신라 촌락문서에 보이는 마전麻田의 존재,[29] 그리고 마의 공동경작을 전하는 기사[30] 등이 그것이다. 뿐만 아니라 천마총이나 황남대총의 남·북분 같은 신라고분에서 마직물이 출토되었던 사실은[31] 이러한 사실을 실물로 뒷받침해주고 있다.

삼베는 과거에 여성들의 공동노동 조직인 길쌈두레(삼들게)를 통해 생산되는 것이 일반적이며,[32] 길쌈의 시기도 『삼국사기』의 추석 기원 전승과 크게 배치되지 않는다.[33] 따라서

        같이, 추석의 우리말이 가배이다.
        아침부터 을야까지 계속 베를 짜야했다면 상당히 고역이고 중노동이다.
25) 『신증동국여지승람』 권 21, 「慶州府, 風俗, 乙夜績麻」에서는 이 기사를 인용하면서 "國俗至今行之"라 했는데, 이러한 사실은 일찍부터 乙夜績麻 기사가 추석의 기원 전승으로 이해되고 있었음을 의미한다.
26) 전기신석기시대에 해당하는 황해도 궁산유적 제3호 구덩이 패층에서 골침의 바늘귀에 麻絲가 감겨진 것이 발견되었다(고고 및 민속학연구소, 1957, 『궁산원시유적발굴보고』, 과학원출판사, 25~26쪽).
27) 『삼국사기』 권 39, 「職官志(中)」.
28) 『삼국사기』 권 11, 「신라본기」 11, 헌안왕 4년 9월 一家富於財 可以侈衣服 而常以麻紵自喜.
      『삼국사기』 권 12, 「신라본기」 12, 경순왕 9년 (마의태자) 麻衣草食 以終其身.
      『삼국사기』 권 13, 「고구려본기」 1, 동명왕 즉위전기; 其一人着麻衣.
29) 이기백 편저, 1987(1993), 『한국상대고문서자료집성』 「신라촌락장적」, 일지사, 30~35쪽에 의하면, A촌에는 1결 9부, B촌에는 ?, C촌에는 1결 ?부, D촌에는 1결 8부의 麻田이 있다고 했다.
30) 『삼국사기』 권 47, 「열전, 素那」; 上元二年乙亥(675, 문무왕 15)春 阿達城太守級湌漢宣 教民以某日齊出種麻 不得違令 靺鞨諜者認之 歸告其酋長 至其日 百姓皆出城在田 靺鞨潛師猝入城 剽掠一城 老幼狼狽 不知所爲. 이밖에 『通典』 권 185, 「邊防門, 新羅」에도 "土地肥美 宜植五穀 多桑麻"란 기록이 있다.
31) 문화공보부 문화재관리국, 1974, 『천마총발굴조사보고서』, 240~241쪽.
      문화재관리국 문화재연구소, 1994, 『황남대총 남분발굴조사보고서』(본문), 294~300쪽.
32) 이경엽, 1993, 「길쌈두레의 구성과 기능」, 『한국민속학』 25, 한국민속학회, 237~265쪽. 244쪽.
33) 길쌈의 과정 및 시기에 대해서는 자료에 따라 약간의 차이는 있다. 洪良浩, 『耳溪集』 권 2, 「北塞雜謠, 藝麻」에서는 마를 7월에 수확하여 5일 실을 뽑고 10일 빨래한다고 한 데 비해, 朴趾源, 『燕巖集』 권 16, 「別集, 課農小抄」에서는 6월에 割麻(삼가르기)와 漚麻(삼 껍질 벗기기)를 하고 7월에는 晩麻의 割麻와 漚麻를 한다고 하여 6월에 이미 적마를 준비 작업이 완료되었다고 하여 차이를 보인다.
      한편 이경엽, 1993, 앞의 논문, 244쪽에서는 삼베의 원료인 삼은 음력 3월 초에 파종하여 6월 초 小暑 무렵에 베어내며, 이후 여러 과정을 거쳐 9월경에 본격적으로 베를 짠다고 했고, 리정순 등, 2002, 『열두달 민속

『삼국사기』가 전하는 추석 유래 전승 자체만으로는 문제가 없다.

그러나 다른 사료에서는 추석과 마麻 또는 마직물의 관련성은 찾아볼 수 없을 뿐만 아니라 논리적으로도 추석과 마麻 또는 마직물의 상관관계를 도출하기 어렵다. 물론 근대의 민속조사를 통해 추석을 전후한 시기에 길쌈시합을 했다는 보고가 확인되고 있다.34) 그러나 사례가 극히 한정되어 있으므로, 이를 토대로 적마시합에서 추석이 유래했다고 보기는 어렵다. 이런 의미에서 『삼국사기』의 기사 역시 추석 유래 전승인지를 의심하게 한다. 더구나 『삼국사기』 유리이사금 9년조에는 가배전승과 함께 신라 6부 개명改名, 6부 사성賜姓, 17관등 제정 등이 전하고 있는데, 이들 기사 역시 사실 여부에 의문이 있는 만큼, 추석 전승의 신빙성을 더욱 의심스럽게 한다.

『입당구법순례행기』의 신라의 전승기념일 설과 『삼국사기』의 유리이사금대 적마시합설은 추석이 신라에서 유래했다는 점에서는 일치하고 있다. 또 이 날 술과 음식이 차려지고 가무오락을 했다는 점에서도 역시 큰 차이가 없다. 따라서 이들은 신라에서는 추석이 상하가 함께 하는 세시명절이었음을 짐작하게 한다는 점에서 매우 중요한 사료라 할 수 있다. 그러나 앞서 언급한 바와 같이 세부적인 점들을 따져보면 모두 문제가 있다고 하지 않을 수 없다.

이렇듯 현전 사료를 통해 추석이 신라시대에서 유래했음은 확실하지만35) 기원 전승은

이야기』, 근로단체출판사, 157~158쪽에서는 음력 4월에 씨 뿌리고 음력 7 · 8월경에 거두어 들여 7단계의 공정을 거쳐 베를 짜는데, "베짜기는 날씨가 차면 베실이 바사 져서 짜기 힘듦으로 초복 중복 경에 많이 한다"고 했다.
※ 삼베 농사에 대해서는 공상희, 2022, 『삼베와 섬마』, 국립민속박물관이 근래 간행된 바 있으나, 이 글에는 반영하지 못했다.

34) 추석을 전후하여 길쌈시합이 행해졌음을 전하는 조사자료로는 다음과 같은 것이 있다.
○ 村山智順(박전열 역), 1991(원 1936), 『조선의 향토오락』, 집문당에 의하면, 충남 대덕에서는 추석 전후에 길쌈내기를 하는데 진 사람은 맛있는 요리를 장만하여 흥겹게 지낸다고 하며(134~135쪽), 경북 대구에서는 백중이나 추석 때 여자들 여럿이 모여 갑 · 을 두 편으로 나누어 길쌈내기로 겨룬다고 했다(244쪽).
○ 윤경렬, 1983, 「신라의 유희」, 『신라민속의 신연구』, 신라문화선양회, 300쪽; 충남 연기지방에서는 마을 부녀자들이 편을 갈라 길쌈 시합을 하고 8월 추석날 결산을 해서 진 편이 음식을 만들어 밝은 달 아래 위로연을 한다 했고, 전남 곡성에서는 마을 처녀들이 7월부터 팔월 보름까지 공동 績麻를 하고 月餠宴이라 하여 떡을 만들어 먹으면서 밝은 달 아래서 춤추며 놀았다고 한다.
35) 『삼국사기』 권 43, 「列傳3, 金庾信」; 嫡孫(金)允中 仕聖德大王 爲大阿湌 屢承恩顧 王之親屬 頗嫉妬之 時屬仲

그대로 따르기 어려운 까닭에, 추석의 유래를 고대에서 새롭게 찾아보려는 시도가 나오는 것은 당연한 일이라 할 수 있다. 이러한 것으로는 우선 가야 멸망 후 수로왕묘首露王廟에서 거행하던 1년 5제 중 8월 15일의 제사에서 추석의 상묘上墓가 유래했다는 설과[36] 신라 오묘제五廟祭의 1년 6제의 날짜 중 8월 15일이 있는 점을 근거로, 추석 명절은 신라의 5묘제에서 기원했다는 설이 있다.[37] 특히 후자에서는 기원 전승에서 추석은 6부 여성과 관련이 있고, 신라 6부의 성립은 나물마립간(356~402) 시기이니 만큼, 추석의 시작도 이 무렵이라고 했다.

이러한 견해들은 고대의 조상 제일에서 추석이 유래했다고 본 점에서는 같다. 그러나 5월 5일과 8월 15일을 제외한 다른 제일들은 세시명절이 되지 못한 이유가 무엇인지에 대한 설명이 없어 아쉽다. 뿐만 아니라 전자의 경우, 신라에서 김유신을 비롯한 가야세력의 비중을 감안한다 하더라도, 가야 수로왕 제일에서 신라의 세시명절이 비롯되었다는 것은 아무래도 이상하다. 또 후자의 경우, 신라 5묘제와 관련하여 가장 빠른 기록은 687년(신문왕 7)인데,[38] 오묘제에서 유래한 추석의 등장을 나물마립간 시기로 본 것은 모순이 아닌가 한다.

<u>秋之望, 王登月城岑頭眺望 乃與侍從官 置酒以娛 命喚允中, 有諫者曰: "今 宗室戚里 豈無好人 而獨召疎遠之臣 豈所謂親親者乎" 王曰 "今 寡人與卿等 安平無事者, 允中祖之德也 若如公言 忘棄之 則非善善及子孫之義也" 遂賜允中密坐 言及其祖平生 日晚告退 賜絶影山馬一匹 群臣觖望而已.</u>
이 기록은 신라 33대 성덕왕(702~737)대 김유신 세력의 퇴조를 시사하는 것이지만, 이를 통해 신라에서는 仲秋之望, 즉 8월 15일에 왕과 대신들이 왕궁에서 연회를 개최했음을 짐작할 수 있다. 또『삼국사기』권 42,「列傳2, 金庾信」(中)에는 김유신이 中秋夜에 자제들을 거느리고 대문 앞에 서 있다가 고구려 첩자를 발견했다는 기사가 있는데, 이 역시 추석과 관련이 있을지도 모르겠다.

36) 李瀷,『星湖僿說』「人事門, 四節日上墓」(1970, 경인문화사, 상368~369쪽).
李圭景,『五洲衍文長箋散稿』권 37,「上元藥飯秋夕嘉會辨證說」(1959, 동국문화사, 하122쪽).
이규경 주장의 근거는『삼국유사』권 2,「紀異, 駕洛國記」이며, 이에 의하면 수로왕묘의 祭日은 1월 3일과 5일, 5월 5일, 8월 5일과 15일이다.

37) 김인희, 2014, 앞의 논문, 327~329쪽.
참고로 수로왕묘와 신라 5묘의 祭日을 표로 정리하면 다음과 같다.

	1월		5월		7월	8월		근거
수로왕묘	3일	7일	5일		×	5일	15일	『삼국유사』「가락국기」
신라 5묘	2일	5일	5일		上旬	5일	15일	『삼국사기』「제사지」

38)『삼국사기』권 8, 신문왕 7년 夏4월.

지금까지 언급한 점들이 용납될 수 있다면, 한국의 대표적 명절임에도 불구하고 사료의 문제 등으로 말미암아 추석의 기원이나 유래는 제대로 밝혀져 있지 않다고 할 수 있다. 그러므로 추석의 시작이란 문제에 대해서는 앞으로 보다 다양한 시각과 문제의식을 토대로 재검토될 필요가 있다.[39]

이와 관련하여 주목되는 논의들이 있다. 하나는 한국의 추석과 중국의 중추절의 관련성에 대한 논란이고, 다른 하나는 추석과 농경문화와의 관련에 대한 논란이다. 이러한 연구들은 논의의 초점이 한국의 추석에 두어진 것은 아니라 할지라도, 한국 추석에 대한 우리의 시야를 확대시키는 데 기여할 수 있다고 생각된다. 그래서 여기서는 이상의 두 문제에 대한 기왕의 논의들을 살펴보고자 한다.

3. 신라의 추석과 중국의 중추절의 관련성 논의

추석의 경우, 그것이 한국 고유의 것인지 외래의 것인지에 대한 논의가 별로 없지만, 중국에서는 중추절이 신라의 영향으로 시작되었다는 주장이 있고 그 가부를 놓고 논쟁이 전개되기도 했다. 그래서 이 장에서는 중추절 신라기원설을 둘러싼 논쟁의 개요를 살펴보고자 한다.[40]

---

39) 이밖에 신라의 추석을 전하는 사료로는 다음과 같은 것들이 있지만, 이들 사료를 어떻게 이해해야 할지는 문제이다.
  ○ 李裕元은 회소곡이란 신라 여자의 작품으로, 薛仁貴가 백제를 격파하고 올린 것이라 했다(『林下筆記』권 11, 「文獻指掌編, 歌曲」; 薛仁貴破百濟所進會蘇曲 新羅女作).
  ○ 淸代 尤侗(1618~1704)은 "훗날 조선이 신라를 격파한 것을 黃昌과 會蘇의 두 곡에 견주었다"고 했다(『西堂詩集』권 11, 「外國竹枝詞, 朝鮮」; "小兒八歲號黃昌 舞劍能誅百濟王 更唱嘉俳會蘇曲 朝來蠶績已盈筐【新羅國黃昌郞 八歲爲王往百濟 舞劍於市 王召入宮令舞 因刺殺之 七月望日 王使王女 率六部女子 績於廣庭 八月望日 乃考其工 負者設酒相與歌舞 謂之嘉俳 一女起舞爲會蘇之歌 後朝鮮破新羅 擬爲黃昌郞會蘇二曲】).
  ○ 韓致奫(1765~1814)의 『海東繹史』권 22, 「樂志」에 의하면, 毛奇齡(1623~1716)의 『西河集』에도 尤侗의 所傳과 같은 내용이 있다고 하나, 원문을 확인하지 못했다.
40) 이 중국학자들의 논쟁에 대해서는 김인희, 2014, 앞의 논문, 318~321쪽에 잘 정리되어 있으나, 여기서 자료를 좀 더 보강하여 이 문제를 재론해 보고자 한다.

중추절의 신라 기원에 대한 논쟁은 중국에서 중추절이 언제부터 시작되었는가라는 문제와 밀접한 관련이 있다. 신라기원설이 성립되기 위해서는 신라의 추석이 중국보다 먼저 시작되어야 하고, 반면 신라기원설을 부정하기 위해서는 중국의 중추절이 신라보다 먼저 존재해야 하기 때문이다. 이런 이유에서 중추절의 신라기원설 논쟁을 살펴보기에 앞서 중국 중추절의 성립 시기에 대한 연구사를 검토해 보고자 한다.

1) 중국 중추절의 성립 시기에 대한 논란

중추절은 춘절春節과 더불어 중국의 양대 절일節日(단오를 포함하여 3대 절일이라고도 함)로 여겨져 왔던 만큼, 이에 대해서는 중국 민속학의 성립 초기 단계에서부터 주목이 있어 왔다. 중국 민속학 수립에 큰 기여를 했다고 평가되는 중산대학中山大學 민속학연구소民俗學研究所의 기관지 『민속民俗』(周刊) 32호(1928)에서 중추절을 특집으로 다룬 것도 이러한 사실을 반영한다.[41]

이후 중추절과 관련해서 다양한 연구가 나왔는데,[42] 그 가운데 중요한 쟁점의 하나가 중추절이 언제부터 출현했느냐는 것이다. 이에 대해서는 당대唐代 출현설과 송대宋代 출현설 등이 있다(이하에서는 당대설, 송대설로 줄임).

이 중 먼저 등장한 것은 송대설이다. 송대설은 1938년 샹빙허尚秉和(1870~1950)에 의해 처음 체계적으로 제시되었다.[43] 그는 당대唐代에는 중추절이 아직까지 절일이 아니었음을

---

41) 『民俗』(周刊) 中秋專號에는 비록 간략하고 보고서의 성격을 띤 것들이지만, 모두 11편의 글이 수록되어 있다. 북경대학 중심의 중국 민속학은 段祺瑞(1865~1936)의 폭정으로 말미암아 학자들이 남쪽으로 이주하면서 그 중심이 廣州 中山大學으로 옮겨왔다고 한다(宋兆麟, 1993, 『中國民俗學史』, 吉林文史出版社, 763쪽).
42) 중국학계의 중추절 연구사에 대해서는 劉忠良, 2020, 「中秋節起源及形成時間研究綜述」, 『攀枝花學院學報』 37-6, 95~100쪽이 있다. 그러나 외국학자들의 연구는 다루지 않고 있다.
43) 尚秉和, 『歷代社會風俗事物考』 권 39, 「歲時伏臘, 唐宋之端午, 中秋」(2001, 中國書店, 424쪽).
이 책의 초판은 1938년 4월 商務印書館에서 간행되었다.
청대 王謨(1731?~1817)가 이미 四部備要本의 「荊楚歲時記 識」에서 『荊楚歲時記』에 8월 15일에 대한 언급이 없을 뿐만 아니라, 당대에도 관련 기사가 없는 점을 근거로 당 이전에는 中秋故事가 없다'고 했다(姜彦稚 輯校, 2018, 『荊楚歲時記』, 中華書局, 104쪽). 그렇다고 해서 王謨가 송대설을 주장한 것은 아니다.

밝히는 한편, 송대부터 중추절이 절일이었음을 뒷받침하는 근거를 제시한다. 즉 당대唐代에도 중추 완월시翫月詩나[44] 8월 15일의 월궁月宮 여행을 다룬 소설 등이 없었던 것은 아니지만, 절일에 주는 관리 휴가일에 중추가 포함되어있지 않은 점 등을 근거로 당대에는 중추절이 아직 성립되지 않았다고 보았다. 이에 비해 송대에는 「태종기太宗紀」에 8월 15일을 중추절이라 한 기록이 있고[45] 정망지鄭望之(1078~1161)의 『선부록膳夫錄』「변중절식卞中節食(수도 개봉開封의 명절 음식)」조에서 완월갱玩月羹이 중추절 절식節食으로 언급된 점 등을 근거로 중추절은 송대부터 시작된 것이라 했다.

송대설은 이후 여러 학자들에 의해 지지되고 보강되어진다. 예컨대 쪼우이리앙周一良(1913~2001)은 당대에는 중추가 절일로 언급된 사료가 없다는 점, 당대의 완월시에는 8월 15일이 절일로서 갖추어야 할 조건인 생활 활동과의 관련성을 찾을 수 없다는 점을 들어 당대설을 부정하였다.[46]

쭈훙朱紅은 당대의 절일을 검토한 박사논문에서 여러 가지 근거를 들어 당대설을 부정하였는데, 그 중 새로운 것으로는 당대 완월시에 해석이 있다. 즉 당대에도 8월 15일 완월시가 많은 것은 사실이지만, 이들은 서민의 세속생활 체험을 읊은 송대의 그것과는 달리 주로 문인의 서정이나 풍상취미風尙臭味를 다루었다는 점에서 중추절이 대중화된 절일이 아니었음을 반영한다는 것이다.[47]

쪼우이리앙이나 쭈훙이 당대설을 부정함으로서 송대설을 뒷받침하려 한 데 비해, 슝하이잉熊海英은 중추절이 송대에 절일로서 확립되어가는 과정을 제시함으로서 송대설을 뒷받침하고자 했다. 즉 송대에도 당에 이어 문인 관료들의 8월 15일 완월과 작시作詩가 행해졌지만, 고요한 곳에서의 개인적 달 감상 중심에서 여럿이 모여 붕우 간의 교류를 도모하는 연음취회宴飮聚會가 중시되는 방향으로 바뀌는 등, 세속성이 강화된다. 이것을

---

44) 中村喬, 1990, 『續 中國の年中行事』, 平凡社, 184쪽에 의하면, 같은 달 감상이라 하더라도 당대에는 翫月, 송대에는 賞月이라는 표현이 주로 사용되었다고 한다.
45) 『宋史』「太宗本紀」에는 이런 기록이 없으므로, 이는 尙秉和의 오류이다.
46) 周一良, 1998, 「從中秋節看中日文化交流」, 『日本史與中外文化交流史』(『周一良集』4), 遼寧教育出版社, 236~244쪽(原載, 『東方文化集刊』 1, 商務印書館, 1989, 138~144쪽).
47) 朱紅, 2002, 『唐代节日民俗与文学研究』, 復旦大學 博士學位論文, 48~49쪽.

인종(1022~1063) 무렵부터 도성의 부호들이 모방하기 시작하고 나아가 서민들까지 따라하면서, 분위기도 연음이나 오락 위주로 바뀐다. 여기에 북송 말의 전란 등을 거치면서 중시된 가족의 화목이나 단란[團圓]이 중추절의 주요 가치로 포함되면서 중추절은 절일로서 완성되고, 나아가 1203년 『경원조법사류慶元條法事類』에 의해 관리 휴가일이 됨으로서 마침내 절일로서 확립되었다는 것이다.[48]

송대설에는 일본학자도 동참한다. 요시타 류우에이吉田隆英는 중추절의 중요한 풍습이 배월拜月인데, 그것은 송대부터 행해졌고, 당대에는 부녀자들이 8월 초 신월新月에 절하는 풍습만 있었다고 하여, 역시 송대설을 뒷받침하였다.[49]

이러한 과정을 거치면서 송대설은 통설로서의 위치를 굳혀간다.[50] 그리고 새로운 논거나 논리의 보강은 없지만, 현재까지 반복해서 주장되면서 여전히 중추절 성립에 관한 중요한 학설로 자리잡고 있다.[51]

그러나 다른 한편에서는 송대설을 부정하고 당대에 성립되었다는 주장들이 제시되기

---

48) 熊海英, 2005, 「中秋節及其節俗內函在唐宋時期的興起與流變」, 『復旦學報(社會科學版)』 2005-6, 135~140쪽.
49) 吉田隆英, 1982, 「唐宋拜月考」, 『日本中國學會報』 34, 日本中國學會; 1995, 『月と橋』, 平凡社, 124~125쪽.
50) 1990년대까지 중국에서 간행된 민속사전의 중추절 항목이나 절일 관련 개설서를 보면, 책에 따라 차이는 있지만, 중추절이 송대에 확립되었다는 설명이 많은 것 같다. 참고로 몇 가지를 제시하면 다음과 같다.
  ○ 鄭傳寅·張建 主編, 1987, 『中國民俗辭典』, 湖北辭書出版社, 243쪽; 兩漢時期 雛形, 至唐代 已出現登台觀月 泛舟觀月 飲酒對月等活動 北宋太宗年間 始定八月十五日中秋節.
  ○ 1990, 『中國風俗辭典』, 上海辭書出版社, 17쪽; 周代 迎寒祭月活動 漢代雛形, 唐代賞月·玩月頗爲盛行 北宋代始定八月十五爲中秋.
  ○ 許鈺 主編, 1992, 『中華風俗大百科』, 天津人民出版社, 75쪽; 秋社에서 기원, 兩漢時期 雛形, 唐代中秋賞月之俗始盛行 并定爲中秋節日 宋時此節更爲普遍.
  ○ 喬繼堂·朱瑞平 主編, 1998, 『中國歲時節令辭典』, 中國社會科學出版社, 422쪽; 兩漢魏晉時期 唐宋時期 中秋節業已形成一系列的節俗活動 北宋太宗年間 始定八月十五日爲秋節.
  ○ 陳金久·盧蓮蓉, 1989, 『中國節慶及其起源』, 上海科技教育出版社, 1989, 133쪽; 大約唐朝時卽有仲秋賞月的活動 不過至宋代時才較爲盛行 至明淸已與元旦, 端陽等齊名 成爲中國的主要節日之一.
  ○ 宋兆麟·李露露, 1991, 『中國古代節日文化』, 文物出版社, 135쪽; 中秋賞月在唐代已很流行 到了宋代正式定爲中秋節.
  ○ 李露露, 1992, 『中國民間傳統節日』, 江西美術出版社, 147쪽; 中秋賞月在唐代已經盛行 至今仍流傳着"唐王游月宮"的故事 到了宋代定爲中秋節.
51) 張舰戈, 2018, 「宋代中秋節日内涵演変考」, 『西南科技大學學報(哲學社會科學版)』 35-6, 39~44쪽.
  李瑧, 2022, 「基于唐宋中秋节形成时间的研究」, 『今古文創』 11, 126~128쪽.

시작한다. 당대설이 언제 누구에 의해 처음 제시되었는지는 애매하지만, 1980년대에 나온 절일 관련 개설류에서 이미 언급이 보인다. 그러나 그 근거는 8월 15일에 지은 완월시가 많다는 정도에 불과했으나, 근거와 논리를 더욱 보강하여 본격적으로 거론된 것은 1990년대부터이다.

이러한 연구로 우선 짱쩌시안張澤咸의 연구를 들 수 있다.[52] 여기서 그는 당대唐代 절일 전반을 개관했는데, 이 과정에서 중추절에 관한 설화나 시 등의 자료를 다양하게 제시했다. 그러므로 본격적인 연구라기보다 관련 자료의 나열에 불과하지만, 송대설이 통설화된 분위기에서 중추절을 독립된 항목으로 설정하여 당대설을 기정사실화했다는 점에서 의미가 있다.

이후 관련 자료의 나열에 그치지 않고 자료의 분석과 해석으로 연구가 나아가는데, 대표적 연구를 몇 가지 제시하면 다음과 같다. 먼저 쑨지孫機는 중추절이 당 현종의 생일인 천추절千秋節(743년 이후에는 천장절天長節)에서 기원했다고 보았다.[53] 즉 천추절은 8월 5일인데,[54] 이때 현종의 생일을 기념하여 천추경千秋鏡을 제작하여 주고받는 풍습이 있었다. 천추경은 월궁경月宮鏡이라고도 했는데, 달과 관련되는 장면들이 있었기 때문이다. 여기서 현종이 월궁을 방문했다는 설화들이 유포되고 나아가 현종과 달이 연결하는 관념이 생성된다. 이후 현종의 몰락으로 천추절은 퇴색하게 되었지만, 사람들은 현종 시대의 전성을 잊지 못하고 8월 5일 대신 보름달이 뜨는 8월 15일에 완월翫月하는 풍습이 형성되었는데, 이것이 중추절의 기원이란 것이다.

또 양린楊琳은[55] 당대唐代에 나온 중추완월시中秋翫月詩들을 보면 완월翫月이 소수인에 의해 행해진 것이 아니라 집단적으로 이루어졌으며, 중추절의 핵심 요소인 가족의 단원

---

52) 張澤咸, 1993, 「唐代的節日」, 『文史』 37, 中華書局, 84~85쪽.
53) 孫機, 1995, 「中秋節·千秋鏡·月宮鏡」, 『尋常的精致』(楊泓과 共著), 遼寧敎育出版社, 29~34쪽.
54) 『唐六典』 권 2, 「尙書吏部」(中華書局本, 35쪽)에서는 관리의 假寧之節을 언급하면서 천추절을 8월 15일이라 했으나, 이것이 8월 5일의 잘못임은 池田溫, 2002, 「天長節管見」, 『東アジアの文化交流史』, 吉川弘文館, 179쪽을 통해 이미 구명된 바 있다.
55) 楊琳, 1997, 「中秋節的起源」, 『尋根』 1997-4, 大象出版社, 26~29쪽: 2000, 『中國傳統節日文化』, 宗敎文化出版社, 320~326쪽.

團圓(단란하게 지냄)에 대한 바람이 나타나고 있다는 점, 『제산기諸山記』란 당대唐代 기록에 진시황 2년 8월 15일에 향인鄕人이 무이산신武夷山神의 명령에 따라 연음宴飮한 사실이 전한다는 점56) 등을 근거로 당대에 중추절이 이미 형성되어 있다고 했다.

당대설을 더욱 체계화한 것은 짱보張勃의 연구이다.57) 그녀는 당대 절일 전체를 심도있게 다룬 저서를 통해 이 시기의 절일을 신흥절일과 전통절일로 구분하고 중추절을 신흥절일의 하나라고 했다. 중추절은 당대에 새로운 절일로 이미 성립되어 있었다는 것이다. 이러한 주장의 근거는 절일 여부를 가리는 기준에 중추절이 부합한다는 것이다. 절일의 기준이란 자기만의 고유한 절일의 명칭이 있는가, 일부러 약속하지 않아도 같은 날 여러 사람이 만나 일정한 활동을 하는가, 관련 전설이 있는가, 달에 대한 신성시하는 관념이 있는가 네 가지인데, 당대의 중추절은 이런 조건을 모두 충족시킨다고 했다. 즉 당대에는 중추 또는 8월 15라는 전명專名이 있고, 많은 사람이 참가하는 완월과 연회의 풍습이 있으며, 월궁 여행에 관한 다양한 신화가 있을 뿐만 아니라 달 숭배의 전통도 확인된다는 것이다. 다만 이러한 요건을 충족시키는 자료는 모두 성당盛唐시기(712~765) 이후의 것인 바, 중추절의 성립 시기는 성당盛唐 이후이며, 관리의 휴가일이 아니란 점에서는 두드러진 절일이 아니었다고 했다.

이밖에 장홍메이張宏梅 역시 당대 절일 전반을 논한 저서를 통해 당대의 절일을 전통절일과 건구형建構型 절일(새로 만든 절일)로 구분하면서 중추절을 후자의 하나라고 했다.58) 그러나 그 근거가 무엇인지를 제시하지 않은 점이 아쉽지만, 당대설의 입장에 선 것은 확실하다 하겠다.

이처럼 당대설이 등장하고 지지자가 늘어남에 따라 현재는 송대설과 당대설은 서로 팽팽하게 맞서고 있는 상황이다.59) 그래서 송대설과 당대설의 절충을 모색하는 입장도

---

56) 『諸山記』는 1710년(康熙 49) 張英 등에 의해 편찬된 『御定淵鑑類函』 권 20, 「歲時部」 9에 인용되어 있으나, 楊琳은 무엇을 근거로 『諸山記』를 唐代 자료라 한 것인지 모르겠다.
57) 張勃, 「重月传统与文化选择:中秋节在唐代的形成」, 『民族藝術』 2013-1, 广西壮族自治区文化厅, 90~96쪽; 2013, 『唐代節日硏究』, 中國社會科學出版社, 149~154쪽.
58) 張宏梅, 2010, 『唐代的節日與風俗』, 山西人民出版社, 7~9쪽 및 149~160쪽.
59) 이밖에 전국시대 출현설과 명대 출현설도 있다. 전국시대 출현설은 張君, 2004, 『神秘的節俗』, 廣西人民出版

대두하고 있다. 예컨대 당대는 중추절이 기원한 시기이고, 송대는 확립된[定型] 시기라 한다든지,[60] 중추절은 당대 중후기에 일부 지역에서 성립되었지만 당말오대의 혼란으로 말미암아 존재감이 없다가 송대에 사회가 안정됨에 따라 새롭게 발전했다고 한 것[61] 등이 그것이다. 중추절의 신라기원론을 둘러싼 논쟁은 바로 이러한 바탕 위에서 전개된다.

2) 중국 중추절의 신라기원론 논쟁

중국 중추절 연구에서 또 하나의 쟁점은 중추절의 기원 내지 연원 문제이다. 그것은 중추절이 특정 시점에서 갑자기 출현한 것이 아니라, 뿌리나 싹이 오랜 기간에 걸쳐 서서히 자라나서 생활 속에 자리잡은 결과임을 전제로 한다.

중추절의 연원에 대해서는 내재설과 외재설이 있다. 내재설이란 중추절의 맹아가 상고시대 중국 자체에 이미 존재했다는 입장으로, 여기에는 수확을 감사하는 추사제秋社祭나 달을 제사하는 추분제秋分祭가 그 뿌리라는 설 등이 있다.[62] 그리고 외래설이란 외부의 자극에 의해 중추절이 시작되었다는 입장으로, 중국 소수민족 기원설[63]·인도 기원설[64]

社, 172~173쪽에서 제시된 것으로, 전국시대 楚 지방(湖北省)에 이미 중추절 풍속이 있다고 했다. 그러나 논거와 논리의 설득력이 부족하다. 중추절의 형성 시기를 전국시대로 못 박지 않았지만, 巫瑞書, 1999, 『南方傳統節日與楚文化』, 湖北敎育出版社, 184~185쪽 및 孟修祥, 2007, 「论中秋节祭拜月亮习俗及其与荆楚地域文化的关系」, 『長江大學學報』 30-3, 29~30쪽에서도 초 문화가 중추절 형성에 중요한 역할을 했다는 주장을 제시하고 있다. 明代說은 北田英人, 1993, 「十四~十九世紀江南の年中行事」, 『和田博德敎授古稀記念 明淸時代の法と社會』, 汲古書院, 333~339쪽에서 주장된 것이다. 그는 중추절이 16세기에 와서야 비로소 강남지역에서 본격적 발전을 했고, 남송대까지만 하더라도 수도 杭州 일원을 제외한 그 밖의 지역에서는 아직 민중의 세계로까지 보급되지 못했다고 하면서, 중요한 근거로 송대의 지방지인 『吳郡志』(蘇州)나 『玉峯志』(蘇州 崑山縣)에 절일 관련 기록이 자세함에도 불구하고 중추절에 대한 언급이 없다는 점을 제시했다. 그러나 이러한 견해들은 소수설이기 때문에 별도로 논의하지 않겠다.

60) 王蘭蘭, 2012, 「中秋節起源與形成新論」, 『寧夏社會科學』 2012-4, 135~139쪽.
61) 马志付, 「中秋节产生时间考辩」, 『文敎資料』 2008-10 上旬號, 289~291쪽.
62) 劉忠良, 앞의 논문, 95~97쪽.
63) 대표적 견해로는 독일계 민족학자 Wolfram Eberhard(1909~1989)의 瑤族 기원설이 있는데, 이를 요약하면 다음과 같다. ①중국문화는 단일문화에서 발달한 것이 아니라 다양한 지역(종족)문화의 복합으로 성립되었다. ②지역(종족)문화의 복합은 BC. 2000~1000년경, 즉 龍山文化·殷文化 시기에 활발하게 이루어졌으며,

· 신라 기원설이 그것이다. 이 가운데 여기서 살펴보려는 것은 외래기원설의 하나인

그 중 대표적인 것의 하나가 瑤문화이다. ③중국문화 복합에 참여한 瑤문화는 당시 湖南·湖北을 중심으로 중국 남부 전역에 분포했으며, 현재의 瑤族의 문화는 그 잔존형이다. ④중추절은 바로 이 瑤族의 신년제인 동시에 시조 槃瓠의 生誕祭에서 기원했다. ⑤중국의 절일행사가 대부분 옥내에서 행해지는데 반해(house festival) 중추절은 야외축제(open air festival)라는 사실 등은 이것이 한족 기원이 아니라는 근거가 된다. Wolfram Eberhard, 1968, *The Local Cultures of South and East China*, E.J.Brill, pp.46~49.
_____, *Chinese Festivals*, Henry Schman Inc, 1952, pp.111~112.(Eberhard에게는 중추절을 논한 Die Geschichten vom Grafen Hu(胡公)-Untersuchungen an Chinesischen Volksmärchen2 (pp.293~300), *Zeitschrift für Ethnology* 71, 1939, Dietrich Reimer Verlag GmbH, pp.298~300이 있다고 하나 참고하지 못했다).
8월 15일이 야오족의 절일이었음은 몇 가지 자료를 통해 확인된다. 예컨대 18세기 초의 문헌인 汪森(桂林府 通判 역임)의 『粤西叢載』 권 18, 「風氣習俗, 蠻習」의 기록은 廣西 瑤族이 8월 15일을 특별한 날로 여겼음을 전한다 ("○遇正月旦 三月三 八月半 出與人歌私通 及有娠 乃歸夫家 已後再不如作女子時歌唱也〈王士性『桂海志續』〉. ○春歌以正月初一日及三月三日 秋歌則中秋節 … 正月與八月答歌 歌於女子之家 合豐而罷 … 每中秋候猺獞見月皎則悲悲 朝廷有天日勤 我速炊米 盛甕藏之深山 為竅匿計 民見月皎則喜喜 朝廷有天我曹得喫田也《懷遠縣志》)". 또 湖南省의 八排瑤는 조상인 盤瓠가 사냥을 하다 독가시에 찔려 죽었기 때문에 중추에 마을로 통하는 길을 수리하는 풍속이 있다고 하는데, 이 역시 8월 15일 반호제의 일종이라 할 수 있다(何蘭香, 2010, 『中秋節』, 吉林文史出版社, 79~80쪽).
이러한 점들은 Eberhard의 견해를 뒷받침하는 것 같지만, 부정적 입장도 만만치 않다. 예컨대 荻原秀三郎, 1996, 『稻と鳥と太陽の道』, 大修館書店, 148~149쪽에서는 만월제 내지 반호생탄제는 현재 瑤族 사이에서 별반 중시되지 않고 있으며, 행해진다고 하더라도 漢化된 집락에서만 주로 행해지는 것이기 때문에 오히려 한족의 영향에 의한 것이라 할 수 있고, 따라서 이를 瑤族 고유의 문화로 보기 어렵다고 했다. 또 張有雋, 1998, 「瑤族卷」, 『中國各民族原始宗教資料集成』(土家族卷·瑤族卷·壯族卷·黎族卷), 中國社會科學出版社, 433쪽과 黃海·邢淑芳, 2006, 『盤王大歌 - 瑤族圖騰信仰與祭祀經典研究』, 貴州人民出版社, 58쪽에서는, 반호 탄생제일은 지역에 따라 다양하지만, 음력 10월 중하순~春節 사이에 많고 다음으로 2월 16일이 비교적 많다고 했을 뿐, 8월 15일에 대한 언급은 없다. 이 점에 대해 Eberhard는 瑤族이 중국의 역법을 받아들이면서 발생한 변화의 결과라고 했지만(*The Local Cultures of South and East China*, p.46), 구체적 근거의 제시가 없어 의문이 해소되지 않는다.
한편 大林太郎, 1992, 「正月料理と八月十五夜の里芋」, 『正月の來た道』, 小學館, 153쪽에서는 Eberhard의 설을 수정하여 중추절은 瑤가 아니라 越文化에서 유래했다고 보았다.

64) 중국의 Baidu나 王蘭蘭, 앞의 논문, 134쪽에서는 중추절이 인도 브라만교의 望月 습속에서 기원한다는 高國藩의 설을 전하고 있다. 그렇다면 이것 역시 중추절 외래기원설의 하나가 된다. 그러나 高國藩, 1990, 「拜新月風俗」, 『中國民俗微』, 河海大學出版社, 408쪽을 보면 인도 婆羅門들이 장생과 登上界를 위해 망월을 했다고 했을 뿐, 望月 풍속과 중추절을 특별히 연결시키고 있지는 않다.
唐代 段成式(800?~863), 『西陽雜俎』 前集 권4, 「境域, 龜茲國」에 "八月十五日 行像及透索為戱"란 기록이 있는데, 龜茲가 중국과 인도를 연결하는 실크로드 상의 국가임을 생각하면, 인도 기원설도 고려할 필요가 있을지도 모르겠다. 그러나 『大唐西域記』 권 1, 「屈支國(=龜茲國)」에서는 "每歲秋分數十日間 舉國僧徒皆來會集 上自君王下至士庶 捐廢俗務 奉持齋戒 受經聽法 渴日忘疲 諸僧伽藍莊嚴佛像 瑩以珍寶 飾之錦綺 載諸輦輿 謂之 行像 動以千數 雲集會所 常以月十五日晦日 國王大臣謀議國事 訪及高僧然後宣布"라 하여, 행상을 비롯한 거국적 행사의 날짜는 8월 15일이 아니라 추분 전후라 하여, 약간 다른 내용을 전하고 있다.

신라 기원설이다.

신라 기원설은 중국의 중추절은 당대까지도 하나의 절일로 성립되지 않았고, 송대에 와서 비로소 절일로 자리잡았음을 전제로 한다. 사실 수당오대隋唐五代까지의 세시기 관련 사료에는 중추절에 대한 언급이 보이지 않는다.[65] 그러나 송대로 오면 중추절이 절일이었음을 시사하는 확실한 자료가 여럿 확인된다. 예컨대 북송 맹원로孟元老(?~1147) 의 『동경몽화록東京夢華錄』(권 8, 中秋)[66]이나 남송 오자목吳自牧(1270년 전후)의 『몽량록夢梁錄』(권 4, 中秋)과[67] 주밀周密(1232~1298)의 『무림구사武林舊事』(권 3, 中秋)[68]를 비롯한 송대 사료들에서 8월 15일이 절일로 언급되어 있는 점, 1202년(寧宗 嘉泰 2)에 완성된 『경원조법사류慶元條法事類』 권 11 「가녕격假寧格」에 31종의 절가節假(절일 휴가) 중의 하나로 중추에 하루 급가給假한 규정이 포함되어 있는 점[69] 등이 그것이다. 이에 따라 중국학자들 사이에서는 송대 이전 신라에 8월 15일 명절이 있었다는 사료(앞에서 언급한 『수서』·『북사』·『구당서』·『신당서』 같은 중국 사료나 『입당구법순례행기』 같은 일본 사료)를 주목하기 시작한다. 특히 『입당구법순례행기』에서 "이 명절은 다른 여러 나라에서는 없고, 신라에만 있는 것[斯節諸國未有 唯新羅國獨有此節]"이라 한 것은 신라의 추석이 중국의 중추절 보다 앞선다는 사실을 결정적으로 뒷받침할 수 있는 사료가 되기 때문이다.

이런 사료에 대해서는 애써 외면하는 입장도 있었다. 예컨대 쪼우이리앙周一良의 경우,

---

65) 隋代 杜台卿의 『玉燭寶典』 「八月仲秋」(『歲時習俗資料彙編』 2, 藝文印書館, 1970, 463~492쪽), 唐代의 『藝文類聚』 「歲時部」(中文出版社, 1980, 58~84쪽)·『初學記』 「歲時部」(中華書局, 1962, 52~58쪽)·虞世南(558~638)의 『北堂書鈔』 「歲時部」(天津古籍出版社, 1988, 705~713쪽), 唐末五代 韓鄂의 『歲華紀麗』(『歲時習俗資料彙編』 3, 藝文印書館, 1970, 100~102쪽)와 『四時纂要』(『歲時習俗資料彙編』 3, 119~131쪽) 등에는 중추절에 대한 언급이 없다. 뿐만 아니라 당·오대의 세시기 자료 중에는 책 자체는 실전되고 佚文만 전하는 것들이 있는데, 이들의 일문 輯錄(守屋美都雄, 1963, 『中國古歲時記の硏究』, 帝國書院, 393~492쪽)에도 중추절에 대한 기사는 보이지 않는다.
66) 伊永文 箋注, 2006, 『東京夢華錄箋注』, 中華書局, 814~817쪽.
67) 符均·張社國 校注, 2004, 『夢粱錄』, 三秦出版社, 48~49쪽.
68) 李小龍·趙銳 評注, 2007, 『武林舊事』, 中華書局, 87쪽.
69) 『慶元條法事類』는 남송 때의 법전이다. 그런데 北宋 때인 神宗 연간(1067~1085)의 인물 龐元英은 『文昌雜錄』 권 1에서 당시의 관리 휴가일 76종을 열거했는데, 여기에는 중추절이 포함되어있지 않다. 그러므로 중추절이 관리급가일에 포함된 것은 북송 말이나 남송 때부터가 아닌가 한다.

『입당구법순례행기』 기사를 자신의 송대설의 근거로 제시하면서도, 한국의 추석은 원나라의 풍습의 영향에서 비롯된 것이기 때문에(1387=우왕 13년에 중추 관련 기사가 처음 보인다는 점이 근거) 아직 신라에서는 8월 15일을 명절로 여긴 것은 아니라고 했다.[70] 그런가 하면 『입당구법순례행기』 기사는 "중국과 조선 인민 간의 깊은 우의와 장구한 문화교류를 반영"하는 것 정도로 넘어가기도 했다.[71]

하지만 이와는 달리 신라의 8월 15일 관련 사료를 적극적으로 수용하려는 움직임도 있었다. 1996년에 발표된 슝페이熊飛의 연구가 그것인데,[72] 그는 당대에는 중국에서 중추절이란 절일화되지 못했는 데 비해 『입당구법순례행기』가 전하는 바와 같이 당시 신라에는 이미 8월 15일 명절이 있었고, 신라의 문화적 자극으로 중국의 중추절이 성립되었다고 보았다. 그러나 그것은 어디까지나 중국의 문화적 전통, 예컨대 8월 15일의 보름달에 대한 관심, 달 관련 신화, 추분석월秋分夕月(추분일에 달에 대한 제사), 원시적 달 숭배의 전통 같은 토대 위에서 수용한 것이기 때문에, 표면적으로는 신라의 것을 받아들인 것이 되지만, 실제로는 중국의 토양에서 성장한 것이며, 중국의 뿌리 깊은 절속문화節俗文化가 없었다면 중국에서 중추절은 성립될 수 없었을 것이라 했다. 슝페이의 글은 3쪽 밖에 되지 않는 짧은 것이기에, 설명에 충분하지 못한 점이 많다. 예컨대 중국의 중추절에서 어떤 부분이 신라로부터 수용한 것이며, 어떤 부분이 중국의 문화적 토양 위에서 비롯된 것인지 등이 분명하지 않다. 그럼에도 불구하고 중국 중추절의 신라기원설을 처음 제창하였다는 점에서 슝페이 연구는 의미가 있다.

신라기원설은 2003년 류더쩡劉德增에 의해 다시 제기되었다.[73] 그에 의하면, 당대唐代에

---

70) 周一良, 1998, 앞의 논문, 241~242쪽.
周一良이 말하는 한국 최초의 추석 기록이란『고려사』권 136, 辛禑傳4의 "13년(1387) 8월 禑以中秋 徵六道 倡優 陳百戱于東江 竭帑藏以供費 宰執臺諫不能匡救 至有作奇技以逢迎者"를 가리키는 것 같다. 그러나 그 이전의 추석 기록은 고대는 물론 고려시대 기록에서도 확인된다.
 ○『고려사』권 13, 世家13, 睿宗 4년(1109) 8월 丁亥(15일) "王以中秋 率文臣翫月於重光便殿 御製詠月詩."
 ○『고려사』권 36, 世家36, 忠惠王 後4년(1343) 8월 戊申(15일) "王出內帑五綜布百匹 加斂近侍左右番 宴中秋 於新宮樓."
71) 蘇輯, 1982,「中秋節的來歷」,『揚州大學學報』1982-1, 233쪽.
72) 熊飛, 1996,「中秋節起源的文化思考」,『文史知識』1996-11, 中華書局, 46~48쪽.

도 8월 15일에는 사대부들의 상월賞月 활동이 있었지만, 그것은 개인적 내지 소수인의 행사였으며, 많은 사람의 참여라는 절일로서 갖추어야 할 요건은 충족시키지 못하는 것이었다. 여기에 신라 교민의 절경節慶 활동이 영향을 미치고 외국 문물을 좋아하는 시대적 분위기가 작용하면서 중추절이 형성되었다는 것이다. 다시 말해 당대 사대부의 상월賞月 활동과 신라 교민의 절경節慶 활동이 융합해서 성립된 것이 바로 중국의 중추절이란 것이다. 그리고 중국 중추절의 상징이라 할 수 있는 월병月餠도 신라의 절식節食인 박탁餺飥·병식餠食에서 연원한 것이라 했다.

이러한 견해는 이후 중국학계에 일정한 영향을 미쳤다. 예컨대 짱유로우張宇柔와 덩쯔잉鄧梓瑩이 중국의 중추절은 당대 사대부의 상월賞月 활동과 신라 교민의 절경節慶 활동이 융합하고 점점 변해서 성립되었다고 한 것은[74] 이러한 사실을 반영한다. 뿐만 아니라 대중을 대상으로 한 교양서적에서도 신라기원설이 소개되고 있다.[75]

슝페이熊飛나 류더쩡劉德增의 견해는 신라기원설이라 하지만, 신라의 영향 못지않게 중국의 문화적 기반의 중요성을 강조한다. 신라의 영향이란 중추절 형성의 필요조건일 뿐 충분조건은 아니라는 것이다. 그럼에도 불구하고 신라의 영향이란 자체가 중국인의 자존심을 손상하는 면이 있었던 것 같다. 그래서 신라기원설이 발표되고 얼마 되지 않아 반론들이 나오기 시작한다.

신라기원설에 대한 반론은 당대설과 밀접한 관련이 있다. 당대에 이미 중추절이 형성되어 있었다면 신라기원설이 성립되기 어렵기 때문이다. 따라서 신라기원설 비판은 당대설의 확산과 밀접한 관계에 있는 것이다.

앞서 양린楊琳의 당대설을 언급한 바 있지만, 이것 역시 기실은 슝페이의 신라기원설을 비판하기 위한 논거로 제시된 것이었다. 나아가 그는 비판의 논거로 다음과 같은 두 가지 점을 전제로 제시하였다. 첫째, 문화 영향의 일반적 규율規律로 말하자면, 정치·

---

73) 劉德增, 2003,「中秋節起源自新羅考」,『文史哲』2003-6(總279), 山東大學, 97~101쪽.
74) 張宇柔·鄧梓瑩, 2017,「中韓傳統節日文化對比考察—以中秋節爲例」,『科學視界』2017-4, 44쪽.
75) 왕레이(고상희 역);『기묘한 중국사』, 에쎄, 165~166쪽(이 책의 原題는 2012년에 간행된『古代中國人的日常生活』이다).

경제적으로 우세 민족은 통상 문화적으로도 우세를 점하며, 이들의 문화는 열세 민족에 대해 강력한 흡인력을 발휘하며 열세 민족은 이를 본받아 흡수한다. 누가 문화적 영향력을 미치는가는 모두 경제적 우세가 결정한다. 당나라 때는 당시 세계에서 가장 강성한 국가의 하나이며 주변 각국은 쉴 사이 없이 중국문화를 배워갔다. 이와 같이 중국이 우세한 지위에 있으면서 소국의 절일문화를 도입했을 가능성은 극히 적다. 둘째, 『입당구법순례행기』에서 8월 15일은 발해 작전에서 승리한 것을 추모향국追慕鄕國하는 차원에서 기념하는 날이라고 했지만, 이 기록 자체도 사람들을 사찰로 끌어들이기 위한 수단에 불과하여 믿을 수 없을 뿐만 아니라, 설사 그렇다고 하더라도 발해에 승리한 것이 중국인에게는 조금도 의미가 없다. 또 발해는 중국의 지방정권인데, 이러한 발해에 대해 신라가 승리했다는 것이 당나라에게는 자랑스러운 일도 아닌데, 이를 받아들여 절일로 했겠는가? 결국 중국의 중추절은 시작 이래 외래적 요소는 보이지 않을 뿐만 아니라, 당대에 이미 중추절이 성립되어 있었으므로, 신라기원설은 성립할 수 없다는 것이다.

양린의 주장은 결론의 타당성을 떠나 지나친 중화주의적 입장에 거부감이 생기게 한다. 또 신라에 비해 당의 문화가 앞선 것은 인정할 수 있다 하더라도, 반드시 문화의 흐름이 선진적인 데서 후진적으로 흘러가는 것은 아니고, 후진문화가 선진문화에 영향을 미칠 수도 있다. 당대唐代에 호풍胡風이 크게 유행한 사실이나,[76] 미국문화 형성에 후진문화가 기여한 바 있다는 점은 이러한 사실을 뒷받침한다.[77] 그러므로 그의 전제에 대해서도 이의를 제기하지 않을 수 없다.

이러한 문제점이 있음에도 불구하고 양린의 견해는 중추절에 관심을 가진 중국인들에게 상당한 영향을 미쳤던 것 같다. 양린의 글이 중국 논문에서 자주 인용되는 것은 이러한 사실을 반영한다. 이에 따라 신라기원설의 중요 근거인 『입당구법순례행기』의

---

[76] 이시다 미기노스케(이동철·박은희 역), 2004, 『장안의 봄』, 이산, 33~62쪽에 의하면, 당대에는 장안이나 낙양을 중심으로 胡風의 衣·食·가무가 크게 유행했다고 한다. 또 小杉一雄(장소현 역), 1979, 『중국미술사』, 세운문화사, 129~131쪽에 의하면, 호풍의 선호는 심지어 중국 미인관의 변화에도 영향을 미쳤다고 한다. 뚱뚱했다고 짐작되는 양귀비가 미인의 대표로 여겨지게 된 것도 당대로 오면 미인관이 수척형에서 비만형으로 변해간 때문이며, 이러한 변화는 당시의 胡姬 선호 붐 때문이었다고 한다.

[77] Ralph, Linton, One Hundred Percent American, *American Anthropologists*, p.39~40.

기사도 엔닌이 중국에 처음 온 외국인이기 때문에 중국 절일을 잘 모르고 신라에만 있다고 한 것으로 간주되기도 했다.[78]

뿐만 아니라 양린에 의해 촉발된 신라기원설 비판은 2008년 황타오黃濤에 의해 다시 거론된다.[79] 황타오는 이보다 앞서 발표한 논고들을 통해[80] 중추절이 당대에 이미 형성되어 있었다고 하는, 당대설의 지지자이다. 따라서 그의 신라기원설 부정도 당연한 것이라 할 수 있다. 당대설이 전제가 되면 신라기원설은 성립하기 어려운데, 당대에 이미 중추절이 성립되어 있었다면, 여기에 새삼 신라가 영향을 미치기는 어렵게 되기 때문이다. 그러나 황타오는 여기에 그치지 않고, 구체적인 이유 세 가지를 들어 신라기원설이 성립될 수 없음을 확실히 하고자 했다. 첫째, 신라와 당의 중추절의 내용이 완전히 다른데 어떻게 영향을 미쳤다고 할 수 있는가? 둘째, 당나라 사람이 신라의 8월 15일 행사에 참여했다는 근거가 없다. 셋째, 박탁·병식이 월병의 기원이란 것 역시 근거가 없다는 것이 그것이다.

황타오의 논문은 『문화안전여사회화해文化安全與社會和谐』란, 다분히 정치적·현실적 성격을 띤 지면을 통해 발표되었다. 그래서 황타오도 자신의 논문의 부제를 「겸론아국중추절전통적문화안전은환兼論我国中秋節傳統的文化安全隱患」이라 했다. 중추절이란 전통문화의 안전에 내재해있는 폐해를 논한다는 것이다. 그래서 황타오는 논문의 말미에서 중국인들 사이에 신라기원설이 퍼져있음을 우려하고, 한국과 중국이 추석이나 중추절을 유네스코 세계문화유산으로 함께 신청한다면 그 결과를 낙관할 수 없다고 하면서, 국가와 문화의 안전을 고려하는 각도에서 하루빨리 유효한 조처를 취해, 중국 중추절 문화의 보호와 번영을 기해야 한다는 점을 역설했다.[81] 이러한 주장은 2005년 강릉단오제의 유네스코 세계 인류 구전 및 무형 문화유산 등재를 둘러싼 한중 양국의 갈등을 염두에

---

78) 常建華, 2006, 『歲時節日里的中國』, 中華書局, 174쪽.
79) 黃濤, 2008, 「論中秋節起源于唐朝赏月風尚—兼論我国中秋節傳統的文化安全隱患」, 『文化安全與社會和谐』(社會問題研究叢書編輯委員會 編), 知識産權出版社, 408~421쪽.
80) 황타오, 2001, 「중추절의 기원과 변화」, 『국제문화연구』 4-2, 국제문화연구원, 51~69쪽.
   黃濤, 2006, 『中秋節』, 中國社會出版社, 42~58쪽.
81) 黃濤, 2008, 앞의 논문, 421쪽.

두면서, 이 같은 일이 되풀이되지 말아야 한다는 일종의 경고라 할 수 있겠다.

이후 신라기원설에 대한 찬반 양론은 필자의 과문 탓인지 적어도 학문의 세계에서는 더 이상 찾아지지 않는다. 이 문제가 해결되기 위해서는 어느 쪽이 사료에 먼저 등장하느냐에 그치지 않고, 영향의 결과가 구체적으로 무엇이며 어떻게 나타나는지가 밝혀져야 하는데, 사료의 한계로 말미암아 이 점을 구명하기가 쉽지 않기 때문인 것 같다.

그렇다고 해서 신라기원설 논란이 전혀 무의미한 것은 아닌 것 같다. 왜냐하면 이러한 논란이 한국의 추석과 중국의 중추절에 대한 비교 연구를 촉진했을 뿐만 아니라, 양자 각각의 올바른 이해의 방향을 제시했다는 점에서도 의미가 있다고 보기 때문이다.

이후 한국 추석과 중국 중추절 비교의 결과물은 교양잡지에 발표에 상당수 있지만,[82] 학술잡지에 수록된 것만 살펴보면 다음과 같다.

이러한 것으로는 우선 순쒜에얀孫雪岩의 연구를 들 수 있다. 그는 2010년에 발표한 논문에서[83] 중국과 한국은 문화계통이 같지만, 중추절과 추석은 각각 독자적 기원전승을 가진다는 점에서 그 기원은 서로 다르다 할 수 있고, 또 명절음식(월병/송편), 강조점(제월祭月과 가족의 단란/제조祭祖, 풍수豊收), 경축 방식(묘회廟會, 유악遊樂/촌락 단위의 활동)과 같은 문화의 내용에서도 차이가 있는데, 이러한 차이는 세시풍속에 각국의 환경과 역사가 반영되어 있기 때문에 당연한 것이라 했다. 이러한 입장은 더욱 심화되어 2011년 중앙민족대학中央民族大學에 제출한 박사학위논문으로 결실을 맺게 된다.[84]

순쒜에얀에 이어 2017년에는 짱유로우張宇柔와 덩지잉鄧梓瑩,[85] 2020년에는 쫑얀얀宗艶艶도[86] 한중을 비교하는 연구를 발표했는데, 이들 역시 기원(맹아) · 절식節食 · 습속 · 주제

---

82) 다음과 같은 것을 확인하였다.
   周磊 · 安紅 · 閻晨曉, 2009, 「山川異域 風月同天 - 中國中秋節與韓國秋夕節之異同」, 『中外文化交流』 2009-10, 59~61쪽.
   李軍, 2016, 「中韓傳統節日飮食文化比較研究—以春節、中秋爲例」, 『亞太教育』 26-29期.
   秋教善, 2016, 「從春節和中秋節談中韓傳統文化差異」, 『商業故事』 2016-33.
83) 孫雪岩, 2010, 「不一樣的月亮—中韓中秋節史料呈現及文化比較」, 『中南民族大學學報(人文社會科學版)』 30-1, 65~69쪽.
84) 논문 제목은 『韓国秋夕的文化變遷與功能研究』이다.
85) 張宇柔 · 鄧梓瑩, 2017, 「中韓傳統節日文化對比考察—以中秋節爲例」, 『科學視界』 2017-4, 44~45쪽.

등을 비교하여 공통점과 차이점을 제시하였으며, 이를 토대로 추석과 중추절은 공통점이 없는 것은 아니지만, 기원부터가 서로 다른 것이라 했다. 이런 점에서 이들의 견해는 방법론과 결론 모두 순쉐에얀孫雪岩의 그것과 큰 차이가 없다고 할 수 있다. 그렇지만 이들 논문에서 모두 앞으로를 위한 제언이 포함되어 있는 것은 새로운 면이라 할 수 있다. 이들의 제언이란 한중이 구동존이求同存異의 정신으로 피차의 문화 차이를 인정하여 불필요한 문화충돌을 피해야 한다는 것이다. 나아가 쫑얀얀宗艶艶은 중추절의 세계화를 위해 중추절을 세계문화유산으로 등재해야 하고, 이를 위해서는 한국을 배워야 한다고까지 했다.[87]

이러한 제언 역시 강릉단오제 세계문화유산 등재를 둘러싼 한중 간의 갈등과 충돌을 경험한 데서 비롯된 것이라 할 수 있다. 그렇지만 앞서 언급한 황타오처럼 중국의 입장을 일방적으로 대변한 것이 아니라, 상호존중의 필요성을 역설했다는 점에서 한 단계 진전된 것일 뿐만 아니라 바람직한 방향을 제시한 것이라 할 수 있다. 또 누가 먼저이고 누가 영향을 주었느냐는 자존심 싸움에서 벗어나, 추석을 구성하고 있는 문화요소를 구체적으로 비교 검토했다는 점에서도, 아직은 그 깊이에 한계가 있지만, 이들은 연구의 올바른 방향을 제시했다는 점에서도 높이 평가할 수 있겠다.[88]

4. 추석의 농경적 기반에 대한 논의

세시풍속에는 역법을 토대로 한 것(원일元日, 동지 등), 달을 기원으로 한 것 등이 있다. 그러나 어느 경우이든, 한국의 전통적 세시풍속은 농경 주기와 관련 있는 것이 많다.

---

86) 宗艶艶, 2020, 「中韓節日文化比較研究—以同源節日中秋節爲例」, 『紅河學院學報』 18-1, 77~79쪽.
87) 宗艶艶, 2020, 위의 논문, 79쪽.
88) 그러나 대중적 차원에서는 신라 기원설에 대한 중국인의 앙금이 여전한 것 같다. 『澎湃新聞』은 2022년 9월 10일자 「中秋源自新罗? 学者：中国赏月, 祭月的传统更古老」라는 기사를 통해 대중서에서 신라 기원설이 소개되고 있음을 우려하면서, 華東師範大學 교수 田兆元의 말을 빌어 신라 기원설을 비판하고, 나아가 대중서의 필자가 자신의 견해를 사과했음을 전하고 있다.

농경 주기가 사람들의 삶에 단락이 되고, 한 단락에서 다음 단락으로의 이행에 대응할 필요가 있었기 때문이 아닌가 한다. 추석 역시 예외가 아니어서, 추석을 농경, 특히 수확과 관련하여 생각하는 경향이 지금까지 이어지고 있다.『동국세시기』에서 "우리나라 시골 농촌에서는 추석을 가장 중요한 명절로 삼는데, 그것은 새 곡식이 이미 익고 추수가 멀지 않았기 때문"이라 했다든지,[89] 추석을 영어로 thanksgiving day라 하는 것도 이러한 사실을 반영한다. 그렇다면 추석의 유래 역시 농경과 관련지어 생각해 보는 것도 가능한 것이 된다.

추석과 농경의 관계는 일찍이 김택규金宅圭에 의해 언급된 바 있다. 그는 추석을 조령제 祖靈祭와 밀접한 관련을 가지는 수도水稻의 초수천신의례初穗薦新儀禮라 했다. 즉 추석은 재도농경栽稻農耕을 끝맺음하는 수확제의라기보다는 오히려 수확의 시작으로서 문자 그대로 새 곡식을 신에게 바치는 천신제, 즉 처음으로 생산되는 벼의 수지(초수初穗)를 조령에게 바치는 내용이 그 시원적 양상이며, 추석이 남한에서 성행한다는 것 자체가 수도재배와 깊은 관련을 시사하는 것이라 했다. 그리고 그 해 신곡이 생산되지 않으면 중구일重九日로 천신제를 미루는 일이 있고, 이때 햅쌀이 나지 않는 지방에서는 추석을 명절로 지내지 않는 것을 보아도 추석의 천신의례의 성격을 알 수 있다고 했다.[90] 그러나 그는『삼국사기』의 가배절 적마績麻행사가 조령祖靈에 대한 천신제의와 어떻게 결부되느냐 하는 점이 문제일 뿐만 아니라 조선 이전의 기록에서도 천신의례와 유관하다는 분명한 증좌를 찾을 수 없으므로, 적마행사는 농경의례적인 세시풍속이긴 하지만 곡물의 수확제의가 아니라 길쌈을 위한 삼麻의 수확제가 아니었을까라고 했다. 즉 의료衣料로서의 마麻의 수확행사가 추석이라는 것이다.[91] 이러한 주장에서 신라의 적마시합을 가배절의 기원으

---

89) 『동국세시기』「八月秋夕」; "鄕里田家爲一年最重之名節 以其新穀已登 西成不遠." 방위와 계절을 대비했을 때 '西'는 가을을 의미하며, 西成이란 가을에 곡식이 익어간다는 의미이다(『書經』「堯典」 "平秩西成"에 대한 孔穎達의 疏 : "秋位在西 於時萬物成熟" 참조.
90) 김택규, 1971,「한국부락관습사」,『한국문화사대계』4(풍속·예술사), 1971, 고려대 민족문화연구소, 717 및 726~727쪽. 이 글은 이후 김택규, 1985,『한국 농경세시의 연구』, 영남대출판부에 재수록되었으며, 해당 주장은 307~308 및 324쪽에도 보인다.
91) 김택규, 위의 글, 723 및 726쪽;『한국 농경세시의 연구』, 319 및 322쪽.

로 전하는 사료와 현행 추석 풍속의 간격을 어떻게 좁힐 수 있는지에 대한 고뇌는 충분히 이해할 수 있지만, 주장의 일관성이 결여되어 있다는 점은 문제가 아닐 수 없다.

추석과 농경의 관계는 김정업金正業에 의해 재론된 바 있다.[92] 그는 추석이 도작지대인 남한에서 성대히 행제行祭되는 것은 추석이 도작과 관련됨을 보여주는 것인데, 8월 15일은 남방의 도작민족 사이에서도 명절이므로, 한국의 추석은 중국의 화남華南이나 동남아시아 도작민족이 해로를 통해 한국으로 이동하면서 함께 전래된 것이라 했다. 김정업의 견해는 추석의 기원을 동아시아라는 보다 넓은 시각에서 새롭게 조명했다는 점에서 의미가 크다. 그러나 선행 연구에 대한 검토가 없다는 점도 문제이지만, 무엇보다 입론의 근거가 되는 화남이나 동남아시아의 도작에 대한 이해가 다소 피상적인 감이 있다. 예컨대 벼의 품종이나 경작방식 등에 대한 구체적 이해 없이, 도작을 한다는 사실만 가지고 이들 지역과 한국을 바로 연결시키는 것은 무리라는 것이다.

도작을 비롯한 농경은 한국의 전유물이 아니다. 따라서 추석과 농경을 관련지으려면 좀 더 거시적인 시야가 필요하다. 다시 말해 한국만이 아니라 주변지역의 농경문화와 8월 15일의 행사를 고려해야 한다는 것이다. 그런데 농경문화와 8월 15일의 관계에 대해서는 기왕에 일본학자들이 상당한 관심을 표명한 바 있고, 이에 따라 연구 성과도 적지 않다. 그래서 이하에서는 이 문제에 대한 일본학자들의 연구를 중심으로 기왕의 논의들을 살펴보기로 하자.

일본에서 8월 15일을 특별한 날로 여겼음은 헤이안시대平安時代에 해당하는 9세기부터 확인된다. 시마타노 다타오미島田忠臣(828~892) 등이 8월 15일의 관월연觀月宴에서 지은 관월시觀月詩의 존재는 이러한 사실을 반영한다.[93] 그런데 이 시기의 관월연이 중국의 영향인지 일본인의 심정을 배경으로 한 고유의 행사인지에 대해,[94] 또 관월연이 연중행사

---

92) 김정업, 1975, 「추석고」, 『국어교육연구』 1, 조선대 국어교육과, 107~114쪽.
93) 大曾根章介, 1981, 「八月十五夜」, 『年中行事の文藝學』, 雄山閣, 366~367쪽.
94) 濱田文・中村充一, 1998, 「觀月宴の成立」, 『東京家政學院大學紀要』 38, 東京家政學院大學人間生活學研究科/東京家政學院大學人文學部日本文化學科, 61~63쪽에서는 일본 고유행사설을 주장하고 있는데, 일본에서는 관월연에 천황이 참가하는데 반해, 唐代에서는 황제가 참석하지 않는다는 점이나, 詩도 한시가 아니라 후대에는 和歌로 바뀌었다는 것이 근거이다.

인지 천황 중심의 궁정행사에 불과한지에 대한 논란이 있다.[95] 그러나 9세기 이전부터 8월 15일은 이미 달을 신성시하고 수확의 기쁨을 축하하는 연중행사의 날로 간주하는 시각이 일반적인 것 같다.[96]

이렇듯 8월 15일, 즉 십오야十五夜(じゅうごや)가 농사 주기를 토대로 한 연중행사에서 비롯되었다면, 문제는 농사가 어떤 종류의 것인가라는 점이다. 농사에도 논농사와 밭농사가 있기 때문이다. 일본에서는 십오야를 속칭 우명월芋名月(いもめいげつ)이라 했는데, 그것은 토란[97]을 삶아 먹는 날이기 때문이다.[98] 실제로 15세기 기록에는 십오야에 토란을 먹거나 선물하고 또 달에게 바친다는 사실이 확인되며, 16세기 전국시대에는 전쟁으로 말미암아 토란을 구하지 못한 사찰에서 일부러 토란 1되를 구입했다는 기록이 있어 토란은 십오야에 빼놓을 수 없는 절식節食임을 나타낸다.[99] 토란은 밭작물이다. 이러한 사실들은 십오야가 밭농사와 연결될 가능성을 시사한다.

하지만 그것은 어디까지나 짐작일 뿐, 십오야의 농경적 기반에 대한 학문적 논의는 제대로 이루어지지 못했다. 이러한 상황에서 이 문제에 대한 학문적 논의를 촉발시킨 것은 1950년에 발표된 나오에 히로지直江廣治(1917~1994)의 「팔월십오야고八月十五夜考」란

---

95) 陳馳, 2018, 「平安時代における八月十五夜の観月の実態」, 『歷史文化社會論講座紀要』 15, 京都大學大學院 人間·環境學研究科, 1~2쪽.
96) 神谷吉行, 1961, 「八月十五夜の民俗と文藝」, 『日本文學論究』 19, 國學院大學國文學會, 45~46쪽.
　　山中裕, 1972, 『平安朝の年中行事』, 塙書房, 232~233쪽.
　　문헌상으로 십오야에 민속적 요소가 처음 확인되는 것은 室町時代의 연중행사를 해설한 広橋兼秀의 『年中恒例記』라 한다. 여기서 민속적 요소란 觀月 때 배불리 먹고 달에게 공물을 바치는 것이다(陳馳, 앞의 논문, 8~9쪽).
97) 芋란 땅 속의 줄기나 뿌리가 영양분을 저장하여 비대해진 식물의 총칭으로, 토란·감자·고구마 등을 가리킨다. 이를 세분하면 줄기가 변형된 塊莖류(감자)와 球莖류(토란), 뿌리가 변형을 일으킨 塊根류 (고구마) 등이 있다. 그런데 고구마는 17세기 이후, 감자는 19세기 말에 수입된 것이므로, 그 이전까지 芋라면 대체로 토란을 가리킨다. 그래서 여기서는 芋를 토란으로 번역했다.
98) 17세기 黑川道祐의 『日次紀事』 권 8 「人事」에 "芋明月; 今夜地下良賤 亦賞明月 各煮芋以食之 故俗稱芋明月也 於他邦生荳豆湯煮食之 九月十三夜食芋 是皆節物也 然於京師互誤之者乎 終夜見月 隨意催興 大井川或淀川或近江湖水 各遊觀"이란 기사가 있다.
99) 赤田光男, 2018, 「南都の仲秋の歲時記」, 『帝塚山大學文學部紀要』 39, 3~5쪽.

논문이다.[100] 여기서 그는 십오야에 도작과 관련되는 습속(십오야를 일명 도초제稻草祭라 한다든지, 초수初穗를 장식하거나 바침)이 많다는 점을 들어. 십오야를 도작의례의 일종으로 규정하였다. 그렇지만 십오야 무렵은 벼의 수확이 끝나지 않은 시기여서 제대로 익은 벼가 공물供物로 바쳐지지 못하고 덜 익은 벼를 뽑아 바치는, 다시 말해 실제의 도작 작업과 도작 행사 간에는 간격이 있기 때문에 십오야는 형식만 도작의례의 모양을 갖추고 있다고 했다. 실제와 형식의 차이란 문제의 해결을 위해 그는 오키나와沖繩 및 한국과의 비교민속학적 연구를 시도한다. 일본의 도작은 오키나와나 한국을 통해 전래된 것이며, 오키나와와 한국에서 8월 15일이 중시된 점으로 미루어 십오야도 이들 지역으로부터 도작과 함께 들어온 것으로 보았다. 그런데 오키나와의 십오야는 벼의 수확이 완전히 끝난 상태에서 수확제와 조령제를 기본으로 하고 있으며,[101] 수확제와 조령제가 기본인 것은 한국의 경우도 마찬가지이지만, 일본의 경우 십오야가 벼의 수확기로서는 이르기 때문에, 조령제적 요소는 7월의 오봉お盆에, 의례의 준비를 위한 재계적齋戒的 요소는 8월 1일의 팔삭八朔에, 수확제적 요소는 11월의 상월제霜月祭로 분화되고, 십오야는 형식만의 도작의례가 되었다는 것이다. 다시 말해 십오야十五夜는 도작과 더불어 전래된 연중행사이지만, 수도水稻 재배의 북상에 따라 그 본질적 의미는 다른 연중행사로 분화되고, 형식만 남은 연중행사가 되었다는 것이다.

나오에直江廣治의 견해에서 한국을 언급한 부분에는 문제가 있다. 한국의 추석을 날짜와 종교적 배경이 다름에도 불구하고 오봉으로 본 것은 잘못이고,[102] 한국 역시 8월 15일 무렵은 아직 벼의 수확이 끝난 시기가 아니라는 점을 간과한 것도 문제이다. 그럼에도 불구하고 나오에의 논문은 십오야 문제를 본격적으로 거론했다는 점은 물론, 십오야의 농경적 기반을 주목하고 비교민속학적 방법론을 도입했다는 점에서도 학설사적

---

100) 이 논문은『民間傳承』14-8, 日本民俗學會에 처음 발표되었으며, 1987에 나온『民間信仰の比較硏究』, 吉川弘文館, 287~296쪽에 재수록되었다.
101) 일본의 十五夜는 1898년 태양력의 채용으로 9월 15로 날짜가 조정된 데 비해, 오키나와(沖繩)에서는 지금도 여전히 음력 8월 15일이다.
102) 추석을 盆과 동일시한데 대해서는 牧田茂, 1950,「八月十五夜考異議」,『民間傳承』14-10, 民間傳承刊行會, 20쪽에 비판이 있다.

의미가 크다.

나오에에 의해 제시된 농경의례란 관점에서의 십오야 접근은 코우타 히로후미鄕田洋文= 坪井洋文(1929~1988)로 이어진다. 그는 1957년 일본 연중행사의 사회성과 지역적 특성을 고찰한 논문에서 십오야는 전작행사로서 토란의 수확제라 했다.[103] 그 근거는 십오야의 의례 내용을 정리해 보면 도작 보다 전작에 관한 것이 많은 점, 토란을 비롯한 전작물이 주식으로 더 중시되는 지역에서 존속되는 점, 의례에서 바치는 공물이나 절식의 중심은 토란이란 점 등이다. 일본의 전작에는 보리의 수확기와 토란 및 조의 수확기란 두 시기가 있는데, 십오야는 바로 후자와 관련되는 연중행사라는 것이며, 십오야 행사를 오랫동안 뒷받침해 온 것은 전작행사로서의 토란의 수확의례라고 했다.[104]

이후 고우타(쯔보이)는 일본의 민속문화를 도작 중심으로 파악하는 야나키다 구니오柳田國男(일본 민속학의 창시자, 1875~1962) 이래의 '일본민속문화단일론'을 비판하면서 전작의 중요성을 부각시킨 일련의 연구를 발표한다. 즉 일본의 농경문화에는 도작문화 유형과 전작문화 유형이란 두 유형이 있고, 정월에 도작을 상징하는 떡을 금기시하거나 비도작물을 우선시하는 소위 '떡 없는 정월餠なし正月' 습속은 전작문화 유형이 도작문화와 별도로 존재함을 단적으로 보여주는 것인 바, 전작문화에 대한 주목 없이는 일본의 민속문화가 제대로 설명될 수 없다고 했다.[105] 이러한 입장에서 그는 논거를 보강하여 십오야에 토란을 비롯한 전작물을 삶거나 절여 신불神佛에게 바치는 풍습이 있다는 점을 들어 십오야의 전작의례적 성격을 다시금 확인한다.[106]

고우타(쯔보이)의 견해는 일본에서 전통적으로 십오야를 우명월芋名月로 일컬어왔음을

---

103) 鄕田洋文, 1959, 「年中行事の社會性と地域性」, 『日本民俗學大系』 7, 平凡社, 174쪽.
104) 鄕田洋文, 1959, 위의 논문, 175~176쪽에서 십오야 행사의 내용을 다음과 같이 12가지로 정리하고, 각각의 지역적 변이를 살펴본 것도 십오야 이해를 심화시키는데 기여한 바 크다. ①토란류나 山野에서의 채집한 것을 공물로 바침, ②新穀이나 燒米를 바치거나 벼 이삭을 집이나 논에 걸어둠, ③볏짚뭉치로 地面 두드리기, ④줄다리기, ⑤씨름, ⑥삿갓과 도롱이를 걸친 방문자 내방, ⑦河童이 바다와 산을 왕래하는 날, ⑧아동조나 청년조의 행사로서 집단성이 강함, ⑨供物에 대한 사회적 금기, ⑩供物 훔치기 ⑪火祭, ⑫年占的 성격.
105) 坪井洋文, 『イモと日本人』(1979, 未來社)와 『稻を選んだ日本人』(1982, 未來社) 두 책에서는 이러한 입장을 일관되게 피력하고 있으며, 특히 전자에는 '餠なし正月の背景'이란 논문이 수록되어 있다.
106) 坪井洋文, 『イモと日本人』, 246~247쪽.

생각할 때 새삼스러운 것은 아닐지 모르지만, 연중행사 전반과 전작농업의 관련성을 시야에 두고 십오야의 성격을 구명하려 했다는 점에서 학설사적 의미가 크다. 그러나 토란류의 수확 시기가 과연 음력 8월 15일 즈음인지는 문제이다. 그는 토란류의 수확 시기는 10월 하순(음력 9월)이라 했는데,[107] 그렇다면 십오야가 토란류의 수확의례가 될 수 있는지 의문이다. 또 십오야 행사의 내용으로 신곡新穀과 소미燒米의 헌공獻供을 거론하였음에도 불구하고, 이와 같은 십오야에 보이는 도작적 요소에 대한 설명이 없는 것도 아쉬운 점이다.

십오야의 기원 문제에 대해서는 일본 자체를 연구 영역으로 하는 민속학자 뿐만 아니라 다른 지역(특히 아시아)과의 비교 연구를 방법론으로 하는 민족학자들도 논의에 가세한다. 민족학 분야에서 선편을 잡은 것은 1966년 타케무라 다쿠지竹村卓二(1930~2008)에 의해서였다.[108] 그는 일본문화 기원 연구의 일환으로, 수도水稻 재배에 앞서 전작이 행해졌음을 주목하고, 중국 남부 산간부의 소수민족인 야오족瑤族이나 먀오족苗族의 화전火田 경작에서 전작의 원류를 찾았다. 일본과 중국 남부의 공통점은 재배 곡물의 종류나 경작방식에서도 찾을 수 있다고 하면서도, 그는 농경의례나 농경신 관념에서 자신의 논거를 찾았으며, 농경의례는 십오야에 초점을 맞추었다. 즉 일본의 전작의례의 대부분은 비록 도작의례에 흡수 내지 침전되어 있지만, 그나마 십오야 행사에 집약적으로 표현되어 있는데, 공공연한 과瓜(참외, 오이 등 박과 식물) 훔치기·토란을 신에게 바치는 공물과 명절음식으로 이용·의례의 집단적 성격·화제火祭·년점年占·가원歌垣(남녀의 노래 주고받기) 등은 중국 남부 소수민족 산지재배민문화복합山地栽培民文化複合의 그것과 일치한다는 것이다. 그래서 이러한 사실은 "형식 상의 유사의 단계를 넘어서 분명히 동일문화복합의 맥락에서 파악될 수 있는 공통의 관념형태를 기반으로 하고 있음을 시사"한다고 했다. 나아가 그는 전작의례가 도작의례와 구조원리 상 결정적 차이 있음을 전제로, 자신의 견해를 보강한다.

---

107) 坪井洋文, 위의 책, 250쪽.
108) 竹村卓二, 1966,「華南山地栽培民文化複合から觀た我が国の畑作儀禮と田の神信仰」,『民族學硏究』30-4, 311~328쪽.

즉 전작에서는 작물에 따라 파종 및 수확 시기가 다르기 때문에 시간 운행의 척도도 해가 아니라 달이 되며, 그 결과 세시풍속을 주도하는 작물이 없어 비슷한 성격의 농경의 례가 달의 운행(특히 보름)을 기준으로 수시 내지 반복적으로 실수實修된다는 것이다.

타케무라의 견해는 고우타(쯔보이)와 Wolfram Eberhard에 기초하고 있다. 즉 일본 십오야의 특징적 요소(각주 103)에 대해서는 고우타(쯔보이)를, 의례식으로서 토란을 주목 하여 십오야의 연원을 야오족瑤族에서 찾은 점은 Wolfram Eberhard를 따른 것이라 할 수 있다. 그러나 민족학의 비교방법론을 도입하여 보다 거시적인 입장에서 문제에 접근한 점이나, 전작의례 자체의 성격을 구명하려 한 점은 새로운 시도로서 높이 평가할 수 있다. 다만 중국 남부 한족의 중추절 사례를 많이 제시함으로써, 중추절이 중국 북쪽에 비해 남쪽에서 더 성행했음을 시사한 점은 의미가 있지만, 일본처럼 원거리가 아니라 중국 남부에서 공존하는 한족과 야오족 중추절이 서로 어떤 관계인지에 대한 설명이 없는 점은 아쉽다고 하지 않을 수 없다.

한편 민속학 분야의 연구도 이어지는데, 그것은 주로 남큐슈南九州 지역의 줄다리기 연구를 통해서였다. 이러한 것으로는 우선 오노 쥬우로우小野重朗(1911~1995)에 의한 일련의 연구를 들 수 있다. 그의 관련 연구는 남큐슈 일부 지역에서 십오야에 행해지는 특이한 줄다리기에서 시작한다. 특이한 줄다리기란 일반적인 줄다리기와 달리 띠풀[茅]로 만든 줄을 끌고 거리를 다니는 것인데, 이는 단순한 스포츠가 아니라 농작신을 맞이하는 농경의례라는 것이 그의 해석이다.[109] 그러나 이 단계에서는 아직 줄다리기의 농경적 토대가 전작인지 도작인지에 대해서는 언급이 없었지만, 이후 조사와 연구를 진행하면서 십오야의 줄다리기를 전작의례로 규정하였다. 즉 1970년에는 남큐슈 사츠마반도薩摩半島 의 소라요이ソラヨイ에 주목한다. 소라요이란 십오야의 줄다리기를 위해 아이들이 산으로 가서 억새풀을 채취하고 이것으로 모자와 옷을 만들어 입고 마을로 내려오는 행사이다. 농경의례란 것은 산에서 아이들이 특이한 복장으로 내려오는 것을 농업신의 방문으로 비긴다는 점 때문이고, 농업 중에서도 전작의 수확제라는 근거로는 이 시기가 조·토란

---

109) 小野重朗, 1956, 「十五夜考」, 『民間傳承』 20-2, 日本民俗學會, 32~35쪽.

등 주요 전작물의 수확 시기라는 점, 줄의 재료가 볏짚이 아니라 억새풀이며 줄에 전작물의 익은 것을 매단다는 점 등을 제시했다.[110] 그리고 1972년에는 남큐슈 지역에서 십오야에 줄다리기를 행하는 224개소 부락의 조사 결과를 정리하고, 이를 토대로 십오야가 전작과 관련된다는 논거를 더욱 보강하였다.[111] 이를 요약하면, 남큐슈 지역 십오야의 대표적 행사는 줄다리기이며, 줄다리기는 농경의례이다. 그러나 남큐슈의 경우 이때는 벼의 수확 시기로는 아직 이르기 때문에 도작의례로 보기 어렵다. 반면 십오야 줄다리기는 전작지대에서 성행한다는 점, 줄의 재료로 볏짚이 아직 나오지 않았기 때문에 억새나 띠풀을 사용한 점, 줄에 조·수수·토란·고구마 같은 전작물의 줄기를 꽂거나 섞어서 꼬는 점, 토란을 공물이나 절식節食으로 사용한 점, 이 날의 달의 밝기나 줄다리기의 승부로 이듬해의 보리의 풍흉을 점친 점 등으로 미루어 전작의례라 하였다. 그리고 전작지대에 벼농사가 도입·확산되면서 줄다리기의 날짜가 벼의 수확시기에 맞추어 남쪽은 6월, 북쪽은 9월이나 10월로 바뀌고, 줄의 재료도 볏짚으로 대체된다는 사실도, 전작의례 설을 뒷받침하는 논거로 제시했다.

같은 해인 1972년에는 구마카이 오사무熊谷治(1921~)가 십오야에 줄다리기가 행해지는 큐슈九州 쿠마모도현熊本縣 아마쿠사도天草島의 사례를 발표했다. 즉 8월 15일은 토란을 처음 채취하는 날이란 현지의 전승 등을 토대로 십오야의 줄다리기는 전작 수확의례라 했고, 그것은 남방으로부터 쿠로시오黑潮를 타고 전래된 것이라 했다. 이러한 견해는 오노의 설을 새로운 사례를 통해 보강한 것이지만, 그 더하여 줄다리기의 기원지(후술할 조엽수림문화照葉樹林文化 지역)와 전파 수단(즉 쿠로시오黑潮)을 언급한 점은 흥미롭다.[112] 그러나 같은 해 발표한 다른 논문에서는 한국과 일본의 줄다리기는 도작의 고향인 중국

---

110) 小野重朗, 1970, 「十五夜とソラヨイ」, 『農耕儀禮の研究』, 雄山閣, 317~327쪽.
111) 小野重朗, 1972, 『十五夜綱引の研究』(常民文化叢書⟨8⟩), 慶友社, 183~198쪽 및 254쪽.
112) 熊谷治, 1972, 「天草島における綱引儀禮」, 『九州齒科大學進學課程研究紀要』 3, 1~7쪽; 1984, 「天草島」, 『東アジアの民俗と祭儀』, 雄山閣, 92~100쪽.
　　熊谷治는 한국의 세시의례에서 팥을 사용하는 풍속이나 火祭(쥐불놀이, 달집태우기 등) 역시 조엽수림문화와 관련된다고 보았다(熊谷治, 1984, 「アヅキに關する儀禮·習俗」(3~38쪽), 「火祭」(212~222쪽), 『東アジアの民俗と祭儀』 참조).

강남에서 도작과 함께 수도재배어로민水稻栽培漁撈民에 의해 전래된 농경행사의 하나라고 했다.¹¹³⁾ 그렇다면 두 논문은 줄다리기의 농경적 기반에 대한 입장에서 서로 상치된다고 하겠는데, 이 점에 대한 설명이 없는 것은 아쉽다.

또 1988년에는 시모노 도시미下野敏見(1929~) 역시 남큐슈 사츠마반도薩摩半島 남단의 카도노우라門之浦에서 매년 8월 15일에 거행되는 요코비키ヨコビキ라는 특이한 줄다리기(줄을 마주 보고 당기는 것이 아니라, 줄을 가운데 두고 옆으로 당기는 줄다리기) 사례를 보고하면서, 이를 바탕으로 일본 줄다리기의 시원을 밝히고자 했고, 나아가 십오야 줄다리기의 시원이 곧 일본의 십오야 문화의 시원 문제가 된다는 입장에서 십오야에 대해서도 견해를 피력하였다.¹¹⁴⁾ 여기서 그는 줄다리기가 죠오몬문화繩文文化=수렵문화의 중심지대인 일본 동북지역에서는 확인되지 않는다는 점, 줄다리기의 줄을 농업신인 용사龍蛇로 상정한 점 등을 근거로, 줄다리기의 배경은 농경문화라 했다. 그리고 줄다리기 형식에서는 ヨコビキ가 고형古型인데, 이러한 고형은 원래 중국 동남해안 지역·한반도 남부·일본 남부에 걸쳐 분포했지만, 대륙으로부터 신형(마주보고 당기는)의 줄다리기가 전파되면서 그 분포가 축소되고 날짜와 연행 방식까지 변경되어, 결국은 남큐슈의 일부 지역에서만 전승되게 되었다고 했다. 뿐만 아니라 고형과 신형은 농경적 배경에서도 차이가 있다고 했다. 다시 말해 고형은 전작과, 신형은 도작과 각각 관련된다는 것이다. 그가 십오야 줄다리기를 전작과 관련짓는 것은 이때 새로 수확한 잡곡이나 토란·고구마 같은 전작물을 제사의 공물로 사용한다는 것인데, 그렇다면 십오야는 전작의 수확제인 셈이 된다.¹¹⁵⁾

---

113) 熊谷治, 1972, 「朝鮮半島における農耕儀禮としての綱引」, 『朝鮮學報』64, 朝鮮學會; 1984, 「農耕儀禮としての綱引」, 『東アジアの民俗と祭儀』, 雄山閣, 87~90쪽.

114) 下野敏見, 1988, 「十五夜綱引の源流」, 『知覽文化』25, 知覽町立圖書館; 1989, 『東シナ海文化圈の民俗』, 未來社, 162~192쪽.
그러나 下野敏見, 2006, 「中秋の名月'十五夜綱引'のナゾ」, 『屋久島、もっと知りたい人と暮らし編』, 南方新社, 61~80쪽도 있다고 하나, 참고하지 못했다.

115) 이밖에도 南九州의 줄다리기에 대해서는 井上賢一, 2011, 「薩摩半島における十五夜行事の構造」, 『南九州市薩南文化』3, 南九州市立図書館이란 연구도 있으나, 九州 薩摩半島 여러 지역에서 행해지는 줄다리기의 구조를 밝힌 것이며, 십오야와 농경의 문제를 다룬 것이 아니기 때문에 여기서는 언급하지 않는다.

또 민족학 분야 역시 십오야의 기원에 대한 언급이 계속된다. 그중 하나가 사사키 고우메이佐佐木高明(1929~2013)인데, 그는 십오야를 조엽수림문화照葉樹林文化를 구성하는 요소의 하나라고 했다. 조엽수림문화론이란 1960년대 민족식물학자인 나카오 사스케中尾佐助(1916~1993)에 의해 처음 제창된 이래,[116] 몇 차례의 수정을 거쳐 현재에 이르고 있다. 이에 의하면 동아시아 온대부溫帶部에는 중국의 장강長江과 회하淮河를 경계로 남북 두 개의 삼림대가 있는데, 북쪽에 낙엽광엽수림대落葉廣葉樹林帶가 있다면, 남쪽에는 동백이나 떡갈나무처럼 나뭇잎이 비교적 두껍고 표면이 반짝반짝 빛나는 조엽수림대照葉樹林帶(상록광엽수림대常綠廣葉樹林帶)가 있다. 조엽수림대는 히말라야 중복에서부터 Assam - 운남雲南 고지 - 장강 이남의 강남 산지 - 한반도 남부 - 일본열도 서부에 걸쳐 있다. 그런데 조엽수림대는 수목상이 같을 뿐만 아니라 음식·기술·습속·신앙과 신화 등과 같은 문화상에 있어서도 공통점이 많기 때문에 '조엽수림문화권'이라는 것을 설정할 수 있다(〈그림 1〉참조). 이러한 조엽수림지대에도 시대에 따른 문화적 변천이 있으니, 생업을 기준으로 보았을 때 선先(pre)농경단계 → 조엽수림을 개간하여 근재根栽 내지 잡곡재배를 주로 하는 화전농경단계 → 도작이 지배적인 단계가 그것이다. 여기서 문제는 이상과 같은 3단계를 포괄하여 조엽수림문화로 볼 것인지, 특정 단계만을 조엽수림문화라 할 것인지라는 것인데, 이 점에 대해서도 두 번째의 근재根栽·잡곡재배 단계를 전형적인 조엽수림문화로 간주하는 경향이 대세인 것 같다.

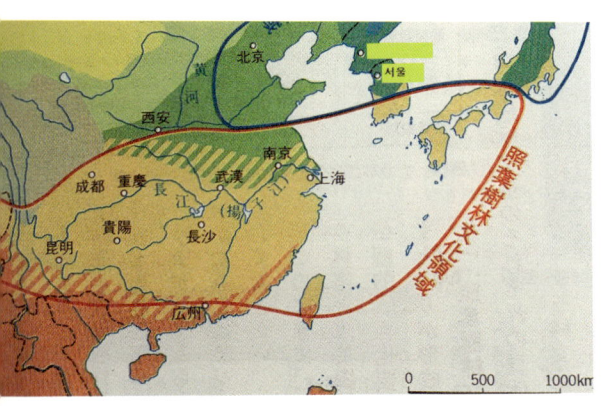

〈그림 1〉 조엽수림문화권(佐々木高明, 1991, 『日本史誕生』, 集英社)

---

[116] 中尾佐助, 1966, 『栽培植物と農耕の起源』, 岩波新書; 1967, 「農業起源論」, 『自然 - 生態學的研究』(今西錦司博士還曆記念論文集), 中央公論社, 363~379쪽.

조엽수림문화론은 일본문화의 기원에 관한 새로운 학설로서 학계의 상당한 주목을 받고 있는데, 사사키는 이러한 조엽수림문화론을 주도한 대표적 연구자의 한 사람이다. 사사키가 십오야의 기원 문제를 처음 언급한 것은 1976년 우에야마 슌페이上山春平·나카오와 함께 조엽수림문화에 대한 토론회에서였는데, 여기서 그는 십오야를 토란 등의 괴경류塊莖類 전작물의 수확제로 간주하고, 이와 대단히 유사한 형의 것이 야오족瑤族이나 먀오족苗族 같은 중국 남부 조엽수림 지대의 산지민山地民들 사이에서도 짙게 남아있다고 했다. 즉 십오야는 조엽수림문화의 전작 수확제라는 것이다.[117] 이러한 견해는 이후의 저술에서도 되풀이해서 제시되고 있다.[118]

사사키의 견해는 앞서 언급한 고우타(쯔보이)와 다케무라에서 출발하지만, 십오야를 조엽수림문화권의 문화요소의 하나로 언급했다는 점에서 의미가 있다. 그러나 조엽수림문화를 구성하는 다른 문화요소들에 대해서는 구체적 연구나 언급이 있음에도 불구하고,[119] 십오야 문제에 대해서는 단편적 언급만 있을 뿐 개별 논문으로 다루지 않았던 점은 아쉬움으로 남는다. 다시 말해 주장을 뒷받침할 수 있는 구체적이고 새로운 논거가 제시되지 않았다는 것이다.

고우타(쯔보이)와 다케무라에 의해 전작기원설이 힘을 얻어감에 따라, 십오야를 도작과 연계시켰던 나오에도 전작과의 관련 가능성에 대해 여지를 남겨두는 방향으로 자신의 견해를 일부 수정하였다.[120] 그렇다고 해서 도작기원설이 완전히 후퇴한 것은 아니었다. 민속학 분야에서 사쿠라이 도쿠타로우櫻井德太郎(1917~2007)는 십오야를 도초제稻草祭라고도 하는 점, 십오야에 벼 줄기를 뽑아 논의 신에게 바치거나 뜰에 벼 줄기를 높이 매단 장대를 세워 달의 신에게 바치는 등 벼와 관련되는 민속이 존재하는 점 등을 들어,

---

117) 上山春平·佐佐木高明·中尾佐助 編, 1976, 『續 照葉樹林文化』, 中公新書, 211~212쪽.
118) 佐々木高明, 1991, 『日本史誕生』(日本の歷史1), 集英社, 222쪽; 2007, 『照葉樹林文化とは何か?』, 中公新書, 121~122쪽.
119) 예컨대 1989, 「東南アジアの照葉樹林帶における茶の原初的利用形態」, 『東·南アジア農耕論』, 弘文堂, 199~229쪽.
120) 直江廣治, 1968, 「民間信仰」, 『日本文化と中國』(中國文化叢書 10), 大修館書店; 1980, 「仲秋の行事」, 『祭りと年中行事』, 櫻楓社, 196~203쪽; 1987, 「中國の民間信仰」, 『民間信仰の比較研究』, 吉川弘文館, 258~262쪽.

십오야는 단순한 중국풍의 명월 관상 행사가 아니라 벼의 순조로운 성육과 결실을 달의 신에게 기원하는 일본 고유의 도작행사라 했다.[121]

또 민족학 분야에서 오오바야시 다로우大林太郎(1929~2001)는 중국 남부와 일본에서 정월과 십오야에 토란이 의례식儀禮食으로 널리 사용되는 점을 주목하면서, 이러한 풍습은 중국 남부에서 먼저 확립된 후 일본으로 전파된 것이라 했고, 그 문화적 배경은 도작이란 견해를 발표했다.[122] 그도 원래는 Eberhard나 다케무라의 견해에 따라 토란을 의례식으로 사용하는 것은 종족으로는 야오족瑤族에서, 생산기반에서는 전작과 관련된다고 했다.[123] 그러나 이후 견해를 수정하여 토란이 의례식으로 이용되는 분포를 보면 중국 남부 중에서도 동남부 연해지역이며, 이 지역은 월越 문화 지역인 동시에 수도경작지대水稻耕作地帶이기 때문에 십오야는 도작에서 비롯된 것이라 했다.[124]

이렇듯 십오야의 농경적 기반이 전작이냐 도작이냐는 문제를 둘러싸고 논란이 있는 가운데, 일본학자들에 의해 한국의 추석에 초점을 맞춘 연구들이 발표되기도 했다.

이러한 것으로는 요타 치호고依田千百子(1943~)의 연구가 있다. 그녀는 추석 문제를 집중적으로 논하기 앞서 한국의 도작의례, 그리고 한국과 중국 연중행사의 비교 연구를 통해 추석에 대한 견해의 일단을 피력한다. 한국의 도작의례 중 수확의례에는 다가올 수확을 위한 1차 수확의례와 수확 후의 2차 의례가 있는데, 추석은 이중 1차 수확의례에 해당한다고 한 것은 전자의 연구를 통해서이다.[125] 그리고 후자에서는 한국의 중국 연중

---

[121] 櫻井德太郎, 1969, 『季節の民俗』, 秀英出版; 1987, 「日本の年中行事」, 『民俗儀禮の研究』(櫻井德太郎著作集 9), 吉川弘文館, 241쪽.
[122] 大林太郎, 1992, 「正月料理と八月十五夜の里芋」, 『正月の來た道』, 小學館, 119~154쪽.
[123] 大林太郎, 1982, 「正月料理と八月十五夜の里芋」, 『稻·舟·祭』(松本信廣先生追悼論文集) 六興出版. 그러나 이 논문은 직접 참고하지 못했고, 위의 책 『正月の來た道』를 통해 견해가 수정되었음을 알았을 뿐이다.
[124] 일본에서 토란의 문화적 의미에 대해서는 일찍부터 주목이 있었던 것 같다. 예컨대 岡正雄은 일본문화가 단일문화가 아니고 여러 문화가 혼합·누적된 것이라 하면서 가장 古層文化로 모계적·비밀결사적·芋栽培·수렵민문화 단계를 설정했으며, 토란이 祭事나 행사의 食物로서 없어서는 안 된다는 풍습은 널리 퍼져있는 것도 이런 이유 때문으로 보았다(岡正雄, 1958, 「日本文化の基礎構造」, 『日本民俗學大系』 2, 平凡社; 1979, 『異人その他』, 言叢社, 20~23쪽). 또 本間トシ는 토란을 의례식과 신에 대한 供物로 사용하는 지역의 분포를 검토하고, 나아가 토란이 십오야의 중요한 의례식임을 밝혔으나, 십오야의 농경적 기반에 대해서는 언급하지 않았다(本間トシ, 1967, 「儀禮食物としての芋」, 『史論』 18, 東京女子大學史學研究室, 28~50쪽).

행사 수용 방식에는 ①날짜·명칭·내용 모두 중국 그대로인 단순수용형, ②상층계급에서는 중국 행사 그대로 수용했지만, 일반 민중은 유사한 고유 행사를 토대로 이해·대행하고 있는 이중구조적 수용형, ③명칭은 중국과 같지만, 행사의 성격 및 내용은 한국의 고유의 것인 명칭수용형으로 나누고, 추석의 경우는 ③의 명칭수용형에 해당한다고 했다.[126] 여기서 나아가 요타依田는 1982년 추석을 전론專論한 연구를 발표하여, 추석 행사의 내용과 의미를 정리했으며, 이를 바탕으로 주변민족의 8월 15일과의 공통점과 차이점을 추출한다.[127] 이처럼 다양한 논의 중 추석 유래 관련 부분을 추려보면, 추석은 중국의 화남華南의 중추절과 일본의 십오야를 연결하는 고리라고 했다. 그렇다면 추석의 연원은 중국 화남지역에서 찾을 수 있는 셈이다. 그리고 추석은 화전재배민의 수확의례를 기초로 해서 그 위에 전작+도작 복합문화가 중층重層해서 형성되었다고 했다. 즉 추석의 바탕에는 화전농업이 있고, 그 위에 전작과 도작의 복합문화가 접합되면서 성립되었다는 것이다.[128]

또 세키네 히데유키關根英行(1962~)은 일본 분盆(7월 15일)의 문화계통 구명을 위해 추석을 원용했는데, 이에 의하면 추석은 북아시아계 집단이 중국 화남지역의 잡곡재배문화 요소를 가미한 수도재배문화水稻栽培文化를 수용하면서 성립된 세시풍속으로, 농경의례적 요소와 조령제적 요소를 모두 포함하면서 현재까지 그 전통이 이어지고 있으나, 일본에서는 농경의례적 요소와 조령제적 요소가 분화되어, 농경의례적 요소는 십오야에

---

125) 依田千百子, 1966, 「朝鮮の稻作儀禮」, 『民族學研究』 31-2, 日本文化人類學會; 1985, 『朝鮮民俗文化の研究』, 瑠璃書房, 186~194쪽.
126) 依田千百子, 1969, 「年中行事よりみた朝鮮における中國文化の受容形式についての一考察」, 『朝鮮學報』 52, 朝鮮學會; 1985, 『朝鮮民俗文化の研究』, 瑠璃書房, 143~146쪽.
  추석은 그 자체가 사회구조나 문화 제요소와의 관련성이 강하기 때문에, 名月의 관상을 특징으로 하는 중국적 중추의 행사는 수용하기 어렵고, 따라서 고유의 습속이 그대로 유지된 것이라 했다(145~146쪽). 이러한 견해는 依田千百子, 1991, 「年中行事の比較研究」, 『神々の祭祀』(植松明石 編), 凱風社; 2007, 『朝鮮の祭儀と食文化』, 勉誠出版, 99~102쪽에서도 그대로 되풀이되고 있다.
127) 依田千百子, 1982, 「秋夕考」, 『白初洪淳昶博士 還曆紀念史學論叢』, 형설출판사; 1985, 『朝鮮民俗文化の研究』, 瑠璃書房, 149~170쪽.
128) 依田千百子는 앞서 인용한 「朝鮮の稻作儀禮」, 187쪽에서 추석은 "보리나 조와 같은 전작물의 수확이 아닌 도작proper의 의례"라고 했다. 따라서 이러한 견해는 「秋夕考」에서 수정된 것이라 하겠다.

계승되고 조령제적 요소는 7월의 오봉ぉ盆에 흡수되었다고 한다.[129] 물론 이 논문은 한국의 추석을 전론專論한 것이 아니기 때문에 많은 것을 기대할 수 없지만, 북아시아계 집단이 한국에서 추석을 성립시킨 이유나 과정이 제대로 설명되지 못한 점, 추석의 농경적 배경이 되는 중국 화남지역의 잡곡재배문화 요소를 가미한 수도재배문화水稻栽培文化에 대한 언급이 구체적이지 못한 점 등 많은 의문점을 내포한 견해라 할 수 있다.

이 장에서는 세시풍속은 농경생활과 밀접한 관련이 있다는 전제 위에서, 추석의 농경적 기반에 대한 논의들을 살펴보았다. 그래서 먼저 한국학계의 논의들을 살펴보았고, 나아가 일본의 십오야에 대한 일본학계의 연구성과를 개관해 보았다. 그 결과 이 문제에 대해서는 다양한 견해가 제시되었음에도 불구하고 아직까지 합의에는 도달하지 못했음을 알 수 있었다. 그렇지만 논의의 초점이 전작이냐 도작이냐라는 문제로 귀결된다는 사실을 확인할 수 있었던 것은 나름대로 의미가 있다고 여겨진다.

5. 연구 방향의 모색 - 맺음말을 대신하여

이상에서 추석의 유래에 관한 사료들을 살펴보고 나아가 쟁점이 되는 문제, 즉 중추절의 신라기원설 문제와 추석의 농경적 기반 문제에 관한 기왕의 연구성과들을 개관해 보았다. 그래서 여기서는 이상의 논의를 토대로 추석 연구의 방향을 모색해 보는 것으로 맺음말에 대신하고자 한다.

첫째, 세시풍속의 개념과 범위; 관련 사료의 검토 결과, 추석이 신라시대에 이미 명절로 간주되고 있었음은 부인할 수 없다. 그러나 신라는 천년의 왕국으로 일컬어지는 만큼, 대강 어느 시점에서 추석이 세시풍속으로 자리 잡게 되었는지는 밝히기 어렵다. 그것은 사료의 문제와 세시풍속의 개념과 범위를 어떻게 볼 것인가?라는 문제 때문이다. 즉 사료에서 8월 15일의 사례射禮는 관인官人의 행사, 적마績麻시합은 지배자집단이라 할

---

[129] 關根英行, 2002,「盆과 추석의 계통문제에 관한 고찰」,『일본학보』50, 한국일본학회, 423~438쪽.

수 있는 6부 여성의 행사라 했을 뿐, 일반인의 행사 참가에 대해서는 언급이 없다. 만약 세시풍속의 개념에서 사회구성원의 상하가 함께 참여하는 사회성과 집단성을 중시한다면, 사례와 적마 사실만 가지고 세시풍속으로서의 추석의 성립 시기를 신라의 반도통일 이전으로 소급시키기는 어렵게 된다. 따라서 사례射禮와 적마績麻 사료를 토대로 신라 추석의 성립 시기를 구명하고자 한다면, 세시풍속의 개념과 범위를 분명히 해야 할 것이다. 이 점은 중국 당대唐代 일부 계층의 상월賞月 내지 관월觀月을 세시풍속으로 볼 수 있는지에 대한 논의에도 그대로 적용될 수 있으며, 이에 따라 신라의 추석과 중국 중추절의 관련성 문제도 새롭게 조명될 수 있을 것 같다.

둘째, 한·중·일 각국의 8월 15일에 대한 이해; 한국 추석과 중국 중추절의 선후관계와 영향관계는 학술적 논란을 넘어, 최근에는 한중 양국의 국민감정으로 비화되기까지 했다. 추석날 아이들에게 송편을 배달하는 한국 애니메이션이 중국에서 방영되자 중국 네티즌들이 들끓었다는 보도가 있었다. 중국 아이들로 하여금 중추절을 추석으로, 월병을 송편으로 오도한다는 것이 그 이유였다고 한다.[130] 이런 상황 전개는 결코 바람직한 것이 아닌 만큼, 학계가 정확한 사실을 토대로 중심을 잡아나갈 필요가 있다.

그간 추석과 중추절의 선후문제에 대한 논란은 그 각각에 대한 충분한 이해없이 선입관을 가지고 결론부터 서두른 감이 있다. 그러므로 이 문제의 해결을 도모하기에 앞서, 한·중 각각의 습속과 행사에 대한 충분한 검토와 이를 토대로 한 상호간의 공통점과 차이점을 구명할 필요가 있다.

사실 추석과 중추절은 큰 차이점이 있다. 추석은 뭐니 해도 조상 관련 행사가 중심인데 비해, 중추절은 어디까지나 생자의 단원團圓을 위한 것이고 제조祭祖와 상분上墳(성묘)의 풍습은 없다고 하며,[131] 제의라면 오히려 제월祭月 내지 배월拜月이 우선이다.[132] 따라서

---

130) 연합뉴스 2021년 3월 12일자, 「中네티즌 한국 애니메이션에 시비 … "중추절에 왜 송편?"」. dongA.com 2021년 3월 12일자, "중추절에 왜 송편 먹어" 中누리꾼, 이번엔 한국만화 트집」.
131) 山曼 主編, 2004, 『節慶』, 山東友誼出版社, 83쪽.
132) 何蘭香, 2010, 『中秋節』, 吉林文史出版社, 48~53쪽.
그러나 祭祖의 풍습이 전혀 없는 것은 아니다. 胡樸安, 1988, 『中華全國風俗志』(下), 河北人民出版社, 281쪽에 의하면, 安徽省 貴池에서는 8월 15일에는 햅쌀로 밥을 지어 조상·家神·竈神 등에 바쳤다고 한다. 하지

차이점을 무시한 채, 추석과 중추절을 무리하게 연결시키려고 한다는 것은 방법론상으로 큰 잘못이라 하지 않을 수 없다. 이러한 의미에서 최근 중국학자들이 한국과 중국의 그것을 구체적으로 비교하여 공통점과 차이점을 가려내려는 시도는 매우 바람직한 것으로 여겨진다. 다시 말해 양자 간의 공통점과 차이점들을 하나씩 찾아낼 때, 한·중 추석의 상관관계가 보다 분명히 파악될 수 있고, 나아가 기원의 문제 해결에도 한 걸음 다가갈 수 있다는 것이다.

셋째, 추석의 농경적 기반에 대한 주목; 도시화가 진행됨에 따라 도시부에서 추석은 보름달을 맞이하는 날 정도의 의미밖에 없을지 모르지만, 전통적 농업사회에서는 농경주기를 배제하고 세시풍속을 생각하기 어려운 것이 사실이다.[133] 그러나 농경에도 여러 종류가 있으므로 추석의 경우 벼농사와 관련이 있는지 밭농사와 관련이 있는지가 논란이 되는 것은 당연한 일이라 할 수 있다.

한국의 농경은 밭농사에서 시작되었지만, 벼가 전래되면서 논농사 중심으로 점차 변화했다는 인식이 지배적이다. 그래서 농경이라면 으레 벼농사를 염두에 두었기 때문에, 추석도 벼농사와 관련해서 생각해왔다. 다시 말해 추석을 벼의 수확의례로 간주하는 경향이 많았다. 그러나 음력 8월 15일은 벼의 수확에는 시기상조이다. 『삼국사기』에 의하면 8월은 물론 9월에도 벼는 아직 논에서 자라고 있었다고 전하기 때문이다.[134] 또 『동국세시기東國歲時記』「8월 추석」에서도 "햇곡식이 이미 익어 추수가 멀지 않았다[以新穀已登 西成不遠]"이라 하여 아직 추수를 하지 않았음을 전하며, 19세기 정학유丁學游의

만 한국의 추석과는 달리 祭祖의 전통은 역시 미약한 것이 아닌가 한다.
133) 이러한 사례의 하나로 과거 남한지역에서도 중시되던 단오가 도작 방식의 변화, 즉 直播法에서 移秧法으로 바뀜에 따라 쇠퇴하게 된 사실을 들 수 있다. 즉 이앙법이 도입되면서 단오 무렵은 농사에서 가장 바쁜 모내기 시즌과 겹쳐 여유롭게 명절을 만끽할 형편이 아니기 때문에 단오가 쇠퇴하게 되었다는 것이다(장주근, 1986, 「한국의 농경과 세시풍속」, 『한국민속논고』, 계몽사, 448쪽).
134) 『삼국사기』에서 이러한 사실을 반영하는 기사를 적시하면 다음과 같다. 혜공왕 3년 9월, 金浦縣 禾實皆米; 원성왕 9년 8월, 大風 折木偃禾; 경순왕 2년 8월, 甄萱進屯於大耶城下 分遣軍士 芟取大水郡禾稼; 양원왕 4년 9월, 丸都進嘉禾.
효소왕 6년 7월에 "完山州進嘉禾"했다는 기사가 있는데, 『삼국사기』에 의하면, 효소왕 4년부터 9년(695~700)은 周正을 사용한 시기이므로, 7월을 夏正으로 환산하면 9월이 된다.

『농가월령가農家月令歌』에도 추수 관련 언급은 주로 9월 부분에 보인다.[135]

벼농사는 원래부터 작업과정이 복잡한 데다 한국에서는 벼 자체가 외래종이어서 키우기가 까다롭다. 때문에 다른 작물에 비해 의례적 요소가 발달했고, 관련 세시풍속도 복잡하다.[136] 이에 따라 수확의례도 하나가 아니라, 여러 단계로 나누어진다. 본격적인 수확에 앞서 처음 생산되는 벼의 수지[初穗]를 조령祖靈에게 바치는 천신의례薦新儀禮가 있는가 하면, 수확이 끝난 후의 추수감사제가 있다.[137] 그래서 추석을 수확의례 중에서도 수확 직전의 천신의례로 보는 견해가 제시되기도 했다.[138]

그런데 한국의 농경에서 밭농사도 무시할 수 없다.[139] ①한국의 논과 밭의 비율을 보면 논이 절대적 우위에 있었던 것은 아니었다. 신라 촌락문서는 통일신라기 서원경西原京 4개 촌의 현황을 전하는 것인데, 이에 의하면 이 지역 답畓과 전田의 비율은 46.5 : 53.5로[140] 논에 비해 밭의 비중이 컸다. 그리고 벼농사 장려가 국가 차원에서 계속 추진되었음에도 불구하고 18세기 초반(1720년 경자양안庚子量案)까지도 벼농사의 중심지역인 경기 및 삼남(충청·경상·전라)지역에서조차 논이 차지하는 비중은 전체 경작 면적의 절반에도 미치지 못했으며, 조선왕조 멸망 직전인 1909년에 와서야 절반이 넘는 53.3%였다는 통계가

---

135) "물식은 조커니와 츄수가 시급ᄒ다/물논은 뷔여설고 건답은 뷔여드려/ 오늘은 정근벼요 너일은 ᄉ발벼라/밀 자리 대쵸벼와 드트기 경상벼라"(조성자 책임편집, 2000, 『역주본 농가월령가·옥루연가』, 다운샘, 79~80쪽).
136) 宇野圓空, 1944, 『マライシアに於ける稻米儀禮』, 日光書院, 280쪽.
  장주근, 1984, 『한국의 세시풍속』, 형설출판사.
137) 倉田一郎, 1969, 『農と民俗學』, 岩崎美術社, 188쪽에서는 이를 수확제의 이중구조라 했다. 한편 말레이시아 에서는 수확에 앞서 수확 도구의 정화나 稻魂의 진혼제 같은 예비적 의례도 확인된다고 한다(宇野圓空, 앞의 책, 280쪽).
138) 김택규, 1985, 『한국 농경의례의 연구』, 영남대출판부, 224~326쪽.
139) 아미노 요시히코(박훈 역), 2003, 『일본이란 무엇인가?』, 「제4장 미즈호꾸니(瑞穗國) 일본의 허상」, 창작과 비평사, 259~357쪽에 의하면, 일본의 경우도 벼농사의 비중이 절대적인 것이 아니었다고 한다.
140) 이기백 편저, 1987(1993), 「신라촌락장적」, 『한국상대고문서자료집성』, 일지사, 30~35쪽. 麻田에 대한 기록 도 있지만(A촌 1결 9부, B촌 ?, C촌 1결 ?부, D촌 1결 8부), 판독 미상인 부분이 있어 제외하였다.

	A(沙害漸村)	B(薩下知村)	C	D	합 계
畓	102結02負4束	63結64負9束	71結67負	29結19負	266結53負3束
田	62結10負5束	109結05負8束	58結07負1束	77結19負	306結42負4束
畓:田	62.2 : 37.8	36.9 : 63.1	55.2 : 44.8	27.4 : 72.6	46.5 : 53.5

있다.[141] 물론 하나의 경지를 해에 따라 교대로 논과 밭으로 이용하는 회환농법回換農法도 있어[142] 논과 밭의 면적이 연도에 따라 조금씩 달라질 수 있다. 그러나 이것이 대세에 영향을 미칠 정도가 아니라면, 면적만 가지고도 한국의 농경문화에서 밭농사를 결코 무시할 수 없다고 하겠다(면적 보다는 생산량이 중요한데, 밭의 면적이 넓다고 해서 생산량이 논을 능가했는지는 미지수이다).

② 북위北魏의 최홍崔鴻(478~525)이 찬찬한 『십륙국춘추十六國春秋』에는 신라인들이 "보리를 먹었다"는 기사가 있는데,[143] 이는 보리가 주식이었음을 의미하는 것이 아닌가 한다. 그렇다면 신라인의 삶에서 밭농사가 차지하는 비중이 매우 컸음을 짐작할 수 있다. 농사란 결국 식량을 얻기 위한 것인데, 보리가 주식이었다는 사실은 한국의 농경문화에서 밭농사를 더욱 주목해야 할 필요성을 제기하는 것이라 할 수 있다.

③ 절식節食과 제수祭需는 세시풍속에 관한 여러 문제를 고려함에 있어 중요한 단서가 된다. 추석의 명절음식으로 지금은 송편이 대표적이지만, 신라시대에는 박탁餺飥과 병식餠食, 조선시대에는 토란이 있었다. 먼저 박탁과 병식은 앞서 언급한 『입당구법순례행기』에 전하는 것이다. 물론 박탁과 병식이 신라 본국에서도 명절음식이었는지는 논란의 여지가 있을 수 있다. 그러나 중국 거주 신라 교민의 풍습이 본국과 전혀 별개의 것이

---

141) 이정철, 2009, 「조선시대의 벼농사와 쌀」, 『쌀은 우리에게 무엇이었나』(한국문화사 26), 두산동아, 147~148쪽. 이 글은 1909년의 『조선총독부통계연보』에 의거한 것이라 하는데, 『朝鮮農會報』 5-4(1910)에 게시된 「明治42年(1909)朝鮮農業統計」에 의하면, 논 781,097町(33.9%), 田 1,266,462町(55.0%), 기타(휴한지, 화전) 254,715町, 계 2,302,274町라고 하여, 논이 여전히 절반에도 미치지 못하고 있다(穐本洋哉, 2008, 「近代朝鮮半島の稻作と日本の農業近代化政策」, 『經濟論集』 33-2, 東洋大學, 159쪽에서 재인용). 같은 1909년임에도 불구하고 이러한 차이가 있는 데 대해서는 원자료를 확인하지 못했기 때문에 시비를 가리기 어렵다. 그리고 田崎博之, 2002, 「朝鮮半島の初期水田稻作」, 『朝鮮半島考古學論叢』, すずさわ書店, 59쪽에 의하면, 1939년에도 삼남지역의 논은 46~72% 정도에 그쳤다고 한다.

142) 하나의 경지를 논과 밭으로 반복 전환(즉 畓 → 田 → 畓)하는 경지 이용형태는 삼국시대부터 확인된다. 문헌상으로는 『수서』(권 81)와 『북사』(권 94) 「신라전」의 "水陸兼種"이란 기사, 고고학적 증거로는 6~7세기에 해당하는 昌原 盤溪洞 水田유구가 있다(곽종철·양화영, 2002, 「매몰 논(水田) 유구」, 『昌原 盤溪洞遺蹟』 Ⅱ, 창원대박물관·한국수자원공사, 120~144쪽).

143) 『太平御覽』 권 838, 「百穀部2, 麥」: 《前秦錄》曰 … 又曰 新羅王遣使貢其方物 在百濟東 去長安九千八百里 其人食麥"(臺灣商務印書館本6, 1980, 3875쪽).
이 기사를 湯球(1804~1881) 輯, 『十六國春秋輯補』, 「前秦錄」 5, 符堅조에서는 建元 17년(382, 나물왕 27)의 사실로 기록하고 있다(2000, 『二十五別史』 11, 齊魯書社, 280쪽 所收).

아닐 가능성이 크다고 여겨진다. 이런 입장에서 박탁과 병식을 살펴보면, 병식이란 떡 종류를 가리키며, 그 재료는 쌀과 밀이 포함되었을 것이다. 그리고 박탁은 『입당구법순례행기』가 일본 승려 엔닌의 저술인 만큼 당시 일본에서 박탁을 어떻게 이해하고 있었는지가 중요한데, 이에 대해서는 승평연간承平年間(931~938)에 원순源順이 편찬한 『화명류취초和名類聚抄』 권 16 「반병류飯餅類」에 언급이 있다. 즉 박탁은 "밀가루를 펴서 네모나게 자른 것을 가리킨다[釬麵方切名也]"라고 한 것이 그것이다. 뿐만 아니라 6세기 전반 북위北魏 가사협賈思勰의 『제민요술齊民要術』의 기록[144]에 의하면 반죽한 밀가루를 일정 크기로 잘라서 끓는 물에 넣어 익혀 먹는, 오늘날의 수제비나 칼국수와 비슷한 음식이 바로 박돈(탁)이라 했다.[145] 『화명류취초和名類聚抄』에서는 박탁餺飥, 『제민요술齊民要術』에서는 박돈餺飩이라 하여 표기에 차이가 있으며, 『입당구법순례행기』의 해당 부분의 표기도 박탁餺飥인지 박돈餺飩인지에 대한 논란이 있으나, 양자는 같은 음식을 가리킨다고 보는 것이 일반적이다. 그렇다면 박탁이든 박돈이든 공히 음식의 재료가 밀가루[麵]인 것은 틀림이 없으며, 신라 추석에는 밭작물이 명절음식의 식자재가 되었음을 확인할 수 있다.[146]

---

144) 『齊民要術』 권 9, 「餅法, 水引·餺飩法」: 細絹篩麵 以成調肉臛汁 待冷溲之 水引: 挼如箸大 一尺一斷 盤中盛水浸 宜以手臨鐺上 挼令薄如韭葉 逐沸煮. 餺飩; 挼如大指許 二寸一斷 著水盆中浸 宜以手向盆旁接使極薄 皆急火逐沸熟煮. 非直光白可愛 亦自滑美殊常. 번역은 다음과 같다. "고운 비단 체에 친 밀가루를 사용하는데, 삶아서 간을 맞춘 고기 국물이 식으면 그 물로 반죽을 한다. <水引>은 반죽을 주물러 젓가락 굵기로 만들어서 길이를 1자 정도씩 잘라 물동이에 넣어 담가둔 다음, 솥 위에 놓고 손으로 주물러 부추잎처럼 얇게 만들며, 물이 끓어오르는 대로 떼어서 넣는다. <박돈>은 반죽을 주물러 엄지손가락[大脂] 굵기로 만들어서, 길이를 두 치 정도씩 자른 것을 물동이에 넣고 담가둔 다음, 물동이 옆에서 손으로 주물러 아주 얇게 만들고 모두 센 불에서 물이 끓어오르는 대로 삶아낸다. 이렇게 만든 것은 하얗게 빛나서 좋을 뿐만 아니라 부드럽고 맛도 특별하다"(구자옥·홍기용·김영진 역, 2006, 농촌진흥청, 669쪽). 그렇다면 수인과 박돈은 일정한 크기로 자른 밀가루 반죽을 끓는 물에 넣어 익혀 먹는다는 점에서는 같으나, 길이나 굵기에 차이가 있다. 『제민요술』의 기록은 『입당구법순례행기』의 박탁을 이해하는 데 많은 시사를 주지만, 여기에도 문제는 있다. 『입당구법순례행기』의 박탁은 사찰 가정에서 먹는 음식인데, 고기 국물에 밀가루 반죽을 넣어서 먹었다는 점에서 그러하다.
145) 구자옥·홍기용·김영진 역의 『齊民要術』 번역본 669쪽에서는 수제비라 했고, 김인희는 앞의 논문 329~332쪽에서 칼국수라 했다. 한국고전번역원의 한국고전DB 등, 한국 옛 문헌의 번역본에서는 餺飥을 수제비로 번역하는 경우가 많다.
146) 보다 자세한 설명은 아래의 <보론> 참조.

또 토란이 명절음식이란 사실은 『동국세시기』 「8월 월내月內」조에서 "토란단자는 밤단자와 만드는 법이 같은데 모두 가을의 음식[有土蓮團子 如栗團子之法 皆秋節時食也]"라고 한 점, 정학유丁學游의 『농가월령가』 「팔월녕」에서 "북어쾌 젓 조기로 추석 명일 쇠어 보세/ 新稻酒 올벼송편 박나물 토란국을/ 先山에 제물하고 이웃집 나눠 먹세(북어쾌 젓조긔로 츄셕명일 쇠야보식/ 신도쥬 오려 송편 박나물 토란국을/ 션산의 졔물ᄒ고 이웃집 ᄂ화먹식)"라고 한 점,[147] 또 일제강점기 신문에 추석 음식으로 토란국을 먹었다는 기사가 여러 차례 보이는 점,[148] 개성에서는 "토란국을 끓여먹었는가?"라는 말이 추석 인사라고 한 점[149] 등으로 짐작할 수 있다. 토란은 밭작물이다. 이처럼 절식에 밭작물을 재료로 한 것들이 있다는 사실은 추석과 밭농사의 관련을 시사하는 것이라 할 수 있다.[150] 그렇다고 할 때 추석이 밭작물의 하나인 마麻를 원료로 한 적마시합에서 유래했다는 전승 역시 우연은

---

147) 조성자 외, 2000, 『역주본 농가월령가 · 옥루연가』, 다운샘, 74쪽.
148) ○『매일신보』 1916. 9. 13. 「仲秋다운 仲秋節」; 일기도 가을털다웁게 쌀쌀ᄒ야 져서 … 송편에 토련국도 상호 넘려는 조곰도 업서 아죠 마침 됴흔 추석 일거라(449쪽).
　　○『동아일보』 1928. 9. 25, 「추석과 물가」; 토란 한말 60錢 50錢(479쪽).
　　○『조선중앙일보』 1934. 9. 23, 「한가위란 어떤 명절인가(下)」(李秉岐); 마을에서는 집집마다 북어쾌, 짓조긔, 신도주, 오리송편, 박나물, 토란국 따위의 음식을 작만하고(493쪽).
　　○『조선일보』 1938. 10. 8, 「秋夕嘉俳」; 옛 추석날 서울서는 송편과 청주 · 토란국을 끄리며 … 생방, 토란이 알알이 정답게 명석 우에 벌려져 있다(507쪽).
　　이상은 2003년 국립민속박물관에서 간행한 『한국세시풍속자료집성』 신문 · 잡지편(1876~1945)에서 인용한 것이다.
149) 리정순 등, 2002, 『열두달민속이야기』, 근로단체출판사, 149쪽.
150) 토란은 중국과 일본에서도 8월 15일의 중요한 제물이며 절식이었다.
　　○ 중국; 廣東省 廣州 · 潮州 · 東莞의 사례가 확인되며, 특히 潮州에서는 이러한 습속의 기원에 대한 전승까지 전한다. 즉 8월 15일 민중봉기를 통해 압제자인 만주족의 머리를 잘라 제사지낸 데서 시작되었으며, 토란은 만주족 머리의 대용물이란 것이다(胡樸安, 1988, 『中華全國風俗志』(下), 河北人民出版社, 381쪽; 若水, 1928, 「仲秋月下 - 潮州民俗談之三」, 『民俗周刊』 32, 國立中山大學 民俗學會, 7~11쪽; 容肇祖, 「中秋節起源和唐代的傳說」, 『民俗(周刊)』 32, 13 및 16쪽).
　　○ 일본; 8월 15일을 芋明月이라고도 하는데, 그것은 이 날 토란을 먹거나(黑川道祐, 『日次紀事』 권 8, 「人事」) 처음 掘取하는 날(西角井正慶 편, 1958, 『年中行事辭典』, 東京堂出版, 64~65쪽)이기 때문이라고 한다.
　　○ Eberhard에 의해 중추절의 기원으로 여겨지는 瑤族의 주작물이 토란이란 점도 시사적이다(W. Eberhard, The Local Cultures of South and East Asia, pp.97~98).
　　그러므로 토란이 추석의 절식이란 사실은 추석의 문화권적 이해하는 데도 많은 시사를 주는 것이라 할 수 있다.

아니라고 생각된다. 마麻 역시 밭의 작물이기 때문이다.

④ 농경의례는 밭농사냐 논농사냐에 따라 상당한 차이가 있다고 한다. 그것은 기본적으로 작물의 성격에 따른 것이다. 벼농사는 벼가 지배적 작물이고 벼의 파종에서 수확의 주기에 따라 농경의례가 거행된다. 뿐만 아니라 벼농사는 작업 과정이 복잡한 데다 자연의 영향력이 많이 작용하고, 또 품종 자체가 외래종이어서 키우기가 까다롭다. 그래서 초자연적 힘에 기대려는 심리가 강하여, 다른 작물에 비해 의례적 요소가 발달했고, 관련 세시풍속도 복잡하다.

이에 비해 밭농사에서는 지배적 작물이 없고 여러 작물을 혼작混作한다. 그래서 작물마다 성장과 수확의 과정이 다르고, 상대적으로 자연에 대한 의존도가 낮다. 그래서 전작이냐 도작이냐에 따라 농경의례도 구조원리상 결정적 차이를 보인다. 도작의 농경의례는 해[年]를 단위로 거행되는 데 비해, 전작은 월을 단위로 하며, 그래서 매월 보름이 중시된다는 것은 이러한 사실을 반영한다.[151] 이러한 점을 고려할 때, 보름을 기준으로 한 추석은 전작의례에서 출발했을 가능성이 있다.

한국에도 전작의례가 있다면 그것은 밭농사와 더불어 존재했을 것이다. 그리고 밭농사가 논농사에 앞서 시작되었다면, 전작의례가 도작의례 보다 먼저 성립되었다고 할 수 있다. 그러나 논농사가 중시되고 농업을 주도함에 따라 전작의례는 쇠퇴하거나 도작의례의 일부로 흡수 내지 변형되었을 가능성이 있다. 또 밭농사는 경작이 까다롭지 않기 때문에 초자연적 힘에 의지하는 농경의례가 상대적으로 두드러지지 않은 점도 전작의례가 도작의례에 보다 쉽게 흡수되게 하는 요인이 되었을 것이다. 그 결과 추석의 전작의례적 요소에는 도작의례적 성격이 잠복해있을 수도 있다.[152] 그러므로 추석을 벼농사와

---

151) 竹村卓二, 1966, 「華南山地栽培民文化複合から観た我が国の畑作儀禮と田の神信仰」, 『民族學研究』 30-4, 318쪽.
152) 추석을 전후한 도작행사의 하나로 남한지역에 '올개심니'가 있다. 올개심니란 본격적인 벼 수확 전에 잘 익은 벼 몇 줄기를 베어서 조상단지에 바치거나 밥을 지어 조상에게 바치는 의례이다(표인주, 2006, 「올개심니」, 『한국세시풍속사전』(가을편), 국립민속박물관, 286~288쪽; 竹田旦, 2008, 「日韓比較民俗學の試み」, 『專修大學社會科學研究所月報』 544, 3~5쪽). 이러한 사실로 미루어 현재는 추석이 도작과 관련된다는 것이 분명하며, 추석이 일종의 천신의례란 해석도 가능하다. 그러나 굳이 수확 전에 완전히 성숙하지 않은 벼를 가져다가 의례적 행위를 한다는 사실은 추석의 농경적 기반이 오히려 전작에 있었음을 시사하는 것이 아닌가

연결짓는 데 그치지 말고 밭농사와의 관련성도 추구하여 추석의 농경적 기반 구명에 한 걸음 다가가는 것이 바람직하지 않을까 한다. 나아가 지금까지 대체로 소홀히 취급되었던 세시풍속과 전작과의 관련성 문제도 새롭게 조명할 필요가 있다고 생각된다. 단 여기에는 문제가 있을 수 있다. 추석의 농경적 토대가 전작이라면 그 전작은 계보적으로 중국 남부나 동남아시아 지역과 연결되겠는데, 그렇다면 한국의 전작과 중국 남부 등지의 전작과의 관계를 뒷받침할 구체적 증거가 있는지, 나아가 한국의 전작문화는 중국 동북지역과의 관련 속에서 출발했다는 사실을[153] 어떻게 설명해야 할지가 문제이기 때문이다. 이 문제에 대해서는 다양한 설명이 있을 수 있다. 예컨대 중국 남부의 도작은 초기 단계에는 벼를 다른 잡곡들과 함께 밭에서 혼파混播 재배하다가 이후 벼의 재배가 전문화된 형태이기 때문에,[154] 농경 기술 뿐만 아니라 풍습이나 의례에도 전작적 요소가 포함되어 있었고, 그 결과 중국 남부로부터 도작의 수용과 함께 추석과 같은 전작적 요소도 전래되었다는 식의 설명이 그것이다. 그러나 이러한 추론을 뒷받침할 수 있는 구체적 근거가 확보되어있지 않다는 점에서 여전히 문제가 남을 수밖에 없다.

넷째, 추석과 달 숭배의 관련성; 추석은 '달의 명절' 또는 '만월의 명절'로 정의되고 있다. 즉 달의 고마움에 감사하고 달을 위했으며 떡을 해도 달떡을 해 먹는 명절이라는 것이다.[155] 그렇지만 보름달이 뜨는 날의 세시풍속이라는 점 이외에는 추석과 달의 연관성에 대한 설명은 부족한 것 같다. 중국과 일본에서는 8월 15일에 제월祭月 내지 배월拜月의 풍습이 있음을 생각할 때, 이 점은 특이하다고 하지 않을 수 없다.

한다. 다시 말해 먼저 전작의례로서 추석이 있고, 후일 벼농사가 도입되면서 여기에 도작적 요소가 가미된 것이 올개심니 같은 의례가 아닌가 한다는 것이다.
153) 甲元眞之, 2004, 「朝鮮半島の初期農耕」, 『東北アジアの初期農耕文化と社會』, 同成社, 109~112쪽.
154) 佐佐木高明 1989, 「東アジアにおける水田稲作の形成」, 『東・南アジア農耕論』, 弘文堂, 355~394쪽.
155) 임동권, 1985, 「추석」, 『한국세시풍속연구』, 집문당, 262쪽 및 268쪽.
지난 2009년 농업경제연구소에서 추석을 10월 4째 주에 쇠자는 보고서를 제출한 적이 있었다. 추석 때는 제수용으로 과일 수요가 많지만, 아직 과일의 본격적인 출하 시기가 아니기 때문에 소비자는 고가에 구입해야 하고 생산자는 적기에 공급이 어렵다는 것이 그 이유이다(『중앙일보』 2009년 10월 24일자 <추석을 10월 4째주로 - 뭐? 추석, 양력 10월 4째 주에 쇠자>). 실용성을 중시한다는 점에서는 의미가 있을 수도 있겠지만, 보름달이 없는 추석을 상상하기는 어렵지 않을까 한다.

물론 한국에서도 달의 상징적 의미를 통해 추석의 성격을 이해하려는 노력이 전혀 없었던 것은 아니다. 예컨대 달의 영측盈仄과 식물의 죽음과 재생, 달과 월경의 주기성, 달과 물(비)의 관련성을 토대로 달 - 여성 - 물의 환대環帶는 우주적 생생력生生力(fertility)의 상징이기 때문에, 추석을 풍요의례 내지 여성제의로 해석하는 것이 그것이다.[156] 이러한 견해는 추석 이해에 일정하게 기여했음을 부정할 수 없지만, 다소 일반론으로 흐른 감이 있고,[157] 추석이란 한국 세시풍속의 구명에도 미흡한 점이 있다. 달에 대한 종교적 · 민속적 연구는 세계적으로 양과 질에서 불충분하기 때문에, 현재의 수준으로는 추석과 달의 관련성을 밝히기가 어려운 것이 사실이다. 그렇지만 달과 추석의 구체적인 측면을 관련짓는 노력이 있을 때, 추석의 유래와 본질에 대한 이해는 한 차원 더 심화될 수 있을 것으로 믿는다.

이밖에도 추석의 유래를 밝히기 위해서는 시급히 연구되어야 할 문제들이 많을 것으로 생각된다. 그러므로 이러한 문제들이 하나씩 해결되어 추석 전반에 대한 이해는 물론, 궁극적으로는 한국 세시풍속의 성격과 체계가 밝혀지기를 기대해 본다.

---

[156] 김열규, 1971, 「전승제의」, 『한국민속과 문학연구』, 일조각, 155쪽 및 223쪽.
　김열규는 생생력을 "fertility · fruchtbarkeit의 번역어로서, 인간 및 동물의 생식 · 번식 · 產育 등을 포괄함과 함께 농사의 풍요, 계절 및 자연의 이른바 雨順風調 혹은 그 생산성 등을 광범위하게 일컫는다"라고 정의했다(「민속신앙의 생생력 상징」, 위의 책, 209쪽).

[157] 이러한 견해는 Mircea Eliade에 기초한 바 크다. 그러나 Eliade의 연구(예컨대 1974, *Patterns in Comparative Religion*, Merdian Books, pp.154~187)는 세계의 달 상징의 최대공약수를 추출하고자 한 것이므로, 각 지역과 문화의 특수성에 대한 고려가 부족할 수밖에 없는 것이다.

⟨補論⟩
재당 신라인의 추석 명절음식 '餺飥(餺飩)'

1. 머리말

    일전 필자는 추석의 유래에 대한 연구사를 정리하면서 박탁餺飥(또는 박돈餺飩)[1]이란 음식을 언급한 바 있었다.[2] 박탁은 일본 천태종 승려 엔닌圓仁(794~864)의 중국 여행기 『입당구법순례행기入唐求法巡禮行記』에서 재당 신라인의 8월 15일 명절음식의 하나로 언급된 것이다.[3] 필자가 추석 연구사를 검토하면서 이를 언급한 것은 기왕에 추석을 주로 벼의 수확과 관련된 명절로 여겨져 왔지만, 밭농사 문화와의 관련성을 언급한 연구들도 있으므로, 이러한 견해의 타당성 여부를 생각해보고자 했기 때문이다. 그래서 추석 명절음식 중 밭작물을 재료로 한 것들을 주목했는데, 그 가운데 하나가 박탁이었다. 다시 말해 박탁은 밭작물인 밀을 원료로 한 음식이며, 이것이 8월 15일의 명절 음식이란 사실은 추석과 밭농사의 관련성을 시사한다고 보았던 것이다.

    박탁이 밭작물을 원료로 한 음식이란 설은 기왕의 통설이라 해도 과언이 아니다. 따라서 필자의 견해는 기왕의 통설에다가 추석과 밭농사의 관련성이란 생각을 덧붙여 본 데 불과하다.

    그럼에도 불구하고 필자의 견해에 대해서는 비판이 제기된 바 있다. 신종원의 비판이

---

1) 박탁인지 박돈인지 판독에 문제가 있다. 그러나 여기서는 박탁을 취하겠으며, 그 이유에 대해서는 후술하기로 한다.
2) 서영대, 「추석의 연원에 관한 연구사 검토」, 『한국사학보』 84, 고려사학회, 2021, 47~48쪽(본서에 수록).
3) 『입당구법순례행기』 권 2, 開成 4년(839) 8월 15일.

그것인데, 그는 "명절음식은 평상시의 그것과 다르고 귀한 것이어야 하며 쌀 우대 풍습의 유구성을 생각해보면 이러한 주장은 사실과 멀어 보인다"라든지,[4] "2대 명절의 하나인 추석에 더 귀한 곡식을 명절 음식[節食]으로 즐긴다고 보아야 상식적이지 않을까"[5]라 한 것이 그것이다. 신종원의 결론은 박탁을 "쌀로 만든 떡, 즉 송편의 한 가지"라는 것이다.[6] 그러므로 박탁=송편 설이 정당화되기 위해서는 박탁이 칼국수나 수제비 같은 밀가루 음식이란 견해는 비판되지 않으면 안 되었을 것이다. 신종원의 비판이란 결국 박탁의 원료는 쌀이기 때문에 박탁을 근거로 한 추석=밭농사 기원설은 성립할 수 없다는 것이다.

신종원의 지적은 필자로 하여금 자신의 부족한 부분을 반성하면서 박탁 문제에 대해 다시 한 번 생각해 볼 수 있는 계기를 마련해주었다는 점에서 고마운 일이다. 그러나 신종원의 비판과 주장 역시 받아들이기 어려운 점들이 있다. 우선 명절에는 귀한 쌀로 만든 음식을 즐겼다고 보는 것이 상식적이라 한 점이다. 그러나 역사적 사실은 상식보다 사료를 통해 구명되어야 하는데, 사료를 보면 명절이라고 해서 쌀로 만든 음식만 먹었던 것은 아니다. 신라시대 백결선생은 가난 탓에 이웃처럼 새해 준비의 일환으로 조[粟] 방아를 찧을 형편이 되지 못하여, 대신 금琴으로 방아소리 내어 부인을 위로했다는 대악碓樂 기원설화는 유명한 이야기인 바,[7] 이를 통해 신라인들이 명절음식에는 조를 재료로 한 것이 있었음을 알 수 있다. 또 『동국세시기』를 보면, 정월 보름에는 오곡밥을, 삼월 삼짇날에는 녹두국수를, 유월 유두에는 밀가루로 상화병霜花餠과 연병連餠을 만들어 먹었다는 기록이 있으며,[8] 『동의보감』에서는 한식날 밀가루로 만든 국수[寒食麵]를 먹었다

---

4) 신종원, 「추석 명절의 정체성」, 『한국사학보』 84, 고려사학회, 2021, 74쪽 주 57.
5) 신종원, 「중국 중추절의 기원설과 '문화발명권'」, 『문화의 시대; 한중 문화충돌』(김인희 편), 동북아역사재단, 2022, 221쪽.
6) 신종원, 「추석 명절의 정체성」, 75쪽.
   신종원, 「중국 중추절의 기원설과 '문화발명권'」, 220쪽.
7) 『삼국사기』 권 48, 열전8, 百結先生.
8) 『동국세시기』에는 이밖에도 유두날 밀가루로 유두누룩[流頭麴]을 동글동글하게 만들어 액막이용으로 몸에 차거나 문 위에 걸어두었다고 한다. 유두와 밀가루의 관계에서 주목되는 점은 한국의 세시풍속에서 밀가루가 처음 등장하는 시점이 유월 유두라는 사실이다. 한국의 밀에는 春播小麥과 秋播小麥이 있는데, 이 중

고 전한다.[9]

뿐만 아니라 전작물을 재료로 한 음식이라고 해서 저평가되었던 것도 아니었다. 밀의 경우, 보리와는 달리 벼 수확에 연이어 파종하여 이모작을 할 수 없었기 때문에 일부 산간지대에서만 경작되었을 뿐이므로 우선 생산량이 많지 않았다. 또 밀은 껍질[種皮]이 단단하기 때문에 곡식의 낟알 자체를 먹는 입식粒食에는 부적합한 대신, 점기粘氣가 많기 때문에 분식粉食에 유리한 곡물이다. 그런데 분식을 하려면 노예나 가축을 동원하여 제분을 해야 하는 등 품이 많이 든다. 그러므로 분식은 귀족이나 부호의 음식이며, 서민이 일상적으로 먹기에는 어려운 것이었다고 한다.[10] 그래서 고려시대에는 밀의 생산량의 적어 전량을 송나라로부터 수입했기 때문에 가격이 비싸 성대한 의식[盛禮] 때가 아니면 사용하지 않는다고 하며,[11] 조선시대에도 밀과 같은 전작물로 만든 국수를 제사나 손님 접대 때 올렸다고 하는데,[12] 이 역시 밀이 주로 일부 산간지역에서 생산되기 때문에 그만큼 귀하였음을 반영한다고 하겠다.

또 필자의 견해가 설득력을 가지기 위해서는 박탁=송편 설의 문제점도 함께 지적해야 하지만, 이 점은 박탁에 대한 기왕의 견해들을 검토하면서 다시 언급하기로 한다.

이렇듯 이 글은 신종원의 비판에 대해 관련 사료와 논지를 더 보강하여 필자의 생각을 재확인하고자 한 것이다. 그러나 여전히 허점이 많을 것으로 생각하는 바, 또 다른 가르침을 기대한다.

주종은 평안남도·황해도·강원도·경상북도에서 9월 하순~10월 상순에 파종하여 이듬해 장마 전에 추수하는 추파소맥이다(『朝鮮総督府農事試驗場二拾五周年記念誌』상, 朝鮮総督府 農事試驗場, 1931, 111쪽). 그러므로 유두의 명절음식에 사용된 밀은 방금 추수한 추파소맥이라 할 수 있겠다.

9) 『東醫寶鑑』湯液篇 권 1,「穀部, 小麥」; 寒食麵(한식날밀근밀ᄀᆞᄅ국슈) 謂寒食日煮喫麵取之 以焙乾貯 用能破 積行氣(學力開發社, 1988, 683쪽).
10) 篠田統,「五穀の起源」,『中國食物史の硏究』, 八坂書房, 1978, 22 및 25쪽.
11) 『高麗圖經』권 22,「雜俗, 饗飮」; 國中小麥 皆國人販自東京都來 故麵價頗貴 非盛禮不用.
12) 장지현,『한국전래 면류음식사 연구』, 수학사, 1994, 19~24쪽. 이에 의하면, 고려나 조선시대에는 제사에 아무나 국수를 올릴 수 있는 것이 아니라 사대부 중에서도 6품 이상에 한했다고 한다.

2. 박탁·박돈의 판독 문제

먼저 『입당구법순례행기』에서 재당의 신라인 명절음식으로 박탁을 언급한 부분을 제시하면 다음과 같다(<그림 1> 참조).

> ○ 開成 4년(839, 문성왕 1) 8월 15일, 寺家(사찰에 종속된 집)에서는 <u>餺飥(飩)餅食</u> 등을 차려놓고 8월 15일의 명절을 지낸다. 이 명절은 다른 여러 나라에서는 없고, 신라에만 있는 것이다. 老僧이 말하기를, "신라국이 예전에 발해와 서로 싸울 때, 이 날에 승리를 거두었다. 그래서 풍악을 울리고 기뻐 춤을 추었는데, (이 풍습이) 오랫동안 이어져 그치지 않았다. <u>갖가지 음식</u>을 차려놓고 음식·가무·管絃을 베풀고 3일을 쉬었다. 지금 이 山院(=赤山法華院)도 본국을 추모해서 오늘 절일을 쇠는 것이다. 발해는 신라에 의해 토벌되어 겨우 1,000여 명이 북쪽으로 도망갔고, 그 후 다시 와서 옛 땅에 의거하여 나라를 만들었으니, 오늘날 발해국이라 부르는 것이 그것이다"라고 했다.(『入唐求法巡禮行記』 권 2)[13]

적산 법화원을 중심으로 한 재당 신라인들은 갖가지 음식[百種飮食]을 차려놓고 8월 15일을 명절로 경축했다는 것인데, 박탁병식은 가장 먼저 거론된 점으로 미루어 갖가지 음식 가운데 대표적인 것이라 할 수 있겠다.

여기서 우선 문제는 '박탁병식餺飥餅食'을 어떻게 볼 것인가라는 점이다. 즉 박탁과 병식을 별개의 음식으로 볼 것인가, 묶어서 한 가지 음식으로 볼 것인가라는 점이다. 이에 대한 기왕의 통설은 박탁과 병식을 별개로 보는 것,[14] 즉 박탁과 병식으로[15] 나누어

---

13) "開成四年八月十五日, 寺家設餺飥(飩)餅食等 作八月十五日之節 斯節諸國未有 唯新羅國獨有此節. 老僧等語云 新羅國昔與渤海相戰之時 以是日得勝矣. 仍作節樂而喜儛 永代相續不息. 設百種飮食歌儛管絃 以晝續夜 三箇日便休. 今此山院追慕鄕國 今日作節 其渤海爲新羅罰 纔有一千人向北逃去 向後却來 依舊爲國 今喚渤海國者是也."
14) 신종원, 「추석 명절의 정체성」, 73쪽 및 「중국 중추절의 기원설과 '문화발명권'」, 218쪽에 기왕의 통설을 일목요연하게 표로 정리해 두어 크게 참고가 된다.
15) 諸橋轍次, 1968, 『漢和大辭典』 12, 大修館書店, 414쪽에서는 餅食을 과자류라 했다.

보자는 것이다. 그러나 김인희와 신종원은 박탁병식을 별개가 아니라 하나의 음식, 즉 송편으로 해석했다.[16] 박탁=송편 설에 대해서는 다음 장에서 언급하겠지만, 박탁병식을 하나로 묶어서 볼 여지는 있다. 첫째, 중국 고대에는 밀가루로 만든 음식을 모두 총칭하여 병餠이라 했다.[17] 전한 말 양웅揚雄(BC. 53~AD. 18)이 『방언方言』 권 13에서 탁飥(면류麵類)·장餦(조과류造果類)·혼餛(만두류)이 모두 병餠의 범주에 포함된다고 한 것은 이러한 사실을 반영한다. 둘째, 박탁을 병의 일종으로 명시한 기록이 있다. 남조량南朝梁의 대동大同 9년(543) 고야왕顧野王(519~581)에 의해 편찬된 부수별部首別 한자자전漢字字典 『옥편玉篇』과 북송 경우景祐 6년(1039) 정도丁度 등에 의해 편찬된 운서韻書 『집운集韻』에서는 박탁을 '병餠의 일종'이라 했다.[18] 셋째, 6세기 중엽 북위北魏 가사협賈思勰에 의해 찬술된 『제민요술齊民要術』에서 박탁(돈)은 떡의 제조법을 다룬 「병법餠法」에서 언급되고 있다.[19] 그렇다면 '박탁병속'은 '박탁을 비롯한 병 종류'로 해석할 여지는 있다. 그러나 이 글의 초점은 박탁이므로, 이 문제에 대해서는 더 이상 천착하지 않겠다. '박탁과 병식'이든 '박탁을 비롯한 병식'이든 간에, 박탁의 실체를 살피는 데 큰 문제가 되지 않는다고 여겨지기 때문이다. 다만 『입당구법순례행기』가 찬술된 당대唐代까지도 밀가루로 만든 음식은 모두 병餠이라 했다는 사실은 기억해 둘 필요가 있다.[20]

다음은 '박餺' 다음 글자가 '탁飥'인지 '돈飩'인지 하는 판독의 문제이다. 『입당구법순례행기』는 엔닌의 838년 6월 13일부터 847년 12월 14일까지의 일기이지만, 원본은 전하지 않고 후대의 필사본 2종이 알려져 있다. 하나는 경도京都의 동사東寺 관지원觀智院에서

---

16) 김인희, 「적산 법화원의 8월 15일 명절 연구」, 『제13회 신라학국제학술대회 - 신라의 민속』, 신라문화유산연구원, 2019.
신종원, 「중국 중추절의 기원설과 '문화발명권'」, 220쪽.
17) 中村喬, 2000, 『宋代の料理と食品』, 中國藝文研究會, 243쪽 및 295쪽에 의하면 송대를 전후해 麵類가 독립된 음식의 범주로 분리해 나가기 이전에는 면류 역시 병에 포함되었다고 한다.
18) 『玉篇』 卷上, 「食部, 餺」; 補各切 餺飥餅屬(『小學名著六種』, 中華書局, 1998, 38쪽).
『集韻』 권 10, 「入聲19, 託」; [飥·秅·飿] 餺飥餅屬 或作秅飿 및 「入聲19, 博」; [餺·簙·髉] 餺飥餅也 或从尃亦作簙(『小學名著六種』, 1998, 166쪽).
19) 『齊民要術』 권 9, 「餅法第八十二」(『四部叢刊正篇』 18, 법인문화사, 108쪽).
20) 『方言』 권 13, 餅謂之飥 或謂之餦·餛(淸 錢繹, 『方言箋疏』, 中華書局, 1991, 509쪽).
飥이 麵類, 餦이 造果類, 餛이 만두류라는 것은 장지현, 앞의 책, 64~65쪽 및 187쪽에 의거하였다.

소장했던 것으로 1291년(정응正應 4)에 필사된 것이다. 다른 하나는 신농信濃 진금사珍金寺 소장본으로 비예산比叡山 횡천반실橫川飯室 곡송선원谷松禪院 장본藏本에 의거하여 1805년(문화文化 2)에 필사된 것이다. 이 가운데 진금사본珍金寺本은 현재 소재 불명이며, 1914년 천태종종무청天台宗宗務廳 문서과文書課에서 발행한 『사명여하四明餘霞』 제329호에 현대 활자로 석문釋文한 것이 전할 뿐이다(상단에 관지원본과 대교對校 결과가 표시되어 있다).

이런 의미에서 관지원본은 일본의 국보로 지정될 정도로 그 가치가 대단히 크지만, 필사본인 관계로 판독하기 어려운 글자가 상당수 있다. 박탁의 경우도 바로 여기에 해당하는데, 이를 餺飥으로 읽어야 할지 餺飩으로 읽어야 할지가 문제이다. 이 부분의 판독문이 『입당구법순례행기』의 교감본에 따라 차이가 있는 이유도 여기에 있다(<표 1> 참조).

<표 1>

( ) 내는 각 典據의 관련 페이지

『입당구법순례행기』의 이본	4월 6일	8월 15일
觀智院本	餺飩	餺飩
津金寺本(『四明餘霞』 329, 1914)	餺飩(41)	餺飽(58)
『續續群書類從』 12, 宗敎部2, 市島謙吉, 1907	餺飩(188)	餺飽(195)
『大日本佛敎全書』 113, 遊方傳叢書』 1, 佛書刊行會, 1915	餺飩(26)	餺飩(36)
小野勝年, 『入唐求法巡禮行記の硏究』 1~2, 鈴木學術財團, 1964·1966	餺飥(1-495)	餺飥(2-94)
足立喜六·鹽入良道, 『入唐求法巡禮行記』 1(東洋文庫157), 平凡社, 1970	餺飩(149)	餺飥193
김문경, 『엔닌의 입당구법순례행기』, 중심, 2001	餺飩(140)	餺飥195
白化文·李鼎霞·許德楠, 『入唐求法巡禮行記校注』, 花山文藝出版社, 2007	餺飥(139)	餺飥175
田中史生(外), 『入唐求法巡禮行記に關する文獻校正および基礎的硏究』, 平成13~16年度科學硏究費補助金(基盤硏究C-2)硏究成果報告書, 2005	■■(108)	

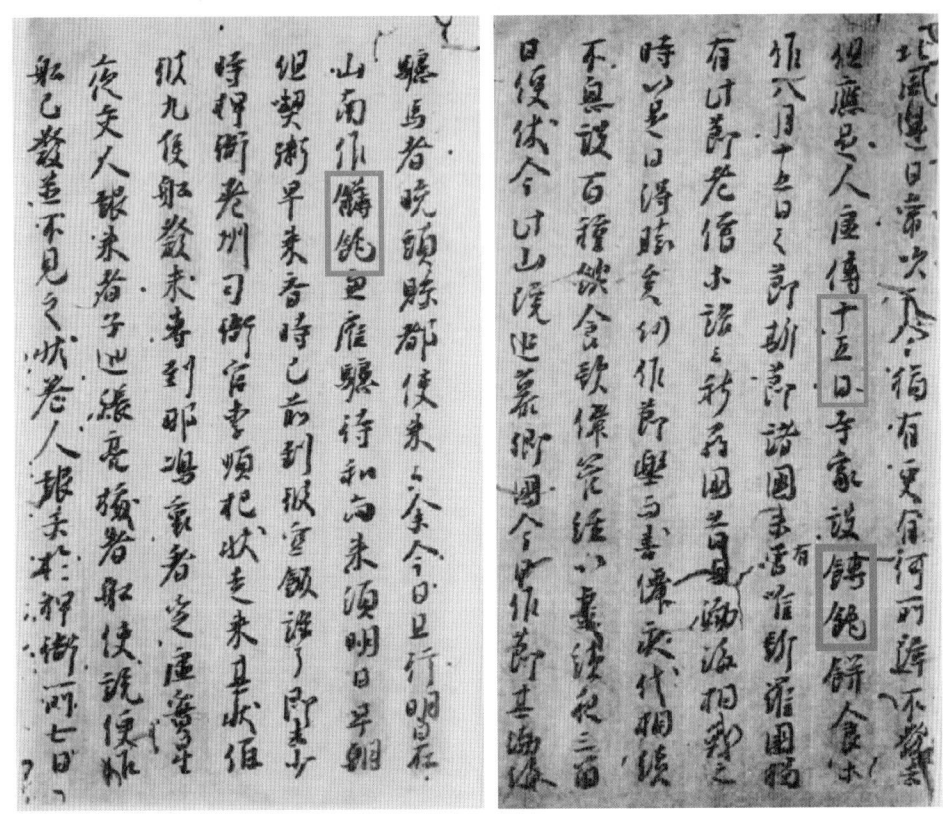

〈그림 1〉 개성 4년 4월 6일　　　　　　〈그림 2〉 개성 4년 8월 15일

　　박탁과 비슷한 글자는 『입당구법순례행기』 개성開成 4년(839) 4월 6일 부분에도 또 한 번 나온다(〈그림 2〉 참조). 허가 없이 천태산天台山으로 가려던 계획이 탄로되어 당唐에서 축출되는 엔닌의 일행을 호송하던 당나라 관원의 말 가운데 등장한다. 즉 당나라 관원이 엔닌 일행에게 다음 날 제공할 음식으로 언급되고 있다.[21] 이중 첫 번째 글자는 '餺' 또는 '餺'으로 보이는데, '餺'이나 '餺'은 모두 '餺'과 같은 글자라고 한다.[22] 그리고 두

---

21) 『입당구법순례행기』 권 1, 開成四年(839)四月六日 … 晩頭 縣都使來云:'余今日且行 明日在山南作餺飥 兼雇 驢 待和尚來 須明日早朝但喫粥 早來 齋時已前 到彼空飯'語了即去.

68　추석秋夕

번째 글자는 飥에 가까운 것 같지만, 飩일 가능성도 있어 보인다. 따라서 4월 6일의 이것도 8월 15일의 그것과 동일한 음식임에 틀림없지만, 박탁인지 박돈인지 애매하기는 마찬가지이다.

'飥'과 '飩'은 같은 '食'부에 속하면서, 오른쪽이 '乇'과 '屯'으로 한 획 차이이다. 그러므로 두 글자 가운데 어느 것인지를 판별하기 어려울 때가 많은데, 이러한 문제는 『입당구법순례행기』뿐만 아니라 다른 자료의 경우에도 있다. 『제민요술齊民要術』의 관련 기사도 바로 이런 경우에 해당한다. 『제민요술』은 6세기 중엽 북위北魏의 가사협賈思勰이 저술한 농서農書인데, 그 권 9의 「병법餅法」조에는 '水引·餺飩(飥)法'이란 항목이 있다. 이것은 박탁이란 명칭뿐만 아니라 만드는 방법까지 언급된 가장 오래된 기록이라는 점에서,[23] 다시 말해 박탁이 구체적으로 어떤 음식인지를 짐작할 수 있게 해준다는 점에서 매우 중요한 사료이다. 그러나 이 항목은 『제민요술』의 판본에 따라 약간의 차이가 있다.

『제민요술』은 북송 천성天聖 연간(1023~1031)에 간행된 숭문원본崇文院本을 비롯하여 몇 종의 판본과 필사본이 전하고 있다. 이들 중에는 『제민요술』 전 10권이 온전히 전하는 완본도 있고, 일부만 전하는 잔본殘本도 있는데, 잔본 중에도 권 9가 남아있는 것이

---

22) 『康熙字典』, 戌集(下) 8획 「食部」에서는 『廣韻』을 인용하여 餺은 籑, 餢과 같은 글자라 했다(『字典彙編』 16, 國際文化出版公司, 1993, 620쪽).

23) 『제민요술』이 박돈 또는 박탁을 언급한 최고의 기록이란 이러한 주장에 대해서는 반론이 있을 수 있어, 미리 이에 대한 해명을 해두고자 한다. 박탁에 대한 언급은 『玉篇』 卷上, 「食部」에 '飥 他各切 餺飥'(『字典彙編』 11, 47쪽)에도 보이는데, 『옥편』 원본은 543년(大同 9) 南朝梁의 顧野王(519~581)에 의해 편찬된 것이다. 『제민요술』은 540년 전후에 저술된 것인 바, 그렇다고 한다면 『옥편』과 『제민요술』은 거의 동시대 저술인 셈이 되며, 『제민요술』을 最古의 기록이라 하기 어렵게 된다. 그러나 현재 널리 유통되고 있는 『옥편』은 1703년 朱彝尊이 674년(上元 2)에 나온 孫彊의 增修本(宋槧上元本)을 祖本으로 하여 간행한 것이라 한다. 그런데 『玉篇』의 원본은 그 일부가 필사본으로 일본에 전래되고 있으며, 음식 관련 한자를 모은 권 9 「食部」 부분은 와세다대학에 소장되어 있지만, 여기에는 박탁이란 글자는 나오지 않는다(<표 3-1>). 따라서 朱彝尊의 말대로라면 박탁에 대한 설명은 원본 『옥편』이 아니라 당나라 孫彊이 『옥편』을 增字減注(揭出字의 수는 늘이고 설명은 줄임)하면서 추가한 부분으로 볼 수 있다. 그러나 주이존본이 손통본을 충실히 옮긴 것인지 의심스럽다고 하는 바(黃孝德, 「《玉篇》的成就及其版本系统」, 『辭書研究』 1983-3, 151~152쪽), 박탁 부분은 손통이 아니라 송대 이후에 추가된 것인지도 모르겠다. 여하튼 이러한 사실을 통해 박돈이든 박탁이든 가장 오래된 기록은 『제민요술』임을 다시 한번 확인할 수 있다.

있다. 그래서 이들 제본諸本의 '수인水引·박돈법餺飩法' 항목을 비교해 보면 크게 3가지 형태가 확인된다. 이를 오래된 순으로 살펴보면, 첫째 餺飩도 餺飥도 아닌 판독이 어려운 글자인 경우인데,[24] 일본의 가네사와문고본金澤文庫本이 그러하다. 가네사와문고본은 1274년(문영文永 11)에 필사된 권자본卷子本으로, 비록 잔본이지만 권 9는 남아있다. 이것은 북송본의 형태를 짐작하는 데 도움은 되지만, 필사과정에서 오·탈자가 많은 것이 문제라고 한다.[25] 둘째, 항목명은 '수인水引·박돈법餺飩法'이라 해놓고 제조법을 설명하는 자리에서는 '餺飥'이라 한 경우로, 송본宋本을 명대에 필사한 명초본明鈔本이 여기에 속한다(江寧鄧氏 群碧樓 소장본). 이것을 흔히『사부총간四部叢刊』본이라 하는데, 가장 온전한 형태로 남아있는 선본善本으로 평가되어 1922년 상무인서관商務印書館에서『사부총간四部叢刊』의 한 책으로 영인 간행했기 때문이다. 셋째, 항목명과 설명문 모두 '박돈餺飩'이라 한 경우로, 17세기 초에 간행된『비책휘함秘冊彙函』본·이를 토대로 17세기 중엽에 간행한『진체비서津逮秘書』(37~40책)본·1781년에 완성된『사고전서四庫全書』본·1806년에 간행된『학진토원學津討原』(128~131책)본 등이 모두 여기에 속한다(<표 2> 참조).[26]

이 가운데 가네사와문고본金澤文庫本은 필사된 글자 자체의 판독이 어렵기 때문에 논외로 하더라도,『사부총간』본을 제외한 다른 판본들은 모두 세 번째 경우에 해당한다.[27] 그럼에도 불구하고 가장 선본으로 알려진『사부총간』본에 박돈과 박탁이 혼용되고 있다는 사실은 문제가 아닐 수 없다.

---

[24] 石聲漢 校釋, 1957,『齊民要術今釋』3, 科學出版社, 638쪽에서는 '飥'이라 했고, 繆啓愉 校釋·繆桂龍 參校, 1982,『齊民要術校釋』, 農業出版社, 513쪽에서는 '飥'라 했다. 그러나 2009년에 나온 繆啓愉 校釋本의 제2판, 637쪽에서는 畸形字라 하여 판단을 보류했다.

[25] 繆啓愉,「附錄, 宋以來齊民要術校勘始末述評」,『齊民要術校釋』, 農業出版社, 1982, 739~742쪽(2009년에 나온 제2판에서는 934~940쪽).

[26]『四部叢刊』본은 1979년 臺灣商務印書館에서 간행한『四部叢刊正篇』의 제18권(법인문화사, 1989, 108쪽),『秘冊彙函』본은『中國子學名著集成』83(中國子學名著集成編修委員會, 1978),『津逮秘書』본은 일본 国立国会図書館デジタルコレクション을,『學津討原』본은 일본 国立公文書館 デジタルアーカイブ의 원문서비스를 이용하였다.

[27] 學津討原本『齊民要術』권 2,「大小麥, 靑稞麥」에도 '餺飥'이 나오지만, 다른 판본들에서는 모두 '餠飥'이라 했고, 繆啓愉,『齊民要術校釋』, 94쪽 주26에서는 '밀가루 음식의 범칭(麵食的汎稱)'이라 했다.

〈표 2〉『제민요술』諸本의 '水引·餺飥法' 부분

金澤文庫	四部叢刊	秘冊彙函
細絹篩麵以成調肉臑汁待冷溲之水引按如箸大一尺一斷盤中盛水浸宜以手臨鐺上掜令薄如韭葉逐沸煮 餺飥掜如大指許二寸一斷著水盆中浸宜以手向盆旁接使極薄皆急火逐沸熟煮非直光白可愛亦自滑美殊常	細絹篩麵以成調肉臑汁待冷溲之水引按如箸大一赤一斷盤中盛水浸宜以手臨鐺上掜令薄如韭葉逐沸煮 餺飥掜如大指許二寸一斷著水盆中浸宜以手向盆旁接使極薄皆急火逐沸熟煮非直光白可愛亦自滑美殊常	細絹篩麵以成調肉臑汁待冷溲之水引按如箸大一尺一斷盤中盛水浸宜以手臨鐺上掜令薄如韭葉逐沸煮 餺飥掜如大指許二寸一斷著水盆中浸宜以手向盆旁接使極薄皆急火逐沸熟煮非直光白可愛亦自滑美殊常

津逮秘書	學津討原	四庫全書
細絹篩麵以成調肉臑汁待冷溲之水引按如箸大一尺一斷盤中盛水浸宜以手臨鐺上掜令薄如韭葉逐沸煮 餺飥掜如大指許二寸一斷著水盆中浸宜以手向盆旁接使極薄皆急火逐沸熟煮非直光白可愛亦自滑美殊常	細絹篩麵以成調肉臑汁待冷溲之水引按如箸大一尺一斷盤中盛水浸宜以手臨鐺上掜令薄如韭葉逐沸煮 餺飥掜如大指許二寸一斷著水盆中浸宜以手向盆旁接使極薄皆急火逐沸熟煮非直光白可愛亦自滑美殊常	細絹篩麵以成調肉臑汁待冷溲之水引按如箸大一尺一斷盤中盛水浸宜以手臨鐺上掜令薄如韭葉逐沸煮 餺飥掜如大指許二寸一斷著水盆中浸宜以手向盆旁接使極薄皆急火逐沸熟煮非直光白可愛亦自滑美殊常

이와 관련하여 우선 생각할 수 있는 것은 박돈과 박탁 중 한쪽이 오자일 가능성이다. '돈'과 '박'은 서로 성조聲調와 음은 다르지만,[28] 획수는 1획 차이로 자형字形이 매우 비슷하다. 따라서 전사자轉寫者나 각수刻手에 의해 혼동이 일어날 가능성이 크다.『사부총간』본이라 하더라도 "盡善盡美"한 것은 아니기 때문에,[29] 이러한 착오가 일어날 수 있다. 그렇지만 어느 쪽이 잘못인지에 대한 생각은 갈라질 수 있다. 박탁이 잘못일 가능성인데, 대부분의 고판본에서 양쪽 모두 박돈으로만 표기하고 있기 때문이다. 반면 박돈이 잘못일 가능성도 있으며, 실제 이를 지지하는 연구자들이 있다. 예컨대 아오키 마사루青木正兒는『제민요술』권 2의 '大小麥'에 나오는 구절, 즉 "귀리로 … 미수가루나 박탁을 만들어 먹으면 맛이 매우 좋다[青稞麥 … 堪作麨及餺飥 甚美]"라는 구절을 근거로 들고 있다. 박탁은 이 부분에서도 나오기 때문에 박탁이 옳다는 것이다.[30] 그러나 그가 참고한 것은 학진토원본이고, 사부총간본·비책휘함본·진체비서본 등은 모두 "飯과 餠飥(堪作飯及餠飥)"으로 되어있어, 확실한 논거로 보기에는 한계가 있다. 그리고『제민요술』의 여러 판본을 두루 검토한 권위 있는 현대의 교감본들도, 권 2의 '大小麥' 부분에 대해서는 박탁인지 병탁인지에 관한 판독이 갈라지고 있지만,[31] 권 9의 '水引·餺飩(飥)法' 부분에 대해서는 모두 박탁으로 판독했다.[32] 그러나 이들은 하나같이 박돈이 잘못이라 했을 뿐, 박탁이란 근거가 무엇인지에 대한 설명이 없다는 점이 아쉽다.

탁과 박의 자형이 비슷하여 혼동하기 쉽다는 사실은 543년(대동大同 9) 남조량南朝梁의 고야왕顧野王이 편찬했다는 부수별 한자자전『옥편玉篇』을 통해서도 유추할 수 있다. 고야

---

[28] 송대까지의 자료를 살펴보면, 聲調에서 飩은 平聲 또는 去聲이고, 飥은 入聲이다(『集韻』,『小學名著六種』, 中華書局, 1998, 34·125·166쪽). 또 발음에서 飩은 徒渾切 또는 屯悶切이고, 飥은 闥各切이다(『類篇』,『字典彙編』11, 國際文化出版, 1993), 418 및 421쪽).

[29] 肖克之,「齊民要術的版本」,『文獻』1997-3, 國家圖書館, 251쪽.

[30] 青木正兒,「餛飩の歷史」,『華國風味』(『青木正兒全集』9), 春秋社, 1970, 463쪽(1945년 初出).

[31] 石聲漢,『齊民要術今釋』1, 科學出版社, 1957, 105쪽; 餺飥.
繆啓愉,『齊民要術校釋』(제2판), 中國農業出版社, 1998, 133쪽; 餠飥.

[32] 國學基本叢書本(下), 臺灣商務印書館, 1968, 52쪽.
繆啓愉,『齊民要術校釋』, 農業出版社, 1982, 510쪽(제2판에서는 635쪽).
石聲漢 校釋,『齊民要術今釋』3, 科學出版社, 1957, 658쪽(제2판에서는 635쪽).
石聲漢 譯註,『齊民要術』(中華經典名著 全本全注全譯叢書本 下), 中華書局, 2015, 1098쪽 등.

왕의 『옥편』은 편찬 이후 여러 차례 수정을 거쳤기 때문에 현재 유통되는 판본(예컨대 1013년 진팽년陳彭年의 『대광익회옥편大廣益會玉篇』, 1703년 주이존周彛尊의 『옥편』)은 원본과 상당히 달라져 있다.[33] 그러나 원본에 가깝다고 여겨지는 필사본의 일부가 일본에 전해지고 있으며, 그 잔본殘本을 모아 영인한 것이 1884년 중국에서 간행된 『고일총서古逸叢書』 12~13책에 『영구초본권자원본옥편령권影舊鈔本卷子原本玉篇零卷』이란 서명으로 수록되어있다.[34]

다행한 것은 필사한 잔본 중에 '食'部를 수록한 권 9가 일본의 와세다早稻田대학 도서관 소장으로 전하고 있다는 사실이다(일본 국보). 여기에 수록된 '食'部의 표제자標題字는 모두 144자인데, 그 중 하나가 '飥'이며, '飥'에 대해서는 "徒昆反 方言餛 或謂之飥也 廣雅 飥餠也"란 설명문이 달려있다(<표 3> 참조). 즉 "飥의 음은 徒·昆의 반절(즉 돈)이다. (전한 揚雄의) 『방언』에서는 餛(경단)라 했는데 혹은 이를 일컬어 飥이라고도 한다. (曹魏 張揖의) 『광아廣雅』에 의하면 飥은 餠이다"[35]라는 의미이다. 그런데 『방언』이나 『광아』의 인용문에는 잘못이 없지만, '도곤반徒昆反'이란 발음 표기에는 문제가 있다. '도곤반徒昆反'은 『대광익회옥편』이나 주이존본 『옥편』에 의하면 '飥'이 아니라 '飩'의 음이며, '飥'의 음은 '타각절他各切(탁)'이기 때문이다.[36]

와세다본과는 달리 『고일총서』본에서는 이 글자를 '飩'이라 했다(<표 3-2>). '飩'이라면, 『방언』과 『광아』의 인용문과 부합되지 않는다. 『고일총서』본에 수록된 『옥편』의 원본이 와세다본이므로, 『고일총서』은 『대광익회옥편』이나 주이존본 등을 염두에 두고 인쇄과정에서 '飥'을 '飩'으로 수정한 것일 가능성이 크다.[37] 그렇다면 고야왕 『옥편』에는 원래 '飩'이란 표제자는 없었다고 할 수 있다.

---

33) 黃孝德, 「玉篇的成就及其版本研究」, 『辭書研究』 1983-2, 上海辭书出版社, 145~152쪽.
34) 『字典彙編』 11, 國際文化出版, 1993, 139~230쪽에도 재수록되어 있다.
35) 漢魏叢書本(大化書店, 1988) 『博雅』(『광아』의 다른 이름), 四部備要本 『小學名著六種』, 中華書局, 1998) 『광아』, 王念孫의 『廣雅疏證』(中華書局, 2004)을 살펴보았으나, 이 구절을 찾지 못했다. 그러나 와세다본 『옥편』에 인용되어 있으므로, 일단 믿을 수밖에 없다.
36) 『大廣益會玉篇』 권 9 및 주이존본 『玉篇』 上.
37) 黃子玲은 「《玉篇》"食部"比較硏究」, 『汉字文化』 2022-14, 10쪽에서는 '원본옥편'은 '飩'의 음을 '徒昆反'이라 했다고 했는데, 이는 와세다본과 대조 없이 고일총서본을 그대로 따른 결과라 여겨진다. 고일총서본은 1985년 中華書局에서 『原本玉篇殘卷』이란 서명으로 다시 간행되어 연구자들 사이에서 널리 이용되고 있다.

<표 3> 『옥편』飥(飩) 부분

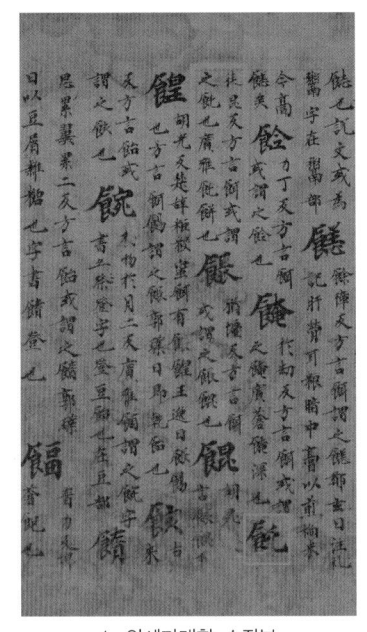

1. 와세다대학 소장본

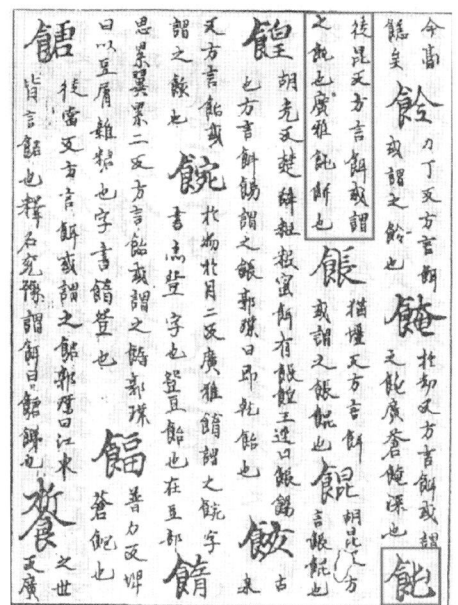

2. 古逸叢書本

그럼에도 불구하고 와세다본 『옥편』의 표제자 해설 부분에서 '탁'에 대한 것과 '돈'에 대한 것이 뒤섞여 있다면, 고야왕 당시에는 '탁'과 '돈'이 통용되는 글자였을 가능성은 없을까? 그렇다면 고야왕 『옥편』에 '飩'이 나오지 않는 이유와 사부총간본 『제민요술』에 박탁과 박돈이 함께 등장하는 이유가 설명될 수 있을지도 모르겠다.[38] 그러나 이러한

---

38) 이러한 추측을 뒷받침하기 위해 우선 '탁'과 '돈'이란 글자의 初出 시기를 주목할 필요가 있다. 즉 '탁'이란 글자는 전한 말 양웅(BC. 53~AD. 18)의 『방언』(『方言箋疏』권 13, "餅謂之飥"; 中華書局, 1991, 509쪽)이나 227년 전후 曹魏의 張揖이 저술한 『廣雅』에 이미 보이고 있다. 이에 비해 '돈'은 『제민요술』과 6세기 顔之推의 언급 속에 처음 등장한다(아래의 주 198 참조). 그러므로 '탁'이 '돈'보다 먼저 출현한 글자라는 추측이 가능하며, 나아가 '돈'은 자형의 유사 때문에 처음에는 '탁'과 별다른 구별 없이 사용되었을 가능성도 있다. 그런데 후한 말 劉熙의 『釋名』의 「釋飲食」에 의하면 餅에는 蒸餅·湯餅·蠍餅·髓餅·金餅·索餅이 있었다고 하는 바(任繼昉, 『釋名彙校』, 齊魯書社, 2006, 205쪽), 이는 후대로 갈수록 병의 종류가 다양화되었음을 시사하며,

가정은 추측에 추측을 거듭한 것인 만큼, 일단 유보하기로 하고, 대신 이상의 논의를 통하여 '탁'과 '박'은 자형이 흡사하여 혼동을 일으키기 쉽고, 더욱이 자형이 애매한 필사본의 경우에는 더욱 그러하다는 사실을 확인하는 데 그치기로 한다.

그렇다고 해서 『입당구법순례행기』의 박탁·박돈 문제는 더 이상 추구할 수 없는 것은 아니고, 박탁과 박돈의 용례를 살펴봄으로서 돌파구를 찾을 수 있지 않을까 한다.

먼저 박돈의 경우, 『제민요술』 권 9의 「병법餠法, 수인水引·박돈법餺飩法」에서 처음 등장한 이외, 다른 자료에서는 확인되지 않는다. 대신 '돈飩'은 혼餛과 연결되어 혼돈餛飩이란 음식명으로 기록에 자주 나타난다. 혼돈은 찐만두나 물만두와 비슷한 음식이다. 돈飩의 방旁인 둔屯은 끝부분이 둥글게 모여지는 것을 나타내는 형성자形聲字로, 속을 넣고 감싼 만두에 어울리는 글자이다.[39] 혼돈은 그 기원이 전한 말 이전으로 소급된다는 설도 있으나,[40] 기록상으로는 6세기부터 확인된다. 안지추顔之推(531~590경)가 "혼돈은 모양이 반달 같은데, 온 세상에서 널리 먹는 음식이다"라 한 것이 그것인데,[41] 이를 통해 혼돈의 모양과 식용의 범위를 대충 짐작할 수 있다. 그리고 당송대에는 모양과 재료가 더욱 다양하고 고급화되었다. 당대의 경우, 708년(中宗 景龍 2) 위거원韋巨源(631~710)의 상서좌복사尙書左僕射 승진을 축하하는 연회에 차려진 소미연식단燒尾宴食單 가운데, 모양은 꽃과 같고 24가지의 소餡로 만든 '생진이십사기혼돈生進二十四氣餛飩'이 포함되었다고 하며,[42]

이와 함께 병이란 명칭을 가진 餠類도 계속 증가되었을 것 같다. 그 결과 어느 시점에서 '돈'이 '탁'과 별개의 의미를 가진 글자로 사용되었다고 볼 수 있지 않을까 한다.

39) 白川靜, 「飩」, 『字統』, 平凡社, 1984, 665쪽.
40) 中村喬, 위의 책, 310쪽.
전한 말 揚雄(BC.53~AD.18)의 『方言』 권 13에 "餠謂之飥 或謂之餦·餛"(『方言箋疏』, 中華書局, 1991, 509쪽)이라 한 바, 여기에 나오는 餛을 餛飩이라 한다면, 혼돈은 전한시대에 이미 있었다고 할 수 있다.
41) 段公路, 『北戶錄』 권 2, "顔之推云 今之餛飩 形如偃月 天下通食也"(山川風情叢書 『南方草木狀』 外, 上海古籍出版社, 1993, 49쪽).
이 기록에서 段公路는 3세기 張楫의 『廣雅』에 '餛飩'에 대한 언급이 있다고 했고, 이를 토대로 王念孫은 『廣雅疏證』 권 8下에 "餛飩 餠也"를 그 逸文으로 포함하였다(中華書局, 2004, 275쪽). 그러나 현존 『廣雅』에는 이런 구절이 없다.
42) 宋 陶穀(903~970), 『淸異錄』 下, 「饌羞門, 單籠金乳酥」; "韋巨源拜尙書令 上燒尾食 其家故書中尙有食賬 今擇奇異者畧記 … 生進二十四氣餛飩【花形 餡料各異 凡二十四種】"(『宋元筆記小說大觀』 1, 上海古籍出版社, 2007, 124쪽).

의관가衣冠家인 소가蕭家의 혼돈餛飩은 명식名食으로 알려졌다고 한다.[43] 그리고 남송 임안臨安에서는 동지에 혼돈으로 조상 제사를 지냈는데, 집집마다 특색을 자랑하여 한 그릇 안에 빛깔이 다른 10여 가지의 혼돈을 담고 '백미혼돈百味餛飩'이라 했으며, 그래서 '동지에는 혼돈餛飩, 원일元日에는 박飥(=餺)탁飥을 명절음식으로 먹는다' 말이 널리 퍼졌다고 한다.[44] 이후 혼돈은 시대와 지역에 따라 더욱 다양해지면서, 지금까지 중국인이 즐겨먹는 음식의 하나로 그 전통이 이어져 오고 있다(<그림 3>).

<그림 3> 중국의 혼돈

한편 박탁은 6세기의 『제민요술』(사부총간본)이나 고야왕 『옥편』에서 확인된 이래, 이후의 중국 사료에서 꾸준히 확인되고 있다. 여기에 박탁飥飥이나 불탁不托 같은 박탁의 다른 표기까지 포함한다면, 사료의 양은 더욱 증가한다(후술). 더욱이 중요한 것은 박탁이란 이름의 음식이 중국에서는 현재도 조리되고 먹는다는 사실이다(<그림 4>).

뿐만 아니라 한국과 일본의 사료에서도 박탁餺飥이 확인된다. 특히 한국의 경우 박탁에서 파생된 다양한 명칭이 있었으니 탁면·착면·챠면·챵면昌麵·챵면敞麵·챵면暢麵 등이 그것이며, 나아가 나화[剌花]란 순수한 우리말로 박탁을 일컫기도 했다[45](<그림 6>). 그리고 일본의 경우에는 ほうとう란 음식이 있는데(<그림 5>), 이를 한자로는 박탁餺飥(또는 박돈餺飩)으로 표기하고 있다.

---

43) 唐 段成式(803~863), 『酉陽雜俎』 前集권 7, 「酒食」; "今衣冠家名食 有蕭家餛飩"(『唐五代筆記小說大觀』 上, 上海古籍出版社, 2000, 611쪽).
44) 남송 周密(1232~1298), 『武林舊事』 권 3, 「冬至」; "享先則以餛飩 有'冬餛飩 年餺飥'之謗 貴家求奇 一器凡十餘色 謂之'百味餛飩'"(『東京夢華錄 等』, 中國商業出版社, 1982, 50쪽).
남송 陳元靚, 『歲時廣記』 권 38, 「冬至, 食餛飩」; "歲時雜記 京師人家 冬至多食餛飩 故有'冬餛飩 年餺飥'之說 又云 '新節已故 皮鞋底破 大捏餛飩 一口一箇'"(許逸民 點校, 中華書局, 2020, 704쪽).
45) 장지현, 앞의 책, 113~183쪽.

〈그림 4〉 중국의 박탁　　〈그림 5〉 일본의 박탁　　〈그림 6〉 『훈몽자회』

　이렇듯 박돈의 용례는 대단히 희소한 반면, 박탁이 고금을 통하여 일반적으로 사용된 음식의 명칭이라면, 『입당구법순례행기』의 관련 기록도 박탁으로 판독하는 것이 타당하지 않을까 한다.
　그러나 한 가지 부연해 둘 사실은 박탁과 박돈의 혼동이 한국이나 일본 자료에서는 계속 일어나고 있다는 점이다. 그러나 중국을 기준으로 할 때, 박탁이 역시 옳은 표기라 할 수 있다는 것이다.

3. 박탁=송편 설 비판

　『입당구법순례행기』에 보이는 재당 신라인의 8월 15일 명절음식을 박탁으로 판독한다면, 다음으로는 박탁이 어떤 음식이냐는 점이 문제가 된다. 그런데 이 문제에 대해서는 기왕에 제시된 견해들이 있다. 교자餃子 설,[46] 국수 설,[47] 수제비 설,[48] 병餠이란 설 등이

---

46) 足立喜六 역주, 1970, 『入唐求法巡禮行記』 1, 平凡社, 208쪽에 의하면, 牛場眞玄의 설이라 한다.
47) 김인희, 2014, 「적산 법화원의 8월 15일 명절 연구」, 『동아시아고대학』 34, 동아시아고대학회, 329쪽.
　　E. O. Reischauer도 국수로 보았다고 한다고 한다(김문경, 2002, 『엔닌의 입당구법순례행기』, 중심, 107쪽).
48) 김문경, 앞의 책, 194쪽.
　　黃濤, 2011, 「《入唐求法巡禮行記》所載唐代節日習俗考辨」, 『동아시아문화연구』 50, 한양대 동아시아문화연구소, 24쪽; 수당시기에 유행한 麵食으로 뜨거운 끓는 물속에서 익힌 麵片이라 했다.

그것이다. 이 중 병이란 설은 밀가루로 만든 병의 일종이란 다소 막연한 견해에서부터[49] 구체적으로는 일본의 보다모찌牧丹餠나[50] 한국의 송편과 같은 것이란 견해까지 있다.

여기서 특히 주목되는 것은 송편이란 견해이다. 8월 15일은 한·중·일의 공통적 명절이지만, 명절 음식은 서로 달라(중국은 월병, 일본은 단자團子) 각국의 특색을 보여준다. 이러한 의미에서 추석 송편의 기원이 9세기 이전으로 소급될 수 있다는 주장은 흥미로운 견해가 아닐 수 없다.

송편 설을 처음 주장한 것은 김인희이다. 박탁에 대해 김인희는 이미 2014년에 자신의 견해를 밝힌 바 있었지만, 이때는 박탁을 국수의 일종으로 보았다.[51] 그러나 근자에 입장을 바꾸어 송편이라 했는데, 그 논거는 박탁을 박돈으로 판독한 데서 출발한다. 다시 말해 박돈이란 음식명은 중국의 다른 기록에 보이지 않으므로, 신라의 독특한 음식이라는 것이다. 그리고 박돈이라 한 것은 박탁과 마찬가지로 얇은 피로 만들며(餺=薄으로 간주) 모양이 혼돈餛飩과 같기 때문에, 박탁의 박과 혼돈의 돈을 합성하여 송편을 박돈이라 명명했다는 것이다.[52] 그러나 박돈이란 명칭은 『제민요술』에 이미 등장하기 때문에 엔닌이 새로 명명한 것이라 하기 어렵다. 또 신라인의 음식을 외국인인 엔닌이 이름 붙였다는 것도 납득하기 어렵다. 그러므로 이러한 문제점들이 해명되지 않는 한 김인희의 견해는 성립하기 어려운 것이 된다.

신종원 역시 박돈은 엔닌이 붙인 이름이란 데 대해서는 비판적이다. 그렇지만 다른 논거를 가지고 송편 설을 재확인했다. 그의 논리는 우선 엔닌과 지금은 일 천 몇 백 년이란 큰 시차가 있지만, 특별한 날 먹는 특별히 선호하는 음식은 두 시대가 같거나

---

49) 小野勝年, 『入唐求法巡禮行記の研究』 2, 鈴木學術財團, 1966, 95쪽.
  足立喜六 역주, 앞의 책, 208쪽.
  그러나 한자 餠은 그것이 가리키는 범위가 떡 보다 훨씬 넓고, 당·송대 이전에는 국수나 경단류까지 포함하여 밀가루로 만든 음식 전체를 포괄하는 개념이었다. 따라서 밀가루로 만든 병이란 견해는 막연한 것이라 하지 않을 수 없다(장지현, 위의 책, 64~65쪽; 中村喬, 위의 책, 242~243쪽).
50) 足立喜六 역주, 위의 책, 1, 157쪽.
51) 김인희, 위의 논문, 329쪽.
52) 김인희, 2021, 「신라시대 시작된 추석」, 『또 하나의 전쟁, 문화전쟁』, 청아출판사, 103~104쪽.

적어도 비슷할 것이기 때문에 "현대의 한국인이 먹는 추석 음식을 보고 시대를 거슬러 유추하는 방식"으로 박돈의 실체를 밝혀야 한다고 했다.[53] 다시 말해 현재 추석의 명절 음식이 송편이기 때문에, 9세기의 박돈도 송편이란 것이다.

나아가 박돈이 송편과 마찬가지로 쌀로 빚은 음식임을 뒷받침하기 위해 정조가 1783년(정조 7) 10월 8일에 흉년으로 신음하는 호남민의 구휼을 위해 내린 『유호남민인등륜음諭湖南民人等綸音』의 "ᄀ로 업슨 불탁[썩 일흠이라]"란 구절을 제시했다(<그림 7>).[54] 여기서 "[썩 일흠이라]"이라 한 것은 불탁이 익숙하지 않은 낱말이기에 독자의 이해를 돕기 위해 언해에서 첨가한 주석이다. "밀가루 없는 불탁"이란 구절에서 불탁은 떡 이름이란 것이다. 신종원이 주목한 것은 바로 이 주석 부분이다. 다시 말해 불탁을 박탁과 같은 것이며, "박탁은 밀수제비를 가리키는 것이지만 주석에서 쌀떡으로 새기기"라 했으니, 박탁의 재료는 쌀이라는 것이다.[55] 박탁은 쌀로 빚은 것이며, 그래서 송편이라는 것이다.

그러나 신종원의 견해에는 납득하기 어려운 점들이 있다. 먼저 방법론적 문제인데, 신종원은 엔닌의 시대와 현재 사이의 시간적 간격이 크다는 점을 강조하면서, 명절음식에 대한 기호는 시대를 초월하여 같다고 하여 박돈을 송편이라 한 점이다. 다시 말해 9세기 엔닌의 시대 이래 송편의 변천에 대한 고려 없이 '일천 수백 년'의 시간을 바로 연결짓는 것은 비역사학적 입장이라 할 수 있다. 이런 의미에서 이 문제에 대한 보다 타당한 역사학적 접근 방법은 『입당구법순례행기』는 일본인이 중국에서 견문한 것을 기록한 것임을 고려하여, 엔닌과 근접한 시기의 중국과 일본의 관련 사료를 찾아 박탁의 실체를 구명하는 것이 아닌가 한다.

또 사실 확인이란 점에서 보면, 불탁이 박탁과 같은 음식이란 것은 여러 사료를 통해 확인되기 때문에[56] 이견이 없지만, 불탁=쌀로 만든 떡(송편)이란 설명에도 의문이 든다.

---

53) 신종원, 「중국 중추절의 신라 기원설과 문화발명권」, 위의 책, 219쪽.
54) 『역주 윤음언해』1(세종대왕기념사업회, 2016), 176쪽(원본 영인, 147쪽). 이 윤음은 서울대 규장각과 국립중앙도서관에서 원문서비스를 제공하고 있어 한문 원문과 언해를 확인할 수 있으며, 한문 원문은 『정조실록』권 16, 정조 7년(1783) 10월 병인(8일)조에 수록되어 있다.
55) 신종원, 「중국 중추절의 기원설과 '문화발명권'」, 221쪽.
56) ○『舊五代史』권 132, 世襲列傳1, 李茂貞傳에 대한 <影庫本粘籤>의 주; "不托 通鑑作 餺飩 蓋當時俗語聲之

① "ᄀᆞ로 업슨 블탁"의 원문을 고려할 필요가 있다. 불탁(박탁)을 떡이라 한 주석이 옳으냐는 점이다. 윤음은 한문 해독력이 없는 백성들에게도 그 내용이 전달될 수 있도록 한문 원문과 함께 한글 언해본을 만드는 경우가 많은데, 정조의 『유호남민인등윤음』에도 원문이 있으며, "ᄀᆞ로 업슨 블탁"의 원문은 "無麪不托"이다. 이는 '밀가루 없이는 불탁을 만들 수 없다'는 의미로, 수단과 방법이 없으면 성과를 낼 수 없다는 뜻을 가진 일종의 관용구이다.[57] 이 윤음의 경우에는 '백성들이 세금[불탁]을 내고자 하여도 가진 것이[밀가루] 없는데 어떻게 세금을 내겠는가'라는 의미로 풀이할 수 있다. 따라서 윤음의 원문에서는 불탁(박탁)의 원료가 밀가루임을 분명히 했음에도 불구하고 원문을 무시한 채 박탁을 쌀 음식이라 한 주장은 수긍하기 어렵다.

② 신종원의 주장은 "無麪不托"이란 원문 보다 '떡 이름'이란 언해의 주석을 더 중시한 데서 나온 것이다. 그렇다면 '떡 이름'이란 주석의 의미를 검토해 볼 필요하다. 중국의 자전이나 운서韻書에서 박탁은 병餠의 일종[餠屬]이라 하며, 병餠은 『훈몽자회訓蒙字會』

　　　　轉也 今仍其舊"(中華書局, 1976, 1740쪽).
　　○ 宋 歐陽修(1007~1072), 『歸田錄』 卷 2: "湯餠, 唐人謂之不托, 今俗謂之餺飥矣"(『宋元筆記小說大觀』1, 上海古籍出版社, 2007, 621쪽).
　　○ 宋 朱翌(1097~1167), 『猗覺寮雜記』(下); "不托俗語 當以方言爲正 作餺飥字."
　　○ 南宋 程大昌(1123~1195), 『演繁露』 권 15, 「不托」; "湯餠 一名餺飥 亦名不托……不托, 言不以掌托也." 불탁의 뜻에 대해 唐 李匡義(李匡文?)는 『資暇集(錄)』 卷下 「畢羅」에서, 손바닥으로 밀어서[托] 만들던 음식을 기계 발명 후에는 밀지 않고 만들기 때문에 불탁이라 했다고 한다(至如不托 言舊未有刀机之時 皆掌托烹之 刀機既有 乃云不托).
57) 다음 기록은 無麪不托이나 無麪餺飥이 관용구로 사용되었음을 짐작하게 한다.
　　○ 宋 莊綽(1079~?), 『鷄肋編』 中; "諺有巧息婦做不得沒面餺飥 與遠井不救近渴之語 陳無已(본명 陳師道. 1053~1102)用以為詩云:'巧手莫為無面餠 誰能救渴需遠井'(『宋元筆記小說大觀』4, 上海古籍出版社, 2007, 4031쪽).
　　○ 南宋 陸游(1125~1210), 『老學庵筆記』 권 3; "晏景初尚書請僧住院 僧辭以窮陋不可為 景初曰: '高才固易耳' 僧曰: '巧婦安能作無麵湯餠(=不托, 餺飥)乎?' 景初曰: '有面則拙婦亦辦矣' 僧慚而退"(『宋元筆記小說大觀』4, 上海古籍出版社, 2007, 3476쪽).
　　○ 南宋 陳亮(1143~1194), 『龍川文集』 권 20, 「壬寅(1182)答朱元晦祕書, 又書」; "富家之積蓄皆盡矣 若今更不雨 恐巧婦做不得無麵餺飥."
　　○ 南宋 陽枋(1187~1267), 『字溪集』 권 6의 「答晏重三丈劄子」; "所謂無麪餺飥 難責婦巧" 및 권 10의 「壽制置夏節使」(咸淳 3=1267); "無麪餺飥難支撐."
　　뿐만 아니라 한국고전DB를 검색하면, 한국의 문헌에도 '無麪不托'이 관용구로 자주 사용되었음을 확인할 수 있다. 無麪餺飥과 비슷한 관용구로 '無米之炊'(쌀 없이 밥을 짓다)가 있다.

이래로 우리말로 떡이라 하는 바, 박탁=떡이란 주석이 잘못되었다고 할 수는 없다.[58] 그러나 중국의 병餅과 한국의 떡은 가리키는 범위가 다르다. 중국의 병餅은 떡 종류 뿐만 아니라 국수류 등도 포함한다. 1783년의 『유호남민인등륜음諭湖南民人等綸音』보다 약간 늦기는 하지만, 19세기 이규경李圭景이 "박탁, 즉 불탁은 도절면刀切麵"이라 하여 떡이 아닌 칼국수라 한 것도[59] 이러한 사실을 반영한다. 그렇다면 윤음 언해의 떡이란 주석도 병餅이란 의미지, 한국의 떡만을 지칭한 것은 아니라고 보아야 하지 않을까 한다.

③ 신종원은 언해 주석에서 '떡'이라 한 것을 '쌀'자를 덧붙여서 아예 '쌀떡'이라 하면서 자설을 뒷받침하고자 했다. 한국 떡의 대부분은 쌀로 만드는 것이 사실이지만, 그렇지 않은 것도 있다.[60] 그러므로 떡이라고 해서 무조건 쌀 음식으로 단정할 수 있느냐는 점도 문제이다.

그러므로 신종원의 견해 역시 이러한 문제점들이 해명되지 않는 한, 설득력을 가지기 어려운 것이 아닌가 한다.

송편과 박탁이 서로 다른 음식이란 인식은 1798년(정조 22) 홍경모洪敬謨(1774~1851)가 지은 「의초擬招」를 통해서도 확인할 수 있다. 홍경모는 1618년(광해군 10) 만주족에 잡혀 죽임을 당한 김경서金景瑞 장군의 넋을 위로하기 위해 지은 시인데, 김경서에게 바친 제물에 증송전화蒸松煎花와 박탁이 포함되어 있다. 이 중 증송전화에 대해서는 "우리나라 풍속에 쌀덩이로 떡을 만드는데 속에 콩을 채우고 솔잎을 덮어 찌는데 이를 송병松餠이라 한다"라는 자주自註를 붙이고 있다. 증송전화는 송편이란 것이다. 이에 비해 "우리나라 풍속에 국수를 동치미에 넣어 만든 것을 박탁이라 한다"고 했다.[61] 이처럼 송편과 박탁은

---

58) 『玉篇』卷上, 「食部」; 餺飥 餠屬(『小學名著六種』, 中華書局, 1998, 38쪽).
　　『集韻』권 10, 「入聲, 託」; [飥·飳·餺] 餺飥餠屬 或作飪餗(앞의 책, 166쪽).
59) 『五洲衍文長箋散稿』권 37, 「飮膳辨證說」; 餺飥卽不托 卽刀切麵也(고전간행회본 하, 1959, 105쪽).
60) 한국문화재보호재단 편, 2000, 『한국음식대관3 - 떡·과정·음청』, 한림출판사, 118쪽에 의하면, 밀가루를 주재료로 하는 중국, 찹쌀가루를 주재료로 하는 일본과 달리, 한국의 떡은 멥쌀을 주재료한 것이 많지만, 밀가루·메밀가루·녹두가루로 만든 떡도 있다.
61) "蒸松煎花【東俗以米團作餠 實豆於中 覆松烝之 名曰松餠】. 餺飥【東俗以麪浸於凍葅水作餺飥】"『冠巖全書』 册 1, 「騷, 擬招 幷序, 戊午」, 한국문집총간 속113, 한국고전번역원, 2011, 15쪽).

재료에서부터 만드는 방법까지 완전히 다른 것이란 인식도 박탁=송편 설을 성립되게 어렵게 한다.

결국 『입당구법순례행기』에서 재당 신라인의 8월 15일 명절음식으로 언급된 박탁은 송편이 아니라는 것이지만, 이 같은 모색들은 그동안 제대로 구명되지 못했던 송편의 역사는 물론 추석 이해 자체의 심화에도 일정한 기여를 할 수 있다고 여겨진다.

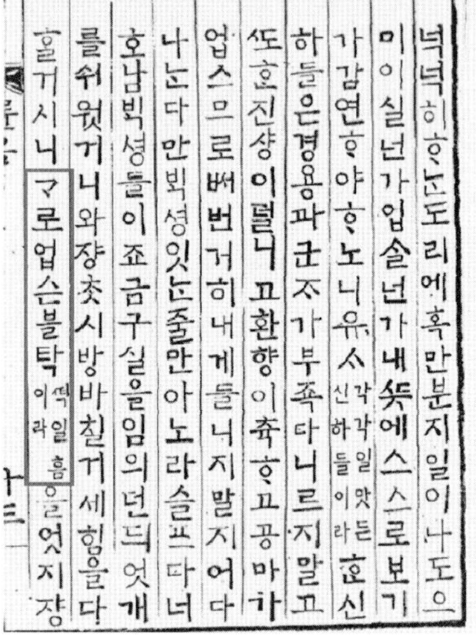

〈그림 7〉「諭湖南民人等綸音」

4. 동아시아의 박탁

앞서 언급한 바와 같이 『입당구법순례행기』에는 박탁이 두 차례 언급되어 있다. 처음은 당나라 관원이 엔닌 일행을 위해 마련하려는 음식으로 나오고(개성 4년=839 4월 6일), 다음은 재당 신라인의 명절 음식으로 나온다(개성 4년 8월 15일). 명절에 준비하는 음식이란 점으로 미루어 박탁은 특별한 음식 같기도 하지만, 여행 도중에 먹는 음식이라면 격식을 갖춘 것이 아니라 평소에도 먹는 음식인 것 같기도 하다. 그러나 더 이상의 언급이 없어, 이것만으로는 박탁이 어떤 재료로 어떻게 만들며, 어떤 모양의 음식인지를 짐작하기 어렵다.

박탁은 중국에서 시작된 음식 이름이지만, 한국과 일본에도 있다. 그런데 8월 15일 명절의 박탁을 기록한 사람은 일본인이고, 관찰된 장소는 당나라이며, 명절을 쇤 사람은 신라인이다. 그렇다면 이 음식을 신라인이 박탁이라 했는지, 엔닌이란 일본인이 보았을 때 박탁인 것인지, 중국에서 통상 박탁이라 부른 것인지가 문제가 된다.

물론 같은 이름을 사용하고 있으므로 신라·당·일본의 박탁이 크게 달랐다고는 생각되지 않는다. 하지만 『입당구법순례행기』라는 한·중·일이 접점을 이루는 특수한 문헌에 등장하기 때문에, 박탁을 이들 세 나라 각각에서 어떤 음식으로 간주했는지를 살펴볼 필요가 있다.

1) 중국의 박탁

중국에서 박탁이란 이름의 음식이 언제 출현했는지는 알 수 없지만, 전한 말 양웅揚雄 (BC.53~AD.18)의 『방언方言』 권 13에 '병餠'을 뜻하는 글자로 '탁飥'이 나오고,[62] 후한 말 류희劉熙의 『석명釋名』 중 「석음식釋飮食」에 박탁의 다른 이름인 탕병湯餠이 보이는 점[63] 등으로 미루어 한대에는 이미 조리·식용되었던 것으로 짐작된다. 또 서진西晉 시기의 문헌에 보이는 박야薄夜(박장薄壯)나 박연薄衍을, 박薄과 박餺의 음이 통한다는 이유로 박탁과 동일시하는 견해도 있다.[64]

그러나 박탁에 대한 확실한 기록은 6세기 중엽 가사협의 『제민요술』에서 처음 확인되는데, 관련 부분을 제시하면 다음과 같다.

○ 水引·餺飥法; 고운 비단 체에 친 밀가루를, 고기 삶은 국물을 만들어 식기를 기다렸다가 그 물로 반죽한다.
   - 수인은 젓가락 크기로 반죽해서 한 자 길이 정도씩으로 떼어 내 물이 담긴 접시 속에 넣어둔다. (이것을) 솥 위에서 손으로 주물러 부추 잎처럼 얇게 만들어서 물이 끓어오르는 대로 떼어서 넣는다.
   - 박탁은 반죽을 엄지손가락 굵기로 주물러서 2치 길이 정도씩으로 떼어 내 물이 담긴 항아리 속에 넣어둔다. (이것을) 항아리 가장자리에 대고 아주 얇게 만들어서 모두

---

62) 錢繹, 1991, 『方言箋疏』, 中華書局, 509쪽.
63) 任繼昉, 2006, 『釋名彙校』, 齊魯書社, 204쪽.
64) 靑木正兒, 위의 논문, 462쪽. 許學仁, 「煮餅之薄飥─束晳《餠賦》與漢晉隋唐間的麪食(續四)」, Baidu. 薄夜는 荀氏 『四時列饌傳』이나 束晳(261~300)의 『餠賦』(『初學記』 권 26, 「器物部, 餠」, 中華書局, 1962, 1985., 642~643쪽)에, 薄衍은 傅玄의 「七謨」(『北堂書鈔』 권 144, 「酒食部 3, 餠篇」, 天津古籍出版社, 1988, 649쪽)에 나온다.

센 불에서 물이 끓어오르는 대로 삶아낸다. 이렇게 만든 것은 하얗게 빛나서 좋을 뿐만 아니라 부드럽고 맛이 좋아서 특별하다.(『齊民要術』 권 9, 「餠法」)[65]

이것은 수인과 박탁이란 음식의 조리법(recipe)을 설명한 것인데, 이를 풀어서 정리하면 수인과 박탁의 재료는 모두 고기 국물을 넣은 밀가루 반죽이다. 또 반죽을 길게 뽑아 일정한 크기로 자르고 그것을 다시 얇게 펴서 끓는 물 속에 넣어 익힌다는 점에서도 같다. 이런 의미에서 수인과 박탁은 같은 종류의 음식이라 할 수 있으며, 『제민요술』에서 수인과 박탁을 묶어서 설명한 것도 이해가 간다. 그러나 수인과 박탁은 길이와 굵기에서 차이가 난다. 수인의 굵기가 젓가락 정도라면, 박탁은 엄지손가락 굵기이다. 또 길이에서 수인이 1자 정도인 데 비해, 박탁은 2치 정도이다. 다시 말해 수인은 가늘고 긴 국수, 박탁은 두툼하면서 짧은, 수제비에 가까운 음식이 아닌가 한다.

박탁에 관한 이후의 사료를 보면, 박탁도 시간의 경과에 따라 변모하는 것 같다. 필자가 가진 능력의 한계로 말미암아 그 변모의 과정을 시간의 순서대로 재구성하기는 어렵지만, 몇 가지 측면을 추려보면 다음과 같다.

① 박탁 명칭의 다양화이다. 박탁은 『제민요술』 이래 근자에 이르기까지 사용되고 있지만, 한편으로는 다른 명칭도 함께 혼용된다. 이 가운데 박탁餺飥이 있지만 '飥'는 '飥'의 이체자 표기이므로 논외로 하더라도, 불탁不托이나 병탕餅湯 같은 것이 있다.

불탁이 곧 박탁이란 사실은 여러 기록에서 확인되고 있다.[66] 그런데 박탁과 불탁의 관계에 대해서는 박탁의 속어가 불탁이란 설명(『猗覺寮雜記』), 박탁이란 송대의 명칭이고 당대 명칭은 불탁이란 설명(『歸田錄』) 등이 있다. 그러나 불탁과 불탁의 관계가 정식 명칭과 속어의 관계인지는 이것만으로는 판단하기 어렵다. 또 불탁은 진대晉代 이래

---

65) "水引·餺飥法：細絹篩麵 以成調肉臛汁 待冷溲之. ○水引; 挼如箸大 一尺一斷 盤中盛水浸 宜以手臨鐺上 挼令薄如韭葉 逐沸煮. ○餺飥; 挼如大指許 二寸一斷 著水盆中浸 宜以手向盆旁挼使極薄 皆急火逐沸熟煮 非直光白可愛 亦自滑美殊常"(繆啓愉, 1982, 『齊民要術校釋』, 農業出版社, 510쪽).

66) 宋 歐陽修(1007~1072), 『歸田錄』 卷 2：“湯餅 唐人謂之<u>不托</u> 今俗謂之餺飥矣"(『宋元筆記小說大觀』1, 621쪽). 宋 朱翌(1097~1167), 『猗覺寮雜記』(下); “<u>不托</u>俗語 當以方言爲正 作餺飥字." 南宋 程大昌(1123~1195), 『演繁露』 권 15, 「不托」; “湯餅 一名餺飥 亦名<u>不托</u>."

사용되었다는 설명이 있어,[67] 박탁 보다 불탁이 먼저 등장했다는 주장을 뒷받침하는 것 같으나, 처음 언급된 사료의 편찬 시기가 박탁이 533~544년 무렵의 『제민요술』인데 비해 불탁은 973년의 『구오대사舊五代史』이므로[68] 그대로 따르기 어렵다. 그리고 불탁이란 명칭에 대해서는 당唐 이광의李匡義(?~893)의 『자하집資暇集』(李匡文의 『資暇錄』이라고도 함)에 '예전에 기계가 없었을 때는 손바닥에 올려놓고[托] 만들었는데 기계가 발명된 이후에는 손바닥에 올려놓지 않기 때문에 불탁不托이라 했다'라는 풀이가 있다.[69] 그러나 불탁不飥이란 표기도 있는 점으로 미루어[70] '탁托'에 특별한 의미가 있는 것은 아닌 것도 같으므로, 이 역시 의문시된다. 오히려 박탁과 불탁의 음이 비슷한 것이 혼용의 원인으로 더 그럴듯하지 않을까 한다.

박탁을 탕병이라 한 사실도 여러 기록에서 확인된다.[71] 탕병이란 명칭은 후한 유희劉熙의 『석명釋名』이나 서진西晉 속석束晳(261~300)의 「병부餠賦」에 이미 언급되어 있으므로[72] 3세기에는 통용되었던 명칭이라 할 수 있다. 그런데 탕병이란 뜨거운 국물 속에 병류餠類가 들어있는 음식이란 의미인 바, 음식의 형태에 따른 명칭이라 할 수 있다. 하지만 병餠이 포괄하는 범위가 상당히 넓으므로 탕병과 박탁이 반드시 1:1 대응관계인지에 대해서는 의문의 여지가 있다.

이렇듯 불탁과 탕병에 대한 설명에는 의심스러운 점도 많지만, 박탁을 불탁 내지 탕병으로도 일컬었다는 사실은 부정할 수 없다. 그렇다고 한다면 불탁은 음의 유사 때문, 탕병은 음식의 형태로 말미암아 혼용되었던 명칭이 아닌가 한다. 나아가 다른 이름이

---

67) 宋 高承, 『事物紀原』 권 9, 「不托」; "魏世食湯餅 晉以來有不托之號."
68) 『舊五代史』 권 132, 世襲列傳1, 「李茂貞」; "軍士有鬥而訴者, 茂貞曰 : "喫令公一椀不托, 與爾和解." 遂致上下服之【不托 通鑑作 餺飩 蓋當時俗語聲之轉也 今仍其舊 〈影庫本粘籤〉】"(中華書局, 1976, 1986,, 1740쪽).
69) 唐 李匡義, 『資暇集』卷下, 「畢羅」; "至如不托 言舊未有刀机之時 皆掌托烹之 刀机既有 乃云不托."
70) 唐 楊曄, 『膳夫經手錄』.
71) 주 213 참조.
72) 『釋名』「釋飲食」, "蒸餅·湯餅·蝎餅·髓餅·金餅·索餅之屬, 皆隨形而名之也"(任繼昉, 2006, 『釋名彙校』, 齊魯書社, 205쪽).
『初學記』 권 26, 「器物部, 餅第十七」; "玄冬猛寒 清晨之會 涕凍鼻中 霜凝口外 充虛解戰 湯餅為最."(中華書局, 1962, 1985,, 642~643쪽).

여럿이라는 것은 박탁이 그만큼 널리 식용되었음을 반영하는 것으로 볼 수도 있겠다.

② 박탁 종류의 다양화이다. 856년(大中 10) 양엽楊曄이 지은 『선부경膳夫經(手錄)』에는 다음과 같이 여러 종류의 박탁이 열거되어 있다.

> 불탁에는 조[粟]를 가공하여 얇게 편 것·띠처럼 긴 것·사각형인데 가장자리에 잎 장식을 단 것·두껍게 썬 것·側粥(붕어죽?)·切麵筋·夾粥·餡粥·劈粥의 종류 등 그 명칭이 대단히 많은데, 모두 불탁의 종류이다. 양고기를 날 것인 채 그릇에 담고 불탁을 덮은 후 5가지 맛의 국물을 붓고 다시 유제품을 섞은 것을 鶻突不飥이라 한다. 이밖에 冷淘·索餅·幹切이 있는데, 불탁을 만드는 법과 대략 같다.[73]

솔직히 말해, 과연 위와 같이 옮기는 것이 타당한지에 대해서는 자신이 없다. 그러나 이를 통해 당나라 시기에 이미 박탁의 재료가 밀가루에 한정되지 않았던 점, 완성된 형태가 상당히 다양했고 형태에 따라 고유의 이름이 주어졌다는 정도는 충분히 짐작할 수 있다.

박탁의 다양화는 이후의 사료를 통해서도 엿볼 수 있다. 이러한 사실을 반영하는 것이 13세기 후반에 나온 저자 미상의 생활백과전서 『거가필용居家必用(事類全集)』이다. 여기에는 여러 가지 박탁류가 언급되어 있는데, 일반 음식과 치료식으로 나누어 볼 수 있다. 경집庚集에 수록된 산우박탁山芋餺飥과 영롱박탁玲瓏餺飥은 일반 음식인데, 산우박탁은 마를 갈아 밀가루와 콩가루를 섞은 반죽을 밀어서 적당한 크기로 썬 다음 끓는 물에 익힌 것이고, 영롱박탁은 양고기를 썰어 넣은 밀가루 반죽을 밀어서 넓적한 국수 모양으로 썰고 솥에 넣고 삶은 것이다.[74] 그리고 임집壬集에 수록된 유면박탁油麵餺飥·

---

73) "不飥 有薄展而細粟者 有帶而長者 有方而葉者 有厚而切者 有側粥者 有切麵筋 夾粥 餡粥 劈粥之徒 其名甚多 皆不飥之流也 又有羊肉生致碗中 以不飥覆之後 以五味汁沃之 更以椒酥和之 謂鶻突不飥 或冷淘 或索餅 或幹切 與不飥法畧同."

74) 『居家必用事類全集』庚集(7)「濕麵食品」; "○ 山芋餺飥 - 煮熟山芋去皮擂爛 細布紐去淬 和麪豆粉爲粢捍 切闊細任意 初煮二十沸 如煉至百沸 軟滑汁任意 ○ 玲瓏餺飥 - 冷水和麪 羊腎生脂銼碎入麪 同搜拌勻 捍切作闊面 下鍋煮 自然漏塵矣"(김일권·이정우·박채린 공역, 2015, 『거가필용 역주 - 음식편』, 세계김치연구소, 306~307쪽).

계자박탁雞子餺飥·적석지박탁赤石脂餺飥·황자계박탁黃雌雞餺飥·초면박탁椒麫餺飥은 모두 노인을 위한 치료식들로, 해당 약재를 밀가루와 함께 반죽하여 익힌 것들이다.[75]

『거가필용居家必用』의 박탁 기사에서 주목되는 사실은 밀가루 반죽에 다양한 식자재를 첨가함으로서 음식의 맛과 질을 더욱 높였다는 점과 함께 반죽을 밀어서 '자른다[切]'는 점을 들 수 있다. 이러한 성형 방법은 반죽을 '끊는다[斷]'고 한 『제민요술』의 그것과 다르며, 그렇기 때문에 엄밀한 의미에서는 박탁이 아니라고까지 할 수 있다. 그럼에도 불구하고 그대로 박탁이라 칭하는 이유는 완성품의 형태가 『제민요술』의 그것과 다르지 않았기 때문으로 짐작되고 있다.[76] 나아가 단순한 음식을 넘어 치료식으로 이용되고 있다는 사실은 박탁의 가치가 그만큼 상승되었음을 의미하는 것이라 할 수 있다.

③ 음식의 일종으로 위상을 확실히 해나갔다. 11세기 북송의 왕벽지王闢之(1031~?)의 『민수연담록澠水燕談錄』에 의하면,[77] 사대부의 연회에서는 죽에 앞서 박탁을 맨 먼저 먹었다고 했다. 그 이유에 대해 왕벽지는 당말오대의 혼란기에 음식의 순서가 혼란을 일으킨 때문이란 설을 소개하고 있지만, 이를 통해서도 박탁이 격식을 갖춘 식사 자리에서 빼놓을 수 없는 음식으로 여겨졌음을 짐작할 수 있다. 또 송대에는 '동혼돈冬餛飩 연박탁年餺飥'이란 말이 있었다고 한다.[78] 동지에는 혼돈, 새해에는 박탁이란 의미인데, 이를 통해 박탁이 신년을 맞이하는 대표적 명절음식이었음을 알 수 있다. 그리고 당나라 때 혹리酷吏로 악명 높은 경우敬羽의 고문 방법, 즉 죄수의 배에 문빗장을 굴리는 방법을 육박탁肉餺飥이라 했다는데,[79] 고문으로 말미암아 살점이 떨어져 나가는 것을 밀가루

---

75) 김일권 외, 위의 책, 356~357쪽, 379~380쪽, 384쪽, 414쪽, 417~418쪽.
76) 中村喬, 앞의 책, 312쪽에서는 『제민요술』과 『거가필용』의 박탁 성형 방법이 다르기 때문에 엄밀한 의미에서 후자의 경우는 박탁이 아니지만, 완성품의 형태가 같기 때문에 박탁이란 명칭을 계속 사용한 것이라 했다.
77) 『澠水燕談錄』 권 9, 「雜錄」; "士大夫筵饌 率以餺飥 或在水飯之前 予近預河中府蒲左丞會 初坐即食罷生餺飥 予驚問之 蒲笑曰 '世謂餺飥為頭食 宜為群品之先可知矣 意其唐末·五代亂離之際 失其大第 久抑下列 頗鬱興論牽復' 坐客皆大笑."
78) 陳元靚, 『歲時廣記』 권 5 「元旦(上)·食索餅」; "歲時雜記(북송 呂希哲) 京師人家多食索餅 所謂年餺飥者 或此類" 및 권 38, 「冬至, 食餛飩」; "歲時雜記 京師人家 冬至多食餛飩 故有'冬餛飩 年餺飥'之說 又云 '新節已故 皮鞋底破 大捏餛飩 一口一箇.'"(許逸民 點校本, 中華書局, 2020, 124 및 704쪽). 周密(1232~1298), 『武林舊事』 권 3, 「冬至」; "享先則以餛飩 有'冬餛飩 年餺飥'之諺"(中國商業出版社, 1982, 50쪽).
79) 『舊唐書』 권 186하, 列傳 136하 「酷吏(下), 敬羽」; "及肅宗於靈武即大位 羽尋擢為監察御史 以苛刻徵剝求進

반죽이 떼어져 나가는 것에 비유한 것이다. 이러한 사실은 박탁이 비유에 동원될 정도로 잘 알려진 음식이었음을 의미하는 것이 아닌가 한다.

이상에서 박탁이 어떤 음식인지에 대해 살펴보았는데, 이를 통해 강조하고자 하는 것은 박탁이 밀가루를 재료로 만든 식품이란 것이다. 『거가필용』에서는 고기 국물로 반죽한 밀가루라고 한 『제민요술』에서 한걸음 나아가 콩가루나 양고기를 섞기도 하고 여러 가지 약재를 혼합하기도 했지만, 기본이 밀가루임은 변함이 없다. 그렇다면 중국에서 엔닌이 목격한 재당 신라인의 박탁도 밀이라는 밭농사의 산물로 간주해도 큰 잘못은 아니라고 생각된다.

중국에서 밀 재배는 진한 이래 꾸준히 증가하여, 당나라 중기 이후에는 생산량이 조[粟]를 능가하게 되었으며, 이것은 밀가루 음식의 확산에도 큰 영향을 미쳤다고 한다.[80] 여기에 더하여 당대唐代의 연애碾磑(맷돌)의 개량과 제분의 공장화는 밀가루 음식의 발달을 더욱 촉진하였다고 한다.[81] 따라서 9세기 재당 신라인이 8월 15일의 명절음식으로 박탁을 마련한 것도 이러한 추세와 무관한 것이 아닐 것이다.

또 중국 밀의 종류에는 선맥旋麥과 숙맥宿麥이 있는데, 선맥은 춘소맥春小麥이라고도 하는데 늦봄이나 초여름에 심어 가을에 수확하는 품종이고, 숙맥은 동소맥冬小麥이라고도 하는데 늦가을에 심어 겨울을 나고 이듬해 한여름에 수확하는 품종이다. 이 중 선맥은 주로 만리장성 이북의 추운 지역, 숙맥은 화북지역에서 주로 재배된다고 한다.[82] 그렇다면 엔닌이 목격한 재당 신라인의 명절음식 박탁은 수확 후 얼마 지나지 않은 숙맥으로 만든 것이라 짐작된다.

及收兩京後 轉見委任 作大枷, 有勸尾榆 著即悶絕 又臥囚於地 以門關輾其腹 號爲'肉餺飥' 掘地爲坑 實以棘刺 以敗席覆上 領囚臨坑訊之 必墜其中 萬刺攢之"(中華書局, 1975, 4860쪽).
80) 王利華, 『中古華北飮食文化的變遷』, 中國社會科學出版社, 2000, 70~74쪽.
81) 篠田統, 앞의 논문, 25쪽.
82) 王利華, 위의 책, 70~71쪽.

2) 일본의 박탁

『입당구법순례행기』의 박탁은 엔닌이 신라인의 음식명을 그대로 기록한 것이 아니라, 자신이 아는 지식으로 박탁이라 했을 가능성도 있다. 그렇다면 엔닌 전후 시기의 일본인들은 박탁을 어떤 음식으로 간주하고 있었는지도 살펴볼 필요가 있다.

이 문제와 관련하여 주목되는 것이 『왜명류취초倭名類聚鈔』(또는 『화명류취초和名類聚抄』)이다(<그림 8>). 『왜명류취초倭名類聚鈔』는 평안시대平安時代 중기인 승평承平 연간(931~938)에 원순源順(911~983)이 편찬한 한어 명사 사전인데, 여기에 박탁이란 항목이 있기 때문이다.

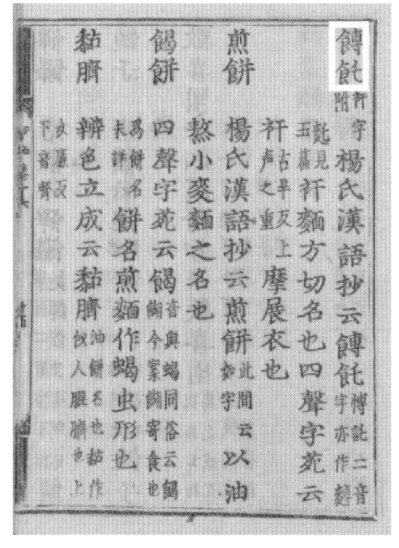

<그림 8> 『倭名類聚鈔』의 박탁 기사

餺飥; 楊氏漢語抄에서 말하기를, 餺飥[博託 두 음이다. 또한 麷黇으로도 쓴다. 玉篇을 보래은 밀가루를 펴서 네모나게 자른 것이다(『倭名類聚鈔』 권 16 「飯餅類」).[83]

여기서 박탁의 설명은 '밀가루를 펴서[衦] 사각형으로 자른 것'에 그치고 있지만, 미루어 짐작건대 이것을 조리하여 어떤 음식으로 만들었을 것이다. 그렇다면 박탁이 음식의 이름임은 충분히 짐작할 수 있다.

『왜명류취초』는 『입당구법순례행기』에 비해 약 100년이 뒤진다. 그렇지만 『왜명류취초』의 이 부분은 『양씨한어초』를 옮긴 것이며, 『양씨한어초』

---

83) "餺飥【衦字附】; 楊氏漢語抄云 餺飥【博託二音 字亦作麷黇 見玉篇】衦麵方切名也. 四聲字苑云 衦【古旱反 上聲之重】摩展衣也."

는 8세기 나라시대奈良時代(710~794)에 성립된 것이다. 그렇다면 이 부분은 오히려 『입당구법순례행기』보다 약 100년이 앞선 기록이 된다. 따라서 엔닌의 박탁에 대한 이해도 여기서 크게 벗어나지 않았을 것이다. 다시 말해 엔닌이 재당 신라인의 명절 음식을 신라인들이 어떻게 부르는지 알지 못한 채, 자신의 지식으로 그 음식을 기록했다고 하더라도, 박탁이 밀가루를 원료로 한 음식이라는 점에서는 변함이 없다는 것이다.

3) 한국의 박탁

한국 문헌에서 박탁에 대한 최초의 기록은 1398년(태조 7)에 편찬을 시작하여 이듬해인 1399년(정종 원년)에 간행된 『향약제생집성방鄕藥濟生集成方』이 아닌가 한다. 이 책의 권6, 「설사리泄瀉痢(설사 이질)」조에 "천남성天南星과 밀가루를 반죽하여 혼돈餛飩이나 박탁餺飥을 만들고, 장즙醬汁에 넣어 끓여서 복용하면 즉시 낫는다"고 한 것이 그것이다.[84] 이를 통해 박탁은 반죽한 밀가루를 국물에 익혀 먹는 음식임을 알 수 있다.

그런데 이 기록은 고려시대 의서醫書인 『본조경험방本朝經驗方』을 인용한 것이다. 따라서 박탁이란 이름은 고려시대에 이미 사용되고 있었다 할 수 있다. 그러나 이 밖의 박탁 관련 기록은 모두 조선시대의 것들이다. 조선시대와 『입당구법순례행기』간의 시간적 간격을 생각할 때, 조선시대 기록의 박탁 기사를 통해 재당 신라인의 박탁을 유추하는 것은 무리라 할 수 있다. 그렇지만 조선시대 사람들이 생각하는 박탁이 중국이나 일본의 그것과 크게 다르지 않다는 사실은 확인할 수 있다는 점에서 무의미한 것은 아니라고 생각된다.

한국의 박탁에 대해 몇 가지 측면에서 살펴보면, 첫째 명칭이 문제가 된다. 박탁은 한자 중에서도 사용 빈도가 매우 낮은 글자이므로 식자층은 몰라도 일반인들에게는 생소했을 것이다. 따라서 박탁이란 말이 사회적으로 널리 통용되기는 어려웠을 것으로 짐작된다.

1527년(중종 22) 최세진崔世珍이 편찬한 『훈몽자회』에서는 '餺'과 '飥'을 각각 '나화 박'·

---

84) "本朝經驗 治一切痢方. 天南星【末 一匙】小麥麪【一升 或半升】右相和 作餛飩或餺飥 熟煮醬汁 飮之 卽差."

'나화 턱'이라 했다.[85] 박탁은 우리 말로 나화라는 것이다(<그림 6>). 나화는 이두식으로 자화剌花로 표기되기도 했으며,[86] 탁면飥麵·창면昌麵·창면敞麵·창면暢麵·턱면·착면 등은 박탁에서 파생된 명칭으로 짐작된다.[87] 또 1798년(정조 22) 이만영李晩永의 『재물보才物譜』에서는 박탁餺飥을 '국슈건지', 불탁不托을 '범벅'이라 했는데,[88] 박탁을 우리 말로 국수건지(건더기?)라 했는지도 모르겠다. 다만 중국에서 박탁과 불탁을 같은 것으로 간주하고 있는 데 반해, 『재물보』에서는 다른 것으로 보는 것이 특이하다.

이렇듯 박탁을 우리말로 표현하려는 시도들이 있었지만, 박탁이 곧 나화나 국슈건지와 꼭 같은 음식이라 단정할 수는 없다. 우리 고유의 음식을 한자로 나타내야 할 때 박탁이란 말을 빌릴 수도 있고, 반대로 중국의 박탁을 번역해야 할 때 비슷한 우리의 음식 이름을 사용할 수도 있기 때문이다. 하지만 무언가 공통분모가 있기에, 서로 통용될 수 있었다고 보는 것이 옳을 것 같다. 이런 의미에서 여기서는 박탁과 나화 등을 같은 범주의 음식으로 간주하면서 논의를 진행시키고자 한다.

둘째, 박탁의 용도 문제이다. 조선시대 문헌들에서 박탁은 평소에 먹는 평상식과 특별한 경우에 특별식으로 이용되었음을 알려주고 있다. 평상식은 조선시대에 편찬된 음식 조리법 관련 문헌에서 박탁의 레시피가 많이 소개되고 있다는 점을 통해 짐작할 수 있다.[89] 그렇다고 해서 늘 주식으로 먹었다는 의미는 아니고, 별미로서 한 번씩 먹었던 것이 아닌가 한다.

특별식에는 치료를 위한 치료식과 제사 때 올리는 제찬식祭饌食이 있었다. 치료식으로서의 박탁의 존재는 앞서 언급한 바와 같이 고려시대부터 확인되는데, 이는 중국의 식치食治 개념을 도입한 것이라 생각된다(『거가필용』 참조). 그런데 1399년 『향약제생집성방』에서는 박탁이 이질 치료식으로만 언급되어 있으나, 1460년(세조 6) 전순의全循義가 편찬한 식이료

---

85) 『訓蒙字會』 中, 「食饌」, 단국대 출판부, 1971, 84쪽.
86) 徐有榘(1764~1845), 『林園十六志』 43, 「鼎俎志2, 炊餾之類, 麵, 剌花方」.
87) 장지현, 앞의 책, 314~316쪽.
88) 李晩永, 『才物譜』 권 6, 「物譜, 食飲, 湯餠」; 餺飥【국슈건지】, 不托【범벅】(아세아문화사, 1980, 608쪽).
89) 장지현, 위의 책, 295~317쪽.

법서食餌療法書인『식료찬요食療纂要』에는 이질[諸痢] 뿐만 아니라 제풍諸風(여러 가지 풍병風病)·오일五噎(목구멍이 갑자기 막혀서 음식이 내려가지 못하는 증상)·제허諸虛(여러 가지 허한 병) 등 보다 넓은 범위의 치료식으로 소개되고 있다.[90] 또 제찬식으로 박탁이 올려졌음은 류장원柳長源(1724~1796)이 편찬한 가례서『상변통고常變通攷』에 제상에 올리는 면식麪食의 하나로 박탁이 언급된 점,[91] 허훈許薰(1836~1907)이「제찬진설도祭饌陳設圖」를 제시하면서 여기에 올리는 국수[麵]를 박탁이라 한 점 등을 통해 짐작할 수 있다.[92]

셋째, 박탁이 어떤 재료로 어떻게 만들어졌는가라는 문제이다. 관련 자료를 종합하면 박탁은 곡물 가루를 반죽하여 비슷한 크기로 나누고, 그것을 국물에 말아 먹는 음식인데, 경우에 따라서는 고명을 올리기도 한다. 그런 의미에서 박탁은 탕병湯餠의 일종이다. 그러나 세부적으로 들어가면 차이가 있다. 예컨대 국물을 보면 고깃국[93]·된장국[94]·동치미 국물[95]·오미잣국[96] 등이 있는데, 고깃국과 된장국은 뜨거운 온면에, 동치미 국물과 오미잣국은 차가운 냉면에 이용되었던 것 같다.

또 반죽 역시 재료나 분할 방법에서 가변성이 크다. 특히 반죽의 분할법은 박탁의 성격을 가늠하는데 관건이 되는 문제이다. 현재 박탁에 대해서는 수제비[麪飥饋]란 견해와[97] 칼국수[刀齊非, 刀切麪]란 견해가[98] 있다. 이러한 견해차는 문헌에 따라 박탁류의 조리법에 대한 설명이 다르기 때문이다. 수제비와 칼국수의 차이의 하나는 반죽을 손으로

---

90) 全循義(김종덕 역),『食療纂要』, 예스민, 2006, 19쪽, 79쪽, 90쪽, 171쪽.
91) 柳長源,『常變通攷』권 23,「祭禮 1, 時祭 上, 具饌」食; 如薄餠·油餠·胡餠·蒸餠·棗餻·環餠·捻頭·餺飩之類 是也.
92) 『舫山集』권 12,「雜著, 祭饌陳設圖」; "麪 餺飥饅頭之屬."
93) 徐有榘,『林園十六志』43,「鼎俎志2, 炊餾之類, 麵」刺花方」.
94) 全循義,『食療纂要』「諸風」(김종덕 역, 위의 책, 19쪽).
95) 洪敬謨,『冠巖全書』册 1,「騷, 擬招 幷序, 戊午」(한국문집총간 속113, 앞의 책, 15쪽).
96) 徐有榘,『林園十六志』43,「鼎俎志2, 炊餾之類, 麵」중「暢麪方」및「刺花方」.
   정부인 안동 장씨(1598~1680)의『음식디미방(일명 閨壼是議方)』「토쟝법 녹도나화」및「탁면법」(백두현 역주,『음식디미방 주해』, 글누림, 2006, 71~72쪽).
97) 윤서석,『한국의 음식용어』, 민음사, 1991, 52쪽.
98) 李圭景(1788~?),『五洲衍文長箋散稿』권 37,「飮膳辨證說」; "餺飥卽不托 卽刀切麵也"(고전간행회본하. 1959, 105쪽).
   장지현, 위의 책, 295쪽에서도 칼국수란 견해를 따르고 있다.

떼어내는가, 칼로 썰어 내는가에 있는 것 같은데,[99] 이 점에 있어 문헌 간에 차이가 있다는 것이다. 그러나 현재의 필자로서는 이 문제를 해결할 능력이 없다. 그러므로 이 문제에 대해서는 결론을 유보할 수밖에 없으며, 다만 견해차가 있음을 지적하는 데 그치고자 한다.

이 밖에도 반죽을 할 때 소금을 섞느냐는 차이, 손으로 떼어내거나 칼로 자른 반죽을 국물과 함께 끓이느냐[濕麵, 제물국수] 아니면 건조시켜 두었다가 국물에 넣으냐[乾麵, 건진 국수] 등의 문제가 있지만, 마지막으로 반죽의 재료가 무엇인지를 살펴보고자 한다.

박탁류의 주재료는 곡물 등의 가루를 반죽한 것이다. 곡물 등이라 한 것은 말려서 가루를 낸 우엉 뿌리[牛蒡根]도 들어갔기 때문이지만,[100] 반죽의 재료는 주로 곡물의 가루란 의미이다. 이러한 곡물로는 밀[小麥]·녹두·쌀[白米]이 있다. 이 중 쌀의 경우는 한 사례만 확인될 뿐이고,[101] 나머지 대부분은 밀과 녹두이며, 밀과 녹두를 혼합한 경우도 있다. 이러한 사례를 몇 가지 열거하면 다음과 같다.

○ 春杵頭糠(절굿공이에 묻은 겨) 반 홉과 밀가루 4량을 함께 반죽하여 餺飥을 만들어 공복에 먹는다.[102]

○ 소금물 2홉을 합하고 밀가루를 넣어 餺飥을 만든다. 삶아 익히고 양념을 넣어 먹는다.[103]

---

99) 칼로 자른다고 한 자료로는 洪萬選(1643~1715)의 『山林經濟』 권 2, 「治膳, 山芋餺飥」, 柳重敎(1821~1893)의 『增補山林經濟』 권 8, 「治膳, 餠麵諸品, 昌麵」(윤숙자 엮음, 지구문화사, 2007, 314쪽), 徐有榘의 『林園十六志』 43, 「鼎俎志2, 炊餾之類, 麵」의 餲麨와 刺花에 대한 설명을 들 수 있다. 반면 申錫愚(1805~1865)의 『海藏集』 권 6, 「詩, 和李霞隱汝執」에서는 詩社를 위해 준비한 음식으로 切麵과 餺飥을 나란히 열거한 바, 칼국수와 박탁을 별개로 인식했음을 보여준다. 그런데 안동 장씨의 『음식디미방』에서 녹두나화를 만들 때는 뗀다 했고 탁면을 만들 때는 썬다 했다(백두현 역주, 앞의 책, 67~71쪽). 나화와 탁면을 박탁류로 묶을 수 있다면, 판단이 어려울 수밖에 없다.
※ 徐有榘의 『林園十六志』 43, 「鼎俎志2, 炊餾之類, 麵, 刺花方」에서 반죽을 '狹長條(좁고 길죽하다)'로 자른다고 하면서 그 크기를 '廣可五分 長可三分'이라 했다. 그렇다면 '狹長條'란 설명과 맞지 않는다. 수치에 오류가 있는 것이 아닌가 한다.
100) 全循義, 『食療纂要』, 「諸風」(김종덕 역, 위의 책, 19쪽).
101) 全循義, 『食療纂要』, 「諸風」(김종덕 역, 앞의 책, 19쪽).
102) 全循義, 『食療纂要』, 「五噎」; "春杵頭糖(糠?)半合 麪四兩 相和 搜作餺飥 空心食之"(김종덕 역, 앞의 책, 79쪽).
103) 全循義, 『食療纂要』, 「諸虛」; "取合鹽湯 二合將和麪作餺飥 煮令熟入五味食之"(김종덕 역, 앞의 책, 90쪽).

○ [탁면법] 녹두가루를 몇 차례 정제하여 양푼에 담아 중탕으로 익힌 다음, 이를 조각지게 썰어서 얼음을 넣은 오미자차에 넣어 먹는다.[104]

○ [刺花方] 밀가루를 소금물로 반죽하여 案板 위에서 종잇장처럼 얇게 민 다음 칼로 좁고 길게 잘라 말려두었다가 오미자 물에 말아 먹거나, 후추·파·고기를 삶은 물에 넣어 먹는다.[105]

○ [昌麪法] 녹두가루를 종이장처럼 얇게 익혀 날카로운 칼로 채 치듯이 썰어서 꿀을 탄 오미자 물이나 蒟杖물에 넣어 먹는다.[106]

이렇듯 박탁류의 식재료가 밀 또는 녹두가루라면, 박탁은 밭작물로 만든 음식이라 할 수 있다. 이 점에 있어서는 한국·중국·일본에서 박탁이라 일컬어지는 음식은 모두 밭작물을 원료로 한 것이라 하겠으며, 나아가『입당구법순례행기』에서 언급된 박탁 역시 밭작물로 만들어진 명절음식일 가능성이 높다고 하겠다.

5. 맺음말

지금까지 언급한 보론의 내용을 요약하면 다음과 같다.

제1장은 머리말에 해당하는 부분으로 여기서는 이 글의 목적을 밝혔다. 필자는 일전 추석의 문화적 기반으로 밭농사를 고려할 필요가 있다고 하면서 그 근거의 하나로 일본 승려 엔닌의『입당구법순례행기』에서 재당 신라인의 명절 음식으로 언급된 박탁이 밭작물

---

104) 안동 장씨,『음식디미방』「탁면법」(백두현 역, 위의 책, 71쪽).
105) 徐有榘,『林園十六志』43,「鼎俎志2, 炊餾之類, 麵」, "刺花方; 麰麥以鹽水搜作劑 案上捍薄如紙 切作狹長條 掛乾 用時滾湯內淪出 復入淨水中洗之 蜜調五味子水 供之 或用油醬·椒·蔥·肉料煮食 則謂之土醬和花羹【三山方】."
106) 柳重敎,『增補山林經濟』권 8,「治膳, 餠麥諸法」, "昌麪法; 菉末冷水調作稀糊半鍾子許 入鉒量盆中飛湯 上薑之 則薄薄凝熟如紙 取投冷水中 又取起以利刀打切 汁用調蜜五味子汁 或用蜜蒟杖汁尤佳"(윤숙자 편, 위의 책, 314쪽).

임을 들었는데, 이에 대한 비판이 제기되었기에 자신의 견해를 재확인하기 위해 이 글을 마련하였다는 것이다. 그래서 여기서는 박탁이 무엇인지를 한국·중국·일본의 자료를 통해 집중적 살펴보고자 하였다. 기록한 엔닌이 일본인이고, 기록의 대상이 신라인이며, 기록의 장소가 중국이라는 점을 고려한 때문이다. 나아가 검토 대상의 자료는 엔닌과 가까운 시기의 것에 중심을 두고자 하였다.

제2장에서는 1차 사료인 『입당구법순례행기』의 관련 부분의 판독 문제를 살펴보았다. 『입당구법순례행기』는 필사본으로 전해지고 있기 때문에, 전사 과정에 오류 뿐만 아니라 필사자의 독특한 필체로 말미암아 판독에 어려움이 있다. 이 글에서 문제로 삼고 있는 신라인의 명절 음식도 박탁餺飥인지 박돈餺飩인지가 애매하다. 그래서 이 장에서는 제3의 사료들의 검토를 통하여 박탁일 가능성이 높다고 보았다.

제3장에서는 박탁을 송편의 원조로 보는 견해들을 살펴보았다. 박탁과 송편은 완전히 다른 음식이다. 박탁은 국수나 수제비 같은 건더기를 국물에 말아 먹는 음식인 데 반해, 송편은 쌀로 만든 피에 속을 넣어 먹는 음식이란 점에서 차이가 크기 때문이다. 그러나 무엇보다 필자에게 문제가 되는 것은 박탁=송편이라면 박탁=밭작물로 만든 음식이란 종전의 견해가 성립될 수 없기 때문이다. 검토의 결과 박탁=송편 설은 사료적 뒷받침을 받지 못할 뿐만 아니라 방법론에서도 문제가 있음을 확인함으로서, 받아들이기 어려운 주장이라고 반비판을 하였다. 그러나 여기서는 박탁이 송편이 아니라고 했을 뿐, 송편이나 그와 유사한 음식이 신라시대에 이미 존재했을 가능성을 부인하는 것은 아니다. 따라서 송편의 기원 문제는 별도로 고찰될 필요가 있다고 하겠다.

제4장에서는 박탁을 중국·일본·한국에서는 어떻게 인식하고 있는지를 살펴보았으며, 이 과정에서 특히 박탁의 재료가 무엇인지를 특히 유의하였다. 먼저 중국의 경우, 박탁에 대해 처음으로 구체적으로 언급한 6세기 후반의 『제민요술』을 통해 그 원래의 모습을 재구해 보았으며, 이후 박탁이 다양화되고 변화해 가는 모습을 추적해 보고자 하였다. 또 엔닌과 비슷한 시기에 그의 고향인 일본에 『왜명류취초倭名類聚鈔』란 한어사전이 있고 여기에 박탁에 대한 설명이 있기에 이를 살펴보았다. 그리고 한국의 경우는 남아있는 관련 자료가 엔닌의 시대와 간격이 크지만, 재당 신라인 역시 한국인인 만큼,

한국인의 박탁 인식을 살펴보았다. 그 결과 한국·중국·일본에서 공통적으로 국물에 말아 먹는 탕병湯餠의 일종으로 이해했으며, 그 식재료 역시 밀과 같은 밭작물임을 거듭 확인할 수 있었다.

중국에서 면병류麵餠類의 주원료는 밀[小麥]인데, 밀은 기원전 1세기에는 이미 전작지대인 화북을 중심으로 재배되기 시작했다.[107] 이후 밀은 국가의 장려정책 등에 힘입어 식량으로서의 비중이 계속 높아져 당 중기 이후부터는 조[粟]를 능가하는 주요 곡물이 되었다.[108] 그러나 밀은 곡류 중에서도 종피種皮가 단단하여 도정搗精하지 않으면 식용으로 한계가 있었다. 그 대신 분말에는 점기粘氣가 강하기 때문에 가루로 만들면 빵·국수·단자團子 등으로 가공이 용이하다. 그러므로 밀의 식용화를 위해서는 제분 기술의 발달이 요청되는데, 당대로 오면서 맷돌이 개량되고 공장제 제분업이 발달하면서 면병류가 확산되고 다양화될 수 있는 조건이 갖추어지게 된다.[109] 박탁은 바로 이러한 과정에서 출현했다고 생각된다. 그리고 그것이 한국과 일본에도 영향을 미쳤던 것이 아닌가 한다. 839년 재당 신라인이 8월 15일 명절 음식으로 박탁을 마련한 것도 이러한 흐름에서 이해해야 한다고 여겨진다.

이러한 설명을 통해 박탁이 밭작물의 소산이며, 추석과 밭농사의 관련 가능성을 재확인할 수 있었지만, 아직 해결하지 못한 문제가 있다. 재당 신라인이 8월 15일 명절 음식으로 박탁을 준비했다는 것은 확실한 사실이지만, 과연 신라 본국에서도 그랬을까 하는 점이다. 이러한 문제는 추후의 연구를 통해 보완될 필요가 있다.

---

107) B.C. 1세기 후반에 나온 『氾勝之書』에 大麥과 小麥을 구분하여 언급한 것이 밀에 대한 最古의 확실한 기록이다. 『齊民要術』 권 1, 「種穀」; 氾勝之書曰 '小豆忌卯 稻·麻忌辰 禾忌丙 黍忌丑 秫忌寅 未 小麥忌戌 大麥忌子 大豆忌申·卯' 凡九穀有忌日 種之不避其忌 則多傷敗 此非虛語也 其自然者 燒黍穰則害瓠.
108) 王利華, 앞의 책, 69~74면.
109) 篠田統, 앞의 논문, 25면.

추석 秋夕

신라의 추석

신종원

1. 머리말
2. 연구사 정리
3. 신라의 추석 풍속
4. 고대 중국의 8월 민속과 그들이 본 신라의 추석
5. 일본승 엔닌圓仁이 본 당나라 신라 유민들의 추석
6. 맺음말

신종원

신라의 추석

1. 머리말

『수서』(636년)를 비롯하여 중국 역사책에는 신라의 8월 보름 풍속으로 활쏘기 등을 소개했다. 당나라 때는 여기에다 잔치를 베푸는 내용을 더하였다. 일본승 엔닌圓仁이 불교진리를 구하려 당나라에 순례 갔을 때 신라인들이 적산赤山 법화원法華院에서 8월 15일 명절 쇠는 것을 보고 '신라에만 있는 풍속'이라 했다. 현대에 와서도 중국과 일본의 학자들은 선인들의 견문록을 재확인하는 연구가 있는가 하면, 한국 추석秋夕이 중국에서 기원한 것이라는 연구가 나오기도 한다. 중추절 중국기원설이 증폭된 계기는 2005년 한국의 단오절이 '유네스코 세계인류무형문화유산'에 선정되면서부터다. 그들은 중추절 또한 두 나라 모두 즐기는 명절이므로 그 기원에 대해서 경각심을 가지고 대처하지 않으면 자신들의 승리를 낙관할 수 없다고 절박하게 호소했다. 중국은 국가차원에서

---

* 이 글은 필자의 「추석 명절의 정체성 - 신라를 중심으로 - 」, 『한국사학보』 84, 고려사학회, 2021을 수정·보완한 것이다.

중추절에 무게를 실어주고 있다. 그들 국무원國務院은 2006년 5월 20일 중추절을 〈국가급 무형문화유산〉에 등록하고, 2008년에는 〈전국 명절과 기념일 휴가 방안〉을 통과시켜 중추절을 법정 공휴일로 지정했다.

'명절'이란 일반적으로 다음 요건이 충족되어야 한다. 첫째, 해마다 일정한 날짜가 정해져 있다. 둘째, 신분을 막론하고 남녀노소 모두가 참여한다. 셋째, 그 내용 중에는 승패를 겨루는 경기(game)이 있다. 넷째, 이날에 즐겨 먹는 음식이 있다. 다섯째, 이날을 부르는/가리키는 고유한 이름이 있다.

이렇게 볼 때, 지금까지의 추석 연구자들은 추석 명절의 어느 한두 면만 보았거나 강조한 면이 없지 않다. 8월 보름이라는 날짜가 같으므로 이웃나라 중추절의 내용도 같을 것으로 짐작하기 십상이다. 하지만 가을, 더없이 좋은 날에 보름달을 보고 즐기는 공통분모 위에 펼쳐지는 놀이나 의례는 나라나 민족, 지역마다 차이가 있어 마침내는 개별 역사와 문화에 논의가 닿는다.

이 글에서 필자는 고대 한국 — 신라 — 추석에 대한 사료를 읽어가면서 추석 명절의 전통과 정통성을 살펴보고 그에 대한 오해를 바로잡으려 한다.

2. 연구사 정리

1) 추석음식 송편

추석에 먹는 대표 음식 송편松䭏은[1] 세시풍속에 등장하는 데서 짐작하겠지만 오래

---

1) 한자로는 松餠·松葉餠·松葉夾餠·葉子䭏 등으로 쓰지만 '편'은 '절편'에서 보듯이 떡을 점잖게 이르는 고유어다. 반달 모양의 떡(개피떡, 바람떡)을 '달편/월편'이라 하는 것을 보면(박남일, 2004, 『좋은 문장을 쓰기 위한, 우리말 풀이사전』, 24쪽, 서해문집) 중국의 '月餠'이란 말도 그 기원은 오히려 신라에서 비롯되었을 가능성이 크다. 송편의 원래 모양은 손가락 자국과 솔잎 자국이 있는 데 비해 월편은 월병에 가깝다. 다시 말하면 달편 → 월편 → 월병으로 발전하는 과정을 추정해볼 만하다.

전부터 내려온 계절 먹거리다.[2] 다만 학문적으로 본격 검토된 편은 아니나 최근 이러한 '상식'에 의문이 제기되었다.

> 18세기 말에 쓰인 『경도잡지』도 송편은 2월 1일 머슴날에 만드는 풍속으로 소개하고 있으며, 1936년에 실시된 『중추원 풍속조사서』도 "(2월 1일) 도시와 시골의 각 가정에서는 성대하게 송편을 빚으며"라고 적고 있다. 이는 <u>최소한 1930년대까지 송편이 한반도 전역 또는 모든 계층의 일반적인 추석 음식이 아님을 살피게 한다</u>. 추석 날 마련되는 명절음식이라면 송편이 이들 모두의 기록에 빠질 수 없기 때문이다. 그런데 <u>추석은 고려시대부터 잔치하는 풍속을 갖고 있었으며</u>, 19세기 무렵에는 설날과 함께 2대 명절이었다. 『오주연문장전산고』는 "지금 풍속에 나라 곳곳의 양반과 상민, 일반사회를 막론하고 상원을 대망, 추석은 한가회라 한다"고 밝히고 있다. 『동국세시기』(1849)와 『운양집』(1864)은 추석을 농가의 중요한 명절로 소개하고 있다. 이어 『매일신보』 1917년 9월 19일치의 "추석은 오려송편에 햅쌀로 술 담아 선영에 제사하고 즐겁게 노는 명절이다"라는 기사를 게재하고 있다.[3] (밑줄 신종원)

위의 필자 김용갑은 송편이 추석음식으로 자리 잡게 된 것은 1970년대 이후라고 결론지었다.[4] 그 원인으로는 쌀 자급의 실현과 함께 산업화에 따른 농어촌 인구의 도시 이주, 대중매체의 발달, 그리고 핵가족화 등과 같은 사회변화를 들었다. 하지만 적지 않은 문제점이 있다.

첫째, 사료 인용의 미진함이다. 김용갑은 고대의 추석을 기술하고 있는 중국 정사의

---

2) 김용갑의 인용문에도 보이듯이, 반드시 추석 때만 송편을 먹지는 않았다. 2월 초하루에도 아래 신분들에게 먹였는데 '좋은 음식' 또는 '후한 대접'을 한다는 취지다. 이날에 대해서는 다음과 같은 설명이 있다. "종날 : 농가의 음력 이월 초하루, 이날 온 집안의 먼지를 털고 농사를 시작하며, 송편을 만들어 하인들에게 숫자대로 나누어 먹이던 풍습이 있었음."(박남일, 위의 책, 424쪽.)
3) 김용갑, 2018, 「추석 대표 음식으로서 송편의 발달 배경」, 『인문논총』 75-2, 194쪽, 서울대학교 인문학연구원.
4) 김용갑의 주장을 그대로 받아들여 최상규는 다음과 같이 썼다. "추석 송편은 오랜 옛날부터 한국의 전 지역에서 빚어진 떡이 아닌, 현대에 들어 확대된 명절음식 문화임을 보여준다."(2018, 「명절과 산림문화」, 『세시·풍속과 산림문화』, 숲과문화연구회·산림청, 89쪽.)

동이전이나 『입당구법순례행기』를 간과하였다. 대신 그는 추석 레퍼토리의 잔여 행사만 스치듯 언급한 뒤 마한의 10월제나 10월에 열리는 고구려의 동맹과 예의 무천舞天 같은 추수감사제 차원에서 추석의 본질을 확인한 다음, 8월 보름이라는 축제일 날짜는 중국의 추석문화를 수용했다고[5] 보았다. 현대 자료에 이르러서도 그의 인용과 논평은 공정하지 않다.[6]

둘째, 논리의 역발상이다. 쌀이 자급됨으로써 송편이 보편화되었다고 하는데 제사/명절에 쓸 떡은 반드시 쌀이 풍족한 연후에야 빚는 것은 아니다. 산업화·도시이주·대중매체·핵가족 같은 요인은 오히려 명절음식의 감소나 소멸에 일조한다고 말하는 편이 옳다. 송편이 추석 음식으로 대중화된 시기는 빨라야 1970년대 이후 텔레비전을 보고난 뒤라는 전남 여수 초도 조사를[7] 일반화해서는 곤란하다. 지금까지 본 고대의 추석 사료는 모두 삼국 가운데 신라의 경우 ― 일부 가야 사료 있음 ― 이므로 신라 권역 밖의 풍속은 송편-추석 짝짓기와 다를 수 있다. 추석 때 먹는 음식이 송편이 아닌 지역을 전국에서 알뜰히 찾는 수고가 쓸모없는 것은 아니지만 이러한 조사가 '추석-송편'이라는 인식과 현상을 부정하는 자료로 쓰일 정도는 아니다. 필자(신종원)가 볼 때 '1970년대 이후의 송편'이란 크기가 적어졌을 뿐 아니라 색깔도 다양하고, 솔잎은 물론 떡을 빚을 때 누른 손가락 자국도 없어져서 그 모양은 오히려 월편에 가까워졌다. 말하자면 서양의 다과

---

5) "당·송대에 들어 달 감상을 모태로 하는 추석이 출현했다."는 샤오팡(김지연 외 번역, 「월병과 추석 - 추석 풍습의 변천」, 『중국인의 전통생활 풍습』, 291쪽, 서울, 국립민속박물관)의 논지를 받아들임. 참고로, 月餅은 宋代에 처음 만들어져서 明朝에 이르러서야 중추절의 대표음식이 되었다.
6) 추석-송편의 조합이 1930년대 이후라는 주장에 위배되는 기사를 몇 인용해본다. "금일은 팔월추석이다. … 철이 이른 해에는 햇쌀로 오려송편을 맨드러 먹는 곳도 있다."(동아일보, 1921년 9월 16일치 석간, 사회면). "추석전야. 풋과실과 송편은 부자집의 명절"(동아일보, 1921년 9월 17일치). "오날(늘)이 발서(벌써) 음력으로 팔월 일일이나 속담에 상말로 더도들(덜)도 말고 팔월 한가위가 제일이라는대 송편을 먹을 때도 머지 아니하얏다. 그러나 금년에는 몹쓸 홍수가 남북으로 두 번이나 지나가서 명절이 와도 송편은 고사하고 수수떡 한 개 하야 먹을 곡식도 업시 떠나려 보낸 농민들을 참 가이없다."(동아일보, 1922년 9월 21일치). "내일은 음력으로 팔월보름날이니 추석이 이날이다. 한여름 동안 제멋대로 자라난 잡풀을 베이며 가을 성묘를 행하는 날도 이날이오 송편을 먹는 날도 이날이니 …"(동아일보, 1930년 10월 6일치). 일부 현대 표기법으로 고친 곳 있다. "八月이라 秋夕날 / 송편 먹는 날" 김태준, 『소설집(전집 제5권)』 昭和11년(1936), 136쪽.
7) 김용갑은 다음 글을 인용했다. 나경수 외, 2011, 「여수시 산삼면 초도의 세시풍속」, 『남도민속연구』 22.

풍風이 되었는데 현대의 상품 수요에 적응해간 결과로 보인다.

셋째, 김용갑은 1970년대 송편대중화설을 증명하려 하지만 자신이 제시한 세시풍속 자료를 스스로 부정하는 주장이다. 그가 제시한 [표1] '송편 관련 주요 기록과 쓰임새'의 '추석 - 송편' 자료를 보면 다음과 같이 되어 있다.

시기	문헌명	내용	쓰임새
1816년	〈농가월령가〉	북어쾌 젓조기로 **추석명일** 쉬어 보세/ 신도주 **오리송편** 박나물 토란국을 / 선산에	추석
1849년	『동국세시기』 2, 8월	賣餠家造早稻**松餠**	2월 노비일, **8월 세시**
1864년	『운양집』 4권	爲秋夕節 田家最重之 **葉餠**卽其節食也	추석

넷째, 본령과 지엽을 혼동하고 융통/편의성을 간과하고 있다. 송편은 반드시 추석에만 먹던 음식은 아니며, 추석 - 송편이라는 조합이 전국적으로 일치하지도 않는다. 이러한 사정은 엔닌이 살던 통일신라시대라고 다를 바 없을 터이며 오히려 쌀이 귀한 시절에 송편빚기는 일부 상류층에서나 가능한 일이다. 하지만 엔닌이 보기에도 추석명절에서 송편의 위상은 흔들림이 없다. 현대 학자들이 지엽적이거나 예외적인 이유를 들어 이를 부정하고 중국 원류原流의 풍속으로 규정하는 것은 사실과 다르다.

정리하면, 김용갑은 쌀 수확량이나 인구이동 등 사회과학적 방법을 동원하여 전국적인 조사와 통계를 제시했다. 치밀하고 방대한 조사/연구를 했지만 시종 중국 문물의 수용과 대중화라는 방향에 맞춰져 있다.

2) 일본학계의 연구

일본 민속학자 요다 치호코依田千百子는 추석에 대하여 아래와 같이 말한다.

한국의 추석은 쌀문화로서 중국 화남(華南)이나 일본과 연결된다. 추석 때의 군무(群舞)는 외적(外敵) 방어(防禦) 관념이라고 말하지만 '강강수월래(强羌水越來)'의 글자풀이에서 억지로 끼워 맞추었다는 인상이 짙다. 수월래는 '술래'다. 근현대의 놀이를 너무 역사적 사실과 연결시키려 했다.

신라의 경우는 나라의 축제로서 궁정에서부터 서인(庶人)에 이르기까지 이 명절을 즐기는 점이 이웃나라와 확연히 구분된다. 활쏘기, 길쌈내기는 모두 축제의 종목에 불과한데 특히 활쏘기를 보고 발해와의 전투에서 승전(勝戰) 기념으로까지 연결시킨 듯하다. <u>무엇보다 일찍부터 특징적인 추석을 기록해놓은 것은 한국 - 신라뿐이다.</u> 이 기록이 얼마나 믿음직한가는 그 원전 연구를 살펴보아야 한다.[8]

이후 그는 "한국 추석이 중국으로부터 수용한 것은 없다"고 했다.[9] 이렇게 보면 8월 보름을 즐기는 풍속은 민족마다 독자적으로 발전해온 것임을 알게 된다. 한편 조술섭은 중추절이 중국에서 형태를 갖추어 사회에 뿌리를 내리기 시작하는 때는 송대이며 명·청대에 이르러 비로소 3대 명절로 손꼽히게 되었다고 분석했다.[10] 8세기 중엽의 제도를 전하는 『당육전』 권2, 상서이부尙書吏部, 내외관리칙유가녕지절內外官吏則有假寧之節을 보면 8월 15일(과 하지·납일) 휴가는 3일을 준다 하니 중추가절仲秋佳節이라는 명절 인식은 있었다. 그러나 설날 및 동지는 7일, 청명/한식의 4일에 비하면 8월 15일의 상대적 비중을 헤아릴 수 있다.[11] 그러다가 북송시대에 이르러 '중추'라고 하는 연중행사가 성립되었다고 한다.[12] 중국의 8월 보름 달구경은 단순한 문인文人 풍류에 지나지 않던 것이

---

8) 依田千百子, 1977, 「秋夕考」, 『白初洪淳昶博士 還曆紀念史學論叢』; 『朝鮮民俗文化の研究』에 다시 실림, 1985. 밑줄은 글쓴이.
9) 위의 책, 「한중연중행사비교」, 128~130쪽.
10) 曹述燮, 2010, 「中秋節 來歷慣習」, 『愛知淑德大學論集 - 文化創造研究科篇』 10. 중국에서 중추절을 공휴일로 지정한 조처는 1203년 〈慶元條法事類〉 반포다. 김인희, 2021, 『또 하나의 전쟁, 문화전쟁』, 청아출판사, 116쪽.
11) "內外官吏則有假寧之節. 謂元正, 冬至各給假七日, 寒食通淸明四日, 八月十五日, 夏至及臘各三日." 상기숙은 中秋를 唐代의 '新興節日'로 분류했다. 2018, 「중국 민속문헌을 통해본 唐代 세시풍속 연구」, 『동방학』 38.
12) 中村裕一, 2011, 『中國古代の年中行事』, 汲古書院, 329·367쪽.

성당기盛唐期에 도교가 유행하면서 급속히 유행하였고, 드디어 서민에까지 미치게 되자 수확제의 뜻도 포함되어 연중의 중요 명절이 되었다. 이 풍류가 헤이안시대平安時代(9~12세기)에 일본에 전래되었지만 아직 연중행사로까지 자리잡지는 못한 채 과도기를 맞았으나 그것이 결코 중국의 중추절을 받아들인 것은 아니라고 한다.[13]

3) 중국학계의 연구

중국에서 자신들 중추절의 기원에 대해 처음 논급한 학자는 슝페이熊飞다. 그는 1996년에 〈중추절 기원의 문화사고〉라는 논문을 발표했다.[14] 그는 엔닌의 『입당구법순례행기』의 법화원 신라유민 추석 기사를 인용하여, 중당中唐 이래 중국 시문詩文에 '八月 十五日'이 등장하는 것은 이미 신라의 영향을 받은 것이라고 주장했다.

몇 년 뒤 양린은 슝페이의 논문을 다음과 같은 이유로 반박했다.[15] 첫째, 정치·문화적으로 우세한 민족이 열세한 민족에게 영향 주는 것이 일반적인데 당나라 같이 세계적 강국이 소국 신라의 명절을 수용했을 리가 없다. 둘째, 적산 법화원에서 신라유민들이 8월 보름에 큰 잔치/놀이를 하는 것은 이 날 신라가 발해국과 전쟁하여 이긴 날이기 때문이라 하는데 그런 사실은 역사상에 보이지 않는다. 셋째, 월병을 중추절 음식이라 하여 신라 추석과 연관시키는 데 찬동하지 않으며, 월병과 중추절은 관계가 없다. 넷째, '秋分 祭月'은 중국 오랜 전통으로서 고전에 씌어 있는 대로다. 다만 추분에 보름달을 못 보는 경우도 적지 않으므로 날짜를 8월 15일로 고정시켜 발전한 모양이 후대의 중추절 의례다.

양린의 논박은 강하지만 합당한 논거를 제시하지는 않았다. 우선 우세·열세론에 대해 말하면, 예외도 얼마든지 있다. 고려시대에 처음 등장한 접이부채[摺扇]는 머지않아

---

13) 陳馳, 2018,「平安時代における八月十五夜の觀月の實態」, 歷史文化社會論講座紀要15.
14) 熊飞, 1996,「中秋节起源的文化思考」,『文化史知识』11期.
15) 楊琳, 2000,「中國傳統節日文化」, 宗教文化出版社, 北京.

중국에서 크게 선호하게 되었고,[16] 이른바 '오랑캐 풍속'이란 것도 중국에서 유행한 주변 유목민족의 풍속이나 패션을 말한다.[17] 8월 보름이 승전일勝戰日이 아니라면 신라인들의 중추절 기원이 전쟁과 관계없다는 점을 말하는 것이지 명절 자체의 신라 기원을 의심할 근거는 아니다. 그는 개성 4년 이전부터 해온 중국의 전통적 중추절 망월望月과 달맞이를 많이 열거하고 있는데 그것은 달이 가장 밝은 날을 즐기고 노는 동아시아의 보편적 사례 그 이상도 이하도 아니다. 추분 제사가 발전하여 중추절이 되었다고 보는 시각은 절기와 명절을 동일시하는 처사로서 이 글의 논의와는 사뭇 멀어진다. 독자들이 그의 연구에 기대하는 바는 왜 중추절에 없던 음식이 어느 시점부터 월병이라는 명절음식으로 나타났으며, 4대 명절에도 못 들던 중추절이 언제 어떤 계기로 3대 명절(나중에는 2대 명절)의 하나가 되었는지에 대한 해명이다.

2003년 류더쩡劉德增은 「중추절의 신라 기원설에 대한 고찰[中秋節源自新羅考]」[18]을 발표하여 아래에서 보듯 다시 중추절이 신라에서 기원했다고 하였다. 그는 "당나라의 중추는 소수의 사람만이 참여하여 명절로서의 특징을 가지고 있지 않다. 재당신라인들의 8월 15일 명절은 호속胡俗을 좋아하는 당나라 사람들에게 영향을 주었다"고 하였다. 사실, 달 감상하며 지은 시의 절대다수가 만당기晚唐期 작품이다. 그러므로 당나라 때까지는 명절의 요소가 없다가 신라 교민들의 영향을 받아서 북송北宋 때에 이르러 중국의 전통적 중추절이 형성되었다. 박탁병식은 월병의 원조元祖다.

논평해보겠다. 달 완상만 하다가 명절 음식이 덧붙었다면 이웃나라(또는 그 교민僑民)의 그것을 보고 당나라 사람들도 중추절을 더 다양하고 의미 있게 발전시킨 결과다. 문화는

---

16) 구도영, 2021, 「한·중 문화 교류상에서 고려·조선 摺扇의 의미」, 『한중 문화충돌 원인과 해결 방안 모색 학술토론회』, 동북아역사재단.
17) 盛唐 시대의 화장법으로서 머리를 높이 틀어 올려 쪽지는 髻堆와 뺨을 붉게 칠하는 面赭는 서역에서 들어온 胡風이었다. 전호태, 2020, 『중국인의 오브제』, 201·370쪽, 성균관대학교출판부. 턱끈이 없어서 쉽게 썼다 벗을 수 있는 胡帽는 유목민족과 수렵민족이 즐겨 쓰던 모자였다. 5호 16국시대를 거치면서 이것이 중원 내륙에 들어와서 유행하였다. "開元初 從駕宮人騎馬者 皆着胡帽 靚粧露面 無復障蔽. 士庶之家 又相倣效, 帷帽之制 絶不行用"(『舊唐書』, 輿服志)
18) 劉德增, 2003, 「中秋節源自新羅考」, 『文史哲』 第6期(總第279期), 山東教育學院.

흐르고 교류하는 것이지 일개 민족 홀로 자신들 것만 원조라고 하면 말이 안 된다. 그는 박탁도 탕병湯餠의 일종이라고 하여 박탁∠병식 즉 박탁이 병식의 범주에 들며, 같을 수도 있다는 뉴앙스를 주고 있다. 중국학자들은 박탁을 굳이 국수 쪽으로 끌고 가려 하는데 월병에 이르러서는 물에서 끓인 물렁한 국수류로 보기 어렵다는 난제難題에 이르게 된다. 아울러 '박탁병식등'이 월병의 원조라 했으니 그는 박탁병식을 동격으로 보았다.

황타오黃濤는 슝페이 및 류더쩡을 비판한 다음, 중추절이 중화민족의 전통문화임을 고수한다.[19] 중추절의 직접 기원은 당나라 초기의 달맞이 풍속에서 비롯되어 점차 신화·전설이 생겨나고, 명나라 때에 들어오면 친지간에 월병을 선물하며, 온 가족이 모여 즐기므로 단원절團圓節이라고도 했다. 겸하여 풍성한 수확에 감사하며 마침내 중국 2대 명절의 하나가 된다. 원래 한나라 때에 달을 숭배하는 의례는 황실만의 특권이었고, 당나라 때에 이르러 극소수의 평민이 행사에 참여했으나 점차 달을 완상하는 사람이 많아지고 시가詩歌도 늘어났다.

황타오의 주장을 따르더라도, 중국의 중추절은 처음에 신분이 한정되어 있어서 만민이 참여하는 축제는 아니었다. 점차 위에서 아래로 전파 확산되어 2대 명절에까지 이르렀지만 만민이 참여하는 '국중대회國中大會'가 되기에는 왕조가 몇 번 바뀔 정도로 오랜 세월이 소요되었다. 특정 음식으로 월병을 들 수 있겠으나 중추절에 벌어지는 경기라든가 특정한 가무 같은 볼거리/흥행이 없으니 한국의 추석과 근본적으로 다르다.

---

19) 黃濤,「論中秋節起源于唐朝賞月風尙 - 兼駁"中秋節源自新羅"說」,『文化安全與社會和諧』, 社會問題研究叢書編輯委員會 編, 知識產權出版社, 2008年 6月.「入唐求法巡禮行記 所載 唐代節日習俗考辨」,『동아시아문화연구』 50, 2011.

3. 신라의 추석 풍속

1) 가배嘉俳 - 길쌈내기

추석을 '한가위'라고 하는데 '가위'는 '가배'가 변한 말이다. 17세기 문헌에는 '가외'라고 나온다.[20] 그 뜻은 한 달의 '가운데' 즉 보름이라는 설과[21] '값·갚다'에서 온 말이라는 주장이[22] 있다. 가배가 처음 등장하는 사료를 보겠다.

> 왕이 육부(六部)를 모두 정하고 이를 둘로 나누어 왕녀 두 사람으로 하여금 각기 육부의 여자들을 거느리고 편을 짜게 했다. 가을 7월 16일부터 매일 일찍 큰 부(部)의 뜰에 모여 삼베를 짜고 밤 10시에 파했다. 8월 15일에 이르러 그 공의 많고 적음을 가려 진 편에서는 술과 음식을 내어 이긴 편에 사례했다. 그러고는 노래하고 춤추며 온갖 놀이를 즐겼으니 이를 가배(嘉俳)라 불렀다. 이때 진편의 여인 하나가 일어나 춤추며 읊조리기를 "회소(會蘇) 회소"라 했는데 그 소리가 애처롭고도 우아했다. 후세 사람들이 그 소리로 노래를 만들어 회소곡(會蘇曲)이라 이름지었다.[23]

유리왕 9년(기원 32)에 신라 왕경의 6부를 둘로 나누어 7월 보름부터 한 달간 길쌈내기를 하여 그 많고 적음에 따라 승패를 가른다. 진편에서는 술과 음식을 낸 다음 '회소곡'이라는 노래를 부르고 춤춘 것이 가배의 유래다. 실은 이 가배 기사에 앞서 신라 6부 각각에 성(李·崔·孫·鄭·裵·薛)을 내리고 17관등官等을 정했다는[24] 기사가 나온다. 이들 성은

---

20) 『譯語類解』 상, 時令篇.
21) 양주동, 1962, 「수리·가위考」, 『국학연구논고』, 을유문화사.
22) 서재극, 1965, 「가배고」, 『대구교대논문집』 1.
23) 『삼국사기』 권1, 신라본기1, 유리이사금 9년조, "春 … 王旣定六部, 中分爲二, 使王女二人, 各率部内女子, 分朋造黨. 自秋七月旣望, 每日早集大部之庭, 績麻乙夜而罷. 至八月十五日, 考其功之多小, 負者置酒食, 以謝勝者. 於是, 歌舞百戲皆作, 謂之嘉俳. 是時, 負家一女子, 起舞嘆曰, '會蘇會蘇.' 其音哀雅. 後人因其聲而作歌, 名會蘇曲."

본래 당나라의 명문대가가 칭한 것으로서 신라가 648년 나당동맹을 맺은(648) 이후에 적극 수용된 문화다.[25] 17관등은 법흥왕 7년(520)에 완비되었으니[26] 신라의 여섯 성씨 기사 또한 그대로 믿기 어렵다. 그렇다면 가배 놀이의 기원에 대해서도 사료를 그대로 받아들이기는 어렵다.

신라 왕경의 사회조직과 관료계급에 대해 자세히 쓴 다음에 나라 다스림에서 6부나 17관등에 비견되는 가배 기사는 어떤 의례나 풍속에 그치는 것이 아니라 정치행위의 주요한 일면이기도 했다. 가배 행사는 1회성이 아니라 6부나 17관등 같이 나라가 존속하는 한 유지되는 의례다. 차이라면 6부나 17관등은 비교적 긴 시간에 걸쳐서 완성된 제도인 데 반해 가배는 그 내용이나 구성으로 볼 때 규정이나 제도에 따라 정해진 행사는 아니다. 풍속면에서 본다면 오히려 신라 개국 이전부터 내려온 명절이 사회가 변화/발전함에 따라 형식과 내용면에서 충실해졌다고 본다. 이미 기원전 1세기 전후의 전남 광주시 신창동 유적에서는 베틀의 바디 세트가 출토된 바 있다. 길쌈내기는 근대에 이르러서도 '공동적마共同績麻'라고 이름 붙여 경북 대구나 충남 대덕지방에서 조사되었다.[27] '한산모시'로 유명한 '저산팔읍 길쌈놀이'는 문화재로 지정되어 지금도 이어지고 있다.[28] 팔읍 길쌈이 음력 7월에서 8월 중순까지 일정한 장소에 모여 공동작업을 하는 모습에서 신라 가배의 모습을 짐작하게 된다.

고대사회에서 시간을 재는 천문시계[chronometer]는 태양이 아니라 달이다. 달 모양은 나날이 달라지므로 달거리, 임신과 함께 가므로 달의 변화는 곧 여성의 변화이자 '시간의 흐름'이다. 달이 알려주는 일정 기간에 옷감 짜는 행위는 무엇인가? 옷감을 짜거나 실

---

24) 『삼국사기』 권1, 신라본기1, 유리이사금 9년조, "改六部之名, 仍賜姓. 楊山部爲梁部, 姓李. 高墟部爲沙梁部, 姓崔. 大樹部爲漸梁部 一云牟梁. 姓孫. 于珍部爲本彼部, 姓鄭. 加利部爲漢祇部, 姓裵. 明活部爲習比部, 姓薛. 又設官有十七等. 一伊伐飡, 二伊尺飡, 三迊飡, 四波珍飡, 五大阿飡, 六阿飡, 七一吉飡, 八沙飡, 九級伐飡, 十大奈麻, 十一奈麻, 十二大舍, 十三小舍, 十四吉士, 十五大鳥 十六小鳥 十七造位." 한편 박남수는 이를 두고 '집단요역의 전통이 민속화된 것'이라고 보았다. (1996, 『신라수공업사』, 신서원, 35쪽)
25) 전덕재, 2018, 「삼국사기 신라본기 초기 기록의 사료비판과 활용」, 『삼국사기 본기의 원전과 편찬』, 주류성.
26) 『삼국사기』 권4, 신라본기4, 법흥왕 7년조, "春正月, 頒示律令, 始制百官公服朱紫之秩."
27) 조선총독부, 1936, 『朝鮮の鄕土娛樂』, 77·166쪽.
28) 한국학중앙연구원, 『한국민족문화대백과사전』.

잣는 일은 모두 여성활동으로서 운명을 다스리는 여신女神의 활동에 비견된다. 이쯤되면 가윗날 길쌈짜기하는 겨루기/경기가 실은 신화시대까지 그 연원이 닿아 있음을 알게 된다.[29] 신라 아달라왕(154~184) 때 세오녀가 짠 비단으로 제사를 지냈더니 해와 달이 본래 모습을 찾았다는 『삼국유사』 기이, <연오랑 세오녀> 이야기에서도 여성과 옷감의 관계나 직물의 주술성을 볼 수 있다.

2) 달맞이

축제든 의례든 간에 보름날을 택함은 그 클라이막스에 달을 즐겨 구경하면서 달빛 아래에서 무엇을 하고자 함이다. 왕을 비롯하여 귀족 자제들도 예외가 없다.

> [김유신이 일찍이 추석날 밤에 자제들을 거느리고 대문 밖에 서 있는데 문득 서쪽에서 오는 사람이 있었다. [김유신은 고구려 첩자임을 알아차리고는 불러서 그로 하여금 앞으로 오게 하여 "자네 나라에 무슨 일이 있느냐?"라고 말하였다. 그 사람은 고개를 숙이고 감히 대답하지 못하였다. [김유신은 "두려워 할 것 없다. 다만 사실대로 이야기하거라."라고 말하였으나 여전히 말이 없었다. [김유신이 그에게 "우리 국왕께서는 위로는 하늘의 뜻을 어기지 않으시고 아래로는 사람들의 마음을 잃지 않으셔서 백성들은 흔쾌히 모두 자신이 맡은 일을 즐기고 있다. 지금 자네가 그것을 보았으니 돌아가서 자네 나라 사람들에게 알리거라."라고 말하였다. 드디어 그를 위로하여 보내니, 고구려인들이 이를 듣고 "신라는 비록 작은 나라지만 [김유신이 재상으로 있으니 가볍게 여길 수 없구나."라고 말하였다.[30]

---

29) 에리히 노이만(박선화 역), 2007, 『위대한 어머니 여신』, 살림, 355~366쪽.
30) 『삼국사기』 권42, 열전2, 김유신 중, "庾信嘗以中秋夜, 領子弟立大門外, 忽有人從西來. 庾信知高句麗諜者, 呼使之前曰, '而國有底事乎.' 其人俯而不敢對. 庾信曰, '無畏也. 但以實告.' 又不言. 庾信告之曰, '吾國王, 上不違天意, 下不失人心, 百姓欣然皆樂其業. 今爾見之, 往告而國人.' 遂慰送之, 麗人聞之曰, '新羅雖小國, 庾信爲相, 不可輕也.'"

달밤에 구경꾼이 붐빌 때는 날치기나 불량배가 활개 치게 마련인데 하물며 첩자들에게는 더없이 좋은 기회다. 수많은 구경꾼 속에서 간첩을 알아내는 김유신의 비범한 능력에다 너그러이 타일러 보내는 아량 역시 영웅전설 풍의 〈김유신 열전〉다운 이야기다. 신라 추석은 야바위꾼들에게도 좋은 날이다.

3) 잔치

무엇보다 추석날은 왕 자신이 거동하여 만백성과 즐긴다.

> [김유신의] 직계 손자 김윤중은 성덕대왕 때 벼슬하여 대아찬이 되었고 여러 번 은혜와 보살핌을 받자 왕의 친척들이 자못 그를 질투하였다. 때마침 한가윗날 왕이 월성(月城)의 언덕 위에 올라 주변 경치를 바라보며 시종관(侍從官)들과 함께 술자리를 벌여놓고 즐기다가 [김윤중을 불러오라고 명하였다. [이때] 간하는 사람이 있어 "지금 종실(宗室)과 인척들 가운데 어찌 좋은 사람이 없어 유독 먼 신하를 부르시옵니까? [그것이] 어찌 이른바 친한 이를 친히 하는 것이겠사옵니까?"라고 말하였다. 왕이 "지금 과인이 경들과 함께 평안하고 무사한 것은 [김윤중의 할아버지 덕분이오. 만약 공의 말과 같이 하여 그것을 잊어버린다면 착한 이를 잘 대우하여 자손들에게 미치게 하는 의리가 아닐 것이오."라고 말하였다. 마침내 [김]윤중에게 가까이 앉도록 명하였고 이야기가 그 할아버지의 일생에까지 이르렀다. 날이 저물어 [김윤중이] 물러가고자 고하니 절영산의 말 1필을 하사하였고, 여러 신하들은 바라는 대로 되지 않아 원망할 따름이었다.[31]

---

31) 『삼국사기』 권43, 열전3, 김유신 하, "嫡孫允中, 仕聖德大王爲大阿飡, 屢承恩顧, 王之親屬, 頗嫉妬之. 時屬仲秋之望, 王登月城岑頭眺望, 乃與侍從官, 置酒以娛, 命喚允中. 有諫者曰, '今宗室戚里, 豈無好人, 而獨召疎遠之臣. 豈所謂親親者乎.' 王曰, '今寡人與卿等, 安平無事者, 允中祖之德也. 若如公言, 忘弃之則非善善及子孫之義也.' 遂賜允中密坐, 言及其祖平生. 日晚告退, 賜絶影山馬一匹, 羣臣觖望而已."

왕이 신하들과 산에 올라가서 일어난 일이었다. 김유신의 손자 윤중이 성덕왕의 총애를 받았는데 술자리가 무르익자 고관들이 술기운을 빌어 불만을 토로하는 장면이다. 고려시대에 와서도 왕들이 추석날 달놀이하고 신하들을 격려하기는 마찬가지였다.[32]

4) 추선追善(memorial day)

속담 "더도 말고 덜도 말고 한가위만 같아라"라는[33] 말은 추석이 1년 가운데 가장 좋은 날이기 때문이다. 단순히 생각해봐도 이즈음은 춥지도 덥지도 않고 습기도 적으며, 곡식이 여물기만을 기다리는 절기다. 거기에다 달까지 가장 밝으니[34] 추석날 밤에는 무언가 좋은 일이 있을 것 같고, 무엇이든 빌어도 될 것 같다. 마당놀이나 경기가 집중되는 데는 까닭이 있다.

추석이 인간들에게 좋은 날[吉日]이라면, 죽은 자 즉 신령들에게도 마찬가지여서 이날은 돌아가신 이의 명복을 빌기에도 더할 나위 없다. 놀이와 내기가 거의 없어진 현대의 추석은 고향방문과 성묘가 주요 일과가 되었지만 예전에는 고승대덕의 탑비도 이날 모셨으니 빗돌을 추석에 세웠다는 비문이 몇 있다. 전라남도 곡성군 대안사에 있는 신라 적인선사寂忍禪師(785~861) 탑비는 임진년(872) 8월 14일에 세웠다.[35] 경상북도 영주시 비로암에 있는 진공대사眞空大師(855~937) 탑비는 입적 2년 뒤 8월 15일에 세웠다.[36] 둘 다 입적한 몇 년 뒤에 탑비를 세웠으니 그 날짜는 사망일과 무관하다. 서운사 요오국사 순지瑞雲寺了悟國師順之 빗돌은 음력 8월 17일에 세웠고, 옥룡사 통진대사 경보玉龍寺洞眞大師慶甫는 입적 11년 뒤 현경 5년(958) 8월 15일에 탑비가 세워졌다. 탑비 건립 의식을 연상해보면

---

32) 나희라, 2021, 「문헌자료를 통해 본 고려시대의 추석」, 『한국사학보』 84, 고려사학회, 105쪽.
33) 한문으로는 다음과 같이 쓴다. 加也勿 減也勿, 但願長似嘉俳日(『洌陽歲時記』).
34) 추석 달을 '수퍼 문(super moon)'이라 한다. 달과 지구 사이의 거리가 가장 가깝게 되는 날로서 다른 보름달보다 10% 정도 크게 보인다고 한다. 박동일, 2018, 『24절기와 속절』, 223쪽. 달의 높이가 적도의 높이에 있음.
35) 咸通十三年歲次壬辰八月十四日立 沙門幸宗(谷城 大安寺 寂忍禪師塔碑)
36) [歲]次己亥八月十五日立 刻者崔煥規(毘盧寺眞空大師普法塔碑)

현장에는 염불은 물론 장대한 범패의식이 볼만했을 터이다. 현대에도 사찰의 불사佛事 날짜가 추석인 경우가 더러 있다.[37] 과문인지는 모르겠으나 역사상의 불교나라치고 추석을 높이 사서 각종 불사를 하는 나라는 우리나라밖에 없지 않은가.

길일에 선조의 영혼을 모시는 의례는 왕실이라고 해서 다르지 않다. 신라는 신문왕 7년(687) 이래 오묘제五廟制를 실시하여 개국시조를 비롯한 선대 네 왕을 종묘에서 제사 지낸다. 제삿날은 정월 2·5일, 5월 5일, 7월 상순, 8월 1·15일으로서[38] 중국 예전禮典과 다르다. 그 가운데서도 추석(8/15) 제사는 시방도 전국에서 엄격히 지켜지는 조상제삿날이다. 이 때문에 5묘 제사는 신라의 전통적 원시종교를 계승한 것이라고 한다.[39] 이처럼 나라나 종족에 따라 중히 여기는 절기가 다른데 고구려는 삼짇날(3월 3일)과 중양절(9월 9일)에 왕과 신하·병사들이 낙랑의 언덕에 올라가서 하늘과 산천에 제사지냈다.[40]

5) 옥보고의 '추석곡秋夕曲'

흔히 '추석'이라는 이름의 유래를 『예기』에서 찾는데, "천자가 봄에는 아침 해를, 가을에는 저녁에 달을 제사지낸다[天子 春朝日 秋夕月]"라는 글귀를 이르는 말이다. 『주례周禮』나[41] 『국어國語』에도[42] 비슷한 용례가 나온다. 봄날 천자가 행하는 '태양 제사'에 짝하여 지내는 가을 '달 제사'가 '석월夕月'으로서 '석월'은 '배월拜月'의 뜻이라고 한다. 신라 경덕왕(742~765) 때 거문고의 대가 옥보고玉寶高가[43] 지은 음악 30곡曲 중에 '춘조곡春朝曲'과 짝하여 '추석곡'이 나온다.[44] 이것이 달 제사임에도 달[月]이 빠지고 '석夕'만 남아 '추석'이 된

---

37) 예를 들면 전남 장흥군 관산읍 천관사의 대웅보전 낙성식(이어서 산사음악회 열림)이 2016년 양력 9월 16일(음력 8월 16일 금요일) 오후 6:30에 열렸고, 경남 고성군 보성사 대웅전 삼존불 점안식 및 낙성식이 2019년 9월 15일(음력 8월 15일 목요일)에 열렸다.
38) 『삼국사기』 권32, 제사지, "一年六祭五廟, 謂正月二日·五日·五月五日·七月上旬·八月一日·十五日."
39) 서영대, 1985, 「삼국사기와 원시종교」, 『역사학보』 105.
40) 『삼국사기』 권32, 제사지 및 같은 책 권45 온달전.
41) 『周禮·春官·典瑞』, "以朝日" 鄭玄注, 天子當春分朝日, 秋分夕月.
42) 『國語』 魯語 下, "少采夕月" 注, 夕月以秋分.
43) 『신증동국여지승람』 권21, 경상도(慶尙道) 경주부조.

것을 보면 달맞이는 이날 놀이의 일부이며 여타 연희도 펼쳐짐을 말해준다. 이 점 달구경 [觀月]이 중추절의 주요 레퍼토리였던 중국과 그 출발부터 다르다. 신라인들이 '추석'이란 용어를 별도로 쓴 까닭은 자신들의 유구한 가배 명절과는 그 태생과 실제가 다른 중국의 세시歲時 용어 '석월夕月'과는 이질적이었기 때문으로 생각된다. '추석'이란 말은 중추仲秋 와 월석月夕에서 한 글자씩을 떼서 조합했다고 추측하기도 하는데[45] 어떻든 신라 풍토에서 나온 말임에는 틀림없다.

추석날 신라에는 당연히 전통 음악이 있었겠지만 옥보고라는 큰 음악가를 만나 곡목이 달린 별도의 음악이 창작되었다. 옥보고가 창작한 30곡 가운데 세시와 관련된 음악은 오직 춘조곡·추석곡이었는데 그 뒤 '춘조'란 말이 사라진 것만 보더라도 추석의 비중을 알고도 남는다. 이들 고대 음악에 대해서 선배학자들도 어림잡기는 마찬가지였다.

> 옥보고가 지은 곡명이 춘조곡·추석곡·유곡(幽曲)·청성곡(淸聲曲) 같이 한시 제목 같은 것이 주목되는데, 그것은 고려시대의 곡명 풍입송(風入松)·야심사(夜深詞)·자하동(紫霞 洞)을 생각게 한다. 옥보고의 곡들도 풍입송 같이 한문의 시구(詩句)를 거문고에 얹어 부른 것이 아닌가 생각된다.[46]

'한시 제목'이나 '고려시대의 곡명' 같은 해설도 옥보고가 지었다는 30곡과 딱히 관련은 없어 보인다. 오히려 고려 가요 '동동動動'의 가사를 보면 "8월이라 추석일에 백곡이 풍등豊登하니"라고 나오니 추석곡의 토속풍을 짐작하게 된다. 이혜구는 또 "불교적 인상을 풍기며 세련된 이름을 가졌지만 …"[47]이라고도 했다. 고전 글귀를 채택하여 작곡했다면 옥보고의 중국취향을 지적하는 정도인데 그의 수련과정으로 보아 '불교적 인상'이라는

---

44) 『삼국사기』 권32, 악지, "玉寶高所制三十曲, 上院曲一, 中院曲一, … 春朝曲一, 秋夕曲一, … 降天聲曲一. 克宗所製七曲, 今亡."
45) 孫雪岩, 2011, 『韓国秋夕的文化变迁与功能研究』, 中央民族大学博士学位论文, 21쪽.
46) 李惠求, 1976, 「통일신라의 문화 - 음악」, 『한국사』 3, 354쪽.
47) 이혜구, 1985, 『한국음악사 - 한국예술사 총서 3』, 대한민국예술원, 113~114쪽.

것도 막연하기는 마찬가지다.

양주동은 "이 곡들은 모두 가락국 시조 김수로왕과 허왕후와의 전설을 가곡화歌曲化한 것이다[遺事 駕洛國記]"라고 해설했지만 달리 근거는 제시하지 않았다.[48] 혹시 추석의 가야기원설과 연관지었을지도 모른다. 아래, 가야/가락국의 왕실 제삿날 사료를 보면 신라 5묘 제사와 마찬가지로 단오(5·5)와 추석(8·15)이 빠지지 않고 있는 점을 마음에 두고자 한다.

> 대궐의 동북쪽 평지에 빈궁(殯宮)을 세웠는데 높이가 1장, 둘레가 3백 보인데 이로써 장사 지냈으며 수릉왕묘(首陵王廟)라고 불렸다. 왕위를 물려받은 거등왕(居登王)부터 9대손 구형(仇衡)에 이르기까지 제향을 이 사당에서 행하고, 모름지기 매년 정월 3일과 7일, 5월 5일, <u>8월</u> 5일과 <u>15일</u>에 풍성하고 정결한 제사음식을 올렸는데 대대로 끊이지 않았다.[49]

이규경은 위 사료를 인용하여 "단오절과 8월 15일에 산소를 찾던 풍속은 가락국에서 시작된 것"이라고 했다.[50] '추석'이란 낱말은 중국의 문화나 역사에서 문장 속에 서술형으로 나오거나 단지 음력 8월 보름이라는 뜻에 지나지 않았다. 물론 '추석'이란 제목으로 쓴 두목杜牧(803~853)의 7언 절구도[51] 있지만 그 뜻은 시방 말한 범위에 그친다. 다시 말해 그들의 추석은 아직 명절로서 존재한 적이 없다. 사전의 풀이를 보아도 자명하다.

---

48) 양주동, 1968, 『古歌研究』, 일조각, 30쪽.
49) 『삼국유사』, 기이2, 가락국기, "遂於闕之艮方平地造立殯宮, 高一丈周三百步, 而葬之號首陵王廟也. 自嗣子居登王洎九代孫仇衡之享是廟, 須以每歲孟春三之日·七之日·仲夏重五之日·仲秋初五之日·十五之日, 豊潔之奠相繼不絶."
50) 이규경, 『오주연문장전산고』, 경사편 6, 논사류 2, 풍속;『분류 오주연문장전산고』XX, 294쪽, 1981, 민족문화추진회.
51) 銀燭秋光冷畫屛　　은빛 촛불은 차가운 가을 병풍에 어리는데
　　輕羅小扇撲流螢　　가벼운 명주 부채는 날으는 반딧불과 부딪히네
　　天階夜色凉如水　　밤하늘에 이르는 서늘한 물빛에서
　　坐看牽牛織女星　　앉은 채 견우 직녀성 바라보네

秋夕：秋の夜、秋のゆうべ．(諸橋轍次, 大漢和辭典 8, 544쪽)

秋夕：秋夜也 (中文大辭典 6, 1567쪽)

명절이름 자체가 곡명이 되는 것을 보면 이 명절만이 수나라 시대 이래 중국 역사책에 신라풍속으로 반드시 기술되는 까닭을 알만하다.

4. 고대 중국의 8월 민속과 그들이 본 신라의 추석

고대 중국인들의 8월 보름 풍속은 민간에서 빨강먹[朱墨]으로 어린아이 이마에 천구天灸라 부르는 점을 찍어 역질(천연두)을 막는다는 정도가 고작으로서 달보기[望月] 의례는 나타나지 않는다.

1) 고, 중세 중국의 8월 민속

6세기 중엽에 종름宗懍이 중국인의 세시풍속을 적은 『형초세시기荊楚歲時記』에 8월 민속은 아래 기사가 전부다.

> 8월. 8월에 내리는 비를 두화우(荳花雨)라고 한다. 8월 14일에 민간에서 모두 붉은 먹으로 어린 아이의 이마 위에 점을 찍으니 이를 천구라고 하며 역질을 막는다고 여긴다. 또 비단으로 안명낭(眼明囊)을 만들어 서로 주고받는다.[52]

---

52) 八月雨 謂之荳花雨. 八月十四日 民並以朱墨點小兒頭額 名爲天灸 以壓疾. 又以錦綵爲眼明囊 遞相遺餉. 번역은 국립민속박물관, 2006, 『중국대세시기 1』에 따름.

수나라 두대경杜臺卿이 지은 『옥촉보전玉燭寶典』에는 "풍속에 8월 초하루에는 붉은 먹을 어린이 이마에 찍는데 이것을 천구라고 부른다."라고[53] 적었다. 당나라 서견徐堅 등이 쓴 『초학기初學記』의 세시풍속을 보면 7월 보름 우란분절에 대하여 기록한 뒤에 8월 기사는 아예 없고, 9월의 중양절로 넘어간다.[54] 맹원로孟元老의 북송시대 궁궐문물 및 세시풍속 기록 『동경몽화록東京夢華錄』에 비로소 '중추' 기사가 나온다.

중추절에 앞서 여러 상점에서는 모두 새로 빚은 술을 파는데, 문과 누각에 화두(花頭), 화간(畵竿), 취선(醉仙), 금패(錦旆) 따위를 묶어서 새롭게 꾸민다. 도시의 사람들은 다투어 마시므로 낮 사이에는 집집마다 술이 떨어져 술집으로 모인다. 이때는 자라나 게가 비로소 나오고, 석류·온발(榅勃)·배·대추·밤·포도·아름다운 빛깔의 귤 등도 시장에 나오기 시작한다. 중추날 밤에 귀족집안에서는 정자를 꾸미고, 민간에서는 다투어 술자리를 차지하고 달을 감상하며, 현악기와 생황 소리가 울려 퍼진다. 궁궐 가까이에 사는 백성들은 밤이 깊도록 멀리서 들려오는 생황과 피리 소리를 듣는데, 마치 구름 밖에서 들리는 듯하다. 마을의 어린이들은 밤새도록 장난치고 놀며, 시장의 떠들썩함은 새벽까지 이어진다.[55]

천구 풍속이 후대의 세시기에 보이지 않는 것을 보면 한때의 유행이었는지도 알 수 없다. 비로소 북송시대에 와서야 누대에 올라 달을 감상하기 시작한다.

2) 같은 시대에 중국인들이 본 신라의 추석

『수서』 신라전은 수나라 때를 중심으로 618년까지의 신라 견문을 기록했는데 『삼국지』 이래의 기존 사료를 제외하면 신라 진평왕 때 사정이 실시간으로 반영된 외국열전이다.[56]

---

53) 『續修四庫全書』 885, 史部 時令類, "世俗 八月一日 或以朱墨點小兒額 名爲天灸".
54) 국립민속박물관, 위의 책, 283~288쪽.
55) 국립민속박물관, 위의 책, 395~396쪽.
56) 이용현, 2006, 「梁書·隋書·南史·北史의 新羅傳 비교 검토」, 『신라사학보』 8, 신라사학회; 전덕재, 2018,

여기에서 추석에 대하여 대서특필한[57] 것이 이후 중국 정사에 거의 그대로 실려 있어 아래에 표로 정리해본다.

중국 정사의 신라 추석 기록

책이름	책쓴이	출간연도	내용
隋書	魏徵 外	636	八月十五日 設樂令官人射 賞以布馬
北史	李延壽	659	위와 같음
舊唐書	劉昫 外	10c	又重八月十五日 設樂飮宴 賚群臣射其庭
新唐書	歐陽脩 外	11c	八月望日 大宴賚官吏射

『수서』·『북사』는 "8월 15일에 풍악을 울리고 관인들에게 활쏘기를 시켜서 옷감이나 말을 상으로 주었다."고 썼다. 이전의 중국정사 진한전辰韓傳이나 신라전에 보이지 않던 추석 기록이 『수서』에서 보이기 시작한 것은 진평왕 때 수나라와 왕래가 빈번했기 때문이다. 고승 담육曇育이 수나라에 유학 갔고(596), 몇 년 뒤 원광스님은 귀국했으며(600), 수나라 사신 왕세의王世儀는 진평왕 35년(613)에 황룡사에 와서 백고좌강회를 참관했다.

이즈음의 정보가 쌓여서 나온 견문기가 『한원翰苑』이나 『통전通典』에 인용된 『수동번풍속기隋東藩風俗記』일 것이다. 당나라 때 들어와서는 진평왕 48년(626)에 해동 3국을 두루 다니면서 외교에 대해 조언하는 주자사朱子奢의 예에서 보듯이 더욱 이웃나라 사정에 정통하게 되었다. 수, 당나라 사람이 보기에 추석은 가장 신라다운 명절이었다. 이 신라 풍속에 대하여 약 300년 뒤에 나온 『구당서』 편찬자는 '또 8월 15일을 중히 여겨'라고 하여 연회와 무술경연을 베푼 까닭을 덧붙이고 있다.

유리왕 때의 한가위 사료에서는 왕경 여인들의 길쌈경연을 보았는데, 같은 날 직분이 높은 남성들의 활쏘기 대회 또한 그 장소가 궁정임을 『구당서』는 환기시켜준다. 추석

「삼국사기 신라본기 초기 기록의 사료비판과 활용」, 위의 책.
57) '大書'라 함은 짧은 신라전에 이 기사를 선정했다는 뜻이다.

무술을 중히 여기는 궁정의례는 고려시대에도 그대로 이어지고 있다.[58] 왕경의 길쌈작업은 이른 아침에 시작하여 저녁 늦게까지(을야乙夜 : 9~11시) 한다. 한 달간 짜서 그 실적을 재는 시간대는 낮 시간으로 보이며, 궁정의 활쏘기 역시 낮 시간대에나 가능하다. 이제 해가 지면서 행사는 겨루기(game)에서 여흥餘興(entertainment)과 난장(orgy)으로 바뀜은 앞의 김유신이나 김유중 전기에서 보았다.

이들 추석 명절의 일과를 돌이켜볼 때, 중국인들은 정해진 풍속이나 레파토리를 기록하기에 급급한 반면, 정작 신라인들은 이날의 하이라이트인 '달밤에 생긴 일들'을 기록함으로써 그 태생에 따라 서술 대상이 다르다. 여기에 더하여, 어떤 외국인은 신라인들의 추석음식에 대해서도 기록하였다.

5. 일본승 엔닌圓仁이 본 당나라 신라 유민들의 추석

1) 『입당구법순례행기入唐求法巡禮行記』 개성開成 4년(839) 8월 15일 일기

엔닌은 신라인 장보고의 도움을 받아 839년 6월 7일부터 840년 2월 19일까지 약 8개월간 당나라의 현재 산동성에 있는 적산赤山 법화원法華院에 머물면서 이때의 견문을 『입당구법순례행기』에 적었다. 문제의 추석 기사를 해석문과 함께 제시해보겠다.

> 寺家設餺飩餅食等 作八月十五日之節. 斯節諸國未有 唯新羅國獨有此節. 老僧等語云 新羅國昔與渤海相戰之時 以是日得勝矣 仍作節. 樂而喜儛 永代相續不息. 設百種飮食 歌儛管絃 以晝續夜 三箇日便休. 今此山院追慕鄕國 今日作節. 其渤海爲新羅罸 纔有一千人向北逃去 向後却來 置辦依舊爲國. 今喚渤海國之者是也.

---

[58] 『고려사』 권 81, 병지 1, "나라에서는 매년 중추가 되면 동반(東班)과 서반의 관원을 교외로 불러모아 활쏘기와 말타기를 익히게 하고 있습니다."

(적산 법화)원에서는 박돈명식(餺飩餠食) 같은 음식을 진설하여 8월 15일 명절을 쉰다. 이 명절은 다른 나라에는 아직 없으며 오직 신라에만 있다. 노승들은 이렇게 말한다. "신라가 예전에 발해와 전쟁을 했는데 이 날 승리하여 **명절이 되었다**.[59] 노래하고 흥겹게 춤추기를 대대로 이어 오랫동안 끊이지 않았다". 갖은 음식을 진설하고, 노래 부르고 춤추며, 관현악 연주는 밤까지 이어지는데 사흘이 지나서야 그친다. 이 산(법화)원에서는 고국을 그리워하며 오늘 **명절을 쉰다**. 발해는 신라에 토벌되어 겨우 1,000명이 북쪽으로 도망쳐 갔다가 이후 다시 돌아와 옛날 그대로 나라를 세웠다. 지금 발해라고 부르는 나라가 그 나라다.

적산 법화원은 당나라 하남도河南道 문등현文登縣 청녕향淸寧鄕 적산촌에 있었다. 지금의 영성시榮成市 석도진石島鎭 북부에 있는 적산 남쪽에 위치한다. 장보고가 당나라와의 무역 편의를 도모하여 세운 고을로서 해상교통의 요지이며 재당신라인의 구심점이었다. 위 기록은 짧지만 적산 법화원의 8월 15일 명절에 대하여 많은 정보를 제공하고 있다.

2) 적산 법화원의 8월 15일은 무슨 날인가?

인용문에서 보듯이, 8월 15일을 명절로 삼은 까닭은 이 날에 신라가 발해와 전쟁하여 이겼기 때문이라고 한다. 하지만 신라 역사상 8월 보름 전투는 물론 승전 사실도 없다. 이에 합리적 해석을 도출하려고 두어 가지 의견이 제시되었다. 첫째, 8월 보름달을 즐김은 조선(한국)의 오랜 민속인데 이 날이 우연히 발해(실은 고구려)를 이긴 날과 같아졌다고 하여 승전설을 추인追認한다.[60] 그 민속이란 조선(신라)의 가배/추석을 말하는데 이를 두고 덧붙인 해설(밑줄 부분)이 전혀 도움이 되지 않는다.

---

[59] 이 문장에는 명절과 관련된 어휘 '作節'이 두 번 나오는데 각기 달리 해석하면 恣意的이고 便宜的이라는 비판을 피하기 어렵다. 그런데 小野는 '作節'에서 끊지 않고 '仍作節樂而喜儛'로 끊었다.
[60] 小野勝年, (1964)1989, 『入唐求法巡禮行記の硏究』 第2卷, 鈴木學術財團, 95~96쪽.

8월 15일을 명절로 했던 것은 수나라 최식(崔寔)의 《사민월령(四民月令)》에 월절(月節)의 이름이 보인다. 그러나 당나라의 세시풍속 저작에는 아직 현저하지 않다. 오직 현종은 8월 5일이 탄생일이었기 때문에 千秋節을 축하하였고, 또 仲秋의 보름달에 대해서는 시문 등에 자주 보인다. 중추절이 성대하게 된 것은 북송 이후였다고 생각되는데(《동경몽화록(東京夢華錄)》권8), 근세에 이르러 더욱더 일반화되고, 도시뿐만 아니라 시골에까지 미쳤다(小野勝年, 《북경연중행사기(北京年中行事記)》). 그러나 신라에서는 중추절을 특히 중요하게 여겼던 모양인데 唐人도 이에 주의를 기울이고 있다. … 조선에서 찬술된 《동환록(東寰錄)》은[61] 가배를 이렇게 언급하고 있다. "新羅以八月望日謂之嘉俳 今俗謂之嘉優者嘉俳之轉變也(신라는 8월 보름을 가배라고 한다. 지금 세상에서 '가우'라고 하는 것은 '가배'가 변해서 그렇게 되었다. 俳는 俳優인데 徘와도 통한다. 그렇다면 달 아래에서 춤추고 배회하던 것이 나중에 노래 부르고 춤추면서 즐기는 것에 중점이 두어져, 嘉優라고 부르게 된 것이다.")[62]

신라 고유어를 모두 한문식으로 해석해버렸다. 두 번째 이해방식은, 신라 성덕왕 32년(733)에 발해가 당나라 등주를 침공했을 때 신라가 당나라를 도우러 갔던 사실을 전하는 내용으로 본다.[63] 그런가하면, 두 가지 해석 모두 가능하다고 보기도 한다.[64] 어떻든 8월 15일은 신라가 고구려를 이긴 날이 아니다.[65]

『삼국사기』에 의하면, "668년 6월부터 고구려를 치기 위해 신라군이 동원되었으며 9월 21일 당군과 신라군이 합세하여 평양성을 함락시키고 보장왕의 항복을 받았다"[66]고

---

61) 1859년 尹廷琦가 우리나라의 지리와 역사 등을 사전식으로 편찬한 지리서. '가배' 언급은 권4, 方言條에 나온다.
62) 小野勝年, 위의 책. 가배를 말하는 원문 인용에서 小野는 밑줄 부분을 빠뜨렸다.
63) 足立喜六 譯註, 鹽入良道 補註, 1970, 《入唐求法巡禮行記》1, 東洋文庫 157, 平凡社, 205쪽; 김문경, 2001, 『엔닌의 입당구법순례행기』 중심, 195쪽.
64) 足立喜六 譯註, 鹽入良道 補注, 위의 책, 205·208쪽.
65) 라이샤워는 원문의 승전 기사를 668년에 신라가 고구려를 멸망시킨 사실을 가리킨다고 보았다. *Ennin's Diary, THE RECORD OF A PILGRIMAGE TO CHINA IN SEARCH OF THE LAW*, translated by EDWIN O. REISCHAUER, 1955, New York, p.142.

한다. 신라가 고구려를 이긴 날은 668년 9월 21일으로서 추석과 한 달 이상 차이가 난다. 그리고 고구려를 멸망시킨 668년 이전의 8월 15일 명절에 대한 기록이 등장하는 것도 고구려 승전 기원설을 부정하게 한다.[67] 아마도 추석놀이의 일부인 활쏘기나 말타기 같은 무술의 상징을 너무 크게 받아들인 듯하다. 실은 송편이든 월병이든 간에 추석 음식을 먹는 유래는 자기 나라나 민족이 적국과 싸워 이긴 것을 기념한다는 설명은 중국사에서는 상투적이다.[68]

3) 박돈

원문의 '박돈餺飩'을 오노小野나 아다치足立 역주에서는 오기誤記라 하여 '박탁餺飥'으로 고쳐놓았다. 6세기 중엽의 저술 『제민요술齊民要術』에도 '박탁'으로 되어 있으며 설명은 다음과 같다.

> 박탁은 반죽을 주물러 엄지손가락 굵기로 만들어서, 길이를 두 치 정도로 자른 것을 물 담은 쟁반에 담가 둔 다음, 솥 위에서 손으로 주물러 얇게 만들어, 물이 끓어오르는대로 떼어 넣는다.[69]

고친 낱말의 다른 표기로는 '박탁餺飥'·박탁飩飥, 불탁不托도 있다. 그 방증으로는 『입당구법순례행기』 개성 4년 4월 6일조에 '明日在山南作餺飩'을 들었다.[70] '박탁'은 수제비를

---

66) 『三國史記』卷6, 新羅本紀6, 文武王 8年條, "仁問天存都儒等領一善州等七郡及漢城州兵馬 赴唐軍營. 二十七日 王發京 赴唐兵. 二十九日 諸道摠管發行 王以庚信病風 留京. 仁問等遇英公 進軍於嬰留山下【嬰留山在今西京北二十里】. 秋七月十六日 王行次漢城州 敎諸摠管往會大軍 文穎等遇高句麗兵於蛇川之原 對戰 大敗之. 九月二十一日 與大軍合圍平壤 高句麗王先遣泉男産等 詣英公請降. 於是 英公以王寶臧王子福男大臣等二十餘萬口廻唐."
67) 다음 책에서도 지적된 바 있다. 三品彰英, 1943, 『新羅花郎研究』, 130쪽.
68) 나희라, 2021, 앞의 논문, 103~104쪽.
69) 餺飩: 挼如大指許, 二寸一斷, 著水盆中浸, 宜以手向盆旁挼使極薄, 皆急火逐沸熟煮. 非直光白可愛, 亦自滑美殊常. (82장 餅法)

뜻하기도 하나 당나라 때 와서는 칼국수를 일컫게 되었다고 한다. 이를 두고 이규경은 불탁不托이라 쓰고 도절면刀切麵이라[71] 했으니 역시 칼국수가 된다.

그러면 뒤의 병식餠食까지 해석하면 어떻게 되는가? 대다수가 두 글자씩 끊어서 두 가지 음식으로 보았다.

라이샤워	noodles, cakes
小野勝年	餺飥·餠食
足立喜六 外	餺飥·餠食
신복룡,[72] 김문경	수제비와 떡
한국사데이터베이스	박탁(餺飥)과 병식(餠食)
김인희	박돈(송편)과 병식
中村裕一 (뒤에 나옴)	餺飥(うどん)·餠食

근래 박탁병식에 대해서는 대동소이한 음식을 두고 왜 중복 서술했을까 하는 의문이 제기되었다. 이에 대한 해결 방법으로서 그 첫째가 '박돈=송편'설이다. 원문은 박탁이 아니라 박돈이므로 분명히 차이가 있을 것으로 보고, 박돈이 병식에 속한다면 엔닌이 따로 언급할 리가 없다고 하여 김인희는 다음과 같이 말한다.

> 엔닌은 박돈이 훈툰(餛飩)과 제조법이나 모양에서 유사하나 재료에 있어서 차이가 나기 때문에 새로운 용어인 박돈이라는 말로 표기하였다. 박돈은 현재 한국에서 추석에 먹는 송편의 기원이었을 가능성이 있다.[73]

---

70) "초본(抄本)에는 鈍으로 잘못 되어 있는데, 飥이 맞다. 박탁(餺飥)이라고도 쓰는데, 飥飥·餢飳 등이라고도 한다. 밀가루로 만든 떡의 일종이다." 小野勝年, 1964, 『入唐求法巡禮行記の硏究』 第2卷, 鈴木學術財團, 95쪽.
71) 李圭景, 『五洲衍文長箋散稿』人事篇 服食類 諸膳 飮膳辨證說, "餺飥 卽不托 卽刀切麵也."
72) 신복룡 번역, 1991, 『입당구법순례행기』, 정신세계사, 111쪽.
73) 김인희, 2019, 「적산(赤山) 법화원(法華院)의 8월 15일 명절 연구」, 『제13회 신라학국제학술대회, 신라의 민속』, 신라문화유산연구원. 그는 적산 법화원 당시의 박탁은 칼국수를 지칭한다고 보았다. 하지만 원문은 餺飥이므로 훈툰모양이라고 했다. 이어지는 논고에서 그는 "박돈은 송편의 기원이다."라고 했다. 김인희, 2019,

'박돈'은 엔닌이 새로 만든 용어라고 했는데 과연 순례 온 외국인이 중국인이 쓰지 않는 용어를 만들어 썼을지 의문이다. 박돈=훈툰 설을 주장한 까닭 가운데 하나는 '돈飩'자가 같다고 여겼기 때문으로 생각된다. 탁은 수제비이고 돈은 경단이지만 글자가 비슷하여 고금의 학자들도 별다른 구별없이 썼다.[74] 더하여, 박돈은 교자餃子/만두의 일종이지만 껍질이 얇은 것으로서 훈툰 같은 것이지만 재료에서 차이가 나므로 8월 15일 신라의 특별음식이라고 했다 한다. 이 주장을 따른다면, 송편도 쌀로 만든 떡의 일종인데 연이어 나오는 병식餠食이라는 떡과는 어떤 차이가 있는지 궁금

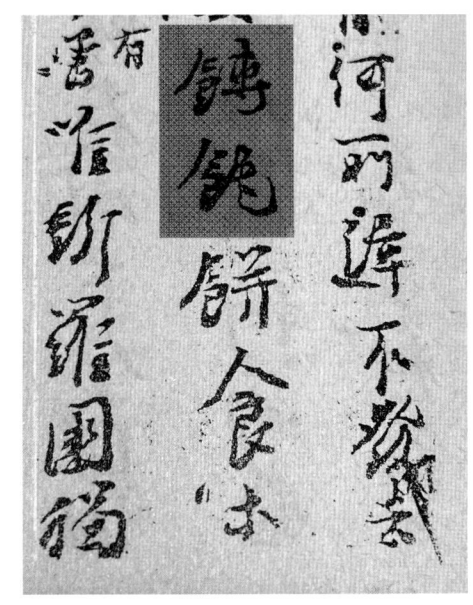

京都東寺觀智院藏本

하다. 물론 그는 수십 가지의 '병식' 가운데 어떤 종류인지는 알 수 없다고 했다.

이처럼 박돈에 대한 추정은 여럿 있지만 이 음식이 나온 장소는 중국 산동성, 기록한 사람은 일본인, 이것을 먹는 사람은 신라인으로서 그 선택지는 더 넓혀질 수밖에 없다. 엔닌 시절과 현대 사이에는 일 천 몇 백 년의 시차가 있어서 문제의 음식을 비교/유추하기에는 더욱 어려움이 있다. 이 경우 판단 기준은 현대의 한국인이 먹는 추석 음식을 보고 시대를 거슬러 유추하는 방식이 아마도 사실에서 크게 벗어나지 않으리라고 생각한다. 그 핵심은 명절에 먹는 특별한 음식에 있으며, 선호하는 음식은 두 시대가 같거나

「중국 중추절의 기원은 신라?」, 『동북아역사재단 뉴스』 vol.156. 참고로 『훈몽자회』에서는 '만두 혼, 만두 둔'이라 풀이했다.

74) 이쯤에서 한 사물을 놓고 지역에 따라, 또는 시대에 따라 조금씩 달리 부르는 경우도 생각해볼 필요가 있다. 우리(한국)의 표준말이 '국수'이지만 지방에 따라 '국시'라고도 하듯이 약간의 차이를 너무 정면으로 받아들일 필요는 없다고 본다.

적어도 비슷해야 한다.

'병餠'에 대한 중국인들의 해석으로는, 선진시대 이래 국수의 총칭이고 '병식'은 주대周代로부터 송대宋代에 이르기까지 평상시 먹는 국수의 총칭이라고 한다.[75] 그런데 일본인의 주석에는 쌀·보리·밀·조까지를 포함시켜 해석의 여지를 열어놓고 있다.[76] 한국과 일본에서 '병'이라면 오히려 '(쌀)떡'을 지칭하며[77] 현재 명절음식으로 밀가루(국수나 수제비)를 쓰는 경우는 드물다.

'박돈=송편'설에 대한 대안으로는 '박돈=만두'설이 있다. 이것은 "그(박돈) 뒤에 떡餠이 나오므로 박돈은 밀가루로 만든 음식으로서 얇은 피(껍질)로 소(속)를 감싸 만든 음식으로 보면 만두일 가능성이 크다."는[78] 논리다. 하지만 제사·잔칫상에 밀가루 음식 만두를 떡과 함께 썼다는 설명 또한 이해가 가지 않기는 마찬가지다. 그뿐 아니라 옛 신라 지역이 되는 경상도에는 일반 가정에 만두라는 음식 자체가 없다.

엔닌이 보기에 신라인들의 8월 보름 풍속에서 눈에 띄는 음식이 '박탁병식'이기에 그것을 가장 먼저 적었다고 본다. 국수든 수제비든 간에 기존에 익히 아는 음식이라면 왜 굳이 언급하겠는가. 이런 정황에서 박탁과 병식이라는 두 가지 음식을 언급했다고 보기는 주저된다. 나는 앞선 연구 성과를 이어받아 훈툰 즉 만두 모양이라는 데는 찬동하지만 그 내용/실제는 쌀로 만든 떡 즉 송편 한 가지였다고 본다. 박탁과 병식을 동격/등식으로 보아 '훈툰식(만두같이 생긴) 떡' 즉 송편이며 그 밖의 음식 모두를 일러 '따위[等]'라고 썼다고 해석한다. 신라시대에는 벼농사보다 밭작물이 많음을 들어 박탁을 칼국수로 보는 견해가 있다.[79] 당시 잡곡 대對 쌀 비중이 그렇다 하더라도 2대 명절인 추석에 더 귀한 곡식을 명절음식[節食]으로 즐긴다고 보아야 상식적이지 않을까.

---

75) 黃濤, 2011, 「入唐求法巡禮行記 所載 唐代節習俗考辨」, 『동아시아문화연구』, 24쪽 등.
76) 米·麥·粟 등의 가루를 반죽하여 이것을 찌거나 굽거나 한 것을 餠이라 한다. 8월 15일(중추절)에 먹는 떡은 월병(月餠)이라고 아름답게 부른다. 지금은 깨(胡麻)와 서과(西瓜) 등을 떡에 넣어 기름에 볶은 과자를 말한다(小野勝年, 『入唐求法巡禮行記の研究』 第2卷, 鈴木學術財團, 1964, 95쪽).
77) [日本語用法] もち。もち米を蒸してついた食品(『全譯 漢辭海』 三省堂, 2000)
78) 최광식, 2019, 「문헌상으로 본 신라의 세시풍속」, 『신라사학보』 47, 173~174쪽.
79) 서영대, 2021, 「추석의 연원에 관한 연구사 검토」, 『한국사학보』 84, 고려사학회, 47쪽.

중국으로부터 한자를 배우고 빌어쓰더라도 음식의 실제와 요리방식에는 차이가 나는 법이다. '박탁/불탁'이 바로 그 전형적인 예로서 이것은 밀수제비이지만[80] 쌀떡으로 새기라고 아래와 같이 명시한 자료가 있다.

> 要且盡力於當納, 無麪不托, 奈何措置
> 쟝춧 시방 바칠 거세 힘을 다홀 거시니 ᄀ로 업슨 블탁[떡 일홈이라]을 엇지 쟝^만ᄒᆞ리오
> (장차 시방 바칠 것에 힘을 다할 것이니 밀가루가 없는 <u>불탁[떡 이름이다]</u>을 어찌 장만하리오)
> 〈諭湖南民人等綸音〉[81]

6. 맺음말

신라 추석은 음력 8월 보름에 국왕으로부터 인민에 이르기까지 베짜기·활쏘기 따위를 하거나 보면서 송편을 먹고, 달놀이 간다. 이러한 레퍼토리를 보더라도 추석은 신라시대 이래 설날과 더불어 나라의 2대 명절임은 말할 나위 없다. 그 축제를 가히 '국중대회'라 하겠다. 세계 한자문화권 가운데 '추석'이라는 아명雅名이 있고, 이 제목의 노래가 있으며, 명절음식을 먹고, 놀이를 즐기는 세시풍속은 신라를 제외하고는 없다.

베짜기를 겨루어 그 많고 적음에 따라 진 편은 울면서 노래하고 춤춘다 하니 그만큼 진지한 내기(bet)로서 가히 여성축제라[82] 할 만하다. 이밖에도 가윗날에는 고승의 빗돌을 세우는가하면, 저녁이 되면 누대樓臺에 올라 달맞이도 한다.

추석에 펼쳐지는 온갖 놀이[百戲]와 난장 장면은 고구려 고분벽화에서도 흡사한 예를 볼 수 있다. 흥행에는 종목을 가리지 않는다는 말이 여기에서도 통한다. 씨름무덤의

---

80) 나화 밀수제비. *나화 박(餺), 나화 탁(飥)(訓蒙上33) (남광우, 1984, 『補訂 고어사전』 90쪽).
81) 『정조실록』 권16, 정조 7년(1783) 10월 8일 병인 2번째 기사. 세종대왕기념사업회, 2016, 『역주 윤음언해』, 176쪽.
82) 윤성재, 2013, 「신라 가배와 여성 축제」, 『역사와 현실』 87.

씨름그림, 춤무덤의 춤·노래와 주먹다짐(martial arts), 덕흥리 무덤그림의 활쏘기대회나 무등놀이, 접시돌리기 같은 '묘기대행진'이 망라된 광경이 신라 추석이다. 활쏘기는 물론 역사力士들의 힘겨루기나 씨름대회도 모르는 사람이 보면 전쟁놀이 또는 전승기념일이라고 할 만하다.

성聖과 속俗이 어우러진 추석 쇠기는 계급이나 신분을 막론하고 참여하는 축제다. 거기에는 승패勝敗를 가리는 경기(game)가 있으며, 위로는 우주창조를 되새기는 의식(rite)이 재현되며, 아래로는 구경거리가 펼쳐진다. 엄숙·긴장과 휴식·재미는 놀이의 양면이다. 공동체 구성원 모두가 참여하여 세상질서가 일상日常보다 한 단계 높아졌다고 느끼고 확신하게 되는 고전적 놀이의[83] 면모다. 8월 보름에 조상이 깃든 장소를 찾아뵙는 제향 즉 성묘는 신라의 종묘와 가락국 제사에서도 언급한 바 있다. 우리나라 사람들이 추석에 산소 찾는 풍속의 시작을 이규경은 가락국 수릉首陵에서 찾고 있는데[84] 성격상 신라의 그것과 크게 다르지 않다. 그렇다면 추석은 고대 한반도의 남쪽 두 나라에 공통된 명절이었다. 가락국이 멸망한 뒤 엔닌 시절로 말하면 그것은 신라에만 있는 풍속이 된다. 신라시대 이후로도 추석은 고려, 조선, 한국인만이 누리는 명절이자 축제다.

한국의 추석을 중국 중추절의 아류로 보는가 하면 추석과 중추절은 서로 직접적 관계가 없다고도 하여 추석의 정체성에 대해 논쟁이 거듭되고 있다. 돌이켜보면 신라의 추석 의례나 놀이의 모습은 근대에 이르기까지 거의 변함없이 내려왔다. 이것은 신라/한국이 추석 명절의 본고장이기 때문에 이른 시기부터 다양한 내용이 존재하였으나 그 본질은 변하지 않음을 말해준다. 여기에 비해 중국의 중추절은 북송대에 와서야 보이고, 달을 완상하는 풍류가 거의 전부이다가 명대明代에 와서는 월병을 선물하는 풍습이 가미되었다.

---

83) 요한 하위징아(이종인 옮김), 2010, 『호모 루덴스』, 52~53쪽·73~75쪽·302~303쪽, 연암서가.
84) 端午及仲秋十五日上墓自駕洛始(권37, 上元藥飯秋夕嘉會辨證說)

중국에서 중추절이 차지하는 위상을 보면 자명하다. 중국의 중추절은 근대로 내려오면서 3대 → 2대 명절로 격상되었다. 이러한 변화의 원인으로는 이웃에 있는 신라(고려, 조선)의 영향을 빼고는 이해하기 힘들다.

고려시대의 추석

나희라

1. 머리말
2. 조상의 추모와 제사
3. 달 감상과 잔치
4. 보름 의례와 놀이
5. 맺음말

나희라

고려시대의 추석

1. 머리말

　인간은 시공간의 한계에서 살아가는 생명체로서, 자신의 존재 근거와 의미를 시공간에 대한 인식과 의미 부여에서 찾으면서 살아왔다. 자신이 위치한 공간에서 파악되는 시간의 흐름과 순환에 따라 조절된 생활 방식과 태도는 거기에 특별한 의미가 가미되어 전승되면서, 주기적으로 반복하여 거행되는 특수한 생활행위, 즉 세시풍속歲時風俗을 이루게 되었다.[1] 따라서 세시풍속의 의미를 살펴보는 것은 일정 지역의 공동체가 어떻게 시간을 인식하고 어떤 시간에 특별한 의미를 두어 그에 따른 특정한 행동 양식이나 생활 태도를 형성했는지, 그래서 그것들이 어떻게 한 사회의 문화 전통을 이루었는지를 이해하는 데 중요한 일이라 하겠다.

　한국의 전통 세시풍속 중 추석은 신라시대에 이미 가배라는 풍속 기록이 나오며 조선

---

1) 이두현, 1971, 「한국세시풍속의 연구」, 『한국민속학개설』, 일조각, 196쪽; 임재해, 1998, 「동아시아 세 나라의 세시풍속 비교」, 『기층문화를 통해 본 한국인의 상상체계(하)』, 민속원, 34쪽.

후기에 편찬된 각종 세시기에도 주요 명절로 나오고 있고 현재까지도 '민족의 대명절'로 여겨지고 있다.[2] 세시풍속이 '주기전승週期傳承의 의례적 행사'라는 의미를 가진다고 할 때, 추석은 고대부터 현대까지 그것의 전승을 기록으로 확인할 수 있다는 점에서 한반도 세시풍속의 의미를 살펴보는 데 중요한 소재가 될 수 있다. 그동안 추석의 전승을 언급할 때 기록이 보다 분명한 신라시대와 조선 후기 이후의 내용이 주로 다루어졌다. 그 사이에 끼인 고려시대의 추석은 아직 제대로 다루어지지 못했다. 신라시대에서 조선시대에 걸쳐 현대에 이르기까지 추석이 명절로서 면면히 이어졌다고 설명하려면 고려시대의 추석이 어떠했는가를 자세히 살펴볼 필요가 있다. 본고는 이러한 문제의식에서 추석의 양태를 추출할 수 있는 고려시대 자료들을 정리하여 고려시대 추석이 어떻게 전승되고 있었는지를 살펴보기 위해 작성되었다.

고려시대에 추석이 단순한 세시나 절일을 넘어 명절로 인정되었던 것은, 『고려사』 형법지에 형벌의 집행을 금지하는 때의 하나였던 속절俗節 가운데에 추석이 들어있는 데서 분명히 알 수 있다.[3] 그런데 고려시대 사람들이 추석을 어떻게 인식하고 어떤 행위를 통해 기념하였는지를 알려면 이보다 더 구체적인 자료들을 가져야 한다. 그러나 고려시대 추석의 면면을 자세히 살펴보기에는 자료의 제약이 많다.[4] 물론 자료의 양은

---

2) 세시풍속은 또한 歲時, 歲事, 月令, 時令으로도 불렸다. 歲時風俗日은 연간 생활 과정에 리듬을 주어 다음 단계로 넘어가는 데 박차를 가하는 생활의 악센트로서의 의미를 가지는 節(日)이라 할 수 있으며, 이 가운데서도 많은 사람들이 함께 즐기는 때라는 의미에서는 名節, 俗節, 佳節이라 할 수 있다. 이두현, 위의 논문, 196쪽 참조.
3) 『高麗史』 卷84, 志卷第38 刑法一 禁刑 "俗節元正·上元·寒食·上巳·端午·重九·冬至·八關·秋夕" 형의 집행을 금하는 9개 속절의 나열은 원정부터 동지, 혹은 팔관까지는 날짜순으로 되어 있다(동지를 음력으로 하면 팔관일(고려시대 팔관은 음력 10월 혹은 11월 15일이었는데, 시기상 늦은 11월 25일로 보면)보다 앞설 수도 있고 늦을 수도 있다). 그러나 추석만 홀로 날짜 순서와 달리 맨 뒤에 끼어들어 있다. 그 이유에 대해서는 잘 알 수 없다. 『고려사』 형법지에 정리된 고려 율령 형성 시기와 변화의 문제와 관련이 있는 것은 아닌가 생각되기도 하는데 앞으로 검토할 과제로 남겨 놓는다. 『고려사』 형법지의 관리들에게 휴가를 주는 규정에도 여러 세시절일과 함께 추석이 나오고 있어서(『高麗史』 卷84, 志卷第38 刑法一 官吏給暇), 고려시대에 추석은 일상의 시간이 아닌 기념해야 할 시간으로 여겨졌던 것이 분명하다.
4) 고려시대를 이해하는 가장 중요한 자료인 『고려사』는 역사서이기 때문에 민속종교에 관한 기사들이 적고, 또 지배층을 중심으로 한 것이어서 기층사회의 민속의 실상을 파악하기에 어려움이 있다. 서영대, 1994, 「민속종교」, 『한국사』 16 (고려 전기의 종교와 사상), 국사편찬위원회, 332쪽.

신라시대보다는 많지만, 신라시대의 가배만큼 추석의 양태를 분명히 보여주는 기사도 없고, 조선시대처럼 지방의 피지배층까지 아울러 묘사한 추석 관련 기록도 별로 없어서, 고려시대 추석 명절의 전체 모습을 그리는 데는 한계가 있다. 고려시대 추석 관련 자료는 주로 사서류와 문집류를 통해 추출할 수 있다. 여기에서 대개는 '중추中秋', '중추仲秋', '추석秋夕'이라는 절일 표기가 된 것을 통해 추석 행사의 내용을 얻을 수 있다.[5] 이외에 『고려사』 편년 자료에서 중추나 추석 명칭을 사용하지 않은 8월 15일 기사에서도 추석 관련 자료를 얻을 수 있을 것이다.

그러나 『고려사』 편년 자료에서 추석 관련 자료를 찾는 것은 조금 복잡한 문제가 있다. 우선 추석이 8월 15일이라고 해서 그날에 일어난 행사만을 추석 자료로 뽑을 수는 없다.[6] 왜냐하면 특정 세시를 온전하게 보내는 각종 의례·행사의 종류와 그 기간이 매우 다양하고 꽤 같다는 점을 생각해야 하기 때문이다.[7] 신라시대 8월 대보름을 기념하는 여성 집단의 적마대회는 7월 보름을 기점으로 해서 한 달 동안 지속되었으며,[8] 적산

---

5) 전통시대 동아시아에서는 8월 보름날을 기념하는 명절의 명칭으로 中秋(혹은 仲秋)라는 용어를 많이 썼는데, 한국에서는 명절로서의 8월 보름날을 중추 외에도 '(한)가위'라는 고유어와 '秋夕'을 사용하여 지칭하였다. 고려시대 자료에서는 8월 15일을 지칭하는 용어로 대개 '中秋'를 사용하였으나, '秋夕'도 사용했다. 고려시대 '추석' 용례에 대해서는 <표 1> 참조. 이외에 '(한)가위'와 '三五夜' 용례도 찾아볼 수 있다.
『樂學軌範』卷5, 時用鄕樂呈才圖儀(이혜구 역주, 2000, 『(신역) 악학궤범』, 국립국악원, 326쪽) "八月ㅅ 보로믄 아으 嘉排 나라마론 니믈 뫼셔 녀곤 오늘날 嘉排 다 아으 動動다리."
『東國李相國後集』卷第一, 古律詩 一百五首, 七月十三日與全朴兩君夜飮甥壻鄭柔斯月聯句(한국고전종합DB) "八月三五夜重來肯許否." 이하 고려시대 문집의 원문과 번역문은 한국고전종합DB의 원문과 번역을 토대로 하여 작성하였다.
6) 추석이 보름날을 기념하는 명절이라고 보았을 때 보름[월日]이 항상 15일이 되는 것은 아니고 14일이나 16일이 되기도 한다. 이에 대해서는 이은성, 1988 『역법의 원리 분석』, 정음사, 259~261쪽. 이색의 시에 8월 15일에 놀지 못하여 아쉬웠는데, 다음날 책력을 보니 16일이 望으로 되어 있어서 기뻐하였다는 묘사가 있다. 『牧隱詩藁』卷25, 詩 昨索酒 欲謁霽亭先生 참조.
7) 강릉의 단오제는 음력 3월 20일부터 신주를 빚는 것으로 시작해서 4월 14일부터 15일에 걸쳐 대관령 산신제를 통해 산신을 맞이해서 읍내의 성황당에 모시고 5월 1일에 花蓋를 세워 가면극을 시작하여 며칠간 계속해서 놀고 6일에 燒祭하는 것으로 모든 것을 마치는, 근 50여 일에 걸쳐 벌어진 大祭였다(秋葉隆, 1954, 『朝鮮民俗志』, 六三書院, 163쪽). 부여와 고구려, 동예, 삼한 등의 祭天은 國中大會로서 '連日飮食歌舞'하였다고 한다. 『삼국유사』에 나오는 사금갑설화에 의하면 신라에서 정월대보름 행사가 초하루부터 시작해서 15일을 전후한 시기에 마무리가 되었던 것처럼, 민속에서 정월대보름도 그 준비 기간부터 마무리까지 길게는 20일 이상 지속되면서 그 사이에 다양한 의례와 행사들이 거행되었다.
8) 『三國史記』卷第1, 新羅本紀第1 儒理尼師今 9年(국사편찬위원회 한국사데이터베이스 삼국사기. 이하 『삼국

법화원에서 보내는 추석 명절의 잔치는 사흘이 지나서야 그쳤다고 한다.[9] 이러한 점들을 생각한다면 8월 15일을 전후로 한 상당 기간 동안의 기사들도 잘 살펴볼 필요가 있다.

이에 덧붙여 또 생각해봐야 할 것은, 세시일을 기념하는 의례와 행사가 다양하기 때문에[10] 8월 대보름을 전후한 여러 기사들 가운데 어떤 것이 세시와 관련한 행사인지 아닌지를 파악하지 못하면 의미가 있는 기사와 그렇지 않은 기사들을 구분하지 못 할 수 있다는 점이다. 여기서 세시와 관련된 의례와 행사를 어떤 기준으로 판별할 수 있는가라는 어려운 문제에 맞닥뜨리게 된다. 이런 점에서 『고려사』 편년 기사에서 추석 의례와 행사를 골라내는 데에는 상당한 한계가 있다고 하겠다.

그러므로 『고려사』 편년 기사에서 추석과 관련한 것을 추출하기 위해서는 일정한 기준을 정해야 할 것이다. 여기서는 8월 15일에 한정하지 않고 전후한 날짜의 관련 기사들을 모두 살폈다. 그 가운데 어떤 기사들이 8월 보름의 세시의례와 놀이로서의 의미를 가지는가에 대한 판단을 해야 했는데, 이에 대해서는 세시풍속 형성의 기저에는 환경에 적응하여 풍요로운 생존을 추구하는 가운데 가지게 된 인간 집단의 심리적·종교적 특성이 깔려 있다는 점, 그리고 세시풍속은 오랜 전승을 거쳐 형성되는 것이라는 점을 고려하였다. 그래서 달과 보름날에 대해 인간이 드러냈던 보편적 인식과 여러 지역에서의 의례 행위, 그리고 신라시대와 조선시대에 행해졌던 8월 보름의 의례행사와 놀이를 참고하여 해석해볼 만한 의미가 있는 자료들을 추출하려고 했다.

사기』 원문은 모두 이에 의한다.) "王旣定六部, 中分爲二, 使王女二人, 各率部內女子, 分朋造黨. 自秋七月旣望, 每日早集大部之庭, 績麻乙夜而罷. 至八月十五日, 考其功之多少, 負者置酒食, 以謝勝者. 於是, 歌舞百戱皆作, 謂之嘉俳. 是時, 負家一女子, 起舞嘆曰, 會蘇會蘇. 其音哀雅, 後人因其聲而作歌, 名會蘇曲."

9) 『入唐求法巡禮行記』卷第2 開成 4年 8月 15日(김문경 역주, 『엔닌의 입당구법순례행기』, 중심, 194~195쪽) "寺家設餺飩餠食水, 作八月十五日之節. 斯節諸國未有, 唯新羅國獨有此節. 老僧示語云, 新羅國昔与渤海相戰之時以是日得勝矣, 仍作節樂而喜儛. 永相續不息. 設百種飮食歌儛管絃, 以晝續夜三箇日便休. 今此山院追慕鄕國, 今日作節."

10) 민속의 8월 대보름 경우를 들어보면 조상에 薦新하여 제사하고 성묘하는 것을 중심으로 강강술래, 줄다리기, 소싸움, 소놀이, 거북놀이 등 다양한 놀이가 거행되었다. 依田千百子, 1985 『朝鮮民俗文化の硏究』, 琉璃書房와 김명자, 2006, 「추석」, 『한국세시풍속사전』 [4], 가을편, 국립민속박물관 참조. 8월 대보름 의례와 놀이는 정월대보름의 행사들이 반복되는 것이 많다. 이는 이 두 명절이 대보름을 기념하는 성격을 가진다는 점에서 공통점을 가지고 있음을 말해준다.

추석을 노래하고 있는 고려 문인들의 시가詩歌 작품은 중국 문인의 완월시翫月詩를 모범으로 했기 때문에, 시가에서 그리고 있는 풍경이나 서정은 중국의 것과 큰 차이는 없다. 따라서 고려시대 추석을 이해하는 데 아주 중요한 자료라고는 할 수 없다. 그러나 고려시대 추석 관련 자료로는 가장 많은 자료이므로 소홀히 할 수 없다. 그리고 자세히 살펴보면 간혹 고려인이 추석을 대하는 태도와 서정을 추출해낼 수 있다.

이 글에서는 위와 같은 자료 수집과 정리 기준을 바탕으로 8월 대보름 추석에 대한 고려시대 사람들의 인식과 이를 표현한 의례와 놀이 등 행위의 양태를 살펴봄으로써 고려시대 추석의 모습과 그 전승의 의미를 살펴보고자 하였다.

2. 조상의 추모와 제사

『고려사』에서 가장 많이 등장하는 추석 관련 기사는 조상을 추모하고 제사하는 의례행사와 관련한 것이다. 『고려사』 지志에서는 길례대사吉禮大祀에 경령전에서 추석에 왕이 직접 제사하는 의례가 있음을 들었다. 이를 『고려사』 편년 기사에서도 확인할 수 있다. 또한 8월 보름을 기념하여 각 왕릉과 진전, 원찰에 대한 참배와 제사도 거행되었다.[11]

신라의 오묘五廟 제사일과 가야의 수로왕 제사일에 8월 15일이 포함된 것으로 보아[12] 8월 보름날에 조상을 추모하고 제사하는 것은 이전부터 내려온 전통인 것 같다. 공양왕 때에 사대부례를 반행하면서 외조부모와 처부모에게 제사를 주관할 사람이 없다면 정조正朝·단오端午·중추中秋와 기일忌日의 제사를 속제의俗祭儀에 따라 제사한다고 정리하였다.[13] 주자가례에 입각해 사대부례를 정리하면서도 민간에서 널리 행하던 절일의 조상제

---

11) 〈표 2〉 참조. 참배와 제사일은 15일을 중심으로 전후 며칠 정도 차이가 있다. 이는 당시의 현실적인 사정에 의한 것이기도 하고, 앞에서 말한 것처럼 8월 대보름을 기념하는 기간이 길기 때문에 그 기운이 다 없어지지 않은 어느 때에도 조상을 추모하고 제사하는 것이 가능하기 때문이기도 했을 것이다.
12) 『三國史記』卷第32, 雜志第1 祭祀. 『三國遺事』卷第2, 紀異第2 駕洛國記(『삼국유사』 원문은 이병도 역주, 1982, 『原文兼譯註 三國遺事』, 廣曺出版社에 준하여 작성).
13) 『高麗史』卷第63, 志第17 禮5 吉禮小祀 大夫士庶人祭禮(국사편찬위원회 한국사데이터베이스. 이하 『고려사』

사를 인정하였던 것이다. 이는 8월 보름의 조상제사가 당시 민간의 조상제사로 거행되고 있었음을 말하는 것이라 하겠다.

그런데 고려 전기에 고려인 스스로나 외부 관찰자가 고려의 조상제사일로 추석 제사를 들지 않았다. 1015년(현종 6)에 송에 사신으로 갔던 고려 관리 곽원郭元은 본국의 사정을 보고하면서, 고려에서는 매년 정월 초하룻날과 5월 5일에 조상의 사당에 제사를 지낸다고 하였다.[14] 또 1123년(인종 1)에 송나라 사절의 한 사람으로 고려에 와서 견문한 여러 가지 실정을 기록했던 서긍徐兢은 고려의 종묘에서는 원단元旦과 매달 초하루·춘분과 추분·단오에 조상제사를 한다고 하였다.[15] 조상제사에는 그 장소에 따라 무덤제사와 사당제사의 구분이 있다. 여기서 '조녜묘祖禰廟'와 '조묘祖廟'의 제사를 특정한 것으로 보아 이들이 말한 조상제사는 사당제사를 가리킨다. 그렇다면 고려시대 추석에는 사당제사를 하지 않았던 것일까? 그러나 <표 2>에서 보듯이 왕실에서는 8월 보름을 기해 경련전과 진전뿐 아니라 왕릉을 찾아 조상을 제사했다. 따라서 추석에 사당제사를 하지 않았다고 할 수도 없다. 고려시대 조상제사에서 무덤제사와 사당제사의 문제는 앞으로 더 살펴봐야 할 문제이다.

추석에 성묘, 즉 무덤제사를 하는 습속이 있었음은 다음 자료에서 분명히 알 수 있다.

어제 술을 준비하여 제정 선생을 찾아뵈려고 미리 사람을 보내서 동정을 살피게 하였는데, 선생이 省墓를 가서 아직 안 돌아왔다고 하였다. 밤이 되어서는 날이 또 흐리고 흥취도 다하여 앉아서 졸다가 깨어 보니, 밝은 달이 창에 가득하였다. 그래서 나가보자 하니 夜禁을 범하게 되고, 또는 선생이 초청을 받아서 출타를 했거나, 혹은 子壻들이 後堂에서 연회

원문과 번역문은 이에 준하여 작성) "除四仲月正祭外, 如正朝·端午·中秋, 宜獻時食奠酒, 不用祝文. (中略) 外祖父母及妻父母, 無主祭者, 當於正朝·端午·中秋及各忌日, 用俗祭儀, 祭之."

14) 『宋史』卷487, 列傳246 外國3 高麗(국사편찬위원회 한국사데이터베이스 중국정사조선전) "又遣御事民官侍郎郭元來貢. (中略) 每正月一日·五月五日祭祖禰廟."

15) 『宣和奉使高麗圖經』卷第17, 祠宇(조동원 등 공역, 『고려도경』, 황소자리, 218~220쪽) "其祖廟, 在國東門之外, 唯王初襲封與三歲一大祭, 則具車服冕圭, 親祠之, 其餘則分遣官屬. 歲旦月朔春秋重午, 皆享祖禰, 繪其像於府中, 率僧徒歌唄, 晝夜不絶."

를 하느라 외부의 손님을 맞기가 어려울까도 싶어서 그대로 잠자리에 들었다. 그리고 아침에 일어나서 책력을 가져다 보니, 16일 밑의 주에 보름[望]이라고 쓰여 있어 또 매우 기뻐하였다. 어제의 불행은 곧 하늘이 시킨 것이었다. 달은 반드시 보름이 되어야 둥글어지는 것이요 둥글어지면 지극히 밝은 것이므로, 흔연히 그 사실을 기록하는 바이다.[16]

이 자료는 이색(1328~1396)이 8월 15일을 맞이하여 술을 준비하여 제정을 찾아 달을 감상하고 놀려고 했는데, 제정霽亭(이달충, 1309~1384)이 성묘를 가서 아직 돌아오지 않아 가지 못했다가, 밤이 되어 제정에게 다시 가려고 했으나 통행금지 문제도 있고 또 제정이 달구경 초청을 받아 외출을 했거나 혹은 가족들과 모여 달구경하고 잔치를 벌이고 있는 중일 수도 있음을 고려하여, 마침내 제정을 만나러 가지 못한 아쉬움으로 15일을 보냈는데 다음 날 아침 달력을 찾아보니 16일이 '망望'인 것을 알게 되어, 15일의 아쉬움을 16일에 만회할 수 있다는 기쁨을 표현한, 고려시대 추석 명절과 관련한 아주 흥미로운 자료이다. 이에 의하면 당시 지배층에서는 성묘를 하는 것, 지인을 초청하거나 초청받아 서로 모여 술을 마시고 달놀이를 하는 것, 또는 가족들과 모여 달놀이를 하는 것이 8월 보름을 기념하여 보내는 일반적인 행사로 생각하고 있었음을 알 수 있다. 그렇다면 8월 보름의 성묘는 당시 많은 사람들이 하던 행사였던 것이다.

추석의 행사와 서정을 노래한 문인들의 시문詩文에서도[17] 성묘의 습속은 종종 확인할 수 있다.

이색, 「定山을 아울러 맡고 있는 尼山의 申監務에게 부치다」
들리나니 초여름 매미 첫 번째 소리	聞得新蟬第一聲
눈 속에 가로 걸렸나니 한산 가는 길	韓山歸路眼中橫

---

16) 『牧隱詩藁』 卷25, 詩 "昨索酒, 欲謁霽亭先生, 遣人候之, 則拜冢未回. 至夜天又陰, 興盡坐寐. 旣覺, 明月滿窓. 欲出恐犯夜, 又恐先生被請他出, 或子壻燕集後堂, 難容外客, 於是就寐. 及旦取曆觀之, 則十六日之下, 註曰望, 又喜之甚. 昨日之不幸天也. 月必望而圓, 圓則明之至, 欣然志之."
17) 고려시대 문인들이 남긴 시문 중 추석 명절과 관련한 행사와 정서를 묘사한 작품은 <표 3>을 참조.

| 성묘하려고 중추절에 맞춰서 떠날 생각 | 拜墳欲及中秋去 |
| 서로 만나 밝은 달 감상할 수 있을 듯도 | 準擬相逢賞月明[18] |

이색, 「松軒에게 부치다」 중에서
함창에 세 번째 오니 감흥이 더욱 새로운데	三到咸昌興更新
예나 이제나 어조와는 또한 친하게 지낸다오	依然魚鳥亦相親
한산 땅에 나의 조상님들 무덤이 있으니	韓山有我先墳在
중추에 맞춰 양친을 성묘할 수 있었으면	欲及中秋拜兩親[19]

원천석, 「중추절에 선영을 참배하다」
십 년 동안 아이의 마음이 이 언덕에 있으니	十載兒心在此岡
올 때마다 석 잔 술에 한없이 슬프네	每來三酹一哀傷
흰 구름과 흐르는 물이 유유한 이곳	白雲流水悠悠處
산소에서 퉁소와 거문고 소리, 쓸쓸한 가을바람 일어나네	蕭瑟悲風起白楊
단풍잎과 갈대꽃이 눈에 가득한 가을이니	楓葉蘆花滿眼秋
가을만 되면 남몰래 흐르는 눈물을 금할 수가 없네	逢秋難禁淚潸流
아버지 어머니 다 떠나셨는데, 형님마저 어찌 가셨는가	父亡母沒兄何去
슬픔이 또 슬픔으로 오니, 또 한없이 슬프네	愁復愁來又一愁[20]

원천석, 「중추절에 어머니 무덤을 참배하다」
| 아롱아롱 흰 이슬 거친 언덕에 가득하니 | 瀼瀼白露滿荒丘 |
| 가래나무숲의 슬픈 바람도 한 해의 가을이네 | 梓樹悲風又一秋 |

---

18) 『牧隱詩藁』 卷35, 咸昌吟 「寄尼山申監務策定山」.
19) 『牧隱詩藁』 卷35, 咸昌吟 「寄松軒」.
20) 『耘谷行錄』 卷之二, 詩 「中秋拜先塋」.

사모하는 마음은 깊고 몸은 이미 늙었으니	追遠意深身已老
세월은 흐르는 물처럼 빠르고 빠르네	自嗟光景疾如流
묵은 풀 거친 연기에 흙 한 언덕이	衰草荒煙土一丘
이제 25년째의 가을이네	于今二十五年秋
날아간 학이 돌아오지 않으니 사람들은 길게 한탄하고	鶴飛不返人長歎
떠나는 구름은 무심하니 물만 절로 흐르네	雲去無心水自流
생전에도 같은 마음이고 사후에도 같은 언덕이니	生同一意死同丘
같은 마음을 서로 비추는 달도 바로 추석 달이네	相照同心月正秋
형제가 줄을 지어 같이 절을 올리니	兄弟數行同此拜
저승에서도 이승과 같이 함께 기뻐하시네	九原同喜我同流

옆에 숙모 원부인의 산소가 있어, 명절 때면 숙모의 자손들이 이곳에서 함께 제사를 받들기 때문에 이렇게 말하는 것이다.　　　　傍有叔母元夫人之墳, 母之子孫每於名旦, 同此祭事故云.[21]

이렇듯 고려시대에 8월 보름날은 조상의 무덤을 방문하고 그 영혼에 제사하는 날이었다. 이와 관련하여 다음의 자료도 흥미롭다.

> 충렬왕 11년(1285) 8월 을묘(15일). 왕이 선조들이 望月臺에서 노는 꿈을 꾸고는 이에 망월대에서 음악을 연주하도록 했다.[22]

보름달이 뜬 밤, 보름달을 바라보는 누대에 죽은 조상들이 모여 놀고 이를 지켜보는 산 사람이자 후손의 모습이 몽환적인 그림의 한 장면으로 떠오른다. 충렬왕이 이러한 꿈을 꾸었다는 것은 당시 고려시대 사람들이 보름달이 뜬 밤에 조상(또는 죽은 자)과

---

21) 『耘谷行錄』 卷5, 詩, 「中秋拜慈塋」.
22) 『高麗史』 卷第30, 世家第30 忠烈王 11年.

만날 수 있다는 생각을 가졌었음을 말해준다. 8월 보름날 조상을 제사하는 것은 이러한 믿음에서였을 것이다.[23]

달은 죽으면서 또 살아나는 존재이므로, 죽었지만 다른 방식으로 살아있는, 혹은 살아있어야 할 죽은 자(나아가 조상)와 연관이 있다. 그래서 많은 사회에서 달은 사자의 나라가 되며, 그곳에서 사자들은 영원불멸의 운명을 얻거나 재생의 길로 간다.[24] 신라 말 고려초에 선사들의 비석이 세워진 날이 7월이나 8월 보름날인 경우가 있는 것은 보름날에 사자를 추모하고 제사하는 습속에서 나온 것인지도 모른다.[25] 음력 7월 15일 백중날이 조상의 구원을 기원하는 망혼일亡魂日이며 우란분절인 것도 이러한 달의 상징에서 출발한 것일 것이다.[26]

『고려사』 권제30, 충렬왕과 망월대 기사

달은 죽었다가 살아나기 때문에 죽음뿐 아니라 재생과 최종적 승리인 구원의 상징을 가지고 있다. 그래서일까, 보름날을 전쟁과 전사자의 추모와 연관시키고 나아가 승전勝戰의 염원과 기억으로 연결시킨 흔적을 볼 수 있다. 『입당구법순례행기』에 의하면 적산법화원의 승려들은 8월 15일 명절의 유래를 신라가 발해와의 전쟁에서 승리한 날을

---

23) 물론 고려시대 조상제사가 8월 보름에만 있었던 것은 아니었으므로, 조상 추모와 달의 연관을 독점적으로 강조해서도 안 될 것이다. 죽음과 조상, 그리고 그 세계와의 소통이 인간의 삶에 중요한 영향을 미친다고 생각했던 사람들은 조상을 기억하고 소통하기 위해 그것이 가능한 특정 시간과 공간마다 여러 시도를 했을 것이다. 고려시대에 보름달이 뜬 밤은 그런 시간 중의 하나였음이 분명하다.
24) Mircea Eliade, 1983, *Traité d'histoire des religions*, Payot : 이재실 옮김, 1993, 『종교사 개론』, 까치, 168~171쪽.
25) 최광식, 2019, 「문헌상으로 본 신라의 세시풍속」, 『신라의 민속』(제13회 신라학 국제학술대회), 용, 16~17쪽.
26) 이두현·장주근·이광규 공저, 1991, 『新稿版 韓國民俗學槪說』, 일조각, 243~245쪽.

기념하는 것으로 설명했다고 한다.[27] 정월과 팔월 보름에 전남 해안지방에서 놀던 강강술래를 임진왜란 때 이순신의 전략에서 기원한 것으로 설명하는 것과[28] 비슷하다.

그런데 흥미로운 것은 중국에서도 중추절에 월병을 나누어 먹는 습속을 거사의 성공과 전쟁의 승리를 기념하는 데서 비롯한 것으로 설명한다는 것이다. 당 고조 때에 대장군 이정이 흉노를 토벌하고 중추일에 돌아왔는데, 이때 투르판의 상인이 황제에게 월병을 바쳐 축하했다고 한다. 황제는 이 월병을 여러 신하에게 나누어주고 맛보게 하여 이로부터 중추에 월병을 먹는 풍속이 생겼다고 한다.[29] 또 다른 월병 기원 설화는 주원장이 거둔 승리와 관련이 있다. 주원장이 여러 저항 세력들을 연합하여 봉기를 하려고 했는데, 원의 조정 관리와 군대가 단속을 심하게 하여 이를 알리는 것이 어려웠다. 이에 군사軍師가 계책을 내어 부하들에게 '8월 15일에 봉기를 한다.'는 글을 적은 쪽지를 월병에 숨겨 이를 여러 곳에 보내어 봉기날을 알리도록 했다. 그날이 되자 여러 지역의 봉기군이 일제히 일어났고, 얼마 되지 않아 원의 대도大都가 함락되어 봉기가 성공할 수 있었다. 소식이 전해지자 주원장은 기뻐하며 앞으로 중추절에는 비밀리에 소식을 전해 준 월병을 명절을 기념하는 음식으로 삼아 모든 백성들이 함께 즐기도록 했다고 한다. 월병으로 거사일을 알려 봉기에 승리할 수 있었다는 이야기는 모료족 전설에도 있다. 행복한 생활을 누리던 모료족의 삶을 파괴한 서양인들을 물리칠 계책을 궁리하던 모료족의 한 노인이 8월 15일의 거사 계획을 떡 속에 숨겨 연락을 해서 이날 모두 힘을 합해 거사를 함으로써 서양인들을 물리쳐 다시 평화롭게 살게 되었으므로, 8월 15일은 이 승리를 기념하는 날이라고 한다. 중추절 행사가 군사적 승리를 기념하는 것이라는 설명은 하문廈門에서도 볼 수 있는데, 중추절 행사는 정성공鄭成功이 하이荷夷를 쫓아내고 대만을 정복한 것을 기념하는 것이라고 한다.[30]

---

27) 각주 9) 참조.
28) 吳晴, 1930, 『朝鮮の年中行事』, 朝鮮總督府, 174~175쪽 : 영인본 『韓國地理風俗誌叢書』 298, 경인문화사 수록.
29) 熊海英, 2005, 「中秋節及其節俗內涵在唐宋時期的興起與流變」, 『復旦學報(社會科學版)』 2005(6), 135~140 쪽 : 黃永林·秦璇, 2015, 「北宋文化演繹下開封中秋節民俗的傳承與發展」, 『社會科學家』 第8期 總第22期, 89쪽에서 재인용.

신라 진흥왕 때에 전사자들을 위로하기 위해 팔관회를 열었다고 했는데,[31] 신라의 종교의례 일부를 계승한 고려시대 팔관회는[32] 10월과 11월 보름에 거행되었다. 그 사이에 적산 법화원의 승전을 기념하는 추석 명절 이야기를 위치시키면, 보름달을 매개로 죽음과 재생, 전쟁과 승리, 기억과 재생의 상징들이 연결되어 전승되었음을 읽어볼 수 있다.[33]

3. 달 감상과 잔치

『고려사』에는 8월 보름날에 달을 감상하고 연회를 열고 시를 짓는 행사를 거행했다는 기사가 많이 나온다.[34] 이 가운데 몇 개를 들어보면 다음과 같다.

예종 4년(1109) 8월 정해(15일). 중추라서 왕이 문신을 거느리고 중광전의 편전에서 달을 감상하며[翫月] 친히 '詠月詩'를 지었다. 그 마지막 연에, "후일 우리 백성 부유하고 장수하게 되면 이 명절을 유쾌히 맞아서 공경들과 함께 술잔 권하리."라고 썼다. 그리고 문신에게 화답시를 지어 올리게 하였다.[35]

---

30) 주원장과 정성공, 묘료족 이야기는 다음을 참조. 高天星 編著, 2008, 『中國節日民俗文化』, 中原農民出版社, 222~224쪽.
31) 『三國史記』 卷第4, 新羅本紀第4 眞興王 33年 "冬十月二十日, 爲戰死士卒, 設八關筵會於外寺, 七日罷." 리우더정은 신라의 팔월 보름 명절에서 활쏘기 시합을 전쟁 경축 행사의 색채가 짙다고 보았다(劉德增, 2019, 「신라의 "팔월 보름 명절"과 중국의 중추절」, 『신라의 민속』, 제13회 신라학 국제학술대회, 용, 89쪽).
32) 『高麗史』 卷第69, 志 第23 禮11 嘉禮雜儀 仲冬八關會儀 "太祖元年十一月, (中略) 又結二綵棚, 各高五丈餘. 呈百戲歌舞於前, 其四仙樂部龍鳳象馬車船, 皆新羅故事."
33) 혹은 보름의례로서의 편싸움(또는 모의전투)에서 승리함으로써 우리 편에 풍요와 안녕이 온다는 오랜 의례적 관념이 추석의 유래담의 형성에 영향을 준 것인지도 모르겠다. 이 역시 추석과 관련한 앞으로의 연구과제로 남긴다. 보름의례와 편싸움에 대해서는 뒤에 다시 언급하겠다.
34) <표 4> 참조.
35) 『高麗史』 卷第13 世家第13 睿宗 4年.

충혜왕(후) 4년(1343) 8월 무신(15일). 왕이 내탕의 오종포 100필을 내고, 근시 좌우번에게서 거둔 것을 덧붙여서 신궁 누각에서 중추절 잔치를 열었다.[36]

공양왕 3년(1391) 8월 기사(15일). 찬성사 설장수를 보내 세자에게 책인을 하사하고, 군신들에게 잔치를 베풀어주었다. 회군공신녹권을 하사하였다. 변안렬·지용기 등만 죄로 인해 삭제하였다.[37]

창왕 즉위년(1388) 8월. 도당이 추석이라 하여 지밀직 이빈 등을 보내어 우왕에게 의복과 술과 과일을 바쳤다.[38]

보름달은 언제나 인간에게 감상을 불러일으키고 또 특별한 의미가 있기에 달을 감상하는 일은 8월 보름 외에도 할 수 있다. 그러나 지금도 8월 대보름은 정월대보름과 함께 특별한 의미를 갖는 명절로 이때 여러 의례와 행사가 벌어지듯이, 위의 자료를 보면 고려시대에도 8월 대보름은 특별한 날이었다. 왕과 신하들이 함께 잔치를 열고 술과 음식을 나누어 먹으며 달을 감상하였다. 고상하게 시를 짓는 놀이를 하기도 했지만 기생을 부르고 온갖 놀음판을 벌이는 난장 같은 놀이를 하기도 했다.

보름을 기념하는 연회에서는 선물을 주고받았다. 왕은 내탕을 내어 신하들에게 잔치를 열어주고 녹권을 하사하고, 신하들은 왕에게 의복과 술과 과일 등을 바쳤다. 특별한 날에 잔치를 열고 선물을 주는 것은 권위와 권력을 유지하려는 자에게는 의무적인 것이다. 재산을 소비하고 분배하는 것은 그의 힘을 증명하는 것이기 때문이다. 받은 사람 역시 물건이나 봉사로 답례를 해야 한다. 선물을 주고받는 것은 사회적 관계를 확인하고 정비하는 것이기도 하다.[39]

---

36) 『高麗史』 卷第36 世家第36 忠惠王(後) 4年.
37) 『高麗史』 卷第46 世家第46 恭讓王 3年.
38) 『高麗史』 卷第137 列傳第50 昌王 卽位年.
39) Marcel Mauss, 1923~24, *Essai sur le don* : 이상률 옮김, 2002, 『증여론』, 한길사, 72~76쪽, 150~167쪽.

보름을 기념하는 의례에서는 집단 내부에서뿐 아니라 외연을 더 확장한 공간 범위에서도 선물의 증여나 답례를 통한 교역이 이루어졌었다. 고려 최고의 국가적 명절이었던 팔관회 때에 송의 상인과 동번·서번·탐라국에서 방물을 바치고 함께 잔치를 즐기니 이후 이를 상례로 했다고 한다.[40] 전국이 떠들썩한 축제를 즐길 때 다른 지역의 사절이나 상인들도 와서 상호 관계를 확인하고 물건을 교역하는 등의 행사가 있었던 것이다. 그런데 팔관회는 단지 세속적 잔치가 아니라 천신 및 산천신과 용신을 제사하는 종교적인 시간이기도 했다. 그리고 그 시간은 10월과 11월의 보름날을 기념하는 성스러운 시간이었다.

달은 스스로 변화하고 그것을 주기적으로 보여주기 때문에 인류가 시간을 인식하는 데 가장 중요한 준거가 되었다. 달은 죽었다 살아나는 것을 직접 보여주기 때문에 생명의 원리를 드러내는 신비로운 존재였다. 그래서 많은 사회에서 종교주술적 의례들이 달의 움직임에 맞춰 거행되었다. 특히 우리 민속의 세시풍속은 보름에 집중되어 있다고 할 정도로 보름은 전통적으로 특별한 시간이었다.[41] 이러한 특별한 시간에는 닫혀있던 세계의 문이 열리고 다른 존재들과의 소통이 가능하다고 생각했던 것 같다.

이규보는 이를 다음과 같이 노래하였다.

마르셀 모스는 '물건을 주고받는 것'에는 종교적 사고가 기초하고 있어서 특별한 날에 잔치를 열어 재물을 소비하고 선물을 주는 것과 답례를 하는 것이 의무적인 것이 되고, 그것으로써 사회적 관계가 표현되고 재정비된다고 보았다. 전통시대 명절 잔치에서의 선물 주고받기를 설명하는 데 유효하다.

40) 『高麗史』 卷第6, 世家第6 靖宗 卽位年 11月 "庚子(14日). 設八關會, 御神鳳樓, 賜百官酺, 夕幸法王寺. 翼日大會, 又賜酺觀樂, 東西二京·東北兩路兵馬使·四都護·八牧, 各上表陳賀. 宋商客·東西蕃·耽羅國, 亦獻方物, 賜坐觀禮, 後以爲常." 그런데 송의 상인, 동번과 서번, 탐라국이 각기 토산물을 바쳤다는 기사는 이미 11월 4일에 나온다. 『高麗史』 卷第6, 世家第6 靖宗 卽位年 11月 "庚寅(4日). 宋商客·東西蕃·耽羅國, 各獻方物." 4일의 행사가 14일 행사와 연결되는 것이라면 팔관회의 행사는 상당히 오랜 기간에 걸친 것이었다고 하겠다.

41) 김광언, 1998, 「한국인의 상상체계」, 『기층문화를 통해 본 한국인의 상상체계(중) - 시간민속·물질문화』, 민속원, 153쪽; 임재해, 1998, 「동아시아 세 나라의 세시풍속 비교」, 『기층문화를 통해 본 한국인의 상상체계 (하) - 비교민속』, 민속원, 41~42쪽.

『동국이상국전집』 제19권 口號

　　마침 上元의 저녁을 당한지라, 성대한 풍악의 의식을 베푸시니, (중략) 모든 오락을 교대로 연주하여 백성들과 함께 즐기시도다. 귀신과 사람이 서로 경하하고[神人胥慶], 미개인이나 문화인이나 손님으로 오게 되도다[夷夏率賓].[42]

　　정월대보름날은 온 나라 사람들이 함께 즐기고 이계異界의 존재들과 소통하며 이방인들이 방문하는 때라고 노래하였다. 경사스러운 날에 대한 상투적인 치사일 수 있지만, 이러한 상투어가 발생한 것 자체가 성스러운 시간에 타계의 문이 열린다는 오랜 원초적 신성 관념이 있었기 때문일 것이다. 정월 보름과 10월·11월 보름에 그러했듯이, 8월 보름에 대해서도 비슷한 생각을 하고 또 그에 바탕을 둔 의례행사를 거행하지

---

42) 『東國李相國全集』 第19卷, 口號 「丁巳年上元燈夕 敎坊致語口號」

않았을까?

　『고려사』 편년 기사에서 이방인들이 방문하여 토산물을 증여하는 기사는 거의 모든 달에 걸쳐 나오기 때문에, 이러한 행사를 특정일과 바로 연관시키는 것은 무리다. 그런데 팔관회를 기념하여 이방인의 방문과 방물을 바치는 행사를 상례화했다는 정종 즉위년 기사의 규정을[43] 실제 11월 15일을 전후한 날에 송의 상인과 대식국 상인, 동여진, 탐라 등이 토산물을 바쳤다는 기사들을 통해 확인할 수 있는 것을 보면,[44] 보름을 기념하는 의례에 이러한 행사가 포함되었던 것은 확실하다. 이방인과의 교류와 교역은 현실적인 여건에 의해 언제든지 일어나는 것이지만, 특별한 시간과 공간에서 행해지는 교류와 교역은 단지 물건의 교환과 경제적 이익 추구라는 현실적 차원을 벗어나 상호 간의 영혼까지 교환하고 결합시켜서 더 확실한 관계를 형성하는 상징적 의미를 가지는 것이었다. 10월 혹은 11월 15일을 전후한 시기에 이루어진 이러한 행사를 팔관회와 연관이 있었다고 볼 수 있다면, 마찬가지로 『고려사』에서 8월 15일을 전후로 한 시기에 우릉도, 철리국, 서북번, 동여진, 송 상인, 동번 등이 와서 토산물을 바치고 내조했다는 기록들도[45] 고려시대 추석을 기념하며 진행되었던 행사의 한 과정으로 볼 여지가 있을 것이다.

　문인들에게 달은 특별한 서정을 불러일으키는 것이었다. 달이 성장하고 죽어가는 모습은 인간의 생애와 삶의 우여곡절을 떠오르게 했다. 그래서 많은 문인들이 달을 대상으로 인간과 삶을 노래했다. 고려시대 문인들도 달을 감상하고 가족이나 지인들과 연회를 열어 술을 마시고 즐기면서 달의 노래를 불렀다. 그들은 달이 차고 이지러지는

---

43) 각주 40) 참조.
44) 몇 가지만 들어보면 다음과 같다. 『高麗史』 卷第6, 世家第6 靖宗 6年 11月 "丙寅(15日). 大食國客商保那盍等來, 獻水銀·龍齒·占城香·沒藥·大蘇木等物. 命有司, 館待優厚, 及還, 厚賜金帛." 『高麗史』 卷第7, 世家第7 文宗 3年 11月 "壬寅(13日). 耽羅國振威校尉夫乙仍等七十七人, 北女眞首領夫擧等二十人來, 獻土物."
45) 몇 가지를 들어보면 다음과 같다. 『高麗史』 卷第1, 世家第1 太祖 13年 8月 "丙午(15日). 芋陵島遣白吉·土豆, 貢方物." 『高麗史』 卷第4, 世家第4 顯宗 13年 8月 "甲寅(17日). 宋福州人陳象中等來, 獻土物. 鐵利國首領那沙遣黑水阿夫間來, 獻方物." 『高麗史』 卷第5, 世家第5 德宗 元年 8月 "乙卯(16日). 東女眞正甫豆於甫等二十人來, 獻土物." 『高麗史』 卷第6, 世家第6 靖宗 4年 8月 "丁丑(13日). 西北蕃歸德將軍耶半等二十六人來朝."

것이 사람의 만남과 이별과 마찬가지라 하며 꽉 찬 보름에 그리운 사람들이 함께 모여 즐거움을 누려야 한다고 노래했다.

권근, 「목양현 동양역에서 자면서 중추절 달을 읊다」

지난해 중추절 달 구경할 때는	去年中秋翫月時
노래 춤에 옥 술잔 오갔더니만	緩舞妖歌行玉巵
올해 중추절은 먼 곳 나그네	今年中秋客遠方
밝은 달 저만은 고향과 같아	明月淸風如故鄕
고향이라 오늘 밤엔 내 이야기 하련마는	故鄕今夜說遠客
외로이 읊는 나그네 지난 일을 생각하네	遠客孤吟憶疇昔
백 년의 인생은 슬픔과 기쁨이 반반이라	人生百歲有哀樂
달빛은 이 두 곳을 모두 다 비춰주네	月光兩地都照燭
그대는 못 보았나 공자 잔치 자리 맑은 빛 내리비춰	君不見公子華筵媚淸夜
밤 깊도록 즐겨라 소리하고 춤추는 걸	高歌起舞淸輝下
또 못 보았나 규중의 아낙네 임 그리는 알뜰한 정	又不見深閨思婦淸悄悄
달빛이 눈에 비쳐 눈물이 맺히는걸	金波照眼雙淚懸
잔 멎고 그림자를 대해라 역시 풍류	停杯對影亦風流
베개 베도 잠 못 드니 타향 시름 자아내네	攲枕不眠生旅愁
곳에 따라 느낌도 제각기 다르지만	自是所感有異別
천상의 저 달만은 언제고 깨끗하네	天上孤輪常皎潔
나도 이제 다시 한번 물어보련다	我今更欲一問之
달도 때론 기울고 사람도 이별하는데	月有虧盈人別離
달이야 보름 되면 도로 차건만	破鏡三五當復完
떠난 임은 어느 날 돌아올 건지	征夫幾日刀頭環
흰 토끼는 헛되이 약을 빻는데	白兔有藥空自擣
항아의 외로운 몸은 이제 늙었네	姮娥孤棲今欲老

어찌해야 도규를 입술에 넣어	安得刀圭使入脣
미인의 얼굴 변함없이 마냥 봄일꼬	朱顏不變長如春
달 둥글어지면 사람도 함께 둥글어	及當月圓人亦圓
금 술동이 마주 앉아 즐겨볼거나	金尊相對俱歡然[46]

그리고 보름달은 1년 열두 달 볼 수 있지만, 그중에도 중추의 보름달이 최고라 했다.

이규보, 「귀산사龜山寺에서 방장方丈 찬사璨師가 보름날 밤에 달을 구경하면서 '그대에게 운자韻字 백 개를 주니 아무 자나 뽑아서 시율詩律로 지으라' 하므로 나는 그중에서 율律자를 고르다」

여름과 봄에는 구름과 안개 너무 많아	夏春足雲霧
달구경 꼭 기필할 수 없었네	玩月未可必
초가을은 더위 아직 남아 있고	秋初餘暑熱
늦가을은 또 너무나 쓸쓸하지	秋晚過蕭瑟
오직 이 중추절쯤 되어서는	獨是中秋中
시원한 기후 차갑진 않고	涼不至淒慄
깨끗한 하늘 더욱 높은데	掃碧天更高
한 점 안개도 덮이지 않았다	纖靄不侵軼
이렇게 알맞은 때를 저버리면	負此最宜辰
다시는 구경할 만한 날 없을 거야	更無堪玩日
달도 역시 교태를 부리는 듯하여	月亦若驕矜
허공에 둥실 솟아오르네	踊躍凌空出
깨끗한 둥근 거울인 듯하고	澄澄玉鏡圓
가득 찬 금물결이 넘치는 듯하다	瀲瀲金波溢

---

[46] 『陽村集』 卷6, 奉使錄 「宿沐陽縣僮陽驛賦中秋月」.

가득 부은 술잔 자네도 비워야지	請君倒觥般
이토록 좋은 경치 놓칠 수 없다네	淸景不可失
먼저 잠자면 엄벌이 있을 거야	先眠罰固嚴
술자리엔들 율령이 없겠는가	酒席豈無律[47]

그날 가장 아름다운 달을 보기 위해 구름이 없기를 기원하고 벗을 초청하고 가족이 모여 달을 맞이하여 감상하며 잔치를 벌이며 놀았다. 왕실의 잔치와 마찬가지로 문인 지배층의 잔치에도 술이 빠지질 않았다. 그들은 친지들과 함께 조촐하게 즐기기도 했지만,[48] 놀이패와 기생을 부르고 술잔과 농담과 가무가 오가는 시끌벅적한 놀이를 즐기기도 했다.

추석의 흥겨운 달구경 놀이를 진화陳澕는 다음과 같이 노래했다.

진화, 「중추절 비 온 뒤에」

먹장구름 쳐다보며 마음 오래 울적하더니	仰看濃墨久含情
문득 서늘바람이 사면에서 불어오네	忽喜凉風四面生
쏟아지던 비는 구름 따라 걷혀 가고	銀竹已隨雲脚捲
둥그런 옥소반이 이슬과 함께 해맑구나	玉盤還共露華淸
놀던 사람들은 헤어지려다 거듭 술을 가져오라고	遊人欲散重呼酒
기생들은 서로 불러 다시 피리를 부는구나	倡妓相招更按笙
하늘의 물바가지로 말끔히 푸른 허공을 씻었으니	應爲天瓢洗空碧
휘영청 밝은 그 빛이 여느 밤과 영 다르네	孤光全勝別宵明[49]

---

47) 『東國李相國全集』卷1, 古律詩 「龜山寺璨師方丈十五夜翫月以詩律輸君一百籌爲韻予得律字」.
48) 『東文選』第122卷, 墓誌 「故朝議大夫司宰卿右諫議大夫寶文閣直學士知制誥賜紫金魚袋李君墓誌銘」, "군의 휘는 世華요 자는 居實이며, 관향은 眞州이다. (중략) 무술년 중추절에 집에서 아들과 사위들을 불러 달구경하고, 술 마시면서 조용히 즐기는 중, 잔을 들다가 갑자기 엎어지며 일어나지 못하다가 밝을 녘에 세상을 떠났다."
49) 『東文選』卷14, 七言律詩 「中秋雨後」.

4. 보름 의례와 놀이[50]

신라의 추석 행사는 여성 집단의 적마대회와 남성 집단의 활쏘기가 각기 거행되었다. 아래 자료는 중국 사서에 기록된 신라의 8월 15일 활쏘기 행사이다.

> 8월 15일에는 풍악을 베풀고 관리들로 하여금 활을 쏘게 하여 말과 베를 상으로 준다.[51]

많은 공공의례에서 성별, 연령별 등의 여러 기준으로 새로운 집단이 구성되고 이에 따라 다양한 의례가 거행되는 것은 잘 알려져 있다. 고려의 추석도 그러했을 것이나, 이러한 사정을 직접적으로 말해주는 기록은 없다. 다만 신라시대 남성들의 활쏘기와 마찬가지로 고려시대에도 중추에 활쏘기 행사가 있었다고 추정해볼 수 있는 기록은 있다.[52]

---

50) 여기서 '의례와 놀이'라는 표현을 쓴 것은 보름과 관련한 인간의 행위가 의례적이며 놀이의 성격을 띠는 경우가 많다는 것을 말하고자 한 것이다. 의례[ritual]는 그 정의가 간단하지 않아 '문화적으로 규정된 행위체계'라는 매우 포괄적인 개념으로 정의되기도 하는데, 'worship', 'cult', 'rite', 'ceremony', 'festival' 등을 포함한 종교적 성격을 띤 좁은 의미의 개념으로 사용하는 경우가 많다. 놀이[play]의 정의도 간단하지는 않은데, 의례와 놀이는 밀접한 관계에 있으며 원초적인 면에서는 구분할 수 없는 측면이 있다. 여기서는 주로 겨루기나 편싸움의 성격을 가진 공동 행사에 놀이라는 용어를 붙였다. 이러한 개념 정의에 대해서는 다음을 참조하였다. Evan M. Zuesse, 1987, "Ritual", *The Encyclopedia of Religion* (Mircea Eliade ed.), New York : MacMillan Publishing Company; 윤이흠, 1998, 「종교와 의례 - 문화의 형성과 전수」, 『종교연구』 16; Johan Huizinga, 1955, *Homo Ludens - a study of the play element in Culture*, Boston : The Beacon Press : 김윤수 옮김, 1981, 『호모 루덴스 - 놀이와 문화에 관한 한 연구』, 까치, 11~42쪽, 67~105쪽.

51) 『隋書』 卷81, 列傳第46 東夷 新羅(국사편찬위원회 한국사데이터베이스 중국정사조선전. 이하『수서』 원문은 이에 의거함).

52) 백제에서도 8월 중추에 활쏘기 행사가 있었고 나아가 매월 朔望에 활쏘기 연습을 했다고 한다(『三國史記』 卷第24, 百濟本紀第2 比流王 17年 8月). 이러한 '활쏘기' 행사를 단지 군사 훈련으로만 보는 것이 일반적이지만, 신라의 적마대회가 달과 여성 그리고 풍요라는 원초적 상징의례의 의미에 현실적 생산활동이 결합한 것으로 볼 수 있는 것처럼 남성들의 활쏘기 행사도 그 안에 인간 활동의 종교적 의미를 담은 원초적인 의례에서 출발한 것으로 조금 더 복잡하게 볼 수도 있다. 고구려시대부터 기록이 나오는 石戰을 투석 전법의 실전 연습으로 설명하기도 하나, 그 편싸움의 원리 등으로 볼 때 단순히 군사 훈련으로 볼 수 없는 것과 마찬가지이다.

문종 4년(1050) 10월에 도병마사 왕총지가 아뢰기를, "『좌전』에서 이르기를, '평안할 때 위태로움을 잊지 않는다.'라고 하였고, 또 이르기를, '적이 쳐들어오지 않음을 믿지 말고, 내가 방비되어 있음을 믿으라.'고 하였습니다. 그러므로 국가에서는 매년 중추가 되면 東班과 南班의 貝吏들을 교외로 불러 모아 활쏘기와 말타기를 익히게 하고 있습니다.[53]

사실 이 기록은 그대로 보면 군사훈련에 관한 내용이다. 게다가 여기서 말한 중추를 가을의 가운데 달인 8월을 가리키는 것으로 보면 이 기사를 8월 보름날과 관련한 것으로 볼 수 없을 것이다. 그러나 동반과 남반의 관리들을 나누어 활쏘기를 익히게 한다는 것에서 편싸움의 원리를 읽을 수 있다면 조금 다른 측면에서 해석할 수 있다.

'양편으로 나누어 서로 겨룬다'는 의미의 편싸움은 고구려 패수의례에 대한 기록에서부터 신라 추석놀이인 적마대회와 활쏘기, 민속의 석전 · 줄다리기 · 차전 · 횃불싸움 · 놋다리밟기 등의 다양한 겨루기 전통에서 찾아볼 수 있다.[54]

조선시대 정월대보름에 궁중에서 거행하던 풍요기원의례였던 내농작內農作은 좌우로 편을 나누어 겨루던 편싸움이었다.[55] 그런데 이때 내농작 놀이는 단지 농가의 일을 가설하여 겨루는 데 그치는 것이 아니었다. 관리들을 좌우로 나누어 활을 쏘고 투호를 하게 하고 이긴 편에게 활을 하사하는 놀이로 이어졌다. 신라시대 8월 보름날에 했던 활쏘기 행사에서 말과 베로 상을 주었다고 했는데 여기에는 이미 겨루기의 요소가 개입된 것이다. 여성들의 겨루기인 적마대회도 이긴 편과 진 편을 가려서 상이 주어졌던 것처럼 신라의 활쏘기 행사에서도 그러했을 것인데, 조선시대 정월대보름 궁중의 활쏘기 행사에서 양편으로 나누어 겨루기를 하고 상을 주었다는 것은 신라 활쏘기 행사가 어떻게 진행되었을지를 짐작할 수 있게 해 준다.

---

53) 『高麗史』 卷第81, 志第35 兵一.
54) 나희라, 2015, 「고구려 패수에서의 의례와 신화」, 『사학연구』 118 참조.
55) 김택규, 1985, 『한국농경세시의 연구』, 영남대학교출판부, 114~121쪽.

정월 병진(15일). 임금이 후원에 나아가서 假農作을 구경하였다. 승정원에 전교하기를, "왼편 가농작이 매우 정교하니, 마땅히 이긴 것으로 논하겠다. 또 상원일에 농사짓는 일을 꾸미는 것은 비록 장난하는 일 같으나 祖宗朝로부터 그렇게 하였던 것이다." 하였다.[56]

정월 기미(18일). 명하여 종친 1품과 영돈녕 이상 및 의빈·승지와 入直한 여러 장수 등을 불러서 전교하기를, "가농작은 장난삼아 하는 일이 아니다. 빈풍칠월의 일을 형상으로 갖추어 놓았으니, 경 등은 가서 볼 만하다." 하였다. 이어서 좌우로 나누어서 혹은 활을 쏘고 혹은 投壺하도록 하여, 이긴 편에게 각각 활 한 장씩을 하사하였다.[57]

정월 병오(11일). 임금이 말하기를, "農桑은 천하의 근본이다. 先王朝로부터 內農作을 시행한 것은 백성에게 근본을 힘써야 할 것을 보여준 것이고 또 풍년을 기원하는 뜻도 있는 것이다. (하략)" 하였다.[58]

내농작 놀이는 고려시대부터 해오던 풍년기원행사라고 하였다. 『고려사』에서는 내농작 관련 기록을 찾아볼 수 없으나, 조선시대 궁중 내농작 놀이와 유사하게 내시들을 좌우로 나누어 외국인들이 공물을 바치는 상황을 연출하여 겨루게 한 '공물 바치기 놀이'가 기록되어 있어서 흥미롭다.

내시 左番과 右番이 진귀한 애완물을 다투어 바쳤다. 당시 우번에는 귀족의 자제가 많았는데, 환관들을 통하여 聖旨로 公私의 진귀한 애완물과 서화 등의 물품을 많이 색출하였다. 또 채붕을 엮어 雜伎를 태우고 외국 사람들이 공물을 바치는 상황을 연출하고는 靑紅盖 2자루와 준마 2필을 바쳤다. 좌번은 모두 儒士들이어서 雜戲에 익숙하지 못하고 공물도

---

56) 『成宗實錄』 卷199, 18年(국사편찬위원회 한국사데이터베이스 조선왕조실록. 이하 모두 동일).
57) 『成宗實錄』 卷199, 18年.
58) 『成宗實錄』 卷211, 19年.

요구하는 것의 백 분의 일도 채우지 못하였다. 수치스럽게 여긴 나머지 남의 준마 5필을 빌려 바치자 왕은 모두 이를 받고서는 좌번에게는 백은 10근과 丹絲 65근을, 우번에게는 백은 10근과 단사 95근을 하사하였다. 그 뒤 좌번이 말값을 치르지 못하여 날마다 채무 독촉에 시달리니, 당시 사람들이 이를 비웃었다.[59]

흥미롭게도 위와 같은 '내시좌우번內侍左右番'의 공물 바치기 놀이는 추석에도 열렸던 것 같다. 앞에서 들었던 충혜왕 4년(1343) 8월 15일에 왕이 중추절 잔치를 열었다는 기사에 의하면 왕은 내탕의 물자뿐 아니라 '근시좌우번近侍左右番'에게서 거둔 것을 더해 잔치를 열었다고 했다.[60] 중추절 잔치에 앞서 근시 좌우번의 공물 바치기 놀이가 있었고, 그 결과물들을 늘어놓고 평가하여 상과 벌을 내리는 등의 행사가 있은 연후에 잔치를 벌였던 모습을 상상할 수 있다.

이상에서 본 것처럼 신라 추석 행사의 활쏘기, 조선시대의 정월대보름 의례의 하나로 거행된 활쏘기, 고려시대에 좌우로 나누어 겨루었던 궁중 놀이 등을 복합적으로 고려하면, 고려시대 추석에 동반과 남반 관리들에게 활쏘기를 하도록 한 것은 단순한 군사 훈련이 아니라 대보름 의례의 하나로 거행되었던 것은 아닌가 충분히 의심해볼 수 있다.[61]

지방에서 거행되었던 편싸움 놀이도 찾아볼 수 있다.

---

59) 『高麗史』 卷第18, 世家第18 毅宗 19年 4月 甲申(6日) "內侍左右番, 爭獻珍玩. 時右番多紈袴子弟, 因宦者, 以聖旨, 多索公私珍玩書畵等物. 又結綵棚, 載以雜伎, 作異國人貢獻之狀, 獻靑紅盖二柄, 駿馬二匹. 左番皆儒士, 不慣雜戲, 其所貢獻, 百不當一. 恥不及, 借人駿馬五匹以獻, 王皆納之, 賜左番白銀十斤, 丹絲六十五斤, 右番白銀十斤, 丹絲九十五斤. 其後, 左番不能償馬之直, 日被徵債, 時人笑之."
60) 각주 36) 참조.
61) 조선 후기에 柳晚恭(1793~1869)이 쓴 『歲時風謠』에 의하면 8월 15일에 농가의 아이들이 편을 나누어 활쏘기를 겨루는 세시행사를 노래하고 있는데(『歲時風謠』, 八月十五日: 『조선대세시기』 Ⅱ(국립민속박물관 세시기번역총서2), 국립민속박물관), 신라시대 이래 궁중 등 주로 지배층의 세시행사로 거행되던 활쏘기가 민간의 세시행사로 확산되기에 이른 것은 아닌가 싶다.

이 무렵에 다시 함께 놀고 즐기면서 옛일을 사모하는 행사[戲樂思慕之事]가 있으니, 매년 7월 29일에 이 지방 사람들과 향리, 군졸들이 승점으로 달려가 장막을 치고 술과 음식을 먹으면서 환호한다. 동서로 우두머리를 보내어 장정들을 좌우편으로 가르고는, 망산도로부터 말들을 세차게 몰아 뭍에서 질풍처럼 달리고, 바다에서는 뱃머리를 나란히 한 채 북쪽으로 옛 포구를 향하여 다투어 나아간다. 대체로 이것은 옛날 유천간과 신귀간 등이 왕후가 오는 것을 바라보고 급히 임금께 달려와서 보고한 것이 후대까지 남아 전한 흔적일 것이다.[62]

이는「가락국기」가 편찬된 11세기 후반 김해지역에서 벌이던 놀이를 기록한 것이다. 편싸움에서는 사람들을 양편으로 나누며 각 편에는 대장이 있어 그 놀이를 이끈다. 이 놀이에서도 동서로 양편을 나누고 각기 우두머리를 두었다고 하여, 이것이 편싸움임을 분명히 알 수 있다. 이 행사는 바다에 접하여 생활하였던 김해 지역민들이 오랫동안 거행하며 전승해왔던 편싸움 원리를 지닌 풍요의례였다.[63]

기록으로 볼 때 바다에서는 배를 저어, 육지에서는 말을 달려 경주를 했었던 것 같은데, 그것이 육지 편과 바다 편의 싸움이었는지, 아니면 육지에서 말을 달리는 편싸움과 바다에서 배를 몰아오는 편싸움을 모두 행하는 것이었는지는 확실히 알 수 없다. 현재 남아있는 편싸움의 사례들로 보아서는 육지에서의 편싸움과 바다에서의 편싸움이 모두 있었던 것이 아닌가 여겨지기도 하나, 황해도 장연의 편싸움에서는 마을 청년들이 산쪽과 해변 쪽으로 나누어서 윷놀이를 했다는 기록도 있어서,[64] 육지 편과 바다 편의 편싸움이었을 가능성도 배제할 수는 없다. 이 놀이의 근거 신화인 수로왕과 허왕후신화에서 각기 육지와 바다를 대표한 수로왕과 허왕후가 신성한 결혼을 통해 풍요로운 국가 건설이라는 과업을 이루었다고 한 것을 보면, 이를 기념했다는 놀이도 육지 편과 바다

---

62)『三國遺事』卷第2, 紀異第2 駕洛國記.
63) 김택규, 1985, 앞의 책, 218~219쪽; 허남춘, 2003,「수로전승의 희락과 제의 비교 고찰」,『동아인문학』4; 나희라, 2014,「설화와 의례의 해석과 역사 읽기」,『한국 고대사 연구의 자료와 해석』, 사계절, 19~28쪽.
64) 김택규, 1985, 위의 책, 126쪽.

편 간의 싸움이 있고 최종적으로는 양편의 결합으로 마무리되었던 것은 아닐까 생각되기도 한다. 민속의 줄다리기에서 양편이 각기 남성 편과 여성 편을 상징하고 놀이 과정에서 양편의 줄이 성행위를 상징하는 방식으로 겨루는 것을 생각해보면 이렇게 추정해보는 것도 가능할 것이다.

이 놀이가 7월 29일에 거행되었다고 하니 8월 보름 놀이와는 시간상 관련이 없다고 볼 수도 있다. 이 놀이의 근거 신화를 보면 가야인들이 7월 27일에 허왕후 맞이를 의논하였는데 이후 허왕후 일행이 바다 저편에서 오므로 임시로 숙소를 설치하고 그곳에서 왕과 왕비가 이틀 밤과 하루 낮을 지내고 나서 8월 1일에 궁궐로 돌아왔다고 하였다. 그리고 고려시대 김해 사람들은 7월 29일에 허왕후를 맞이하는 의례를 거행하였다고 하니, 허왕후를 맞이하는 의례라고 역사적 근거를 가져다 붙인 이 놀이는 그 준비에서 완결까지 상당한 시간이 걸린 놀이였음을 짐작할 수 있다. 또 앞에서 말한 것처럼 많은 사람들이 참여하는 공공의례의 경우 다양한 종류의 하위 의례들이 오랜 기간에 걸쳐 거행된다는 것을 생각해보면, 고려시대 김해지역에서 거행되던 7월 29일의 편싸움도 하루 만에 완결되는 놀이가 아니었을 수 있으며, 또 상당한 기간 동안 행해진 여러 의례 가운데 하나를 구성하는 것이었을 수 있다.[65] 그렇다면 이 편싸움 놀이도 8월 대보름을 맞이하는 하위 의례로서 거행되었던 것은 아닐까 추정해볼 수 있다. 이와 같이 김해지역에서 거행된 편싸움을 8월 보름을 맞이하고 기념하는 의례의 하나로 해석할 수 있다면, 고려시대에 추석은 중앙의 지배층뿐 아니라 지방에서도 함께 즐기는 명절이었다고 할 수 있다.[66]

---

[65] 대표적인 대보름의 편싸움 놀이인 줄다리기의 경우 책임자인 '줄패장'을 선출하고 줄을 만들어 보름날 줄다리기를 하고 승패가 결정되면 이후 잔치를 벌이고 진 쪽을 위로하여 놀이의 끝을 맺기까지 여러 날이 걸린다. 이장섭, 1983, 「촌락사회의 줄당기기 연구」, 영남대학교 석사학위논문; 김택규, 1985, 앞의 책, 223~227쪽에서 재인용.

[66] 특정 절일이 명절로 형성되는 데는 고정된 날짜에 모든 사람이 인정하고 보편적으로 참여하는 의례나 놀이가 거행된다는 요건이 필요하다. 楊林, 2000, 『中國傳統節日文化』, 宗敎文化出版社, 322쪽. 송나라 사신 일행이 중국으로 돌아가는 중에 정박했던 竹島(전북 고창군의 섬)에서 仲秋月을 맞아 '모든 사람이 일어나 춤추고 그림자를 희롱하며, 술을 따르고 피리를 부니 마음과 눈이 즐거워서 앞에 먼 바다가 놓여 있는 사실도 잊을 정도였다.'고 한다(『高麗圖經』 卷36, 海道3 竹島). 고려 변경의 죽도인들이 추석을 지내는 모습을 그린 것은 아니지만, 사절단의 배에 탔던 다양한 사람들이 중추일 밤에 달맞이를 하고 잔치를 벌이며 즐거워했던 정경을 떠올릴 수 있다.

고려시대 중추절 놀이와 관련하여 다음 기록도 매우 흥미롭다.

ㄱ) 우왕이 중추절을 맞이하여 6도의 기생을 불러들여 東江에서 온갖 놀음판을 벌였는데, 국고를 털어서 그 비용으로 사용하였다. 재상과 대간들은 왕의 잘못을 바로잡지 못하였으며, 심지어 기이한 재주를 부리면서 비위를 맞추는 사람도 있었다. 우왕이 義成·德泉 두 창고의 胥吏 등에게 高頂笠을 쓰도록 하고, 나이가 많은 사람은 6품에 제수하였다. 이렇게 한 것은 환관 조순의 요청에 따른 것이었다. 우왕이 물속에서 벌거벗고 말이 교미하는 듯이 여러 기생들과 음란한 행동을 하였더니[裸裸水中馬交群妓], 하늘에서 천둥과 번개가 크게 치고 비가 쏟아졌다.[67]

ㄴ) 우왕이 6도의 창기와 광대를 불러다가 동강에서 온갖 유희를 펼치고 국고를 털어 잡희에 대었는데, 재상과 대간이 간하지 못하고 심지어 기이한 재주를 부려 영합하려는 자까지 있었다. 하루는[一日] 우왕이 물속에서 벌거벗고 여러 기생들과 말처럼 교미하였는데, 하늘에서 천둥 번개가 크게 치고 비가 내렸다.[68]

ㄱ)은 『고려사』의 기사로 우왕 13년 8월에 있었던 일을 기술한 것인데, 날짜는 미상이다. 그러나 우왕이 동강에서 놀이판을 벌인 것이 중추절을 기념한 것이라는 것을 명시하여, 이 놀이가 이루어진 날이 8월 15일 전후의 어느 날임을 짐작할 수 있다. 그리고는 서리들을 대우한 것에 관한, 성격이 다른 기사가 나오고, 다시 우왕이 물속에서 음란한 행동을 했다는 기사가 이어지고 있다. 그렇다면 우왕의 수중 음란 행위가 앞에 나온 중추절을 기념한 동강에서의 놀이와 이어지는 것인지 이 기술로써는 판단하기 어렵다. 그런데 이 문제는 『고려사절요』의 기록인 ㄴ)을 통해 해결될 것 같다. 『고려사절요』에서는 우왕 13년 8월의 기사로 모두 4건을 기록했는데, 4건의 기사는 사건의 성격에 따라 항목을 달리하여 기록되어 있다. ㄴ)은 그중의 하나이다. 그렇다면 ㄴ)은 하나의 사건을

---

67) 『高麗史』 卷第135, 列傳第48 禑王 13年 8月.
68) 『高麗史節要』 卷32, 辛禑三 禑王 13년 8월.

기록한 것으로 볼 수 있다. 우왕이 동강에서 놀이를 벌이고 물속에서 기생들과 교미를 한 사건을 한 건으로 취급한 것이다. 동강 유희와 물속 음행 사이에 '일일一日'을 집어넣어 숨을 약간 고르기는 했으나, 『고려사절요』 편찬자들은 이들이 하나의 연속된(혹은 연관된) 사건임을 알고 있었고 이를 인정하였기 때문에 이들을 하나의 건수로 기록한 것이라 이해된다.[69] 날짜는 8월의 미상이나 ㄱ)의 기록으로 미루어 이 사건은 중추절을 기념한 것이었음을 알 수 있다. 이로써 보면 우왕 13년 8월에 우왕은 중추절을 기념하여 동강에서 놀이판을 벌이고 심지어 물속에서 음란한 행위를 했다는 것이다.

민속에서 대보름에 하는 놀이는 대개 풍요를 기원하는 놀이인데, 여기에는 편싸움 놀이 요소뿐 아니라 성행위 놀이의 요소가 포함되어 있다.[70] 중국 남부와 대만 등지의 여러 민족이 8월 보름에 거행하는 놀이에서 미혼의 청춘 남녀들이 춤추고 노래 부르면서 짝을 찾고 또 자유로이 성교를 하기도 했던 것은 달과 풍요와 성적 교섭의 상징적 연관성을 간직한 습속이라 하겠다.[71] 신라에서도 2월 보름날에 남녀가 만나 짝을 짓고 자유로이 성교하는 습속이 있었음은 '김현감호' 설화를 통해서 알 수 있고,[72] 정월 보름에도 그러한 습속이 있었음은 오기일에 김춘추와 문희가 만나 성적 관계를 맺었다는 이야기를 통해 알 수 있다.[73]

우왕이 중추절을 맞아 동강에서 놀이판을 벌이고 물속에서 여자들과 난교亂交를 했다는 위 기록은 『고려사』나 『고려사절요』의 편찬 취지에서 볼 때 우왕을 비난하려는 것이다. 그러나 신라시대와 근대 민속 전통, 또 주변 사회에서 찾을 수 있는 보름 놀이의 성적 요소와 그 의미를 이해하고 보면 이 기사에 담긴 또 다른 의미를 생각하게

---

69) 세시의례가 여러 날에 걸쳐, 여러 종류의 놀이와 행사로 이어졌다는 것을 상기해보라.
70) 대보름 놀이의 편싸움적 요소와 성행위적 요소에 대해서는 다음을 참조. 김열규, 1975, 『한국민속과 문학연구』, 일조각, 193쪽; 依田千百子, 1985, 『朝鮮民俗文化の研究』, 瑠璃書房, 156~160쪽; 임재해, 1991, 『한국민속과 전통의 세계』, 지식산업사, 201쪽; 김택규, 1985, 앞의 책, 223~229쪽.
71) 依田千百子, 1985, 위의 책, 168쪽; 高天星 編著, 2008, 앞의 책, 206~207, 214~218쪽.
72) 『三國遺事』 卷第5, 感通第7 金現感虎.
73) 『三國遺事』 卷第1, 紀異第1 太宗春秋公. 나희라, 2010, 「사금갑설화와 신라의 왕권의례」, 『역사문화연구』 37, 14쪽.

된다.

특별한 시간에 강에서 놀이를 하며 왕이 물속에 들어갔던 사례는 고구려에서도 찾을 수 있다.

> 해마다 연초에는 패수 가에 모여 놀이를 하는데, 왕은 가마를 타고 나가 羽儀를 벌이고 이를 구경한다. 놀이가 끝나면 왕이 옷을 입은 채로 물에 들어간다(혹은 왕의 옷을 물에 넣는다).[74] 사람들은 좌우 두 편으로 나누어 물과 돌을 서로 뿌리고 던지면서 크게 소리치며 쫓고 쫓기기를 두세 번 하고 그친다.[75]

매년 초 새로운 세계가 재창조되고 갱신되어야 할 시기에, 고구려인들은 물의 정화력과 생명력을 얻으려는 의례와, 양편으로 나누어 대립하고 싸워서 그 에너지를 통해 창조력과 갱신력을 얻어내는 의례인 편싸움을 했던 것이다.[76]

이러한 사례들을 종합해볼 때 보름날에 우왕이 강에 나가 온갖 놀이를 벌이고 물에 들어가 여성들과 성교를 했다는 것을 단순히 권력자의 일탈 행위로만 보지 않고 조금 다른 시각에서 보는 것도 가능할 것 같다. 고구려의 동맹제를 계승하여 팔관회를 구성하고 고구려의 신모를 모셨던 고려의 종교문화에[77] 고구려 패수의례와 유사한 의례 전통이 전승되고 있었던 것은 아닐까. 특별한 의미가 부여되는 시기에 생명력의 갱신과 재창조를 통해 풍요다산을 기원하기 위해 다양한 주술종교적 의례를 거행했을 것인데, 어떤 것은

---

74) 이 부분의 해석은 두 가지 모두 가능하다. 이에 대한 논의는 나희라, 2015, 앞의 논문 참조.
75) 『隋書』 卷81, 列傳第46 東夷 高麗, "每年初, 聚戲於浿水之上, 王乘腰輿, 列羽儀以觀之. 事畢, 王以衣服入水, 分左右爲二部, 以水石相濺擲, 諠呼馳逐, 再三而止."
76) 나희라, 2015, 앞의 논문, 25~31쪽.
77) 고려에 와서 직접 견문했던 서긍은 고려의 10월 보름 행사인 八關齋는 고구려 東盟을 이은 것이고 사신이 오면 제사를 올리도록 했던 東神祠는 고구려의 神母를 모신 祠宇라고 기록하였다. 외부 관찰자가 현지의 사정을 이렇게 파악했던 것은, 중국 관료의 역사에 대한 사전 지식이나 선입견이 개입되어 만들어진 것일지도 모르나, 기본적으로는 현지 고려인의 설명 정보에 기인한 것이 많을 것이다. 이렇게 본다면 고려인들 스스로 고려의 종교문화 전통에 고구려의 것이 상당히 많이 전승되고 있던 것을 알고 있었다는 것이다. 『宣和奉使高麗圖經』 卷第17, 祠宇 참조.

이전의 문화전통을 계승하거나 차용하기도 하고 어떤 것은 외래의 신문화에서 필요한 것을 빌어오기도 하고, 또 어떤 것은 여러 요소들을 종합하여 창의적으로 적용하기도 했을 것이다. 우왕의 추석 동강 놀이에 온갖 놀이판이 벌어지고 왕이 물속에 들어가는 의례적 행위를 한 것은, 이 의례적 놀이에 강가에서 놀이판을 벌이고 왕이 물속에 들어가 물의 생명력을 얻어 왕권을 갱신하였던 고구려 패수의례의 전통이 계승되고 있었기 때문인지도 모른다. 거기에 보름날 남성과 여성의 대립과 결합을 통해 충만한 생명력을 얻으려는 성적 해방과 교접이라는 주술적 의례를 더했던 것이 우왕의 추석 동강 놀이가 아니었을까 상상해본다.

5. 맺음말

이상에서 일찍부터 한반도 일대에 정착해서 살아온 사람들의 문화와 역사를 이해하는 데 중요한 문제인 세시풍속, 그중에서도 추석이 고려시대에 어떻게 전승되고 있었는가를 살펴보았다.

고려시대 8월 보름날을 기념하는 의례행사로 가장 많이 나오는 기록은 선조의 영혼에 제사하고 무덤을 찾아 참배하였다는 것이다. 선조의 무덤을 조성하고 참배하며 계속해서 제사를 거행할 능력을 갖춘 지배층 대부분이 이를 인식하고 거행했던 것 같은데, 이는 충렬왕이 8월 15일에 꿈에서 조상들을 만났다고 한 것처럼 보름달이 뜬 날 조상과 소통한다는 관념이 있었기 때문이었다.

또 추석에는 보름달을 감상하며 잔치를 열어 음주가무와 시짓기를 하고 선물을 주고받기도 했다. 고려시대 사람들은 특별한 시간인 보름에 닫혔던 세계의 문이 열리고 다른 존재들과의 소통이 가능하다고 생각했던 것 같다. 그래서 이방인들이 방문하여 교역이 이루어지는 행사가 있었다. 10월과 11월 보름을 기념하는 팔관회 때에 다른 집단의 사절이나 상인들이 방문하여 토산물을 바치고 교역을 했던 것처럼, 정월 보름에도, 8월 보름에도 그러한 행사가 특별한 금기 없이 자연스럽게 이루어졌던 것 같다.

『고려사』에서는 추석을 속절, 즉 명절이라 하였다. 그렇다면 실제로 추석을 기념하여 많은 사람들이 함께 참여하여 벌였던 의례행사와 놀이의 흔적을 찾을 수 있지 않을까. 추석과 더불어 고려시대 중요한 명절이었던 단오의 경우, 단오날을 전후하여 격구와 돌팔매싸움을 했다는 기록이 『고려사』에 자주 나온다. 그러나 추석에 대해서는 이러한 기록을 찾을 수 없다. 그래서 신라와 조선, 그리고 근대의 추석 의례와 놀이들을 참고하여 고려시대 추석 놀이로 추정해볼 수 있는 몇 가지를 생각해보았다. 매년 중추에 동반과 남반 관리들로 하여금 활쏘기를 하도록 했다는 기록이 있는데, 이는 신라와 조선의 추석 행사로 거행되었던 활쏘기의 예로 보아 신라시대 이래 추석을 기념하는 보름날 놀이의 하나로 전승되던 활쏘기 행사의 흔적이 아닐까 생각해보았다. 활쏘기 놀이에는 편을 나누어 겨루는 편싸움 요소가 들어있는데, 이 동반과 남반의 활쏘기도 그러했을 것으로 추정하였다.

특별한 시기에 행해지는 편싸움 놀이는 새로운 질서의 창조와 풍요를 이루기 위한 주술종교적 의례의 성격을 가지고 있다. 이러한 의미의 편싸움은 신라시대 8월 보름을 기념하기 위해 거행된 여성들의 적마대회와 남성들의 활쏘기 시합에서 모두 연출되었다. 또한 고구려에서 신년의례로 거행한 패수에서의 의례에서도 거행되었다. 고려시대에는 중추의 활쏘기 행사, 정월대보름에 궁중에서 거행한 '공물 바치기 놀이'에서 편싸움의 요소를 찾아볼 수 있다. 이들 모두가 특별한 시간, 특히 보름을 기념하는 시간에 거행된 세시의례였을 것으로 생각된다. 고려시대 '공물 바치기 놀이'는 조선시대에는 민간의 농경의례를 받아들여 내농작놀이로 이어진 것 같다.

지방에서도 편싸움 놀이가 거행되었다. 김해 지역에서 거행되던 허왕후 도래를 기념한 놀이라는 '희락사모지사'를 통해 알 수 있다. 이 놀이를 8월 보름을 기념하는 여러 의례행사의 하나라고 볼 수 있다면, 고려시대에 추석은 중앙의 지배층뿐 아니라 지방의 민간인도 함께 기념하는 명절이었다고 할 수 있다.

또 우왕이 강가에서 8월 보름을 기념하는 잔치를 하다가 물속에 들어가 여성들과 음란한 행위를 했다는 기사를 정치적 차원이 아닌 종교적 차원에서 보면, 이는 8월 보름에 생명력을 갱신하고 풍요를 기원하는 주술적 종교의례를 궁중놀이화한 것으로 볼 수도 있다. 왕이 물속에 들어가 물의 생명력을 얻어 왕권을 갱신하였던 고구려의 패수의례의 전통을 계승하고 또한 보름날에 성적 해방과 교섭을 통해 생명력을 얻으려는 주술적 풍요의례의 전통을 아우른 것은 아니었을까.

이렇게 본다면 고려의 추석은 신라의 추석과 조선시대 이후의 추석을 잇는 다리였다고 할 수 있다. 신라시대의 추석은 그 명칭인 '가배'가 고려시대에도 계속해서 사용된 만큼 그 내용도 상당 부분 전승되었을 것이다. 고려시대에 적마대회와 같은 것은 그 기록이 없어서 확인할 수 없지만, 활쏘기를 통한 겨루기 시합은 고려시대에도 군사훈련의 외피를 쓰고 전승이 되어 조선시대까지 이어졌다. 근대 민속에서 대보름에 하는 놀이는 대개 풍요를 기원하는 놀이인데, 여기에는 편싸움 놀이 요소와 성행위 놀이의 요소가 포함되어 있다. 신라시대의 보름 행사에서 이들을 모두 볼 수 있었는데, 고려시대에도 편싸움과 주술적 성행위 놀이가 보름날과 관련이 있는 것을 찾을 수 있었다.

인간에게 달은 특별한 의미를 주는 천체였다. 달은 주기적으로 스스로 변화하고 움직임으로써 인간에게 최초로 시간을 가늠하게 했다. 달의 여러 위상은 시간을 나타내는 기준이 되었다. 그중에서도 삭망이 중요했는데, 한국에서는 전통적으로 보름이 특별한 시간으로 더 중시되었다. 신라시대부터 정월 보름과 8월 보름은 특별한 의례행사가 거행되던 시기였으며, 현재까지도 세시풍속의 주요한 행사와 놀이는 대부분 정월과 8월 대보름에 집중되어 있다. 고려시대에도 보름은 특별한 의미가 있었다. 고려 최대의 국가 행사였던 팔관회와 연등회가 모두 보름을 기념하는 것이었다. 여기에 8월 15일 추석도 보름을 기념하는 날로서 많은 사람들이 이날을 인지하고 다양한 의례와 놀이를 벌이며 함께 참여하는 명절의 의미를 가졌다. 이런 의미에서 고려시대의 추석은 고대 이래의 보름에 대한 인식과 그것을 기념하는 행위의 전통을 간직하고 이를 후대로 계승하는 위치에 있었다고 할 수 있을 것이다.

〈표 1〉 고려시대 '추석' 용례

원문	전거	비고
以秋夕親享景靈殿	『高麗史』 卷第20, 世家第20 明宗 20年. 8月 丁酉 (15日)	
都堂 以秋夕 遣知密直李彬等 獻禑 衣襨酒果	『高麗史』 卷第137, 列傳第50 昌王 卽位年 8月	
景靈殿 正朝・端午・秋夕・重九 親奠儀	『高麗史』 卷61, 志第15 禮3 吉禮大祀 景靈殿	
俗節 元正・上元・寒食・上巳・端午・重九・冬至・八關・秋夕	『高麗史』 卷第84, 志第38 刑法 一 名例 禁刑	
秋夕 一日	『高麗史』 卷第84, 志第38 刑法 一 公式 官吏給假	
春宵何闃寂 秋夕獨喧鬧	『破閑集』 卷上, 黃壯元彬然 中秋直玉堂 長空無雲 月華如晝	春宵와 대를 이루는 秋夕. 8월 보름날 명절을 가리키는 용어인지는 불확실함.
至元三年丁丑秋夕 益齋李某 記	『益齋亂稿』 卷6, 記 妙蓮寺石池竈記	
哀秋夕辭 [乙卯秋 南行所作] / 哀秋夕之慘悽兮	『陶隱集』 卷1, 辭 哀秋夕辭 [乙卯秋 南行所作]	제목과 본문에 모두 추석을 씀.
毅王於秋夕翫月	『陽村先生文集』 卷38, 碑銘類 有明朝鮮國追贈推忠直節守文秉義輔祚功臣…(李挺神道碑銘)	
欲於秋夕般眷往在於善鄕爲計耳	『冶隱先生續集』 卷之上, 書 答或人	
秋夕夜坐集句	『復齋先生集』 上, 詩	제목에 추석을 씀.
庚戌中秋之夕	『三峯集』 卷1, 五言古詩	秋夕의 의미를 풀어서 '中秋之夕'이라 표현한 것으로 보임.

〈표 2〉 『고려사』 추석 관련 조상 제사 기사

월일	행사	전거
8월 16일	謁義陵, 赦.	권제4 세가제4 현종 4년
8월 16일	奉安文宗神御于景靈殿, 親行奠禮.	권제10 세가제10 선종 2년
8월 18일	謁太祖眞于感眞殿, 遂謁五星殿, 仍御長樂殿, 受百官朝賀.	권제12 세가제12 숙종 10년
8월 15일	謁景靈殿.	권제13 세가제13 예종 11년
8월 15일	謁英·崇二陵, 還次因孝院, 製五言詩一首, 令侍從文臣和進.	권제13 세가제13 예종 16년
8월 15일	謁顯宗·文宗眞殿.	권제16 세가제16 인종 16년
8월 15일	謁景靈殿.	권제19 세가제19 명종 3년
8월 16일	移安太祖·靖宗神御于大安寺.	권제20 세가제20 명종 10년
8월 15일	以秋夕, 親享景靈殿.	권제20 세가제20 명종 20년
8월 18일	王如奉恩寺, 謁太祖眞殿.	권제39 세가제39 공민왕 7년
8월 15일	宰相會雲岩寺, 設大酺, 陳妓樂, 祭正陵, 宮人皆會.	권제41 세가제41 공민왕 16년
8월 18일	幸安和寺, 還至影殿, 大餉役徒.	
추석	景靈殿, 正朝·端午·秋夕·重九親奠儀.	권제61 지제15 예3 길례대사
중추	除四仲月正祭外, 如正朝·端午·中秋, 宜獻時食奠酒, 不用祝文. 外祖父母及妻父母, 無主祭者, 當於正朝·端午·中秋, 及各忌日, 用俗祭儀, 祭之.	권제63 지제17 예5 길례소사 대부사서인제례

〈표 3〉 추석 명절과 관련한 행사와 정서를 묘사한 문인들의 **詩文** 일람표*

이름** (생몰년)		작품수와 작품명***	전거
林椿 (12세기 후반 활동)	3	八月十五夜	西河集 卷1, 古律詩
		八月十五夜探韻得起字	西河集 卷1, 古律詩
		中秋會飮序	西河集 卷5, 序
李仁老 (1152~1220)	2	黃壯元彬然中秋直玉堂	破閑集 卷上
		士子徐文遠與權公悼禮	破閑集 卷下
李奎報 (1168~1241)	5	龜山寺璨師方丈十五夜翫月	東國李相國全集 卷1, 古律詩
		望月臺	東國李相國全集 卷4, 開元天寶詠史詩
		八月十四日翫月問客	東國李相國全集 卷10, 古律詩
		八月十五日彈琴有作	東國李相國後集 卷4, 古律詩
		故朝議大夫司宰卿右諫議大夫寶文閣直 學士知制誥賜紫金魚袋李君墓誌銘	東國李相國後集 卷12, 墓誌銘
		余於中秋泛舟龍浦	東國李相國集 附錄, 白雲小說
陳澕 (13세기 전반 활동)	1	中秋雨後	東文選 卷14, 七言律詩
李承休 (1224~1300)	1	中秋後一日因賻鄭侍郞忌齋遊薦福寺	動安居士集 動安居士行錄 卷4, 賓王錄
李齊賢 (1287~1367)	1	玉漏遲	益齋亂稿 卷10, 長短句
李穀 (1298~1351)	3	丙戌中秋題漢陽府	稼亭集 卷17, 律詩
		中秋夜坐	稼亭集 卷18, 律詩
		中秋宿五溪驛	稼亭集 卷19, 律詩
鄭思道 (1318~1379)	1	西江贈鄭先生達可奉使江南	東文選 卷22, 七言絶句
韓脩 (1333~1384)	1	中秋夜韓山君見過共坐樓下賞月	柳巷集, 詩
金九容 (1338~1384)	1	送李百支生員	惕若齋學吟集 卷上, 詩
鄭夢周 (1337~1392)	4	甲辰中秋有懷	圃隱集 卷2, 詩
		中秋	圃隱集 卷2, 詩
		中秋月	圃隱集 卷2, 詩
		永州故友	圃隱集 卷2, 詩
李崇仁 (1347~1392)	2	哀秋夕辭	陶隱集 卷1, 辭
		中秋夜憶達可丈	陶隱集 卷2, 詩

작가	편수	작품명	출전
李穡 (1328~1396)	13	中秋	牧隱詩藁 卷6, 詩
		記中秋翫月柳巷樓下	牧隱詩藁 卷9, 詩
		中秋已近興懷發詠	牧隱詩藁 卷19, 詩
		中秋翫月上黨樓上	牧隱詩藁 卷19, 詩
		得寧海族中書	牧隱詩藁 卷19, 詩
		昨索酒欲謁霽亭先生	牧隱詩藁 卷25, 詩
		中秋日陰雨	牧隱詩藁 卷25, 詩
		中秋雨	牧隱詩藁 卷30, 詩
		中秋前一日 呈柳巷	牧隱詩藁 卷32, 詩
		中秋初夜陰	牧隱詩藁 卷33, 詩
		明日中秋賞月	牧隱詩藁 卷34, 詩
		寄尼山申監務兼定山	牧隱詩藁 卷35, 咸昌吟
		寄松軒	牧隱詩藁 卷35, 咸昌吟
鄭摠 (1358~1397)	2	秋夕夜坐集句	復齋集 上, 詩
		辛未八月十五日	復齋集 上, 詩
鄭道傳 (1342~1398)	6	庚戌中秋之夕	三峯集 卷1, 五言古詩
		中秋歌	三峯集 卷1, 七言古詩
		中秋	三峯集 卷2, 七言絕句
		中秋上莊驛	三峯集 卷2, 七言絕句
		中秋歌	三峯集 卷2, 五言律詩
		旅順口驛中秋	三峯集 卷2, 五言律詩
元天錫 (1330~1400 이후)	2	中秋拜先塋	耘谷行錄 卷2, 詩
		中秋拜慈塋	耘谷行錄 卷5, 詩
李詹 (1345~1405)	1	中秋不見月	雙梅堂篋藏集 卷1, 詩類
權近 (1352~1409)	5	中秋寄李正郎	陽村集 卷2, 詩
		中秋法王寺翫月	陽村集 卷3, 詩
		宿沐陽縣僙陽驛賦中秋月	陽村集 卷6, 奉使錄
		中秋	陽村集 卷7, 南行錄
		有明朝鮮國追贈推忠直節守文秉義輔祚功臣(中略)集賢殿學士李公神道碑銘	陽村集 卷38, 碑銘類
吉再 (1353~1419)	1	答或人	冶隱集 卷上, 書

* 한국고전종합DB를 통해 고려시대 문인들의 시문을 검색하였으며, 이 가운데 음력 8월 15일을 기념하는 추석 명절과 관련이 있는 시문들을 뽑아서 작성하였다. 단순히 계절이나 때를 지칭하는 中秋(또는 仲秋)와 관련한 시문은 제외하였다.
** 작가의 순서는 몰년 순서에 따랐다.
*** 작품명은 詩題가 분명히 적시되지 않거나 詩作 연유를 길게 기록한 경우, 앞부분만 잘라서 제시하였다.

〈표 4〉『고려사』 달 감상과 잔치 관련 기사

왕(연도)	8월 일	내용	전거
예종 4년 (1109)	15일	中秋라서 왕이 문신을 거느리고 重光殿의 便殿에서 달을 감상하며 [翫月] 친히 '詠月詩'를 지었다. 그 마지막 연에, "후일 우리 백성 부유하고 장수하게 되면 이 명절을 유쾌히 맞이서 중대신들과 함께 술잔 권하리."라고 썼다. 그리고 문신에게 화답시를 지어 올리게 하였다.	권제13 세가제13
예종 10년 (1115)	15일	長齡殿에서 曲宴을 베풀었다.	권제14 세가제14
예종 12년 (1117)	13일	왕이 연흥전에 행차하여 백관의 하례를 받고, '夜宴詩' 1수를 지어 여러 신하들에게 보였다.	권제14 세가제14
	15일	行宮에서 諸王과 兩府의 侍臣에게 잔치를 베풀었다.	
예종 16년 (1121)	15일	왕이 英陵과 崇陵을 배알하고 還宮하는 길에 因孝院에 들러서 五言詩 1수를 지었는데, 시종한 문신들에게 명하여 화답시를 지어 바치라고 하였다.	권제14 세가제14
충렬왕 27년 (1301)	15일	壽康宮에서 중추절 연회를 열었다.	권제32 세가제32
충혜왕(후) 4년 (1343)	15일	왕이 內帑의 五綜布 100필을 내고, 近侍 左右番에게서 거둔 것을 덧붙여서 新宮 누각에서 중추절 잔치를 열었다.	권제36 세가제36
공민왕 16년 (1367)	15일	宰相들이 雲岩寺에 모여 술잔치를 크게 벌이고 기생이 낀 풍악을 늘어놓았다. 正陵에 제사지냈는데 宮人들이 모두 모였다.	권제41 세가제41
우왕 13년 (1387)	중추절	우왕이 중추절을 맞이하여 6道의 기생을 불러들여 東江에서 온갖 놀음판을 벌였는데, 국고를 털어서 그 비용으로 사용하였다.	권제135 열전제48
		우왕이 물속에서 벌거벗고 말이 교미하는 듯이 여러 기생들과 음란한 행동을 하였더니, 하늘에서 천둥과 번개가 크게 치고 비가 쏟아졌다.	
창왕 즉위년 (1388)	추석	도당이 추석이라 하여 지밀직 이빈 등을 보내어 우왕에게 의복과 술과 과일을 바쳤다.	권제137 열전제50
공양왕 3년 (1391)	15일	찬성사 설장수를 보내어 세자에게 册印을 하사하고, 군신들에게 잔치를 베풀어주었다.	권제46 세가제46
		回軍功臣錄券을 하사하였다. 변안렬·지용기 등만 죄로 인해 삭제하였다.	

조선~일제강점기의 추석

김도현

1. 머리말
2. 조선시대의 추석
3. 일제강점기의 추석
4. 추석 풍속의 전승 양상
5. 추석이 지닌 성격
6. 맺음말

김도현

조선~일제강점기의 추석

1. 머리말

신라의 추석에 대하여 『삼국사기三國史記』 권1 「신라본기新羅本紀」 1 유리이사금儒理尼師今 9년조에 기록된 추석을 비롯하여 중국의 『수서隋書』 「동이전東夷傳」 신라조新羅條, 『구당서舊唐書』 「동이전東夷傳」 신라조新羅條 등에 당시 신라의 풍속을 보여주는 기록이 전한다. 팔월 보름이면 크게 잔치를 베풀고 관리들이 모여서 활을 쏘게 하였으며, 패를 나누어 길쌈을 하게 하는 등 다양한 행사를 전개한 큰 명절이었음을 알 수 있다.

고려에 와서도 9대 속절俗節 중의 하나로 여겼으며, 이 전통은 조선시대에도 이어졌다. 이에 조선시대에 추석은 설날, 한식, 단오와 더불어 4대 명절의 하나로 여겼다. 이와 같이 중요한 세시 명절로 인식된 추석의 위상은 현재까지 이어지고 있다.

고려시대까지의 추석에 대한 연구는 문헌 위주로 그 연원, 조상 제사, 달 감상, 송편, 길쌈, 추석 잔치 등을 중심으로 소개·분석하였다. 이를 통해 한국의 추석 연원과 그 역사성을 정립하는 데에 큰 기여를 하였다.[1]

아쉽게도 기록된 자료의 한계로 인해 주로 지배층 중심의 추석을 소개할 수밖에 없었다.

이에 반해 조선시대에는 각종 세시기를 비롯하여 문집을 통해 추석 관련 다양한 풍속을 접할 수 있게 되었다. 특히 일제강점기에 조사하여 간행한 『朝鮮の鄕土娛樂』[2], 각종 언론 기사 등을 통해 한국의 추석에 대한 폭넓은 이해를 가능하게 하였다.

조선시대를 비롯하여 일제강점기의 추석 관련 내용은 『조선왕조실록』을 비롯하여 문집, 각종 세시기, 신문·잡지 등에 실린 기록 등을 통해 그 실상을 폭넓게 인식·정리할 수 있게 되었다.

필자는 이 글에서 조선 전기부터 일제강점기에 이르기까지 역사책과 각종 세시기歲時記, 문집, 신문·잡지, 그리고 『朝鮮の鄕土娛樂』에 실린 내용을 의례, 모임, 놀이, 음식, 속신과 점복 등으로 구분하여 살펴보려 한다.

이를 통해 한국의 세시풍속 가운데 추석이 지닌 성격을 분석하여 큰 명절로서의 추석이 지닌 의미와 가치를 새롭게 인식할 수 있는 계기를 마련해 보고자 한다.

2. 조선시대의 추석

1) 『조선왕조실록』에 나타난 추석

『조선왕조실록』에 추석 관련 기사가 100여 건 이상 실려있다. 대부분 문소전을 비롯한 전각 또는 왕릉에 직접 행차하여 지낸 추석제, 추석별제 설행 사실을 기록하였다. 대표 사례를 소개하면 다음과 같다.

---

1) 추석 관련하여 기존에 발표된 주요 연구 성과를 소개하면 다음과 같다.
나희라, 「문헌자료를 통해 본 고려시대의 추석」; 서영대, 「추석의 연원에 관한 연구사 검토」; 신종원, 「추석 명절의 정체성」; 정연학, 2021, 「한국 추석과 중국 중추절 풍속 비교 고찰」, 『한국사학보』 제84호(추석 연구 관련 고려사학회 특집호), 고려사학회; 최광식, 2019, 「문헌상으로 본 신라의 세시풍속」, 『신라의 민속』(제13회 신라학 국제학술대회)

2) 村山智順, 1941, 『朝鮮の鄕土娛樂』, 朝鮮總督府.

상왕이 추석제(秋夕祭)를 제릉(齊陵)에 행하였다.[3]

세자가 추석제를 문소전(文昭殿)에서 행하고, 연희궁에서 조회하였다.[4]

이와 힘께 추석연秋夕宴을 베푼 기록도 다음과 같이 전한다.

예조 판서(禮曹判書) 유지(柳輊)·참판(參判) 권건(權健)·참의(參議) 권중린(權仲麟)이 와서 아뢰기를, "올해에는 곡식이 자못 여물었으니, 추석연(秋夕宴)을 바치기를 청합니다." 하니, 전교하기를, "가하다. 먼저 두 대비전(大妃殿)에 진연(進宴)하라." 하였다.[5]

그리고 추석에 달을 구경하며 즐기려 하였음을 다음 기록을 통해 알 수 있다.

어서(御書)를 승정원(承政院)에 내리기를, "옛사람이 추석(秋夕)에 달 구경을 한 것이, 어찌 황음(荒淫)하여 그러하였겠는가? 〈당(唐)나라〉 구양첨(歐陽詹)의 완월서(翫月序)에 이르기를, '가을의 시절(時節)은 여름의 뒤이고 겨울의 전이며, 가을의 8월은 시작하는 달의 다음이고 끝나는 달의 앞이며, 15일의 밤은 한 달의 가운데이니, 천도(天道)에서 헤아려 보면 한서(寒暑)가 고르고, 한 달의 수에서 따져 보면 달[蟾兔]이 둥글며, 티끌이 흐르지 아니하고 대공(大空)이 유유(悠悠)하다.' 하였다. 그렇다면 옛사람의 달 구경은 반드시 뜻이 있어 나무랄 수 없다. 우리 나라는 본래 이 풍속이 없어서, 비록 상례(常例)로 삼을 수 없으나, 일시(一時)의 군은(君恩)이고, 마침 가절(佳節)을 만났으니, 무슨 방애(防礙)됨이 있겠느냐? 답청(踏靑)과 등고(登高)도 일시의 일이었다. 오늘 저녁에 내가 경연 당상(經筵堂上)과 출직(出直)한 승지(承旨)·주서(注書)와 홍문관(弘文館)·예문관(藝文館)에게

---

3) 『太宗實錄』4卷, 太宗 2年 8月 13日 甲子.〈上王行秋夕祭于齊陵〉
4) 『世宗實錄』109卷, 世宗 27年 8月 15日 丙辰.〈世子行秋夕祭于文昭殿, 朝衍禧宮 …〉
5) 『成宗實錄』194卷, 成宗 17年 8月 8日 庚辰.〈禮曹判書柳輊、參判權健、參議權仲麟來啓曰: "今年頗稔, 請進秋夕宴。" 傳曰: "可。先進宴于兩大妃殿。"〉

주악(酒樂)을 내려, 청량(淸凉)한 곳을 가려서 태평(太平)의 날을 즐기게 하려고 하는데, 이 또한 아름답지 않겠는가?"[6]

위의 기록을 통해 추석에 즈음하여 조선시대에는 왕실에서 궁궐 내 전각 또는 선대 왕릉에서 추석제 또는 추석별제를 지냈으며, 풍년이 들면 추석연秋夕宴을 베풀고, 왕이 신하들과 함께 달을 구경하며 즐겼음을 알 수 있다.

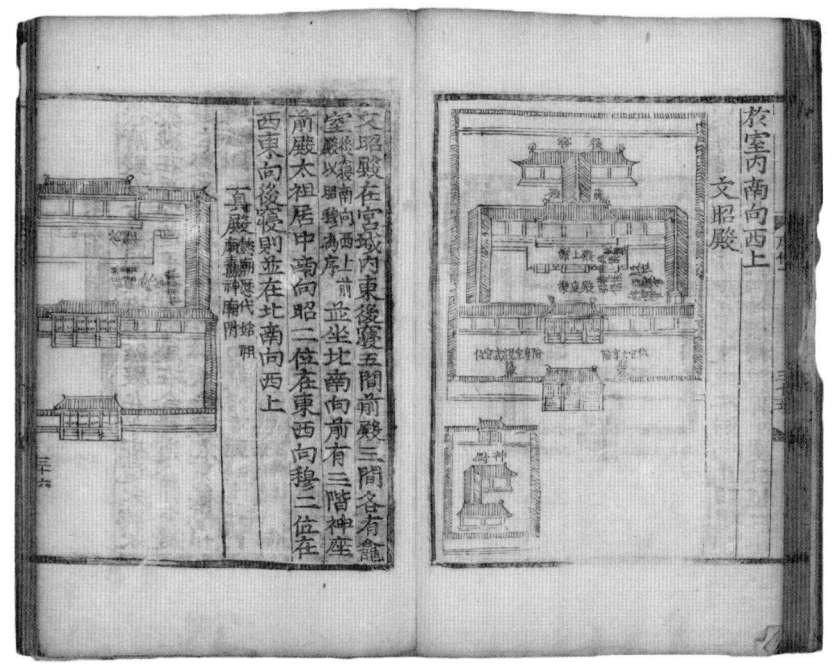

문소전(민속박물관)

---

[6] 『成宗實錄』231卷, 成宗 20年 8月 15日 庚子.〈下御書于承政院曰:古人秋夕翫月, 豈荒淫而然也 歐陽詹《翫月序》云:"秋之時, 後夏先冬; 八月於秋, 季始孟終; 十五於夜, 又月之中. 稽於天道, 則寒暑均; 取於月數, 則蟾兔圓. 埃壒不流, 大空悠悠." 然則古人之翫月, 必有意而無可譏也. 我國本無此風, 雖不可例以爲常, 一時君恩, 適値佳節, 則有何礙耶? 踏靑、登高, 亦一時之事矣. 今夕予欲賜酒樂於經筵堂上及出直承旨、注書、弘文館、藝文館, 選淸凉之(之)地, 樂太平之日, 不亦美乎 政院啓曰: "此甚盛事, 上敎允當."〉

2) 각종 문집을 통해 본 추석

정수강[7]의 글을 모은 『月軒集』을 비롯하여 조선시대에 발간된 각종 문집에는 추석 명절과 관련하여 추석 성묘·추석 제사, 달맞이, 뱃놀이, 중추희, 추석 유래, 추석을 맞이한 감회, 그리고 이때 설행된 각종 잡희 등을 소개하여 당시의 추석 풍속을 잘 보여준다.

대표 사례를 중심으로 소개하면 다음과 같다.

(1) 추석 성묘·추석제사

추석에 조상 묘를 찾아 성묘한 전통이 조선시대에도 계속 이어졌음을 다음 자료들을 통해 알 수 있다. 문집에 실린 관련 사례들을 소개하면 다음과 같다.

송익필宋翼弼[8]이 쓴 『龜峯先生集』 권 1에 실린 '추석秋夕'이라 쓴 제목의 시에 다음 내용이 쓰여 있다.

> …
> 부모님의 외로운 혼은 어느 곳에 의탁하고 계실까?
> …
> 누가 맑은 샘물을 떠다가 황폐한 묘에 위로할까?[9]

---

[7] 1454년에 태어나서 1527년에 사망하였다. 저서로 『월헌집』 5권 3책이 있다.
[8] 1534년에 태어나서 1599년에 사망하였다.
[9] 宋翼弼, 『龜峯先生集』 卷1, 「秋夕」(번역은 국립민속박물관(편), 2004, 『한국세시풍속자료집성(조선전기 문집편)』).

이순인李純仁[10]의 일기를 모은 『孤潭逸稿』에는 '추석에 山家를 찾다'라는 문장이 보이며, 오숙의 글을 모은 『天坡集』 제3권에 실린 내용 중에는 '… 명절에 성묘 휴가를 얻었는데, …'라는 내용이 쓰여져 있다.

임방任埅[11]의 글을 모은 『水村集』 권5에 '중추中秋에 삼산三山에서 선조의 묘를 돌아보고 돌아오다가 충청도와 강원도의 경계에 이르러 말 위에서 입으로 읊다'라는 제목을 시를 남겼다.

이재李縡[12]가 쓴 글을 모은 『陶菴集』 권2에 실린 '추석秋夕'이라 쓴 제목의 시를 소개하면 다음과 같다.

해 저물어 닭과 개 사립문에서 우니,
집집마다 산소에 갔다 오는 것 알겠도다.
너른 들에는 쓸쓸히 서리가 하얗게 내렸고,
나그네 무슨 일로 홀로 옷깃을 적시나?[13]

즉 왕실에서의 추석제와 함께 민간에서도 추석을 맞이하여 조상묘를 찾아 성묘하였음을 알 수 있다. 이와 함께 성묘 휴가 제도가 있었음을 알 수 있다. 이를 통해 조선시대의 추석 명절에서 성묘를 매우 중시하였다고 볼 수 있다.

그리고 조선 후기에 활동한 최석정崔錫鼎[14]의 글을 모은 『明谷集』에서 자신이 숭릉의 추석 제관이었음을 적었다.[15] 이를 통해 왕실에서의 추석제가 지속적으로 설행되었음을 알 수 있다.

---

10) 1533년에 태어나서 1592년에 사망하였다.
11) 1640년에 태어나서 1724년에 사망하였다.
12) 1680년에 태어나서 1746년에 사망하였다.
13) 李縡, 『陶菴集』 卷2, 「秋夕」(번역은 국립민속박물관(편), 2005, 『한국세시풍속자료집성(조선후기 문집편)』).
14) 1646년에 태어나서 1715년에 사망하였다.
15) 崔錫鼎, 『明谷集』 卷1, 差崇陵秋夕祭官 有感.

(2) 달맞이

추석을 맞이하여 달맞이를 하거나, 보름달에 대한 감상, 주연酒宴 등 다양한 형태로 보름달을 맞이하였고, 이에 대한 감상을 글로 남겼음을 각종 문집에서 확인할 수 있다. 각종 문집에 남겨진 시에 담긴 감상을 정리하면 다음과 같다.[16]

- 보름달을 밤새워 즐거야겠다는 감흥
- 중추의 달 아래에서 지난 날을 회상하며, 자신을 돌아보는 감정
- 추석 보름달 아래에서 달 구경을 하면서, 술을 즐기는 모습
- 추석 보름달 아래에서 느끼는 고향 생각, 지인(知人) 생각, 그리고 외로움 등
- 한가위에 달이 뜨지 않음에 대한 아쉬움
- 달빛 아래에서 국화 감상
- 달에 있을 옥토끼에 대한 사유
- 달빛 아래에서 가을걷이의 풍성함과 백성들의 안정적인 생활 기대

달맞이에 대한 다양한 유형 중 대표적인 작품 사례를 소개하면 다음과 같다.

정수강(丁壽崗)[17], 『月軒集』 권1 次金僉知希輿 友曾 秋夕月夜韻

중추 15일 밤은, 옛날과 같은 달 밝은 하늘이네,

앉아서 서루(西樓)의 그림자를 기다리니, 어찌 이불을 안고 잠자겠는가?[18]

---

16) 다음 자료집을 주로 참고하여 정리하였다.
국립민속박물관(편), 2004, 『한국세시풍속자료집성(조선전기 문집편)』.
국립민속박물관(편), 2005, 『한국세시풍속자료집성(조선후기 문집편)』.
17) 1454년에 태어나서 1527년에 사망하였다.
18) 丁壽崗, 『月軒集』 卷1(번역은 국립민속박물관(편), 2004, 『한국세시풍속자료집성(조선전기 문집편)』).

이우(李堣)[19], 『松齋詩集』 권2(歸田錄) 仲秋月

천기는 곤곤하니 중추의 달이 뜨고,

사람의 일은 유유하게 반 백년이 되었네.

서로 망연히 보다가 묻지도 않고,

단지 별이 자리 옮기는 것만 보고 있네,

…

소슬한 송재에서 맞은 이 밤의 달,

그대와 함께 마을에서 빚은 술이나 한 잔 나누어 보세.

…

지금 쓰러져 누웠으나 건강을 회복하고자,

중추의 달빛 아래에서 다시 잔을 드네.

병든 몸이 달을 보니 둘의 정이 깊어,

다시 명년의 이 가을밤을 기약하네.

세상 일은 스스로 헤아리기 어려운데,

밝은 빛은 어디에서 맑은 수심을 나누는가?[20]

조재호(趙載浩)[21], 『損齋集』 권1, 中秋夜望月

술에 빛이 아른거리는 것을 보니 날이 밝은 듯하고

…

밝고 밝은 빛에 짙은 어두움이 열리고,

둥글고 둥근 날 온 세상을 비추네,

유독 좋은 손님을 맞는 날 만이 아니오,

---

19) 1469년에 태어나서 1517년에 사망하였다.
20) 李堣, 『松齋詩集』 卷2(번역은 국립민속박물관(편), 2004, 『한국세시풍속자료집성(조선전기 문집편)』).
21) 1702년에 태어나서 1762년에 사망하였다.

또한 술을 마시며 시를 읊은 좋은 명절이라네[22]

홍섬(洪暹)[23], 『忍齋先生文集』 권1 月中兎

늙은 토끼는 신명(神明)의 후손이니,

어느 해에 달에 들어갔는가?

현상(玄霜)은 이미 절구에 찧기를 다하였고,

…

외로이 계수나무 바람에 잠을 자네

영단(靈丹)은 구할 수 있을 것 같으니,

쇠약한 늙은이가 되지 않고자 함이네[24]

김춘택(金春澤)[25], 『北軒集』 권6, 中秋無月

한가위에 달을 보지 못하니,

누가 만리의 구름을 날려 보내리?

…

작은 누각에 기대어 기다리는듯한데,

높은 하늘은 하소연해도 듣지를 않네.

이듬 해 또한 좋은 명절이 돌아오면,

흰머리가 희끗희끗 하리라[26]

---

[22] 趙載浩, 『損齋集』 卷1(번역은 국립민속박물관(편), 2005, 『한국세시풍속자료집성(조선후기 문집편)』).
[23] 1504년에 태어나서 1585년에 사망하였다.
[24] 洪暹, 『忍齋先生文集』 卷1(번역은 국립민속박물관(편), 2004, 『한국세시풍속자료집성(조선전기 문집편)』).
[25] 1670년에 태어나서 1717년에 사망하였다.
[26] 金春澤, 『北軒集』 卷6(번역은 국립민속박물관(편), 2005, 『한국세시풍속자료집성(조선후기 문집편)』).

권벽(權擘)[27], 『習齋集』권1 月下賞菊

흥이 나면 풍류 아닌 것이 없으니,
…
국화꽃이 모두 9일에 피는데,
푸른 하늘에 걸린 달은 중추를 알리네.
…
술 항아리의 꽃봉오리만 취흥을 돋우네.
이 국화와 달빛을 마주 대하니,
유배간 신선 팽택(彭澤)과 노는 듯하네[28]

이안눌(李安訥)[29], 『東岳先生集』권18(江都後錄), 秋夕 月下聞道路 歌呼之聲 謾題遣懷

작년에는 보리농사도 벼농사도 망쳤으니,
유랑하는 백성들 의지할 곳 없는 것이 불쌍하네
가을걷이 풍성하여 이제야 집집마다 배부름을 알겠으니,
달 밝은 데 자주 길가의 노래 소리를 듣네.
…
흰머리 늙은이가 시구를 찾아 태평성대를 찬미하네[30]

(3) 뱃놀이

보름달이 뜬 중추절 밤에 강에서 배를 타고 즐기면서 지은 작품들도 전한다. 주로 보름달 아래에서 뱃놀이를 즐기면서 바라 본 하늘과 강물, 그리고 지인知人과 술잔을

---

27) 1520년에 태어나서 1593년에 사망하였다.
28) 權擘, 『習齋集』卷1(번역은 국립민속박물관(편), 2004, 『한국세시풍속자료집성(조선전기 문집편)』).
29) 1571년에 태어나서 1637년에 사망하였다.
30) 李安訥, 『東岳先生集』卷18(번역은 국립민속박물관(편), 2004, 『한국세시풍속자료집성(조선전기 문집편)』).

기울이며 느낀 감정과 다양한 생각 등을 시로 표현하였다. 대표적인 사례를 소개하면 다음과 같다.

김안로(金安老)[31], 『希樂堂文稿』 권2 仲秋望夜 泛舟前江 二首
其一
비 갠 하늘은 옥을 머금은 것 같이 푸르고,
가로지른 강은 펼치듯이 고요하네.
가을은 오늘 밤을 쫓아 나누어지고,
달은 수 없이 한 해를 향해 나가네.
바람과 이슬은 벼를 출렁이고,
은하수에는 조그만 물결이 이네.
차가운 빛은 저 아래까지 비추니,
응당히 물 속에서 울 악어가 있을 것이네.

其二
강은 하늘 멀리까지 흐르고,
구름이 움직일 때마다 물결이 이네.
달은 유독 이 곳만 비추기 때문에
달빛은 밤중이 지나야 보일 것이네.
...[32]

---

31) 1481년에 태어나서 1537년에 사망하였다.
32) 金安老, 『希樂堂文稿』 卷2(번역은 국립민속박물관(편), 2004, 『한국세시풍속자료집성(조선전기 문집편)』).

이현석(李玄錫)[33], 『游齋集』 권11, 仲秋之望 泛舟翫月 次李鳴瑞韻

비가 구름 낀 누대의 벽에 뿌리고,

바람은 거울 같은 물 위의 배를 돌리네.

한 해 가운데 밝은 달 뜨는 밤,

물결을 거슬러 가니 큰 강은 가을이 되었네.[34]

이형상(李衡祥)[35], 『瓶瓦集』 권1, 己丑[36]仲秋 兪使君命弘 携酒來訪 乘夕泛月 夜闌乃罷

…

앞 여울에 배 띄우니 흥취 더욱 길도다.

하물며 1년 중 가자우 밝은 달 밤에,

또한 천년이 지나 완화방(莞花坊)을 겸하였음에야

…

흰머리 노경에 타향에서 좋은 모임 가졌으니,

술잔 들며 속마음 털어놓아도 무방하리라[37]

오시수(吳始壽)[38], 『水村集』 권1, 仲秋望夜 泛舟白馬江 次按使李仲羽韻十絶己酉

8월에 신선의 뗏목을 타고 그대와 함께 노니,

물결 잔잔한 고란사 아래에는 가을 빛에 물 들었네.

한 번 고요히 앉아 있노라니 해는 저물었고,

번화했을 때나 적막한 때나 물은 동쪽으로 말없이 흐르네[39]

---

33) 1647년에 태어나서 1703년에 사망하였다.
34) 李玄錫, 『游齋集』 卷11(번역은 국립민속박물관(편), 2005, 『한국세시풍속자료집성(조선후기 문집편)』).
35) 1653년에 태어나서 1733년에 사망하였다.
36) 1709년.
37) 李衡祥, 『瓶瓦集』 卷1(번역은 국립민속박물관(편), 2005, 『한국세시풍속자료집성(조선후기 문집편)』).
38) 1632년에 태어나서 1681년에 사망하였다.
39) 吳始壽, 『水村集』 卷1(번역은 국립민속박물관(편), 2005, 『한국세시풍속자료집성(조선후기 문집편)』).

신익상(申翼相)[40], 『醒齋遺稿』 책1 癸巳[41]仲秋望月 與季會泛舟龍江

…

오늘 밤엔 단지 그윽한 방울소리와 생황소리가 아쉬울 뿐.

조각 배엔 가을 달을 가득 싣고서,

취한 채 하늘 너머에 있는 봉래산(蓬萊山)을 가리키네[42]

이와 함께 추석을 맞이하여 삼척 죽서루 아래 오십천에서 뱃놀이를 즐긴 사실을 적은 시詩를 소개하면 다음과 같다.

殊方傾蓋眼還青	먼 지방에서 서로 만나니 눈은 오히려 푸르러져
披竹同來俯翠屏	대숲 헤치며 함께 와서 비취빛 절벽을 굽어본다.
各點高樓三柄燭	높은 누각에 세 자루 촛불 각각 붙이니
翻成滄海一團萍	넓은 바다에 한 조각 부평초 되었어라.
當筵絲竹兼山水	이 자리에 음악과 산수 있어
徹夜杯樽有月星	밤새도록 술잔과 술독엔 달과 별이 비친다.
要識箇中奇絕景	이 속에 빼어난 절경 있음 알지니
乘舟須下彩雲汀	배에 오르면 모름지기 채색 구름 물가에 내리리.[43]

삼척 죽서루에서 술·기생·음악으로 가득한 달밤을 생생하게 묘사하였다. 추석에 달이 뜬 밤에 반갑게 만난 여러 사람과 촛불을 밝히니, 그들이 있는 누정은 순식간에 속세와 완전히 단절된 곳으로 변한다고 묘사하였다. 이에 더하여 그곳에는 푸른 눈을

---

40) 1634년에 태어나서 1697년에 사망하였다.
41) 1653년.
42) 申翼相, 『醒齋遺稿』 册1(번역은 국립민속박물관(편), 2005, 『한국세시풍속자료집성(조선후기 문집편)』에 따름.)
43) 「중추 달밤에 삼척영장·평릉승과 죽서루에 함께 모여 기녀를 불러 풍악을 즐기다가 헤어졌다」라는 제목의 시(詩)이다. 1780년 삼척부사로 부임한 이헌경(李獻慶, 1719~1791)이 지은 작품인데, 간옹집』 권7에 실려있다. (번역은 김풍기·안세현·이국진 譯, 2022, 『國譯 죽서루 한시』, 삼척시립박물관)

보여주는 반가운 사람이 있고 음악과 아름다운 산수 자연이 있으며, 중추의 밝은 달과 별들이 술잔과 술독에 비치고 있음을 사실적으로 표현하였다. 당시 문인들이 즐긴 뱃놀이 모습을 잘 보여주고 있다.

(4) 중추회

추석을 맞이하여 지인知人들과 함께 보름달 아래에서 잔치 또는 술자리를 열어 이를 즐기면서 남긴 작품들을 각종 문집에서 발견할 수 있다. 대표 사례를 소개하면 다음과 같다.

기산의 뱃놀이 그림(국립민속박물관)

김종직金宗直[44]의 글을 모은 『佔畢齋集』 권9에 '중추의 밤에 극기·세륭·백원과 함께 달구경하며 두류산을 바라보다'라는 제목의 시에 중추회를 다음과 같이 묘사하였다.

> …
> 오늘 밤의 맑은 경치는 실로 뜻밖이라,
> 멀리서 좋은 벗을 불러서 단란하게 모였네.
> …
> 밝은 촛불을 물리치고 술잔을 벌여놓으니
> …
> 술자리도 온화하게 즐거운 놀이를 제공하네
> …[45]

---

44) 1431년에 태어나서 1492년에 사망하였다.
45) 金宗直, 『佔畢齋集』 卷9(번역은 국립민속박물관(편), 2005, 『한국세시풍속자료집성(조선후기 문집편)』).

이우李堣[46]의 글을 모은 『松齋詩集拾遺』에 실린 '중추 밤에 김감사에게 드리다[仲秋夜呈金監司]'란 제목의 시에도 중추희를 다음과 같이 묘사하였다.

돌려 마시는 술 석잔에 흥이 다 되었는데,
둥근 달은 이미 잣나무 숲 동쪽에 솟아 있네
비록 오늘 밤 중추의 모임은 이루어졌지만,
다시 인간의 분수에 맞는 예의로 돌아가야 하네[47]

노진盧禛[48]이 쓴 글을 모은 『玉溪先生文集』 권1에 실린 '추석날 밤에 군신에게 잔치를 베풀다'란 제목의 시를 소개하면 다음과 같다.

…
백관(百官)에 잔치 은혜 베풀 것을 생각하네
술잔에는 술이 가득히 궁온(宮醞)을 나누는데,
임금의 말씀은 정령(丁寧)하여 성정(聖情)을 담았네.
어찌 요행히 내가 성대한 잔치에 참여하였는가?
궁궐에서 춤추며 생성(生成)하는 은혜를 받네[49]

위 기록과 함께 노수신盧守愼[50]의 글을 모은 『소재선생문집』에 '中秋飲酒'라 적은 글이 보이고, 『성소부부고』에는 허균許筠[51]이 1601년 8월 13일 임신일에 진남헌에 나아가

---

46) 1469년에 태어나서 1517년에 사망하였다.
47) 李堣, 『松齋詩集拾遺』(번역은 국립민속박물관(편), 2005, 『한국세시풍속자료집성(조선후기 문집편)』).
48) 1518년에 태어나서 1578년에 사망하였다.
49) 盧禛, 『玉溪先生文集』 卷1(번역은 국립민속박물관(편), 2005, 『한국세시풍속자료집성(조선후기 문집편)』).
50) 1515년에 태어나서 1590년에 사망하였다.
51) 1569년에 태어나서 1618년에 사망하였다.

방백과 함께 장대놀이, 줄타기, 높이뛰기 등 여러 가지 재주와 놀이를 보았음을 기록하였다.

이와 같은 다양한 자료를 통해 조선시대 문인들은 추석을 맞이하여 성묘를 비롯하여 조상제사를 지냈고, 한편으로는 달맞이와 뱃놀이, 잡희 감상 등 다양한 방법으로 추석을 즐겼음을 알 수 있다.

이와 함께 추석에 성묘를 못한 사람은 중양절에 성묘하고, 한편으로는 산에 올라가 국화주를 마시고, 구로회·구일회·국화·국화꽃 하사·등고회·뱃놀이·수계회·중양회·감회 등 다양한 형태로 중양절을 즐긴 기록들이 각종 문집에 전한다. 이를 통해 중양절 또한 수확 마무리, 가을을 즐김 등 다양한 요소들이 추석에 대신하여 설행되었음을 알 수 있다. 이에 더하여 국가에서 중양절을 맞이하여 과거를 시행한 사실도 보인다.

이를 통해 조선시대에 추석과 함께 중양절도 이와 유사한 의미성을 부여하여 조상제사와 함께 다양한 방법으로 즐겼음을 알 수 있다.[52]

3) 세시기에 나타난 추석

조선시대에 간행된 각종 세시기에도 추석 관련하여 다양한 풍속이 소개되어 있다. 세시기 별로 간단하게 수록 내용을 소개하면 다음과 같다.[53]

---

52) 추석은 햇곡을 처음 수확하여 薦新을 하는 데에 큰 의미가 있다면, 중양절은 추수를 끝내었기에 추석 때 실시하지 못한 다양한 풍속을 공유할 수 있었다고 볼 수 있다.
53) 다음 자료집에 실린 조선시대 세시기를 주로 참고하여 정리하였다.
국립민속박물관(편), 2003, 『조선대세시기 Ⅰ』.
국립민속박물관(편), 2005, 『조선대세시기 Ⅱ』.
국립민속박물관(편), 2021, 『조선대세시기 Ⅲ』.
국립민속박물관(편), 2007, 『조선대세시기 Ⅳ』.

[자료 1] 조수삼, 「세시기」, 1795.
- 8월 15일 : 추석 - 중추에 달구경하는 저녁
  햇곡식을 수확하여 한 해 농사 마무리
  한식처럼 묘제를 지낸다.
- 9월 9일 : 나라에서 과거를 시행하여 선비들을 뽑는다.
  높은 곳에 올라가서 국화주를 마신다.

[자료 2] 조운종, 「세시기속」, 1821.
- 8월 15일 : 가배
  성묘
  수확이 멀지 않음
  게[蟹]장국에 막걸리 맛이 새롭다

[자료 3] 권용정(1801~), 「한양세시기」
- 8월 15일 : 중추절 - 산소에 가서 제사
- 9월 9일 : 사당에 국화떡을 바친다.
- 10월 : 떡을 쪄서 택신에게 제사

[자료 4] 김형수, 「농가십이월속시 [정학유(1786~1855)]」, 1861.
- 8월 : 곡식 익으니 감사
  각종 수확
  각종 제물 준비하여 제사(조기, 북어, 송편, 햅수수로 빚은 술, 박나물, 토란국)
  며느리 근친(인절미, 술병, 닭 또는 개)
- 9월 9일 : 중양절
  등고(登高)
  산승은 재 올림, 무당 굿

[자료 5] 유만공(1793~1869), 「세시풍요」
- 8월 : 가배 연원 - 신라에서 온 풍속

  여인들의 근친 풍속(인절미, 쌀떡)

  추석 음식(햅쌀밥, 토란국)

  성묘

  시절 음식(토란국, 녹두 묵, 콩떡, 채소, 소천어, 올벼, 신청주 등)

  시장 풍요 - 다리부러진 소, 바닷가 시장- 산간 장터 오가는 길[교역], 사당패

  농가에서 최고 명절을 추석으로 여김

  禊會 마침, 射會 시작
- 9월 : 중구절 ; 국화전, 桑落酒, 登高

  9월 9일의 타향은 고향보다도 낫다

  전중양(19일)

[자료 6] 유득공, 「경도잡지」, 1800년 전후
- 추석 : '추석'이라고 하기도 하고 '가위'라 함
- 중구 : 국화를 따다가 떡을 해먹음(봄 삼월삼짇날 ─ 진달래 ─ 에 대비)

[자료 7] 김매순, 「열양세시기」, 1819.
- 추석 : 가배 - 신라 연원으로 인식

  쌀로 술을 빚고, 닭을 잡아 먹음(안주나 과일 넘침; 이에 '더도말고 덜도 말고 한가위와 같아라'는 말이 유래)

  묘제(설, 한식, 추석, 동지) - 이중 한식, 추석 → 추석 때 성묘·조상제사 가장 크게 중시
- 중양절 : 세종 임금 때 우의정 유관(柳寬)이 당나라와 송나라의 고사를 본받아 삼월삼짇날과 구월 중양일을 영절(令節)로 하여 대소 신료들에게 명승지를 택하여 유람하고 즐기게 함으로써 태평한 기상을 나타내기를 청하니 임금이 이를 허

락하였다.

그러나 중엽 이후로 여러 차례 난리를 겪으면서 이 풍속은 쇠퇴하였으나 옛 일을 좋아하는 많은 사대부들은 중양일에 등고(登高)하여 시를 지으며 즐긴다.

[자료 8] 홍석모, 「동국세시기」, 1840년 전후
- 추석 : 닭을 잡고 술을 빚음
  신라 유래설 설명
  제주도 풍속 : 노래·춤, 줄다리기, 그네, 닭잡기놀이
- 월내 : 씨름, 햅쌀 술, 햅쌀 송편, 시루떡(무와 호박 넣은), 인절미, 밤단자, 토란단자
- 중양절 : 국화찹쌀떡(화전), 화채, 등고(단풍놀이)

위에서 소개한 세시기를 통해 조선시대 주요 세시로서의 추석 풍속을 자세하게 파악할 수 있다. 정리하면, 당시 추석을 '가배' 또는 '가위'라고도 하며, 신라로부터 유래하였음을 인지하였다. 다양한 추석 풍속을 성묘와 추석제사, 놀이, 음식, 근친 풍속 등 다양하게 정리하였음을 알 수 있다. 좀 더 구체적으로 세시기에 실린 성묘와 추석제사 이외의 추석 풍속을 정리하면 다음과 같다.

추석에 즐긴 놀이는 달 구경·씨름 등이며, 제주도에서는 노래·춤·줄다리기·그네·닭잡기놀이였음을 알 수 있다.

제수로 일부 지방에서 준비한 음식은 조기, 북어, 송편, 햅수수로 빚은 술, 박나물, 토란국이고, 시절 음식으로 게[蟹]장국, 막걸리, 국화떡, 햅쌀밥, 토란국, 햅쌀 술, 햅쌀 송편, 시루떡(무와 호박 넣은), 인절미, 밤단자, 토란단자, 녹두 묵, 콩떡, 채소, 소천어, 올벼, 신청주, 닭요리 등을 만들어 먹었음을 알 수 있다.

이와 함께 교역이 활발하여 바닷가에 시장이 서고, 상인들이 산간 지역을 오가며 장터에서 물건을 구입·판매 하는 등 교역이 활발하였음을 기록하였다. 시장이 붐비게 됨에 따라 일부 지역에서는 사당패들이 등장하여 이를 즐기는 사람들이 모여들기도 하였음을 알 수 있다.

그리고 추석을 계기로 농사일을 마무리할 수 있기에 인절미, 술병, 닭요리 등을 준비하여 친정에 다녀오는 근친 풍속도 있었다. 근친 풍속은 현재 일부 지방에서 반보기 풍속 등으로 변동되어 전승되고 있다.

3. 일제강점기의 추석

조선시대까지의 각종 기록에 나타난 추석은 왕실, 지배층 중심의 추석 풍속을 기록한 자료를 바탕으로 정리될 수밖에 없었다. 그런데, 일제강점기에 발간된 각종 신문·잡지 내용 중 추석 관련 기사를 확인할 수 있다. 이와 함께 1936년부터 전국을 군 단위의 기초 단체를 기준으로 1941까지 무라야마 지준村山智順이 주도하여 조사한 결과물인 『朝鮮の鄕土娛樂』(朝鮮總督府)을 1941년 발간하였다. 이를 통해 일제강점기 당시 각 지역별 세시풍속 현장을 종합적으로 검토할 수 있는 계기가 마련되었다. 구체적으로 소개하면 다음과 같다.

1) 언론을 통해 본 추석

일제강점기에 신문을 비롯하여 다양한 잡지가 간행되면서 대중들의 일상 생활 중 기사화할 필요가 있는 내용들을 중심으로 소개되는 사례들이 많아졌다. 일제강점기에 발간된 각종 신문·잡지에 소개된 추석 관련 기사들을 통해 당시의 추석에 대한 전체적인 양상을 알 수 없지만 당시 추석과 관련하여 대중들이 중요시한 요소들을 파악하기에는 매우 유용하다.

기사화된 추석 풍속은 주로 놀이와 음식 중심으로 소개되었다. 중요한 기사를 중심으로 정리하여 소개하면 다음과 같다.

[일제강점기의 추석 관련 주요 기사][54]

- 추석을 어른들의 명절로 파악. 가족·친족별 행사. 이에 고향가는 날로 인식(매일신보, 1915)
- 추석놀이회(포천 신읍예배당에서 추석놀이회 개최 ; 동아일보, 1930)
- 김해 씨름대회 ; 김해 농민연맹(동아일보, 1931)
- 진주 남강면 백사장에서 투우대회(조선중앙일보, 1933)
- 의령에서 추석 명절에 씨름[脚戱]과 투우대회 개최(조선중앙일보, 1933)
- 색시들이 춤추는 강강수월래(삼천리, 1932)
- 旗마지(지주 등이 술 등을 준비) - 풍년제, 추석 음식으로 송편, 호박떡(조광, 1938년 9월)
- 거북놀이, 토란국, 송편 등(조선일보, 1938년)
- 추석에 송편, 성묘, 씨름놀이, 거북놀이, 강강수월래, 줄다리기(동아일보, 1935)
- 추석을 1년에 한 번 주부가 활개를 피는 날이라고 규정. 이전 한가위를 근친의 명절로 규정한 전통 계승(매일신보, 1935)

당시 추석을 가족·친족 중심의 명절로 여겼다. 이에 고향을 방문하는 등 성묘와 제사를 통해 가족 간의 유대를 강화하는 계기로 여겼음을 알 수 있다. 즉, 정월대보름과 단오는 마을 공동체 중심으로 운영된 사례가 많았기에 마을 주민 모두가 참여하는 형태로 다양한 제의, 놀이 등이 많음에 비해 추석은 가족 또는 집안, 특정 연령대 중심의 참여, 소규모 모임 중심의 회합을 중시한 명절이었음을 조선시대에 쓰여진 문집이나 각종 세시기를 통하여 확인할 수 있다. 이와 같은 전통은 일제강점기에도 이어졌으나, 일부 지역에서는 줄다리기 등 일부 종목을 지역 단위로 확대 운영하는 사례도 점차 나타났음을 알 수 있다.

당시 줄다리기와 함께 씨름, 소싸움, 강강수월래, 거북놀이 등 각 지역의 전통을 계승한 다양한 놀이가 설행되었다.

---

[54] 국립민속박물관(편), 2003, 『한국세시풍속자료집성(신문·잡지편 1876~1945)』.

추석 명절에 즐긴 음식 또한 절기를 반영하여 송편, 토란국 등 일반적인 추석 음식과 함께 호박떡을 절기 음식으로 즐겼음을 알 수 있다.

추석 명절을 지내지 못한 사람들은 중양절에 국화주를 준비하는 등 이전 시기의 중양절 전통이 계속 전승되고 있음을 알 수 있다.

그리고 1925년에 최영년이 『해동죽지海東竹枝』를 간행하였다. 『해동죽지海東竹枝』 중 「명절풍속名節風俗」에 추석을 비롯하여 중양절과 10월의 주요 풍속을 정리하였는데, 소개하면 다음과 같다.

- 8월 15일 : 중추, 추석송편, 조상 제사
- 9월 9일 : 중양, 국화를 띄우고, 높은 곳에 올라 시를 짓고, 국화주를 마심
- 10월 : 도당굿

위에서 소개한 일제강점기 추석 관련 기사와 최영년이 쓴 세시기인 『해동죽지海東竹枝』 「명절풍속」에 실린 추석 풍속은 조선시대의 각종 기록에 실린 추석 명절과 큰 차이가 없음을 알 수 있다. 다만 제한적이지만 도시에 거주하는 사람들이 많아짐에 따라 추석에 고향가는 새로운 전통이 점차 자리를 잡아가는 모습이 보인다.[55]

2) 『조선의 향토오락』을 통해 본 추석

『朝鮮の鄕土娛樂』(朝鮮總督府)에 놀이 관련 조사 내용이 주로 수록되어 있다. 이 중 추석 관련 놀이의 주체를 마을 주민 전체, 어린이, 부녀자, 청년 등으로 구분하였다.

---

55) 추석에 고향으로 가서 벌초를 하고 성묘를 하는 풍속은 이전에도 있었으나, 이는 관료들을 중심으로 추석 휴가를 내어 본가나 고향을 방문하는 수준이었다. 그런데, 산업화와 도시화로 인해 추석에 고향으로 가는 전통은 이때부터 본격적으로 성립되었다고 볼 수 있다.

이 중 마을 전체 주민들이 모두 동참한 놀이 사례는 많지 않다.[56] 이는 놀이 유형 구분에도 일정한 영향을 끼쳐 개인별 또는 특정 집단이 주도하는 겨루기 놀이, 특정 주체들이 어울려 노는 놀이, 개인별 놀이 등으로 구분된다. 구체적으로 소개하면 다음과 같다.

(1) 놀이

『朝鮮の鄕土娛樂』(朝鮮總督府)에 실려있는 놀이 형태를 완상, 개인별 놀이, 모여서 노는 놀이(어울려놀기, 꼬리따기, 어울려 떼어내기), 각 가정 방문, 개인별 겨루기, 집단 겨루기로 구분할 수 있다.

이 중 완상은 달맞이가 대표적이다. 특정 지역을 한정하지 않고 전국에서 달맞이를 하는데, 남녀노소를 가리지 않는다. 정월대보름에 달집태우기, 횃불놀이 등을 공반하여 보름달을 즐겼으나, 추석에는 주로 산이나, 들, 강에서 배를 띄워 달을 감상한 사례들이 대부분이다. 대표적인 사례를 소개하면 다음과 같다.

- 경기도 고양에서의 달맞이 : 횃불을 켜들고 달뜨기를 기다리다가 달이 뜨면 달을 향해 절을 하고 풍악 울리고 논다.
- 제주도 달맞이 : 많은 부녀자들이 모여 달을 바라보며 달나라 이야기를 하거나, 노래를 부르며 즐겁게 논다.
- 함경북도 경성·나남지방 : 일반 남자들이 술을 마시면서 달 감상

위에서 소개한 사례 외에도 대부분의 지역에서 달을 감상한 내용이 수록되어 있다. 마을 주민들이 개별적으로 참여하는 달맞이였으나, 충남 서천에서는 어린이, 함경남도

---

[56] 『朝鮮の鄕土娛樂』(朝鮮總督府)의 조사에 따르면, 추석에 마을제를 지낸 사례로 함평에서 지낸 당산제, 명천에서 지낸 산천제를 소개하였다. 정월이나 단오 등에 비해 그 사례가 거의 없음을 알 수 있다. 이와 관련하여 1967년 전국의 마을제당을 조사하여 작성한 통계에 의하면 전국 동제 12,521건 중 8월에 동제를 지낸 사례는 232건에 불과하다. 이를 통해 세시풍속 가운데 추석이 지닌 성격은 마을 전체 주민들이 동참하여 어울리는 성격이 아님을 알 수 있다.

단천에서는 청소년, 경기도 양주지방에서는 15세 이하의 남자, 경남 김해에서는 여자, 강원도 철원에서는 남자들, 평안남도 강동에서는 어린이들이 주로 달맞이를 한 것으로 조사되어 있다. 이를 통해 일부 사례지만 특정 성 또는 연령대별로 달맞이를 하였음을 알 수 있다.

추석에 주로 행해진 개인별 놀이는 그네와 널뛰기가 있다. 정월대보름이나 단오에도 행해진 놀이인데, 전국에서 확인되며, 주로 여자와 어린이들이 즐긴 놀이였다.

모여서 노는 놀이는 특정 집단별로 어울려놀기, 꼬리따기, 지키기놀이로 구분하여 정리할 수 있다. 먼저 어울려놀기는 문지기놀이, 쌍윷, 탈춤, 말광대놀이, 산놀이, 반보기, 콩심기, 기와밟기, 윷놀이, 강강수월래 등을 들 수 있다. 산놀이와 반보기를 제외하면 대부분 추석과 함께 정월대보름에도 많이 행해진 놀이이다. 각 놀이를 간단하게 소개하면 다음과 같다.

- 문지기놀이[57] : 전남 무안을 중심으로 행해진 어린이 놀이
- 쌍윷 : 전국의 많은 지역에서 행해진 성인 놀이
- 탈춤
- 말광대놀이[58] : 정월보름과 추석 전후에 행한 여자 어린이들의 놀이
- 산놀이 : 충청남도 부여·서천, 경남 창원 등지에서 행해진 부녀자 놀이인데, 주로 추석 다음 날 행함

---

57) 놀이법 : 우두머리인 두 사람이 손을 올려서 마주잡고 서고, 다른 사람들은 모두 한 줄로 이 문을 빠져나간다. 이 행렬이 다 빠져나갈 때쯤 문을 닫아(손을 내려) 마지막 사람을 붙잡는다.(村山智順, 1941, 『朝鮮の鄕土娛樂』, 朝鮮總督府.)
58) 많은 수의 여자 어린이들이 가로로 늘어서서 양손을 잡아 연결하고, 선두의 한 사람에게 차례대로 휘감긴다. 다 감은 뒤에는 또 차례대로 감았던 행렬을 풀고 각자의 왼쪽 팔을 넘어서 오른쪽으로 돌아나와 일렬로 늘어선다. 여기에서 손을 놓고 각자가 엎드리면 맨 뒤의 사람부터 순서대로 등을 밟고 앞으로 나아가서 선두의 앞에 다시 엎드린다. 뒤에 있던 사람들도 차례대로 이런 식으로 반복한다.(村山智順, 1941, 『朝鮮の鄕土娛樂』, 朝鮮總督府.)

- 반보기[59] : 전라남도와 경상북도 지역을 중심으로 행해진 풍속인데, 마을 내 여자들을 중심으로 행해짐.
- 콩심기[60] : 경상도 지역을 중심으로 행해진 숨기기 놀이로 주로 여자나 어린이들이 행한 놀이.
- 기와밟기 : 일종의 놋다리밟기 놀이이며, 전라남북도와 경상남도 지역에서 여자들을 중심으로 행해진 놀이.
- 윷놀이 : 전국적으로 행해진 어른들 놀이
- 강강수월래 : 전라남도와 경상남도를 중심으로 행해진 여성들 놀이.

위에서 소개한 놀이 중 산놀이와 반보기는 추석 다음 날 여성들을 중심으로 행해진 놀이이다. 오랫동안 만나지 못한 일가친척들이 서로 만나고 싶어 할 때, 통문을 보내서 날짜와 장소를 정하는데 인근의 경치 좋은 명승지나 계곡, 산 고개의 적당한 곳을 이용한다. 제각기 정성을 들여서 준비한 음식과 토산물을 가지고 나와 함께 풀어먹으면서 오랜만에 회포를 풀며 우의를 다진 중로보기, 중로회견, 중로상봉 풍속이 마을 내에서 산놀이 또는 반보기로 불리는 놀이로 변화되어 행해진 풍속으로 볼 수 있다.

중로회견
(오청, 『朝鮮の年中行事』, 1937, 180쪽)

---

59) 달밤에 두 마을의 부인들이 중간 지점에서 만나서 악수를 한 뒤, 첫날 밤은 갑마을에 가서 놀고, 다음 날 밤은 을마을에서 노는 식으로 번갈아 가면서 서로 다정하게 논다. 또 일정한 자리를 정하여 서로 모여, 여러 일을 논의하기도 하고, 음식을 같이 들면서 즐겁게 이야기를 나누기도 한다. 이때 모이는 부인들의 수가 백여 명에 달하는 경우도 있고, 또 젊은 사람은 모두 화려하게 화장을 하고 나간다. 그러므로 이 모임은 때로는 자기 아들이나 친척의 아들에게 적합한 색시감을 찾는 기회가 되기도 한다. (村山智順, 1941, 『朝鮮の鄕土娛樂』, 朝鮮總督府.)

60) 한 사람이 돌멩이를 다른 사람의 치마 속에 숨기면 또 다른 사람이 누구에게 숨겼나 알아맞힌다. 이번에는 그 사람이 반대로 돌멩이를 숨긴다. (村山智順, 1941, 『朝鮮の鄕土娛樂』, 朝鮮總督府.)

꼬리따기 놀이는 전국적으로 행해진 놀이인데, 지역에 따라 수박따기[61], 고사리따기[62], 오이따기[63], 청어엮기[64] 등 다양하게 불리며, 놀이법 또한 지역마다 약간의 차이는 있다. 그러나 공통점은 여자들의 놀이였다는 점과 여러 사람이 서로 앞 사람의 허리띠를 잡고 한 줄로 늘어서서 상대방의 꼬리를 잡는 놀이였다는 점이다.

대표적인 지키기 놀이로 '닭잡기'가 있다. 충청도와 전라도, 경기도 지역 어린이 또는 여자들을 중심으로 행해진 놀이이다. 놀이법은 모두가 손을 잡고 둥글게 울타리를 쳐서, 울타리 안에 있는 닭을 지킨다. 밖에 있다가 습격해 오는 살쾡이로부터 닭을 지켜내는 놀이다. 놀이에 참여한 십여 명이 손을 잡고 둥글게 둘러앉아서 허물어진 울타리가 된다. 원 안에 있는 사람이 닭이 되고, 원 밖에 있는 사람이 쥐가 되어 놀이를 시작한다. 암탉이 병아리를 지키고 있는 것을 솔개가 와서 채가는 모양을 흉내낸 놀이라고 한다.

일종의 지신밟기로 여길 수 있는 놀이들이 추석에도 행해진다. 경기도 이천과 충청북도 천안지역에서 거북놀이로 불리며, 경상북도지역에서는 이를 지신밟기라고 한다. 경기도 이천의 거북놀이[65]는 어린이들이 수숫대로 큰 거북이 모양을 만들어 여러 어린이가

---

61) 경기 이천에서 행해진 놀이이다. 여러 사람이 서로 앞 사람의 허리띠를 잡고 한 줄로 늘어선다. 줄의 맨 앞 사람이 할아버지가 되고, 그 뒷 사람 모두는 수박이 된다. 이 줄에 들어가지 않는 한 사람이 할머니가 되어, 할아버지를 향하여 "수박을 따고 싶다"고 하면 할아버지는 "수박은 아직 꽃도 피지 않았어"라든지, "아직 익지 않았어"라고 대답하며 좀처럼 수박따기를 허락하지 않는다. 이와 같은 문답풀이 끝에 할머니가 무리해서라도 수박을 따려고 하면, 할아버지는 못 따게 하려고 도망을 다니는 놀이이다.(村山智順, 1941, 『朝鮮の郷土娯樂』, 朝鮮總督府.)
62) 전남과 경남지역을 중심으로 행해진 놀이인데, 서로 손을 붙잡고 반원형으로 되게 한 후 잡은 손 위를 넘으면서 노래하며 논다. 이때 부른 노래는 다음과 같다.
   1. 수양산 고사리 끈어다가 우리 아버님 반찬하자 　 (후렴) 끈자끈자 고사리 끈자
   2. 삼각산 고사리 끈어다가 우리 어머니 반찬하자
   3. 백두산 고사리 끈어다가 우리 언니 반찬하자
   4. 태백산 고사리 끈어다가 우리 형님 반찬하자(村山智順, 1941, 『朝鮮の郷土娯樂』, 朝鮮總督府.)
63) 주로 전남과 경북 지역을 중심으로 행해진 놀이임.
64) 주로 전남지역을 중심으로 행해진 놀이임. 놀이법을 소개하면, 두 편으로 갈라 일직선으로 늘어서서 손을 잡고 선두에 선 사람이 "청, 청, 청어역자"라고 기세좋게 노래하면서 둘째 사람과 셋째 사람의 맞잡은 팔 아래를 빠져나가면서 돈다. 이어 차례로 다음 사람도 도는 동안에 한손(선두가 왼쪽부터 돌았을 때는 왼편이, 오른쪽으로 돌았을 때는 오른편이 빙글빙글 말리게 된다)을 앞쪽 사람의 어깨에 얹고 말아간다. 이렇게 하여 선두가 줄의 끝까지 돌아서 모든 사람이 다 말렸을 때 "어느쪽 고등어가 싱싱하냐"라고 물으면서 밧줄을 당기듯이 잡아당기는데, 이때 손을 놓친 편이 진다.(村山智順, 1941, 『朝鮮の郷土娯樂』, 朝鮮總督府.)

꼬리따기 놀이(국립민속박물관)

남생이놀이(국립민속박물관)

문지기놀이(국립민속박물관)

청어엮기(국립민속박물관)

그 속으로 들어간다. 수숫잎을 머리에 두른 거북이몰이가 거북을 다루면서 재미있게 논다. 마치 거북이가 기어다니는 모습으로 각 집을 방문하여 덕담을 하고 떡과 과일 등을 대접받는 놀이이다.

이에 비해 천안지방에서의 거북놀이는 주로 농민들이 행하는 놀이이다. 대나무로

---

65) 길놀이·우물굿·마을놀이·문굿·터주굿·조왕굿·대청굿·마당놀이로 구성된 이천 거북놀이는 다른 지역에서 연행되는 거북놀이에 비하여 그 놀이 과정과 기물의 형태가 비교적 잘 갖추어져 있다. 그리고, 효율적인 전승을 위한 이천거북놀이보존회가 구성되어 활동하며, 거북놀이에 대한 조사·연구·보존이 잘 이루어지고 있다. 이에 경기도에서 이천 거북놀이를 경기도 무형문화재로 지정하여 보호하고 있다. (2010.06.08. 지정)(문화재청 국가문화유산포털 / 우리 지역 문화재 / 경기도 이천시 / 이천거북놀이)

거북 모양을 만든 후 거북을 뒤집어 쓴 사람을 선두로 해서 농악대가 뒤를 따라 마을의 각 집 문 앞에 찾아가서 여러 가지 재미있는 놀이를 하고, 그 집의 복을 빌어 준다. 이에 답해서, 거북을 맞이한 집에서는 술과 음식을 내어 베푼다. 이때 부르는 거북놀이의 노래는 다음과 같다.

거북아 거북아 놀아라
만석 거북아 놀아라
천석 거북아 놀아라

겨루기 놀이는 개인별 겨루기와 집단 겨루기가 있다. 개인별 겨루기는 청년 또는 남성들을 중심으로 행해지는 씨름, 남한지역을 중심으로 어린이, 청소년들이 주로 하는 돈치기[66], 제기차기, 풀배겨루기[67], 활쏘기, 소싸움 들이 있다.

집단 겨루기 놀이는 줄다리기, 길쌈놀이, 장치기, 석전石戰 등이 있다. 추석에 행한 줄다리기는 사천, 고성, 양평, 당진, 장수, 옥구, 함평 등에서 행하였다. 길쌈놀이는 경상도 지역을 중심으로 여자들 여럿이 모여서 갑과 을, 두 편으로 나뉘어 길쌈내기를 겨루는 놀이이다. 문경지역을 중심으로 행해진 석전石戰[68]은 어린이들 놀이였다.

전남 해남, 무안, 완도 지역에서는 여성들에 의해 덕석말이놀이가 행해졌다. 함평지역에서는 추석에 어린이들이 연날리기를 하였다고 한다.

---

66) 제주도에서 돈치기는 몇 명이 한편이 되어 1전에서 5전 정도의 돈을 내어, 이를 적당한 거리에 던져 놓고, 돌로 돈을 맞추는 사람이 돈을 가지게 된다.(村山智順, 1941, 『朝鮮の鄕土娛樂』, 朝鮮總督府.)
67) 제주도에서 추석 무렵에 어린이들이 나무조각, 또는 대나무 잎으로 작은 배를 만들어 강에 띄워 떠가는 모양으로 우열을 겨루는 놀이이다.(村山智順, 1941, 『朝鮮の鄕土娛樂』, 朝鮮總督府.)
68) 놀이법은 서중리와 현리 두 마을 어린이들이 작은 돌멩이를 가지고 모인다. 서로 포진하고 기다리다가, 명령이 떨어지면 곧장 함성을 지르며 상대에게 돌을 던지면서 진퇴를 거듭한다. 적진 중에 있는 표적이 되는 물건을 빼앗는 것으로 승패를 결정한다. 석전은 서중리와 현리 두 마을 어린이에 의해 열리는데, 서중리 편이 이기면 현리에 있는 배를 전부 차지하고, 현리 편이 이기면 서중리의 탱자 열매를 전부 차지한다는 약속 아래에서 행해진다.(村山智順, 1941, 『朝鮮の鄕土娛樂』, 朝鮮總督府.)

위에서 소개한 바와 같이 함께 어울려 행해진 놀이는 마을 전체 주민들이 참여하기보다는 여성, 남성, 어린이, 성인, 부녀자 등 특정 집단별로 추석에 놀았던 놀이임을 알 수 있다. 이와 함께 이들 놀이 중 대부분의 놀이는 정월대보름이나 단오에도 놀았던 놀이였으나, 산놀이, 반보기, 소싸움, 풀배겨루기, 길쌈내기, 거북놀이 등은 1년 농사를 마무리하는 추석이 지닌 성격을 잘 드러낸 놀이로 볼 수 있다

(2) 모임

1년 농사를 마무리하기 시작하는 추석을 맞이하여 마을 내의 친목 단체 등을 중심으로 각종 모임들이 열렸다. 이와 함께 보은, 순천, 예천, 명천 등 여러 지역에서 노인들을 공경하는 경로회를 유림 또는 마을 내 농민들이 주도하여 열었다.

그런데, 중양절에 이르러 1년 추수를 완전히 마무리할 수 있었기에 이때 친목 모임을 가지거나, 마을 주민들을 모아 대접하는 사례들도 있었다.[69]

4. 추석 풍속의 전승 양상

위에서 살펴본 바와 같이 추석 관련 풍속이 매우 다양한 형태로 조선시대와 일제강점기에 전승되었음을 알 수 있다. 이를 의례·음식·놀이·완월玩月·점복과 속신·모임으로 구분하여 추석 민속을 폭 넓고 심도있게 정리하면 다음과 같다.[70]

---

69) 개풍지방에서는 '구일회'라고 하여 중양절에 마을 가운데서 지난 1년 사이에 새로 며느리를 들인 집에서 술안주를 내게 하여 마을의 유지들을 모아 음식을 대접한다. 마을의 행사나 풍속 등에 대한 의논을 한 뒤에 하루를 즐겁게 놀았다고 한다. (村山智順, 1941, 『朝鮮の鄕土娛樂』, 朝鮮總督府.)
70) 관련 내용 조사·정리에 다음 조사·연구 성과를 참고하였다.
한국민속대백과사전(https://folkency.nfm.go.kr/kr/main)
김도현, 2018, 「강릉 대동마을 민속(민간신앙·세시풍속·종교·민간의료)」, 『강릉 대동마을지』, 가톨릭관동대·한국수력원자력.

1) 의례

추석에 설행한 의례는 벌초 및 성묘, 추석 제사, 천신薦新, 가정신앙 관련 의례, 생산 관련 의례 등 다양하다. 대상 신령은 조상, 성주·지신·세존·철륭 등 가정신앙에서 모시는 신령들, 김 채취 관련하여 모신 용왕 등 의례에 따라 모셔지는 신령이 다르다. 이와 같은 의례 중 추석이 지닌 세시 의미를 가장 잘 드러내는 의례는 성묘, 추석 제사, 천신薦新이다. 구체적으로 소개하면 다음과 같다.

성묘
(오청, 『朝鮮の年中行事』, 1937, 172쪽)

추석을 맞이하여 조상 묘를 돌보는 벌초 및 성묘와 함께 추석제사를 지낸다. 민간에서 지내는 추석제사를 왕실에서도 지낸다. 왕실에서 이를 '문소전제(文昭殿祭)'라 하여 사시(四時)와 한식, 추석 같은 속절(俗節)에 원묘(原廟)인 문소전(文昭殿)에서 제사를 지냈다.

한 해 동안 벼농사를 지어 일찍 수확한 벼를 가장 먼저 조상에게 바치고 제사 지내는 풍속을 '올개심니', 즉 '천신(薦新)'이라고 한다. 올개심니는 한 해 동안 농사를 지어 가장 먼저 조상에게 바치고 제사를 지내는 추수감사 제의적인 성격을 지닌 세시행사이다.

각 가정에서 정월이나 다른 시기에 좋은 날을 받아서 집안에서 모시는 신령을 위한다. 추석에도 가정신앙 차원에서 용단지를 비롯하여 세존단지, 철륭, 지신, 업신, 성주 등을 모셔서 이들 신령에게 인사드리고, 가정의 안전과 행복 등을 기원한다. 좀 더 구체적으로 소개하면 다음과 같다.

강릉시 대동마을 홍○○댁 추석차례 상차림(2018년)

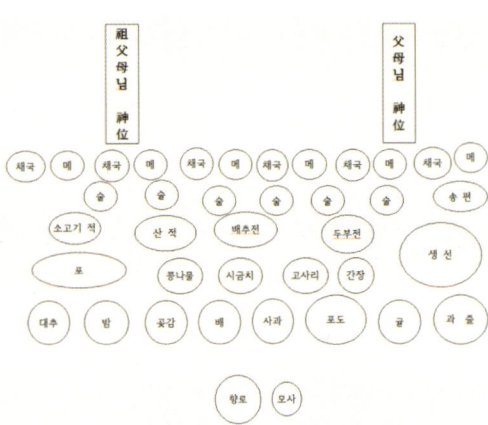
강릉시 대동마을 홍○○댁 추석차례 상차림(2018년)

갯제(국립민속박물관)

강릉시 대동마을 홍○옥 댁 추석 성묘를 위한 제물 상차림(2018년)

강릉시 대동마을 홍○옥 댁 추석 성묘(2018년)

마당제(국립민속박물관)

- 세존단지 : 추석에는 떡을 준비하여 시준 앞에 놓는다.[71]
- 용단지 : 용단지에 대한 의례는 가정에 따라 크고 작은 차이가 있으나, 다른 가신과 마찬가지로 설, 정월대보름, 추석, 동지 등의 명절과 추수 때에 올린다.[72]
- 철륭 : 설·정월대보름·추석 등 명절 아침에 집 뒤란 또는 뒤란의 장독대에 상을 차려서 떡, 밥, 나물, 어물, 과일 등을 진설한 다음 비손을 한다. 지역에 따라 철륭신, 천룡신(天龍神), 철령할마이, 뒤꼍각시, 철륭지신, 지신 등으로 불린다.[73]
- 성주단지갈기 : 올벼를 추수할 즈음 익은 벼 이삭을 제일 먼저 잘라 쌀이나 나락의 형태로 성주단지에 갈아 넣는 의례를 이른다. 추석 때는 이 올개심니를 하고 나서 모신 성주단지에서 쌀 세 줌을 꺼내 그것을 섞어 메(밥)를 짓기도 한다.[74]
- 지신 : 전북 고창군 성송면 내 가정에서 매년 설, 정월대보름, 추석, 동지에 음식을 장만하여 토방의 지신을 위해 차려놓는다. 이를 '지신밥'이라고 한다.[75]
- 성주 : 집안에서 대주나 안주인이 각 세시에 성주신과 집안의 가신들에게 정기적으로 드리는 의례를 성주고사라고 한다.[76]
- 인업 : 업신을 대접하는 의례를 설, 추석, 동지 등 주로 큰 명절에 다른 가신과 함께 의례를 행한다.[77]
- 마당제 : 여느 가정신앙에서 모신 신령과 달리 마당에는 특정한 신령이 좌정해 있다고 여기지 않는다. 다만 필요에 따라 신령을 위해 치성을 드리기도 하고, 부정한 것을 풀어내는 공간으로 활용한다. 마당은 단순히 제의적 공간의 차원을 넘어 천신(天神)의 하강처이며, 건축구조물에서 벗어나 밖이라는 공간 개념으로 이해되고 있다. 전남 화순지역에서는 집터가 세기 때문에 정월대보름과 추석 등 명절에 바가지에 밥을 담아 마당 구석

---

71) 황경순, 2011, 「세존단지」, 『한국민속신앙사전 : 가정신앙』, 국립민속박물관.
72) 김명자, 2011, 「용단지」, 『한국민속신앙사전 : 가정신앙』, 국립민속박물관.
73) 류종목, 2011, 「철륭」, 『한국민속신앙사전 : 가정신앙』, 국립민속박물관.
74) 김진순, 2006, 「성주단지갈기」, 『한국세시풍속사전 : 가을편』, 국립민속박물관.
75) 서해숙, 2011, 「지신」, 『한국민속신앙사전 : 가정신앙』, 국립민속박물관.
76) 임근혜, 2011, 「성주」, 『한국민속신앙사전 : 가정신앙』, 국립민속박물관.
77) 김명자, 2011, 「인업」, 『한국민속신앙사전 : 가정신앙』, 국립민속박물관.

구석에 던져 놓는다.[78]

그리고 남해안 일부지역에서 추석을 전후해 김이 잘 붙기를 용왕님께 기원하는 갯제를 지냈다. 어촌마을의 정월대보름 당제에서도 갯제를 통해 김농사가 잘되기를 기원하기도 하였다.[79]

위에서 살펴본 바와 같이 추석에는 각 가정에서 다양한 의례를 설행함을 알 수 있다. 추석에 설행되는 가정신앙은 추석에만 설행되는 의례라기보다는 정월이나 다른 시기에 좋은 날을 정하여 지내는 사례도 많다. 이에 비해 성묘, 추석제사, 천신의례는 추석이 지닌 의미를 잘 드러낸 대표적인 의례로서 공통적으로 조상을 위한다.

2) 음식

추석을 맞이하여 준비한 음식은 떡, 술, 나물, 국, 적炙 등 다양하다. 좀 더 구체적으로 추석 명절에 차례상에 올리거나 즐기는 음식을 소개하면 다음과 같다.

추석에 준비한 대표적인 떡은 송편, 설기떡, 인절미이다. 송편은 추석을 대표하는 음식으로 멥쌀가루 또는 일부 지방에서 감자가루를 익반죽하여 풋콩이나 햇녹두, 청대콩, 깨, 밤 등의 소를 넣어 반달 모양으로 빚어서 시루나 찜기에 솔잎을 켜켜로 놓고 찌는 떡이다. 차례상에 올리며, 일부지역에서는 올벼로 빚었기에 '오려송편'이라고도 한다.

삼척지역에서는 송편 속에 콩, 팥 등을 넣어 만들고, 송편 모양은 두 손을 아래 위로 서로 포개서 손금이 나타나도록 납작하게 만들어 솔잎을 밑에 깔고 찐다. 일부 지역에서는 시집갈 여자가 있는 집에서 송편을 빚는 솜씨가 좋아야 시집가서 잘 산다고 하는 얘기도

---

78) 김효경, 2011, 「마당제」, 『한국민속신앙사전 : 가정신앙』, 국립민속박물관.
79) 김준, 2004, 「김채취」, 『한국세시풍속사전 : 정월편』, 국립민속박물관.

전한다. 산간 지역에서는 옛날에 쌀이 없어서 서숙쌀(黍粟; 기장과 조)을 찧어서 속에 팥을 넣고 송편을 빚기도 하였고, 감자 송편을 만들어 올리기도 하였는데, 감자송편 속에는 광쟁이(완두콩)를 넣어 만들었다고 한다. 쌀이 귀해서 감자나 귀리로 만두처럼 떡을 빚어 사용한 지역도 있는데, 그 안에는 산나물을 뜯어다가 들깨와 기름으로 양념한 나물을 넣고, 옥수수 잎으로 그 떡을 한 개씩 싸서 쪘다고 한다. 삼척시 미로면 고천 대방골에서는 송편 이외에도 취떡, 쑥떡 등 온갖 떡을 빚어 먹는 전통이 지금도 전한다.

주로 멥쌀로 만든 설기떡은 켜떡과는 달리 시루에 한 덩어리로 두껍게 안쳐서 찐 떡이다. 추석에 설기떡을 만들 때 청대콩을 넣어 만들기도 한다.[80]

「농가월령가農家月令歌」 8월령八月令에 8월 근친할 때 떡과 인절미를 준비하였다는 기록을 통해 추석을 전후한 음력 8월에 인절미를 많이 해먹었음을 알 수 있다.[81]

즉, 추석 무렵에는 멥쌀 송편과 함께 멥쌀로 만든 설기떡, 찹쌀로 밥을 지어 떡메로 쳐서 만든 찰떡인 인절미를 주로 만들어 차례상에 올리고, 즐겨 먹었다.

추석에 마시는 술을 가배주嘉俳酒라고 하는데, 햅쌀로 빚은 술인 신도주新稻酒를 빚어 차례상에 올리고,

송편 1(국립민속박물관)

송편 2(국립민속박물관)

인절미(국립민속박물관)

설기떡(국립민속박물관)

---

80) 윤덕인, 2018, 「설기떡」, 『한국의식주생활사전 : 식생활』, 국립민속박물관.
81) 윤덕인, 2006, 「인절미」, 『한국세시풍속사전 : 가을편』, 국립민속박물관.

나누어 마셨다. 신도주를 백주白酒라고도 하는데, 잘 익은 신도주를 뜰 때 차례상에 올릴 청주를 먼저 뜨고, 남은 술을 걸러서 마셨다. 많은 양을 얻을 수 있었던 희뿌연 빛깔의 탁주였기에 추석 때 마시는 술을 백주라고 하였다.[82]

신도주 만드는 과정(국립민속박물관)

추석 차례상에 올린 나물은 숙주나물, 박나물, 양애간무침 등이다. 숙주나물은 콩나물 기르듯이 녹두의 싹을 틔워 기른 것을 데쳐서 무친 나물인데, 녹두나물[83]이라고도 하며 특히 추석의 절식으로 알려져 있다.

박나물(국립민속박물관)

가을에 덜 여문 박을 따서 껍질을 벗기고 반을 갈라서 속을 긁어낸 다음에 얇게 저미거나 굵게 채쳐서 무친 음식을 박나물[84] 또는 포채匏菜라고 한다.

양애[85]는 양하蘘荷의 제주도 사투리로 양하의 꽃줄기(꽃봉오리)인 양하근을 양념장에 무친 나물을 양애간무침이라 한다. 제주도에서 즐기는 추석 음식의 하나로 차례상에 올린다.

추석 차례상에 올리는 대표적인 국인 토란국[86]은 토란이 나는 가을철에 주로 먹기에 대표적인 추석 절식으로 여긴다. 토란국을 언급한 기록으로 『동국이상국집東國李相國集』, 『증보산림경제增補山林經濟』,

양애(국립민속박물관)

---

82) 박록담, 2006, 「신도주」, 『한국세시풍속사전 : 가을편』, 국립민속박물관.
83) 서혜경, 2006, 「숙주나물」, 『한국세시풍속사전 : 가을편』, 국립민속박물관.
84) 서혜경, 2006, 「박나물」, 『한국세시풍속사전 : 가을편』, 국립민속박물관.
85) 정현미, 2006, 「양애간무침」, 『한국세시풍속사전 : 가을편』, 국립민속박물관.
86) 전정원, 2018, 「토란국」, 『한국의식주생활사전 : 식생활』, 국립민속박물관.

토란국(국립민속박물관)

송이적(국립민속박물관)

누름적(국립민속박물관)

『시의전서是議全書』, 『농가월령가農家月令歌』 8월령에 추석명절을 대표하는 음식으로 기록되어 있기에 추석 절식임을 알 수 있고, 서울·경기 지역에서는 토란탕을 추석 차례상에도 올린다.

추석 절식으로 준비한 대표적인 적炙은 송이적松栮炙과 누름적, 노치[노티]이다. 송이적[87]은 송이를 파, 마늘, 참기름, 간장으로 조미하여 숯불에 구운 것을 이른다. 추석 절식 중의 하나인 누름적[88]은 채소와 고기를 적당한 크기로 가늘고 길게 저며, 꼬챙이에 색을 맞추어 꿰어 밀가루를 묻히고 달걀을 풀어 씌워 번철에서 전 부치듯이 지진 요리를 이른다. 누르미 또는 간납肝納이라고 하며, 밀가루 갠 것만 묻혀서 부치는 사례도 있다.

누름적의 일종으로 추석 무렵에 많이 만드는 화양적華陽炙은 쇠고기, 도라지, 당근, 파를 볶아서 꼬치에 꿰어 다시 한번 번철에 참기름을 두르고 앞뒤를 익혀 내는 것이며, 화양누름적은 재료를 볶아서 꼬치에 꿰어 번철에 익힐 때 밀가루, 달걀옷을 입혀서 지져낸 것이다. 화양은 도라지를 의미한다. 더덕, 고기, 파 등을 꼬치에 꿰어 밀가루, 달걀을 씌워 넓적하게 기름에 지진 것을 간납이라 하며 제물祭物로 이용되었다.

노치[노티][89]는 추석 즈음에 만들어 성묘 갈 때

---

87) 윤숙경, 2006, 「송이적」, 『한국세시풍속사전 : 가을편』, 국립민속박물관.
88) 윤덕인, 2006, 「누름적」, 『한국세시풍속사전 : 가을편』, 국립민속박물관.

가져가며, 다음해 여름철까지 그대로 두고 먹었다. 평안도에서 노티를 추석을 비롯하여 명절 때 많이 만들어 명절 음식상에 올렸다고 한다.

이외에도 추석 절식으로 콩밥과 닭찜을 만들어 먹었다. 추석을 전후하여 콩밥[90]을 지을 때 평소와는 달리 청대 콩을 그대로 쌀에 섞어 '청대콩밥'을 지어 먹었는데, 이를 추석 절식으로 여겼다. 그리고 추석 즈음이 되면 햇닭에 살이 올라서 그 맛이 좋기에 햇닭을 잡아서 닭찜[91]을 만들어 먹었다. 닭찜을 만드는 방법은 지역에 따라 다양하며, 차례상에 올리거나 절식으로 먹었다.

추석에 음식을 준비할 때 술과 떡을 햅쌀로 만들며, 나물과 국 등을 추석 무렵에 나는 재료들을 주로 이용하여 만들어 제상에 올리거나, 추석 절식으로 즐겨 먹었음을 알 수 있다.

3) 놀이

추석에는 1년 농사를 마무리하는 시기이기에 주로 마을 내 친목 단체 또는 동류 집단들끼리 다양한 놀이를 즐겼다. 이때 즐긴 놀이를 유형별로 분류하면 어울려놀기, 지신밟기, 겨루기 놀이 등이다. 좀 더 구체적인 현황을 소개하면 다음과 같다.

어울려놀기는 남녀노소를 가리지 않고 전체 마을 주민들이 함께 한 농악 등을 제외하면 주로 마을 내 남성 또는 여성, 어른 또는 아이들, 특정 집단 등이 주체가 되어 연행되었다. 구체적으로 소개하면, 문지기놀이[92]·무동놀이 등은 어린이들이 즐긴 놀이이고, 강강술래, 기와밟기, 반보기, 판수놀이[93], 남생이놀이[94], 꼬리따기 놀이[95] 등은 여성, 또는 여자

---
89) 윤덕인, 2006, 「노티」, 『한국세시풍속사전 : 가을편』, 국립민속박물관.
90) 윤인자, 2018, 「콩밥」, 『한국의식주생활사전 : 식생활』, 국립민속박물관.
91) 주영하, 2006, 「닭찜」, 『한국세시풍속사전 : 가을편』, 국립민속박물관.
92) 두 어린이가 양팔을 뻗쳐 서로 잡아 문같이 만들고 그 밑으로 어린이들이 꿰어가는 놀이이다. 문지기놀이는 지역에 따라 문열어라놀이, 대문열기, 대문놀이, 남대문놀이라고도 한다. (서해숙, 2006, 「문지기놀이」, 『한국세시풍속사전 : 가을편』, 국립민속박물관.)

아이들이 즐긴 놀이였다.

운주사 축제[96]와 양산사찰학춤은 사찰을 중심으로 추석에 행해진 축제 또는 놀이였다. 양주 별산대놀이와 퇴계원 산대놀이 등은 전문 연희패들이 추석 이후 주민들을 대상으로 연행한 놀이였고, 농악을 비롯하여 강령 탈춤 등은 마을 내 성인들을 중심으로 연행되었던 놀이이며, 소놀이[97]는 일꾼과 소의 노고를 위로하는 놀이였다.

어린이들이 각 가정을 돌아다니며 놀았던 거북놀이[98]는 축원을 주된 목적으로 한 것이 아니고, 송편 등을 얻어먹으려고 추석 저녁에 아이들끼리 모여서 거북이를 만들어 놀았던 놀이이다. 즉, 풍요 기원의 축원 의례적 목적이 아니라, 풍요롭게 수확했음을 감사하는 수확 의례적 속성을 지닌 놀이였다. 이와 유사한 놀이로 이천지역에서 행한 거북놀이가 있다. 이곳에서는 추석에 거북이를 만들어 마을을 돌아다니면서 놀았다.

추석에 행해진 겨루기는 개인 간 겨루기와 집단 간 겨루기로 구분하여 살펴볼 수 있다. 개인 간 겨루기를 대표하는 종목은 씨름이다. 전통적인 기예技藝의 하나로 단오, 추석, 백중 등의 명절놀이로 전승되었다. 매년 열린 소싸움은 주로 추석秋夕 무렵에 행해졌다. 힘든 농사일이 일단락되는 농한기 중에 직접 농업생산에 종사한 일꾼들이

---

93) 달 밝은 밤에 넓은 마당이나 잔디밭에서 수건으로 눈을 가리고 판수가 된 술래가 다른 사람을 잡게 하는 여자아이들의 놀이. 전국적으로 분포하고 있으며 주로 추석 무렵 달이 밝은 밤에 노는 놀이이다. (표인주, 2006, 「판수놀이」, 『한국세시풍속사전 : 가을편』, 국립민속박물관.)
94) 남생이 몸짓을 흉내 내며 노는 강강술래 놀이의 일종이다. (서해숙, 2006, 「남생이놀이」, 『한국세시풍속사전 : 가을편』, 국립민속박물관.)
95) 앞사람의 허리를 잡고 일렬로 늘어선 대열의 맨 끝 사람을 술래나 상대편이 떼어내는 아이들 놀이로서, 우리나라 대부분 지역에서 전해오는 놀이이다. 꼬리따기 놀이는 지역에 따라 명칭과 놀이 방법에 약간 차이가 있다. 닭살이, 쥔쥐새끼놀이, 족제비놀이, 매지따는놀이(망아지놀이), 청애[靑魚]따기, 동애[童瓜]따기, 계포(鷄捕), 백족유(百足遊), 허리잡기, 수박따기, 호박따기, 꽁댕이잡기 등으로 다양하게 부르고 있으며, 제주지역에서는 기러기놀이, 줄드래기라고도 부른다. (김도현, 2006, 「꼬리따기」, 『한국세시풍속사전 : 가을편』, 국립민속박물관.)
96) 운주사에서 초파일이 아닌 추석 때 지역민들에 의해서 열렸던 자발적 축제. (나경수, 2012, 「운주사」, 『한국민속문학사전 : 설화편』, 국립민속박물관.)
97) 추석 때에 소를 중심으로 놀이를 하면서 사람들이 한해 농사의 풍요를 마음껏 즐긴 놀이인데, 농경사회의 필수 구성 요소인 일꾼과 소의 노고를 위로하는 놀이이다. 이를 달리 소먹이놀이라고도 일컫는다. (김헌선, 2006, 「소놀이」, 『한국세시풍속사전 : 가을편』, 국립민속박물관.)
98) 김종대, 2015, 「거북놀이」, 『한국민속예술사전 : 민속놀이』, 국립민속박물관.

양주 소놀이굿(국립민속박물관)

무동놀이(국립민속박물관)

강강수월래
(오청, 『朝鮮の年中行事』, 1937, 175쪽)

거북놀이
(오청, 『朝鮮の年中行事』, 1937, 174쪽)

소놀이
(오청, 『朝鮮の年中行事』, 1937, 179쪽)

주도한 놀이가 소싸움[99]이었다. 들돌들기[擧擧石][100]는 정월대보름, 유월 유두流頭, 칠월 칠석七夕, 백중百中, 추석秋夕 등의 명절에 하였는데, 마을 주민들이 주로 모이는 마을회관 앞에 들돌을 두었다.

---

99) 한양명, 2006, 「소싸움」, 『한국세시풍속사전 : 가을편』, 국립민속박물관.
100) 최덕원, 2006, 「들돌들기」, 『한국세시풍속사전 : 가을편』, 국립민속박물관.

집단 간 겨루기는 줄다리기를 비롯하여 양양패다리놓기, 의성가마싸움, 길쌈놀이, 석전石箭 등을 들 수 있다.

추석 줄다리기를 대표하는 경북 포항시 장기면 모포리의 줄다리기[101]는 추석에 전승되는 민속놀이로 음력 8월 16일 모포리 뇌성산 밑에서 행해진다. 이곳의 줄은 칡넝쿨과 구피나무 껍질을 짚과 섞어 만든다.

양양패다리놓기[102]는 마을 간 필요 시설을 보수하는 과정에서 놀이로 승화하여 행한 사례로 볼 수 있다.

의성가마싸움[103]은 서당 학동들이 매년 추석을 즈음해서 서당이 잠시 쉬는 틈을 타서 이웃 마을 또는 이웃 서당의 학동들끼리 편을 갈라서 힘과 지혜를 겨룬 놀이다.

고대국가 단계에서부터 행해졌던 길쌈놀이는 부녀자들이 음력 7월부터 8월 추석秋夕에 이르는 동안 공동으로 길쌈을 하면서 혹은 길쌈을 끝낸 다음에 옛날이야기와 담소나 가무를 즐기거나 또는 편을 갈라서 경쟁하고 승부를 가리며 놀았던 풍습이다. 주로 삼남지방에서 전승되었다.

석전(국립민속박물관)

남해안 지역의 해안 마을이나 도서지방에서 추석에 통나무 원목을 세우고, 돌멩이를 던져서 그 기둥을 맞히는 민속놀이가 있다. 석사石射 또는 지역에 따라서는 석전石箭이라 하며, 경상남도 남해에서는 지금도 이 놀이가 전승되고 있다.[104]

겨루기 놀이 또한 마을 전체 주민들이 참여한 놀이라기보다는 개인 간 또는 마을 내 특정 집단 간

---

101) 한양명, 2015, 「줄다리기」, 『한국민속예술사전 : 민속놀이』, 국립민속박물관.
102) 강원도 양양군 원일전리 마을 주민들이 매년 추석(秋夕) 전날에 양지마을과 음지마을로 패를 갈라 서로 나무다리 빨리 놓기를 경쟁하는 놀이였다. (장정룡, 2006, 「양양패다리놓기」, 『한국세시풍속사전 : 가을편』, 국립민속박물관.)
103) 이원태, 2006, 「의성가마싸움」, 『한국세시풍속사전 : 가을편』, 국립민속박물관.
104) 박성석, 2006, 「석사놀이」, 『한국세시풍속사전 : 가을편』, 국립민속박물관.

에 농사를 마무리하면서 나름의 여유를 즐기면서 겨룬 놀이였다.

4) 완월玩月

달을 완상玩賞한다는 뜻으로 추석날 저녁에 달을 완상하며 소원을 비는 달맞이 풍속이 있는데 이 풍속에서 유래되었다. 지역에 따라 달맞이를 남녀노소 가리지 않고 마을 내 동산에 올라가서 즐기는 사례도 있고, 특정 집단들이 모여 즐긴 사례도 있다. 이때 달을 보며 주로 소원을 빈다.

달맞이(국립민속박물관)

5) 점복·속신

우리나라의 세시풍속 중 점풍과 속신이 많은 시기는 주로 정월의 세시인 설날, 정월대보름, 그리고 영등, 단오이다. 이에 비해 추석에는 농사를 마무리하는 시기이기에 풍농 관련 점복이나 속신이 많지 않으나, 구름보기, 밀물보기, 추석날 날씨를 통해 풍흉을 점치는 사례가 전한다.

구름보기는 추석날 구름의 형태를 살펴보아 한해 농사의 풍흉豊凶을 예측하는 농점農占이다. 추석에 일기日氣가 맑아야 좋다고 여겼으며, 밤에 구름이 끼어 달빛을 볼 수 없으면 흉년이 든다고 여겼다.[105]

밀물보기[106]는 음력 8월 보름에 밀물의 많고 적음을 보고 농사의 풍흉豊凶을 점치는

---

105) 전남 지역에서는 14일 저녁에 구름이 끼되, 흰 구름이 많이 떠서 여름에 보리를 베어 늘어놓은 것처럼 "깍지 깍지" 벌어져 있으면 그해 보리농사의 풍작을 말해주고, 떠 있는 구름덩이가 너무 많거나 하늘에 구름이 한 점도 없으면 보리농사가 흉년이 들 징조라고 판단하였다. (박종오, 2006, 「구름보기」, 『한국세시풍속사전 : 가을편』, 국립민속박물관.)

풍속이다. 그리고 추석날 날씨가 맑으면 이듬해 보리 풍년이 들고 비가 내리면 흉년이 든다고 여긴다.

주로 전남지방에서 그 사례를 확인할 수 있는데, 추석 전날인 음력 8월 14일 밤에 아이들의 부스럼을 예방하기 위해 밭고랑을 기는 풍속[107]이 있다.

6) 모임

추석 또는 중양절에는 각종 모임, 마을 어른들을 모시는 행사 등 다양한 형태의 모임을 연 사례들이 많다. 경기도 개풍지역에서 중양절에 구일회라 불리는 모임을 가진다. 마을 주민 중 지난 1년 사이에 새로 며느리를 들인 집에서 술안주를 내게 하여 마을의 유지들을 모아 음식을 대접하는 행사이다. 광덕지역에서는 마을의 행사나 풍속 등에 대한 의논을 한 뒤에 하루를 즐겁게 논다.[108]

보은·순천·예천·명천 등 많은 지역에서 유림 또는 농민들이 주도하여 경로회를 열어 어른들을 모시는 사례 또한 많다.[109]

5. 추석이 지닌 성격

1) 지속과 변동 양상을 통해 본 추석

각종 기록과 조사 보고서 등을 통해 세시풍속으로서의 추석이 지닌 주요 요소를 의례,

---

106) 박종오, 2006, 「밀물보기」, 『한국세시풍속사전 : 가을편』, 국립민속박물관.
107) 추석 전날 달빛 아래에서 발가벗고 밭고랑을 기도록 함으로써 몸에 부스럼이 나지 않게 해주기를 바라는 이 풍속은 정월대보름에 몸의 병을 막기 위해 행하는 부럼 풍속과 유사한 의미를 지닌다. (박기현, 2006, 「밭고랑기기」, 『한국세시풍속사전 : 가을편』, 국립민속박물관.)
108) 村山智順, 1941, 『朝鮮の郷土娛樂』, 朝鮮總督府.
109) 村山智順, 1941, 『朝鮮の郷土娛樂』, 朝鮮總督府.

음식, 놀이, 완월, 점복과 속신, 모임으로 구분하였다. 이와 함께 명절인 추석에 행해진 풍속을 보면 대부분 마을 전체 단위의 행사가 아닌 가족들 또는 특정 부류의 사람들이 그들끼리 즐긴 놀이, 모임들이 대부분이라는 점이다. 이들 6가지 요소들과 추석을 즐긴 집단 구성은 큰 틀에서 보면 조선시대 뿐만 아니라 일제강점기에 이르기까지 큰 변화없이 지속되었다.

그런데, 농경사회가 산업사회로 변화되고, 이로 인한 도시화로 인해 추석 풍속을 구성하는 6가지 주요 요소들의 구체적인 모습은 큰 틀에서는 유지되고 있지만, 세부적으로 보면 변화되고 있음을 알 수 있다. 좀 더 구체적으로 지속과 변동 양상을 정리하면 다음과 같다.

개항 이후의 기록을 통해 1910년대에 이르러 추석을 어른들의 명절로 파악하고, 가족·친족별 모임이 주를 이루고, 추석을 고향가는 날로 인식하였음을 알 수 있다. 도시화와 산업화로 인한 사회 변동 여파가 추석 풍속에도 일정한 영향을 끼쳤음을 알 수 있다.

1930년의 동아일보 기사 중 포천 신읍예배당에서 추석놀이회 개최를 통해 기독교를 비롯한 외래 종교가 유입되었어도 이들 또한 한국의 추석 명절을 반영하였음을 알 수 있다. 이는 추석이 지닌 사회적 성격 중 마을 단위가 아닌 동류 집단들 간의 모임을 추석에 주로 하였던 전통이 이입되었기에 가능하였다고 보여진다.

그리고 추석을 향유한 집단을 보면, 조선시대에는 조상 제사, 계회, 놀이 등을 통해 가족 중심 모임, 특정 부류 중심으로 추석을 즐겼음을 알 수 있다. 이와 같은 전통은 일제강점기인 1930년대에 마을 내에서 개인 간 겨루기 놀이로 행해졌던 놀이가 그 영역을 확대하여 군 단위 또는 그 이상의 범주로 확대되었다는 기사를 통해 씨름, 투우 경기, 줄다리기 등 마을 내에서 행하였던 놀이가 군 또는 더 넓은 지역 단위로 개최함에 따라 향유한 공동체 단위가 확대되었음을 알 수 있다. 이는 시대 변화에 따른 활동 범위의 확대에 따른 자연스런 현상으로 보인다. 그러나 이는 특정 영역에 한정된 것으로 보이며, 대부분의 추석 풍속은 가족 중심 또는 특정 모임, 부류 중심으로 전승되고 있다. 이는 추석을 맞이하여 고향 또는 자녀가 살고 있는 도시로 오가는 행렬, 동창회 모임, 가족 또는 친목 단체들끼리 연휴를 즐기는 모습을 통해 알 수 있다.

좀 더 구체적으로 추석을 구성하는 주요 요소별 지속과 변동 양상을 살펴보면 다음과 같다.

먼저 의례 분야에서 왕실과 함께 민간에서 성묘와 조상제사를 중시하였던 전통은 일제강점기를 지나 현대에 이르기까지 지속되고 있음을 알 수 있다. 다만 현대에 이르러 납골당에 안치하는 사례가 많아짐에 따라 벌초를 하는 전통은 점차 사라지고, 납골당에 인사드리러 가는 사례들이 늘어나고 있다.

음식 분야에서는 조선시대의 각종 기록에 햇곡식으로 빚은 송편을 비롯하여 신청주, 토란국, 콩떡, 닭찜 등을 준비하였는데, 이 전통은 일제강점기까지 전승되었음을 신문 기사를 통해 알 수 있다, 그런데, 현대에 이르러, 이와 같은 추석 음식 문화 중 송편을 만들어 제수로 올리고, 술을 올린 전통을 제외하고 다른 음식을 추석 절식으로 즐긴 전통은 점차 사라지고 있다. 닭찜 대신 갈비찜 등 설 차례상과 비교하여 송편을 제외하고 별다른 차이가 없는 현상이 일반화되어 가고 있다.

놀이 분야는 조선시대의 기록에 달맞이를 비롯하여 뱃놀이, 잡희 등을 즐겼음이 기록되어 있다. 일제강점기의 조사 기록에는 이와 함께 씨름, 강강수월래, 줄다리기 등 다양한 놀이를 하였음을 알 수 있다. 이는 조선시대에 없었던 전통이 일제강점기에 새로이 형성되었다기보다는 조선시대의 기록이 지배층 중심의 기록이었기에 대중들이 즐긴 추석놀이를 기록하지 않아서라고 여겨진다.

유만공(1793~1869)의 「세시풍요」를 보면, 추석에 시장이 풍요롭고 사당패가 놀았다는 기록 등을 통해 많은 사람들이 공연도 즐겼음을 알 수 있는데, 이후의 『한국민속대백과사전』에 추석 놀이로 양주 별산대놀이와 퇴계원 산대놀이 등이 언급된 것으로 보아 광복 이후에도 이러한 전문 연희 집단의 공연을 즐겼음을 알 수 있다. 이와 함께 영화 상영이 전국적으로 확대되면서 추석에 각종 연희를 감상하는 대신 영화 관람을 하는 전통도 새롭게 형성되어 추석 문화의 하나로 자리잡았다.

그리고 추석 후 친정에 다녀온 전통이 산놀이나 반보기 형태로 마을 내 여성들의 놀이로 자리잡았던 전통 또한 점차 사라지면서 이에 대신하여 추석 명절을 맞이하여 조상 제사를 지낸 후 친정집에 가족들이 함께 가는 전통이 새롭게 형성되었다.

그러나 달빛 아래에서 뱃놀이를 즐기거나, 가깝게 지내는 지인들이 달빛 아래에서 연희를 즐겼던 전통, 어린이들 또는 여성들이 즐겼던 꼬리따기 놀이, 거북놀이 등 집단 놀이는 점차 사라져서 특별 공연 형태로 명맥을 유지하는 실정이다.

정월 풍속에는 풍흉과 건강 등을 예단해 보기 위한 점복과 속신이 많으나, 추석에는 농사를 마무리하는 시기여서 이와 관련된 점복과 속신이 많지 않다. 현대에 이르러 산업사회, 도시화된 생활 환경으로 인해 이에 대한 인식은 거의 사라졌다고 볼 수 있다. 다만 농촌지역에서는 이와 관련한 점복과 속신을 일부 수용하여 다음 해 풍흉 등을 예단하는 사례가 일부 남아 있다.

2) 세시풍속 가운데 추석

세시 풍속에서 추석이 지닌 성격을 규명하기 위해 보름달 관련 세시인 정월대보름과 비교할 필요가 있으며, 농경과 유통, 휴식·놀이라는 측면에서 단오와 비교할 수 있다. 이와 함께 1년 농사를 마무리한다는 의미에서 구월 중구일과의 비교가 필요하다.

먼저 정월대보름과 비교하여 추석이 지닌 의미를 정리하면 다음과 같다. 정월대보름은 1년 농사를 시작한다는 의미를 지니고 있다. 이와 함께 마을의 안녕과 풍요를 위해 마을 주민 전체의 정성을 담아서 마을을 수호하는 신령을 위한 마을제를 지내고, 마을 주민 전체가 참여하는 줄다리기, 지신밟기 등 다양한 행사를 설행하는 사례들이 많다. 그리고 1년을 새롭게 시작한다는 의미에서 각종 점복과 속신에 대한 사례들이 매우 많다.

이에 비해 추석은 1년 농사를 마무리하고, 별 무리없이 1년을 잘 보낸 상황에 대하여 조상께 감사드리기 위해 햇곡을 천신하고, 가족 간 또는 동류 집단 간 회합과 놀이를 즐기는 풍속이 많다. 또한 농사를 마친 풍요로운 상황을 반영하여 각종 잡희를 즐기고, 달맞이와 뱃놀이 등을 즐기는 등 정월대보름과 다른 요소들이 있다. 이와 함께 마을 전체 주민들이 참여하는 행사나 놀이를 정월대보름에 비해 적게 한다. 이와 같은 현상은

1년 농사를 끝내면서, 수확에 대한 감사, 고된 노동을 마치고 이를 해소할 놀이나 공연 감상 필요, 바쁜 일상 중에 동류들을 만나지 못했던 아쉬움 등을 풀어내는 과정에서 자연스레 정월대보름과 다른 양상을 드러내는 추석 풍속이 형성되었다고 보여진다. 특히 음식에서 정월대보름은 겨우내 먹었던 음식을 다 털어내는 형태의 음식 문화가 보여지나, 추석에는 1년 농사 결과물을 제물로 올리고, 절기 음식으로 즐기는 형태로 나타나기에 정월대보름과 다른 양상을 보여준다.

농사 관련하여 여가를 즐긴다는 측면에서 단오와 비교할 수 있다. 단오 또한 마을공동체에 의한 마을 제사, 마을굿 등 다양한 풍속을 보여주나. 추석에는 마을공동체가 주도하는 추석 풍속이 많지 않다. 이는 추석에 마을 제사를 지내는 사례가 매우 적다는 1967년 마을신앙 현황 통계 자료를 통해 확인할 수 있다.

1년 농사를 마무리한다는 측면에서 추석을 중양절과 비교할 수 있다. 중양절은 음력 9월 9일 높은 곳에 올라 단풍이 든 풍경을 보고 즐기며 시와 술을 함께 나누는 풍속이 전한다. 중양절사重陽節祀라 하여 추석에 성묘를 못한 집안에서는 중양절重陽節에 묘소墓所에 가서 제사를 지낸다. 특히 추석이 일찍 드는 해에는 곡식이 아직 수확되지 않아 추석 대신 중양절에 햇곡식과 햇과일 그리고 인절미나 국화주 같은 시절음식을 준비하여 차례를 지내고 묘소에 가서 제사를 지냈다.

이에 추석을 중양절과 비교하면, 조상 제사를 지내고 성묘를 한다는 점, 기로회 등 마을 어른들을 대접한다는 풍속 등은 추석과 그 의미를 공유할 수 있는 절기로 볼 수 있다. 산에 올라가서 국화전을 부쳐서 술을 마시고 시를 지으며 하루를 즐거이 놀며 지낸다는 풍속 또한 추석과 크게 다르지 않다. 다만 차이점은 추석에 기후 또는 가족 내 어려운 상황으로 인해 추석 명절을 잘 지내지 못한 경우 중양절에 이를 대신할 수 있는 세시라는 점을 주목할 필요가 있다.

그리고 후손 없이 돌아가신 무후자를 위한 무후제를 중양절에 지내는 사례가 매우 많다. 이와 같은 전통 또한 조상 제사와 관련한 추석 명절과 일정한 관련성을 지닌 세시라는 점을 잘 보여주고 있다.

6. 맺음말

세시풍속으로서의 추석이 지닌 성격과 변동 양상을 파악하기 위해 의례, 음식, 놀이, 완월, 점복과 속신, 모임으로 구분하여 살펴보았다. 각종 기록과 조사 보고서 등을 통해 추석에 행해진 풍속 중 대부분의 구성 요소들이 마을 전체 단위의 행사가 아닌 가족들 또는 특정 부류의 사람들이 그들끼리 즐긴 놀이, 모임들이 대부분이라는 점을 알 수 있었다.

추석을 구성하는 주요 요소들과 추석을 즐긴 집단 구성은 큰 틀에서 보면 조선시대 뿐만 아니라 일제강점기와 현대에 이르기까지 큰 변화없이 지속되지만, 세부적으로 살펴보면 다양한 변동 양상을 보여준다.

좀 더 구체적으로 추석을 구성하는 주요 요소별 지속과 변동 양상을 살펴보면 다음과 같다.

먼저 의례 분야에서 왕실과 함께 민간에서 성묘와 조상제사를 중시하였던 전통은 일제강점기를 지나 현대에 이르기까지 지속되고 있음을 알 수 있다.

음식 분야에서는 조선시대의 각종 기록에 햇곡식으로 빚은 송편을 비롯하여 신청주, 토란국, 콩떡, 닭찜 등을 준비하였는데, 이 전통은 일제강점기까지 전승되었음을 신문기사를 통해 알 수 있다. 그런데, 현대에 이르러, 이와 같은 추석 음식 문화 중 송편을 만들어 제수로 올리고, 술을 올린 전통을 제외하고 다른 음식을 추석 절식으로 즐긴 전통은 점차 사라지고 있다.

놀이 분야는 조선시대의 기록에 달맞이를 비롯하여 뱃놀이, 잡희 등을 즐겼음이 기록되어 있다. 일제강점기의 조사 기록에는 이와 함께 씨름, 강강수월래, 줄다리기 등 다양한 놀이를 하였음을 알 수 있다. 이는 조선시대에 없었던 전통이 일제강점기에 새로이 형성되었다기보다는 조선시대의 기록이 지배층 중심의 기록이었기에 대중들이 즐긴 추석놀이를 기록하지 않아서라고 여겨진다.

유만공(1793~1869)이 쓴 「세시풍요」를 보면, 추석에 시장이 풍요롭고 사당패가 놀았다는 기록 등을 통해 많은 사람들이 공연도 즐겼음을 알 수 있다. 그리고 추석 후 친정에

다녀온 전통이 산놀이나 반보기 형태로 마을 내 여성들의 놀이로 자리잡았던 전통 또한 점차 사라지면서 이에 대신하여 추석 명절을 맞이하여 조상 제사를 지낸 후 친정집에 가족들이 함께 가는 전통이 새롭게 형성되었다.

그러나 달빛 아래에서 뱃놀이를 즐기거나, 가깝게 지내는 지인들이 달빛 아래에서 연희를 즐겼던 전통, 어린이들 또는 여성들이 즐겼던 꼬리따기 놀이, 거북놀이 등 집단 놀이는 점차 사라져서 특별 공연 형태로 명맥을 유지하는 실정이다.

세시 풍속에서 추석이 지닌 성격을 규명하기 위해 보름달 관련 세시인 정월대보름과 비교할 필요가 있으며, 농경과 유통, 휴식·놀이라는 측면에서 단오와 비교할 수 있다. 이와 함께 1년 농사를 마무리한다는 의미에서 중양절과의 비교가 필요하다.

먼저 정월대보름은 1년 농사를 시작한다는 의미를 지니며, 마을의 안녕과 풍요를 위해 마을 주민 전체의 정성을 담아서 마을을 수호하는 신령을 위한 마을제를 지내고, 마을 주민 전체가 참여하는 줄다리기, 지신밟기 등 다양한 행사를 설행하는 사례들이 많다. 그리고 1년을 새롭게 시작한다는 의미에서 각종 점복과 속신에 대한 사례들이 매우 많다.

이에 비해 추석은 1년 농사를 마무리하고, 별 무리없이 1년을 잘 보낸 상황에 대한 감사를 조상께 감사드리기 위해 햇곡을 천신하고, 가족 간 또는 동류 집단 간 회합과 놀이를 즐기는 풍속이 많다. 또한 농사를 마친 풍요로운 상황을 반영하여 각종 잡희를 즐기고, 달맞이와 뱃놀이 등을 즐기는 등 정월대보름과 다른 요소들이 있다. 이와 같은 현상은 1년 농사를 끝내면서, 수확에 대한 감사, 고된 노동을 마치고 이를 해소할 놀이나 공연 감상 필요, 바쁜 일상 중에 동류들을 만나지 못했던 아쉬움 등을 풀어내는 과정에서 자연스레 정월대보름과 다른 양상을 드러내는 추석 풍속이 형성되었다고 보여진다. 특히 음식에서 정월대보름은 겨우내 먹었던 음식을 다 털어내는 형태의 음식 문화가 보여지나, 추석에는 1년 농사 결과물을 제물로 올리고, 절기 음식으로 즐기는 형태로 나타나기에 정월대보름과 다른 양상을 보여준다.

농사 관련하여 여가를 즐긴다는 측면에서 단오 또한 마을공동체에 의한 마을 제사,

마을굿 등 다양한 풍속을 보여주나. 추석은 마을공동체가 주도하는 추석 풍속이 많지 않다. 이는 추석에 마을 제사를 지내는 사례가 매우 적다는 1967년 마을신앙 조사 자료를 통하여도 확인할 수 있다.

1년 농사를 마무리한다는 측면에서 추석을 중양절과 비교할 수 있다. 중양절에는 중양절사重陽節祀라 하여 추석에 성묘를 못한 집안에서는 중양절重陽節에 묘소墓所에 가서 제사를 지낸다. 특히 추석이 일찍 드는 해에는 곡식이 아직 수확되지 않아 추석 대신 중양절에 햇곡식과 햇과일 그리고 인절미나 국화주 같은 시절음식을 준비하여 차례를 지내고 묘소에 가서 제사를 지냈다.

이에 추석을 중양절과 비교하면, 조상 제사를 지내고 성묘를 한다는 점, 기로회 등 마을 어른들을 대접한다는 풍속 등은 추석과 그 의미를 공유할 수 있는 절기로 볼 수 있다, 다만 차이점은 추석에 기후 또는 가족 내 어려운 상황으로 인해 추석 명절을 잘 지내지 못한 경우 중양절에 이를 대신할 수 있는 세시라는 점을 주목할 필요가 있다.

한국을 대표하는 보름 명절 중 하나인 추석은 그간 무탈하게 농사를 마무리하여 추수를 하게 되었음을 감사하게 여기며 조상에게 그 감사함을 표하면서, 한편으로는 마을 내 친족, 동류의 집단들을 중심으로 즐기는 명절이다. 아울러 한해 농사 마무리를 하는 시기로서, 또 이듬해의 풍농을 기원한다는 측면에서 깊은 의미가 있다.

한국 추석과 중국 중추절 풍속 비교 고찰

정연학

1. 머리말
2. 추석과 중추절의 기원
3. 추석과 중추절의 풍속
4. 맺음말

정연학

한국 추석과 중국 중추절 풍속 비교 고찰

1. 머리말

2005년 11월 25일 강릉 단오제(중요무형문화재 제13호, 1967년)가 유네스코 '인류구전 및 무형유산걸작(Masterpieces of the Oral and Intangible Heritage of Humanity, 이하 세계무형유산)'으로 선정되고 나서 중국은 한국이 자신들의 고유 풍속인 단오端午를 빼앗아 갔다고 비난하고, 한국은 또 이를 반박하면서 한·중 양국이 떠들썩했던 적이 있다. 물론 강릉의 단오제는 명칭은 같지만, 그 성격이나 내용은 중국의 것과 다르다. 이러한 논쟁 이후, 중국의 단오절도 유네스코 세계무형유산으로 등재되었다. 그런데 이번에는 중국이 자국 내 조선족朝鮮族의 농악무를 2009년 유네스코 세계무형유산으로 올리자, 한국 내에서 중국을 비판하는 여론이 뜨거웠다. 한국의 농악도 2014년에 뒤늦게 세계무형유산으로 선정되었다.

위처럼 한국과 중국의 절기와 명절은 명칭이 동일하고 유사한 풍속도 많아 분쟁의 씨앗이 여전히 남아 있지만, 중국인들은 여전히 자신들이 원조국임을 자부한다. 그런데 추석의 경우, 중국 일부 학자들이 한국 기원설을 주장하는 것은 놀라운 일이며, 실제로 추석과 관련된 풍속은 한국이 중국보다 다양하며 잘 전승되고 있다. 중국의 중추절은 1966년 마오쩌둥毛澤東에 의해 일어난 문화대혁명 10년 동란에 의해 철저히 배척되었고, 1970년대 후반 시작된 개혁·개방 이후에도 중추절이 공휴일에서 제외되어 월병 정도만 먹는 행사로 남아 있었다. 2008년 법률[全國年節及紀念日放假辦法]에 의해 추석을 법정공휴일로 지정하여 1일을 쉬지만, 여전히 월병을 선물하는 명절로만 남아 있다. 2021년에는 추석이 9월 21일 화요일이라서 월요일을 임시휴무로 정해 주말을 포함해 5일간 추석 연휴로 보낼 수 있게 조치를 취하였는데,[1] 이는 중국 정부가 중추절 명절을 장려하기 위한 정치적 헤게모니라고 할 수 있다. 한편, 중국의 24절기는 2016년 유네스코 인류무형문화유산 걸작으로 등재되었다.

중국도 설, 청명, 단오, 중추절을 4대 명절이라고 여기며, 중추절을 2006년 5월 20일 자국의 국가무형문화재로 지정하였다. 중국 조선족 추석은 2012년 중국 국가급 무형문화유산(非物質文化遺産 2차 확장 4차)으로 등재되었고,[2] 길림성吉林省 연변조선족자치주延邊朝鮮族自治州, 요녕성遼寧省 철령鐵嶺 시를 보존 기관으로 선정하였다.

추석에 대한 연구는 한·중 모두 몇몇 연구자에 의해 진행되었지만, 심도 있는 한·중 추석 비교 연구는 전무한 실정이다. 따라서 이 글에서는 한·중 양국의 추석 풍속에 대한 공통점과 차이점, 한국 추석이 지닌 무형유산 가치를 되짚어 보는 것을 목적으로 삼았다. 그리고 양국의 음력 8월 15일 풍속을 구분한다는 의미에서 한국은 추석, 중국은 중추절이란 명칭을 사용하여 차별을 두었다.

---

1) 「国务院办公厅关于2021年部分节假日安排的通知」(2020年11月25日).
2) 정연학, 2016, 「중국조선족 무형문화유산 지정 현황과 문제점」, 『민속연구』 33, 안동대 민속학연구소, 266~268쪽.

2. 추석과 중추절의 기원

1) 추석과 중추절 명칭

음력 8월 15일을 한국에서는 추석秋夕, 한가위, 가배嘉俳·嘉排, 가윗날, 중추절仲秋節·中秋節 등으로 칭하며, 그 가운데 추석, 한가위 명칭을 즐겨 사용한다. 추석은 신라시대 때 이미 명절로 자리 잡았으며, 고려시대 때 추석은 9대 속절俗節 중 하나로,[3] 국가에서는 관리들에게 하루 휴가를 주었다.[4] 물론 정초, 납향 일에 7일간, 정월대보름·한식·입하·하지·삼복·중원(7월 보름날)·팔관 등에 3일 휴가와 비교하면 추석에 대한 인식은 그리 높지 않은 것으로 보인다. 그러나 조선시대에는 추석은 설날, 한식, 단오와 더불어 4대 명절의 하나로 자리 잡아 그 위상은 점차 높아졌다.

 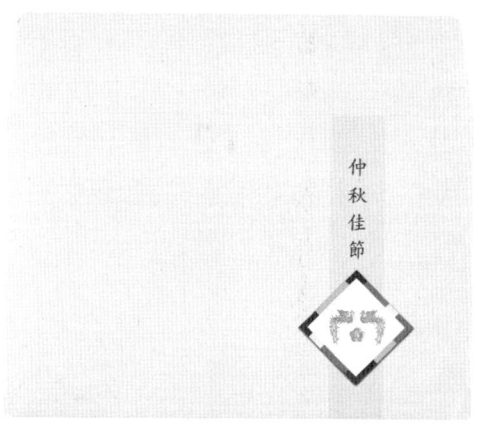

대통령 추석 연하장

그런데 추석, 한가위처럼 우리가 즐겨 쓰는 말 대신 중추가절이란 명칭을 사용하고 있다.

---

3) 『高麗史』卷 第84 志, 刑法 1 禁刑條 俗節：元正, 上元, 寒食, 上巳, 端午, 重九, 冬至, 八關, 秋夕.
4) 『高麗史』卷 第84 志 第38 公式 官吏給暇條：秋夕 一日.

추석은 '중추지석中秋之夕', 또는 추분에 달이 뜬 저녁[秋分夕月][5]의 줄임말로 보았으며, 고려시대부터 널리 사용하기 시작하여,[6] 현재까지 음력 8월 15일을 대표하는 단어로 사용하고 있다. 일설에서는 추석은 신라 중엽 이후 한자가 성행하게 된 뒤 중국인이 사용하던 중추中秋와 월석月夕을 축약하여 추석이라고 되었다고 본다.[7] 그러나 중국에서도 '보름달이 떠 있는 늦은 밤'이라는 의미로 추석秋夕이란 단어를 사용하며, 당대 두목杜牧의 '추석秋夕' 칠언절구 시 내용도 그러하다.[8] 이처럼 중국에서는 한국처럼 '추석秋夕'을 명절을 가리키는 고유명사로 쓰지도 않는다.

추석 명칭 가운데 가장 오래된 명칭은 『삼국사기』 유리이사금 조에 등장하는 '가배嘉俳' 이다. 『해동죽지』를 쓴 최영년崔永年(1856~1935)은 추석의 기원을 신라의 가배일嘉俳日에서 찾았으며,[9] 『세시풍요歲時風謠』(1843)을 쓴 유만공柳晚恭은 8월 15일 추석이 가장 큰 명절임을 밝히면서, 가배嘉俳에서 시작되었음을 노래하고 있다.[10] 가배란 '가부'·'가뷔'의 음역音譯으로 '가운데'란 뜻이며, 현재 영남 지방에서는 '가운데'를 '가분데', '가위'를 '가부', '가윗날'을 '가붓날'이라고 한다.[11] 추석의 또 다른 명칭인 '한가위'의 '한'은 제일第一, 크다의 뜻 이외에도 정正중앙이라는 의미가 있어 한가위는 8월 중 한가운데의 명절임을 가리킨다. 양주동은 한가위는 가배가 '가외'로 전하고, 다시 '가위'로 바뀌면서 생긴 용어로 보았다.[12]

중국에서는 음력 8월 15일을 '중추절中秋節', '중추절仲秋節'이라고 한다. 중추中秋는 가을에 해당하는 세 달의 한 가운데 있기에 붙여진 명칭이고,[13] 사계를 각각 맹孟, 중仲, 계季로 구분하기에 '중추절仲秋節'[14]이라고 하였다. 또한 '팔월절八月節', '팔월반八月半',

---

5) 국립민속박물관, 2003, 『조선대세시기』 I, 269쪽.
6) 『高麗史』 卷第20 世家第20 明宗 20年. 8月 丁酉(15日) : 以秋夕親享景靈殿.
7) 김명자, 2006, 「추석」, 『한국세시풍속사전』, 국립민속박물관.
8) 杜牧, 「秋夕」: 銀燭秋光冷畵屛 輕羅小扇扑流螢 天階夜色凉如水 坐看牽牛織女星.
9) 崔永年, 『海東竹枝』 舊俗 八月十五日 謂之中秋 新羅以中秋爲嘉俳日.
10) 柳晚恭, 『歲時風謠』 八月十五日 : (俗稱秋夕 亦稱嘉俳日) 仙侶農家八月回, 新羅餘俗樂嘉俳.
11) 국립민속박물관, 2003, 『조선대세시기 I』, 58쪽.
12) 양주동, 1954, 『麗謠箋注』, 을유문화사, 116쪽; 1962, 「수리·가위考」, 『국학연구논고』, 을유문화사.
13) 吳自牧(南宋), 『夢梁錄』 卷四 : 八月十五日中秋節, 此日三秋恰半, 故謂之'中秋'.

'팔월회八月會'라고 해서 음력 8월 15일을 직접적으로 표현하기도 한다. 그런데 중국 중추절의 또 다른 명칭들인 월절月節, 월석月夕, 추월절追月節, 완월절玩月節 등은 달과 관련된 명칭으로, 중국 중추절의 주요 풍속이 고대로부터 달구경이 핵심이기 때문이다. '월석月夕'[15]은 '달 밝은 저녁', '완월玩月'은 달구경을, '원월圓月'은 가족이 함께 달구경을 표현한 것이다. 중추절 보름달은 1년 보름달 가운데 유난히 밝고 둥글어 최고로 여긴다. 실재 중추절에는 기온이 차고 따뜻하여 공중의 수증기가 상대적으로 감소하고, 기압이 높아지며 바람이 적고 먼지가 적어, 공기가 특히 청정하고 태양은 거의 달이 지구를 향하고 있는 면에 반사되어 달이 둥글고 매우 밝아 보인다.

그밖에 중추절 달에게 제사를 지내기에 '배월절拜月節', '월병月餅'을 서로 선물하고 가족이 모여 함께 먹기에 '단원절團圓節'[16]이라고 한다. 중국 북경北京에서는 중추 때 수확한 각종 과일이 시장에 내다 팔리기에 '과자절果子節'[17]이라고도 한다. 한편, 절강성浙江省 영파寧波, 태주台州, 주산舟山 등지에서는 음력 8월 16일, 광동성廣東省 청원淸遠 지역은 8월 13일, 삼갱三坑지역은 8월 14일을 중추절로 여겨,[18] 지역에 따라 약간의 날자 차이를 보인다.

2) 중추절의 추석 기원 논쟁

2008년 중국 중추절이 법정공휴일로 지정되기 전까지 중국 학계에서는 중추절의 기원을 둘러싼 일련의 논쟁이 있었다. 첫째는 중국 중추절의 기원을 신라로 볼 것인가?,[19]

---

14) 歐陽詹(唐), 『玩月詩』: 季的三個月分別稱孟仲季, 八月爲秋之仲月, 故稱仲秋.
15) 『舊唐書』 卷181 「羅威傳」: 每花朝月夕 與賓佐賦詠.
　　『提要錄』: 二月十五日爲花朝 八月十五日爲月夕
　　吳自牧, 『夢梁錄』: 八月十五日中秋節, 此日三秋恰半, 故謂之中秋. 此夜月色倍明於常時, 又謂之月夕.
16) 『西湖遊覽志余』(明): 八月十五谓中秋, 民间以月饼相送, 取团圆之意
　　『帝京景物略』(明): 八月十五祭月, 其饼必圆, 分瓜必牙错, 镌刻如莲花 … 其有妇归宁者, 是日必返夫家, 日团圆节.
17) 喬繼堂, 1992(2판), 『中國歲時禮俗』, 天津人民出版社, 229쪽.
18) 張勃·榮新, 2007, 『中国民俗通志·節日志』, 山東教育出版社.

둘째는 중국 중추절의 형성시기가 당唐, 송宋 중 어느 시대인가? 이었다. 첫 번째 논쟁의 계기는 1996년 웅비熊飛와 2003년 유덕증劉德增이 중국 중추절이 신라에서 기원하였다는 논문을 발표하였기 때문이다. 웅비熊飛는 일본인 승려 원인圓仁(794~864)의 『입당구법순례행기入唐求法巡禮行記』 기록을 근거로 중추절이 신라에서 기원하였다고 주장하였다.[20] 이에 대해 2000년 양림楊琳은 강국인 당나라가 소국인 신라의 명절을 수용할 이유가 없고, 신라가 당나라의 속국인 발해와의 전쟁에서 승리한 날을 추석의 기원으로 삼은 것을 당나라로서는 부끄러운 그 날을 역시 수용할 리가 없으며, 산동성山東省 적산赤山 법화원法華院보다 이른 시기인 당대에 달 감상 등 중추절 관련 풍속이 있는 점을 들어[21] 웅비熊飛를 비판하였다. 그러나 양림楊琳의 주장 일부는 다소 중화 중심적 사고와 화이사상華夷思想이 엿보이며, 명확한 논리적 근거를 제시하지는 못하였다.

2003년 유덕증劉德增은 다시 신라 기원설을 주장하였다. 그는 당나라의 중추절은 상류층 일부만 즐겼고, 재당 신라인들의 추석 명절은 호속胡俗을 좋아하는 당나라 사람들에게 영향을 주었고, 당나라의 달 감상 습속과 신라의 추석이 연계되어 북송시기 중추절이 형성된 것으로 보았다.[22] 이에 대해 2008년 황도黃濤는 유덕증劉德增이 중국 중추절과 신라 추석과의 구체적인 관련성을 제시하지는 못하였다며 다시 신라기원설을 비판하였다. 그는 중추절의 직접적인 기원은 당나라 초기 달을 감상하고 시를 짓고 술을 마시는 풍속이 당나라 중기 이후 하층사회에도 영향을 주어 당나라 말기 전 사회가 즐기는 명절이 되어, 중추절이 신라의 추석과 아무런 관련이 없다고 보았다.[23]

『입당구법순례행기入唐求法巡禮行記』에서는 중국의 입춘立春, 상원上元, 한식寒食, 청명清明, 단오端午, 입하立夏, 입추立秋, 입동立冬, 동지冬至, 제석除夕, 연일年日 등 당나라의 명절과 절기에 대해 자세히 기록하고 있지만, 중추절에 대한 기록이 없다. 이것은 중추절

---

19) 김인희, 2014, 「적산(赤山) 법화원(法華院)의 8월 15일 명절 연구」, 『동아시아고대학』 34, 317~318쪽.
20) 熊飛, 1996, 「中秋節起源的文化思考」, 『文史知識』 11期.
21) 楊琳, 2000, 『中國傳統節日文化』, 宗教文化出版社, 320쪽.
22) 劉德增, 2003, 「中秋節源自新羅考」, 『文史哲』 第6期(總第279期), 山東教育學院, 97~101쪽.
23) 黃濤, 2008, 「論中秋節起源于唐朝賞月風尙 - 兼论我国中秋节传统的文化安全隐患」, 『文化安全與社會和諧』, 知識產權出版社.

이 당대 중요한 절기가 아님을 나타낸 것이다. 또한 원인圓仁은 9년(838~847) 동안 강소성江蘇省, 산동성山東省, 하북성河北省, 산서성山西省, 섬서성陝西省, 하남성河南省, 안휘성安徽省 등 중국 전역에서 생활하였기에 추석이 신라 풍속이라는 주장은 설득력이 높다.

원인圓仁의 기록에 앞서, 신라 추석에 대한 기록은 신라 제3대 왕인 유리 이사금(24~57) 때 이미 등장한다.[24] 추석을 '가배嘉俳'라고 하였으며, 그 날 길쌈[績麻]내기에서 진편이 이긴 편에게 술과 음식을 대접하고, 노래와 춤을 추며 온갖 놀이[歌舞百戱]를 즐겼다. 또한 이때 진편의 한 여자가 일어나 춤을 추며 탄식하기를, "회소會蘇 회소"라고 하였는데 그 소리가 슬프고도 운치가 있었고, 후세 사람이 그 소리를 본떠 노래를 짓고 '회소곡會蘇曲'이라고 하였다. 위 내용은 유리왕 9년(32) 추석이 하나의 명절로 자리 잡았음을 보여주는 내용이며, 적산 법화원 신라 유민의 음식 차림과 음주·가무 풍속은 신라의 풍속이 800년 동안 지속되었음을 보여주는 것이다. 이후 『삼국사기』의 유리왕 추석 기원설은 조선시대 민주면閔周冕(1629~1670)의 『동경잡기東京雜記』[25]를 비롯한 조선 후기 세시기[26]에서도 그대로 인용하여 정설로 자리 잡았음을 보여준다.

유리왕 시기의 '가배' 풍속의 핵심은 '길쌈 내기'와 '가무백희歌舞百戱'이다. 길쌈 내기는 16세기 초반에 간행된 『신증동국여지승람』에 의하면, 경주지역에서 여전히 지속하고 있었으며,[27] 20세기 초 민속학자 송석하宋錫夏는 경북 경주慶州와 그 인근 지역에서도 두레 길쌈이라는 적마績麻 작업 제도가 전승된다고 하였다.[28] 또한, 충남 연기, 전북 정읍, 전남 곡성, 경남지역에서도 마을의 부녀자들이 뜰에 모여 편을 갈라 7월 백중부터

---

24) 『三國史記』卷1, 新羅本紀 第1, 儒理尼師今, 9年：王旣定六部, 中分爲二, 使王女二人, 各率部內女子, 分朋造黨. 自秋七月旣望, 每日早集大部之庭, 績麻乙夜而罷. 至八月十五日, 考其功之多小, 負者置酒食, 以謝勝者. 於是, 歌舞百戱皆作, 謂之嘉俳. 是時, 負家一女子, 起舞嘆曰, "會蘇會蘇." 其音哀雅. 後人因其聲而作歌, 名會蘇曲.
25) 閔周冕, 『東京雜記』乙夜績麻：儒理王時 中分六部爲二 使王女二人 … 歌舞百戱皆作 謂之嘉俳.
26) 『京都雜志』中秋：俗稱秋夕 又曰嘉排 按三國史 新羅儒理尼斯今使王女二人分率六部女子 … 於是歌舞百戱皆作謂之嘉排.
　　『東國歲時記』八月秋夕條：十五日 東俗稱秋夕 又曰嘉俳 肇自羅俗 … 慶州俗新羅儒理王時中分六部爲二 … 於是歌舞百戱皆作謂之嘉俳.
27) 『新增東國輿地勝覽』卷21 慶州部風俗條：國俗至今行之.
28) 송석하, 1935.11, 「乙夜績麻와 嘉俳」, 『朝光』1권1호, 302~313쪽.

길쌈을 하고, 추석이 되면 길쌈의 양을 심사하여 진편에서는 음식을 장만하여 달 밝은 추석 밤에 위로연을 베풀었다고 한다.[29] 이처럼 7월부터 8월 15일 추석에 이르는 기간의 공동적마와 그에 수반되는 여러 길쌈놀이의 기본 형태는 오랜 세월 지속적인 모습을 보였다.

두 번째 논쟁은 중국 중추절의 기원과 형성에 대한 중국 내 논쟁이다. 당대설과 송대설로 압축할 수 있는데, 장택함张泽咸, 리빈성李斌城, 오옥귀吴玉贵, 양림杨琳, 장발張勃, 황도黃涛 등은[30] 당대唐代에 중추中秋·仲秋 또는 '팔월십오야八月十五夜'라는 명칭이 보이고, 수많은 달구경 관련 시詩, 항아분월嫦娥奔月과 당 현종 월궁 여행 고사故事[31] 등을 들어 이미 당대에 중추절이 형성되었다고 본다. 이와 반해 송대宋代 기원을 주장하는 상병화尚秉和, 주일량周一良, 소방萧放, 주홍朱红, 웅해영熊海英 등은[32] 당대 원인圓仁의 『입당구법순례행기入唐求法巡礼行记』와 6세기 양나라 종름宗懍의 『형초세시기荊楚歲時記』, 당말 한악韓鄂의 『세화기려岁华纪丽』, 송대 리방李昉이 편한 『태평어람太平御览』에 중추절에 관한 내용이 없는 것을 그 근거로 들고 있다.

---

29) 이필영, 2006, 「길쌈놀이」, 『한국세시풍속사전』, 국립민속박물관.

30) 张泽咸, 1993, 「唐朝的节日」, 『文史』 第37辑, 65~92쪽.
   李斌城, 1998, 『隋唐五代社会生活史』, 中国社会科学出版社, 624~625쪽.
   吴玉贵, 2001, 『中国风俗通史·隋唐五代卷』, 上海文艺出版社, 635~637쪽.
   杨琳, 2000, 『中国传统节日文化』, 宗教文化出版社, 318~326쪽.
   张勃, 2013, 「重月传统与文化选择：中秋节在唐代的形成」, 『民族艺术』 1期.
   黃濤, 2008, 『中秋節』, 中國社會出版社.

31) 『廣德神異錄』葉法善條：法善又尝引上游于月宫, 因聆其天乐. 上自晓音律, 默记其曲, 而归传之, 遂为霓裳羽衣曲.
   『龍城錄』明皇梦游广寒宫条：过一大门, 在玉光中飞浮, 宫殿往来无定, 寒气逼人, 露濡衣袖皆湿. 顷见一大宫府, 榜曰广寒清虚之府, 其守门兵卫甚严, 白刃粲然, 望之如凝雪. … 少焉, 步向前, 觉翠色冷光, 相射目眩, 极寒不可进. 下见有素娥十余人, 皆皓衣乘白鸾往来, 舞笑于广陵大桂树之下. 又听乐音嘈杂, 亦甚清丽.
   『太平廣記』 권22 罗公远条, 권26 叶法善条

32) 尚秉和, 1989, 『历代社会风俗事物考』, 上海文艺出版社, 445쪽.
   周一良, 1998, 「从中秋节看中日文化交流」, 『周一良集』(第四集), 辽宁教育出版社.
   萧放, 2002, 『歲時 - 傳統中國民衆的時間生活』, 中華書局.
   朱红, 2002, 「唐代节日民俗与文学研究」, 复旦大学博士论文, 35~44쪽.
   熊海英, 2005, 「中秋节及其节俗内涵在唐宋时期的兴起与流变」, 『复旦学报』 第6期, 135~140쪽.

중국에서는 절기의 조건으로 고정된 날에 특별한 민속 활동이 포함되고,[33] 모든 사람이 인정하고 보편적으로 참여하여야 한다는 조건을 든다.[34] 이런 관점은 당대 때 달구경과 문인 중심의 시 짓기와 음주를 중추절 풍속의 범주에 넣을 수 있는가에 대한 해석에 봉착한다. 중추절의 중요한 달 제사와 월병나누기, 놀이 등의 중요 풍속이 당대唐代에 존재하지 않고, 북송 시기 이후에 등장하기에 송대설이 더욱 설득력을 가진다. 이와 반해『입당구법순례행기』의 추석에 대한 중요한 내용[35]은 첫째, 박돈병식餺飩餅食 같은 음식을 먹고 명절로 쇤다. 둘째, 중국에는 없고 신라에만 있고 고국을 그리워하며 명절을 쇤다. 셋째, 신라가 발해와 전쟁하여 승리한 날이 추석이 되었다. 넷째, 노래하고 흥겹게 춤추고, 관현악 연주가 사흘간 행해졌다. 앞서 밝힌 절기의 조건으로 신라의 추석은 손색이 없으며, 음식을 차리고 노래하고 춤추며 연휴를 즐기는 풍속은 현재도 지속하고 있다고 할 수 있다. 다만, 발해와 전쟁에서 승리한 날을 추석으로 삼았다는 것은 타국에서 생활하는 재당 신라인들이 영광된 역사를 통하여 타국에서의 고단한 삶을 극복하고자 하는 심리적 의도일 수도 있고,[36] 죽은 자에 대한 위령제의 성격을 추석이 보여준 것이라고 할 수 있다. 또한 '고국을 그리워하며 명절을 쇤다'라는 표현은 당나라로 이주하기 전부터 신라의 추석이 존재하였음을 말해준다.

중국에서 중추中秋라는 단어는『주례周禮』에서 일찍이 보이며,[37] 달 감상은『시경詩經』에 등장할 정도로 달 숭배와 함께 역사가 오래되었으나, 당대唐代처럼 달 감상과 중추절을 관련짓지는 않았다.『전당시全唐詩』에 수록된 8월 15일 또는 중추절 달 감상 시는 모두 130여 수에 80여 명의 시인들이 참여하였고,[38] 그중 이백李白은 '월량시인月亮時人

---

33) 鐘敬文 主編, 1998,『民俗學槪論』, 上海文藝出版社, 131쪽.
34) 楊琳, 2000,『中國傳統節日文化』, 宗敎文化出版社.
35) 圓仁,『入唐求法巡禮行記』卷2 開成 4年(839) 8月 15日:寺家設餺飩餅食等 作八月十五日之節. 斯節諸國未有 唯新羅國獨有此節. 老僧等語云 新羅國昔與渤海相戰之時 以是日得勝矣 仍作節. 樂而喜儛 永代相續不息. 設百種飮食 歌儛管絃以晝續夜 三箇日便休. 今此山院追慕鄕國 今日作節. 其渤海爲新羅罸 纔有一千人向北逃去 向後却來 置办依舊爲國. 今喚渤海國之者是也.
36) 김인희, 2014,「적산(赤山) 법화원(法華院)의 8월 15일 명절 연구」,『동아시아고대학』34, 317쪽.
37)『周禮‧春官‧籥師』:中春 晝擊土鼓中 吹豳詩 以逆暑 中秋夜迎寒 亦如之.
38) 張瑞嬌, 2018,「文学共情与节日定型:从《全唐诗》看唐代中秋节俗」, 中国民俗学网.

(달의 시인)'으로 불렸다. 한국의 달타령에 '이태백이 놀던 달아'라는 가사도 이백李白이 달 관련 시를 많이 지었기 때문이다. 이를 근거로 중국 학자들은 중추절 기원을 당대로 보지만, 현존하는 중국 세시기 중 가장 오래된『형초세시기』[39]나 당나라 때 서견徐堅이 찬한『초학기初學記』에도 중추절 풍속에 관한 내용은 보이지 않고, 중추仲秋 계절의 해와 별자리에 대해서만 기록하고 있다.[40]

중추절 고사故事에 많이 등장하는 임금이 당 현종(685~762)이다. 오대五代 왕덕유王德裕의『개원천보유사開元天寶遺事』소설에는 현종이 '망월대望月臺'를 지으려고 했던 일이,『당일사唐逸史』에는 현종이 중추절에 달구경[中秋玩月]했던 일을 적고 있다. 또한 북송 때『태평광기』에는 당대 현종이 월궁月宮에서 노닐고 선녀仙女를 만나 선악仙樂을 전한 고사故事도 나온다.[41] 그러나 이것은 송대의 민간 고사로 후에 만들어진 이야기이다.

송대宋代에 이르러서 음력 8월 15일이 중추절이 성대한 명절로, 달을 감상하며 다 같이 모여 술을 마시는 것을 주요 풍속으로 삼았고, 원대元代에도 그 풍속이 그대로 유지하였다.[42] 북송北宋시대 하남성河南城 개봉開封의 풍속을 기록한 맹원로孟元老의『동경몽화록東京夢華錄』에는 중추절에 여러 상점에서 새로 빚은 술을 판매하고, 달구경 하면서 음주·가무와 햇과일을 즐기고 아이들은 밤새 장난치며 놀았음을 적고 있다.[43] 즉, 중추절을 하나의 절기로 즐긴 것인

당대 구리거울 속 달의 정령, 토끼와 두꺼비

---

39) 『荊楚歲時記』는 양나라의 종름(宗懍)이 6세기경 양쯔강 중류에 위치한 후베이성(湖北省) 형초지역의 세시기를 정리한 것으로, 한국의 대표 세시기인『東國歲時記』에서도 많이 인용하고 있다.
40) 국립민속박물관, 2006,『중국대세기 I』, 국립민속박물관, 152쪽.
41) 당 현종의 중추절 월궁 여행 전설은 북송 때 설화집인『太平廣記』권22 '羅公遠'조와 권26 '葉法善'조에 나온다. 羅公遠조에는 음력 8월 15일 밤에 나공원이 계수나무 지팡이를 다리로 만들어 황제가 월궁에 도달하도록 하였고, 황제는 월궁에서 선녀들의 춤을 구경하고 그 음을 기억하고 돌아와서 '예상우의곡(霓裳羽衣曲)'을 지었다. 葉法善조에는 음력 8월 15일 밤에 葉法善과 황제가 월궁에 놀라가서 '자운곡(紫雲曲)'을 듣고, 황제가 그 음을 기억하고 황궁으로 돌아오면서 그 곡을 '霓裳羽衣'라고 명명하였다.
42) 黃濤, 2008,『中秋節』, 中國社會出版社.

데, 원나라 비저費著가 남송시기 사천성四川省 성도成都지역의 세시풍속을 기록한『세화기려보歲華紀麗譜』에도 중추절에 달구경과 연희를 즐겼음을 적고 있다.[44]

송대 중추절과 당대 중추절의 차이점은 당대에는 주로 밤에 주연을 하며 달을 감상하나, 송대에는 하루 종일 명절로 즐겼다.[45] 따라서 조정에서도 중추절을 중시하여, 관리들에게 하루 동안의 휴가를 주었다. 그리고 당대 중추절을 즐긴 사람들은 문인이나 중상층이었다면, 송대는 일반인의 명절로 자리 잡았다.『전송사全宋詞』중에 중추가 수록된 사詞는 210수이며, 내용은 대개 달빛月色, 고향을 그리워하는 향수鄕愁이며, 소재로 항아, 옥토끼, 두꺼비, 계수나무, 월궁月宮, 경루瓊樓 등을 삼았다.

명대에 중추절의 풍속은 큰 변화가 생겼다. 당송 시기의 달 감상은 약해지고, 월광신月光神에 대한 제의와 월병과 과일 선물 등의 새로운 풍속이 생겨났다.[46] 물론 당송 시기에도 달에 대한 제사는 거행되었지만, 중추절에만 거행한 것이 아니었다. 그러나 명대에는 중추절에 달 제사를 통해 복을 바라는 것이 가장 중요한 풍속이 되었고, 가족들이 모여 함께 음식을 나누어 먹는 것이 당연한 풍속으로 자리를 잡았고, 시집간 여자들이 친정에서 중추절을 보냈다.[47] 월병은 원래 중추절에 월신月神에게 바치는 제물이었지만, 명대에는 절식음식이자[48] 선물용으로 사람들 간에 서로 주고받았다.[49] 그래서 '단원병团圆饼'[50]이라

---

43) 『東京夢華錄』中秋：中秋夜, 貴家結飾台榭, 民間爭占酒樓玩月 … 弦重鼎沸, 近內延居民, 深夜逢聞笙竽之声, 宛如云外. 閭里兒童, 連宵婚戲；夜市駢闐, 至于通曉.
44) 『歲華紀麗譜』八月：八月十五日 中秋翫月 倩宴於西樓 望月於錦亭 今宴於大慈寺.
45) 黃濤, 2008,『中秋節』, 中國社會出版社.
46) 『帝京景物略』卷二：八月十五日祭月 其祭果餠必圓 分瓜必牙錯瓣刻之 如蓮華 紙肆市月光紙繢滿月像 趺坐蓮花者 月光徧照菩薩也 華下月輪桂殿 有兔杵而人立 搗藥曰中 紙小者三寸 大者丈 緻工者金碧繽紛 家設月光位 于月所出方 向月供 而拜則焚月光紙 撤所供 散家之人必遍.
국립민속박물관, 2006,『중국대세시기 Ⅱ』, 국립민속박물관, 24쪽.
47) 『帝京景物略』卷二：八月十五日祭月 …… 其有婦归宁者, 是日必返夫家, 曰团圆节.
48) 黃濤, 2014,「中秋月餠考」,『溫州大學學報』(社會科學版).
49) 『西湖游览志余』：八月十五谓之中秋, 民间以月饼相遗, 取团圆之义(田汝成, 1980,『西湖游览志余』卷二十 熙朝乐事, 上海古籍出版社 361쪽 재인용).
50) 『燕京岁时记』月饼：至供月饼, 到处皆有, 大者尺余. 上绘月宫蟾兔之形. 有祭毕而食者, 有留至除夕而食者, 谓之团圆饼.
『明宮史』：自初一日起, 即有卖月饼者 … 至十五日, 家家供月饼瓜果, 候月上焚香后, 即大肆饮啖, 多竟夜始散席者. 如有剩月饼, 仍整收于干燥风凉之处, 至岁暮合家分用之, 曰'团圆饼'也(刘若愚·高士奇, 1982,『明宮史：

고 하였다.

3. 추석과 중추절의 풍속

음력 8월 15일 한국과 중국 풍속은 공통점, 차이점, 상호관련성을 모두 보인다. 공통점은 보름달에 대한 의미 부여와 달구경과 음주·가무, 가족 모임, 근친, 달밤 놀이, 절기 음식 등을 즐겼다는 점이고, 차이점은 한국은 차례와 성묘를 중국은 달 감상과 달 제사를 중시하였다는 점이다. 상호관련성과 관련해서는 명칭, 달 관련 신화와 전설 등을 들 수 있는데, 조선시대 문인들의 추석 시에는 중국의 달과 관련된 신화, 인물, 전설 등의 소재가 자주 등장한다.

1) 달구경과 풍류

달맞이는 한·중 모두 추석에 행해지는 기본적인 풍속이다. 그러나 한국에서는 정월 보름달을 '대보름'이라고 칭할 정도로 보름달에 대한 중요성은 8월보다 정월에 더 많은 의미를 부여한다. 정월 보름달은 새해 첫 번째 뜨는 만월이기에 달구경을 위해 마을마다 망월대가 있고, 보름달을 향해 개인과 가정의 소원과 행복을 기원한다. 또한 달빛과 기울기를 통해 한 해 농사의 풍년을 점치고, 달빛 아래 줄당기기, 달집태우기와 같은 의례적인 놀이를 즐긴다.

한국에서 추석 달 감상과 관련된 시 짓기, 음주 풍속은 중국보다 상대적으로 적다. 삼국시대 기록에는 추석 달 감상과 시 짓기가 거의 보이지 않고, 고려시대에 접어들면서 등장하기 시작한다.[51] 『고려사』에서도 달 감상, 연회, 시 짓기 관련 기록이 있지만,[52]

金鰲退食笔记』, 北京古籍出版社, 88쪽).
51) 국립민속박물관, 2003, 『한국세시풍속자료집성 - 삼국 고려 시대편』, 국립민속박물관, 275~277쪽.

그 사례는 적다. 고려 문인들의 추석 달 감상 관련 시 짓기는 중국에서 전래한 것으로 보이며,[53] 조선 성종(재위 1469~1494)도 달구경이 조선의 풍습이 아님을 밝혔다.[54] 『경도잡지京都雜誌』, 『열양세시기洌陽歲時記』, 『동국세시기東國歲時記』 등 조선 후기 세시기에는 그런 내용이 보이지 않는다. 이와 반해 일본은 추석을 '츠키미月見' 또는 '주고야十五夜'라고 호칭할 정도로 달 감상 풍속이 성행하고, 중국처럼 달 제사를 지낸다. 이는 중추절 풍속이 일본에 전해진 것으로 보인다.[55]

조선시대 전기에는 문인을 중심으로 추석 때 누각에서 달맞이와 음주, 시 짓기 등의 풍속이 행해졌고,[56] 상당수 시에서 중추中秋라는 명칭은 물론 항아·장생약·계수나무·옥토끼·두꺼비·월궁·광한전廣寒殿·이태백 등[57] 당송시대 시에 등장하는 주요 소재들이 다루어졌다. 조선 후기에도 이런 경향은 마찬가지이며,[58] 당나라 황제 월궁 여행, 소동파蘇東坡, 예상의우곡霓裳疑羽曲[59] 등 새로운 소재가 첨가되었다. 이처럼 추석은 신라의 절일인데 조선시대 사대부들은 그 연원을 중국에서 찾고 있는 것은 명절의 유래가 중국 고대 선왕의 제도에서 시작되어야 한다는 사대부들의 사대주의에서 비롯된 것으로 보인다.[60]

당대唐代 중추절의 주요 풍속은 앞서 밝혔듯이 상류층을 중심으로 한 달 감상과 시 짓기, 음주이었으며, 송대宋代의 『동경몽화록東京夢華錄』[61], 『몽량록夢梁錄』[62], 『무림구사

---

52) 『고려사』 권제13 세가제13 예종 4년; 『고려사』 권제36 세가제36 충혜왕(후) 4년; 『고려사』 권제46 세가제46 공민왕 3년; 『고려사』 권제135 열전제48 우왕 13년; 『고려사』 권제137 열전제5 창왕 즉위년 8월.
53) 노성환, 2011, 「한일 중추절에 대한 비교연구」, 『일어일문학』 50, 대한일어일문학회, 261~283쪽.
54) 『성종실록』 231권, 성종 20년(1489) 8월 15일 경자 1번째 기사 : 然則古人之翫月, 必有意而無可譏也. 我國本無此風, 雖不可例以爲常.
55) 다케다 아키라, 2008, 「歲時習俗に現れる祖先祭祀」, 『비교민속학』 37, 164쪽.
    노성환, 2011, 「한일 중추절에 대한 비교연구」, 『일어일문학』 50, 대한일어일문학회, 267쪽.
56) 국립민속박물관, 2004, 『한국세시풍속자료집성 - 조선전기 문집 편』, 국립민속박물관.
57) 국립민속박물관, 2004, 『한국세시풍속자료집성 - 조선전기 문집 편』, 국립민속박물관.
58) 국립민속박물관, 2005, 『한국세시풍속자료집성 - 조선후기 문집 편』, 국립민속박물관, 17~18쪽.
59) 윤기, 『무명자집』 시고 제3책 시(詩) 中秋記故事 : 中秋端正月 終古表而稱 望夜皆圓滿 今宵最潔澄 暑寒時有適 金水氣相承 此理良宜辨 前言果足徵 過河蟾耐壓 搗藥兔存恒 碾遠輪應弊 行孤馭可矜 霓裳疑羽曲 仙桂悅霜稜 吳質能無怨 嬌娥想自懲.
60) 하수민, 2015, 「조선시대 추석의 가례 사명일 전통과 명절론」, 『민속학연구』 36, 115쪽.

武林舊事』[63], 『취옹담록醉翁淡綠』[64]에도 그러한 기록이 보인다. 가령, 『몽량록夢梁錄』에는 중추절을 월석月夕이라고 하여 왕손공자王孫公子와 부호富豪들은 높은 누대樓臺에 올라 달구경을 하고, 거문고 소리에 서로 술을 주고받고, 노래 부르며 밤새 즐겼다고 한다. 또한 상류층의 달 감상은 민간에도 전해져 일반사람들도 역시 달을 볼 수 있는 조그마한 월대月臺에 올라 가족끼리 연회를 즐겼고, 가난한 사람들도 옷을 저당 잡혀 술을 마실 정도로 그냥 보내지 않았다. 도성안의 거리에서는 오경五更(새벽 3~5시)까지 장사를 하였고, 달구경을 하는 사람들로 저자거리는 새벽까지 혼잡하였다.

명대明代 때도 중추절에 달맞이와 친척과 친구들이 한자리에 모여 음주와 월병을 나눠 먹었다. 명나라 때 절강성浙江省 전당현錢塘縣의 세시풍속을 정리한 『희조락사熙朝樂事』에는 달을 감상하고, 둥근 달처럼 온 가족이 원만하고 단란하기를 기원하며, 술동이를 배에 싣고 물결 따라 새벽까지 노닐어서 한낮과 다르지 않았음을 표현하였다.[65] 달 감상은 청대, 현재까지 중국 중추절의 중요한 습속이며, 복건성福建省 복정福鼎 지역에서는 달구경을 할 때 아이들을 안고 본다. 만약 아이가 달을 향해 손가락질을 하면 월신月神이 아이의 귀를 자른다고 믿는다.

2) 조상 제례와 달 제사

한국과 중국 모두 음력 8월 15일에 제사를 지낸다는 점에서 공통점이 있으나, 그

---

61) 孟元老, 『東京夢華錄』: 中秋节前, 诸店皆卖新酒, 重新结络门面彩楼, 花头画竿, 醉仙锦旆, 市人争饮. 至午未间, 家家无酒, 拽下望子 … 中秋夜, 贵家结饰台榭, 民间争占酒楼玩月, 丝篁鼎沸. 近内庭居民, 夜深遥闻笙竽之声, 宛若云外.
62) 吳自牧, 『夢梁錄』: 八月十五日中秋節, 此日三秋恰半, 故謂之'中秋'. 此夜月色倍明于常時, 又謂之'月夕'. 此際金風薦爽, 玉露生涼, 丹桂香飄, 銀蟾光滿, 王孫公子, 富家巨室, 莫不登危樓, 臨軒玩月, 或開廣榭, 玳筵羅列, 琴瑟鏗鏘, 酌酒高歌, 以卜竟夕之懽. 至如鋪席之家, 亦登小小月臺, 安排家宴, 團圞子女, 以酬佳節. 雖陋巷貧窶之人, 解衣市酒, 勉强迎懽, 不肯虛度. 此夜天街買賣, 至五鼓, 翫月遊人.
63) 周密, 『武林旧事』卷三 中秋: 禁中是夕有赏月延桂排当, 如倚桂阁秋晖堂望碧岑, 皆临时取旨, 夜深天乐直彻人间.
64) 金盈, 『醉翁谈录』: 京师赏月之会, 倾城人家女子, 不以贫富, 自能行至十二三, 皆以成人之服饰之. 登楼, 或于中庭, 焚香拜月, 各有所期.
65) 국립민속박물관, 2006, 『중국대세시기 Ⅱ』, 국립민속박물관, 24쪽.

대상이 한국은 조상, 중국은 달이라는 점에서 차이를 보인다. 중국의 역대 대표 세시기인 『형초세시기荊楚歲時記』, 『초학기初學記』, 『동경몽화록東京夢華錄』, 『희조락사熙朝樂事』, 『제경경물략帝京景物略』, 『제경세시기승帝京歲時紀勝』, 『연경세시기燕京歲時記』 등에서는 중추절에 조상 제사나 성묘에 대한 기록이 일절 보이지 않는다.[66] 이는 조상 의례가 한국만의 추석 풍속이며, 현재도 추석 귀경길 교통이 혼잡해도 조상에 대한 예의를 갖추기 위해 고향으로 내려간다. 그러나 중국에서는 중추절이 '인간의 날'이라고 해서 성묘를 하지 않는다.

(1) 추석 제례

추석 제례의 기원을 가락국에서 찾는다. 『삼국유사』에 따르면, 추석에 수로왕묘首陵王廟 사당에서 9대손까지 풍성하고 정결한 제사음식을 올렸다고 한다.[67] 이익(1681~1763)과 이규경(1788년~사망일 미상)도 추석秋夕 성묘가 수로왕首露王 능묘陵墓 제사에서 시작되었다고 보았다.[68] 신라도 추석을 비롯해 1월 2일, 1월 5일, 5월 5일, 7월 상순, 8월 1일, 8월 15일 등 1년에 6번 오묘五廟에는 제례를 지냈는데,[69] 이 날짜가 예기禮記의 규정된 날짜와 다르고, 후한 이래 중국에서 행해지고 있던 종묘의 제사 일인 1년 5제와도 다르다는 점에서 신라의 제사 시기 선택은 신라 고유의 시간관념과 자연 현상에 대한 인식을 바탕으로 한 종교적 관념의 기반 위에서 성립된 것임을 보여준다.[70]

고려시대에도 추석 제의를 국가 의례로 규정하였다.[71] 임금들은 경령전景靈殿에서 선대

---

66) 국립민속박물관, 2006, 『중국대세시기 Ⅰ』; 국립민속박물관, 2006, 『중국대세시기 Ⅱ』, 국립민속박물관.
67) 『三國遺事』卷2, 紀異2 駕洛國記 : 遂於闕之艮方平地造立殯宮, 高一丈周三百步, 而葬之號首陵王廟也. 自嗣子居登王洎九代孫仇衡之享是廟, 湏以每歲孟春三之日・七之日・仲夏重五之日・仲秋初五之日・十五之日, 豊潔之奠相継不絶.
68) 『星湖僿說』第10卷 人事門 俗節 ; 八月十五為秋夕起於首露王陵墓之祭.
   『五洲衍文長箋散稿』人事篇 論禮類 祭禮 墓祭辨證說 : 新羅儒理王十九年. 駕洛國首露王金氏立. 至後孫仇衡十王. 合四百九十一年. 法興王十九年. 仇衡降于新羅. 初立始祖廟於首陵之側【在慶尙道金海郡】享祀必於孟春三日七日. 仲夏重五. 仲秋五日十五日.【俗名嘉會. 卽秋夕也.】
69) 『三國史記』卷32 雜志1 祭祀 : 一年六祭 五廟謂正月二日五日 五月五日 七月上旬 八月一日十五日.
70) 徐永大, 1991, 「韓國古代 神觀念의 社會的 意味」, 서울대학교 박사논문, 49~50쪽.
71) 『高麗史』卷第61 禮3 吉禮 大祀 : 景靈殿正朝端午秋夕重九親尊儀.

를 추모하는 제의를 직접 거행하였고,[72] 공양왕 때는 사대부례士大夫禮를 반포하면서 추석에도 제사하도록 하였으며,[73] 이색李穡(1328~1396)[74], 원천석元天錫(1330~?)[75] 등이 성묘 제의에 참여한 기록은 당시 사대부의 추석 성묘가 성리학의 가례로 인식되었음을 보여준다.[76]

조선시대 왕실의 추석 제사는 태조 이성계부터[77] 순조 때까지[78] 지속되었다. 또한 세종은 추석 때 종묘 제례를 규정하였고,[79] 1427년 삼년상과 매달 삭망 및 속절俗節에 성묘했던 황해도 효자에게 특별히 경전을 하사[80]한 반면, 5년간 성묘를 하지 않은 사헌부 예문 제학 김말을 파면하기도 하였다.[81] 조선시대 문인들도 성묘, 묘제의 중요함을 시로 표현하였다.[82]

고려시대 때 4대 명절의 하나였던 추석이 조선시대에는 설, 단오와 함께 3대 명절로 자리매김하면서 사대부는 물론 일반인도 추석 성묘가 일반화되었다.[83] 특히 이이李珥(1536~1584)가 『가례家禮』에 따라 한식과 추석에 묘제를 지낼 것을 주장한 이후,[84] 조선 후기까지 절사로서 묘소에서 제사를 지냈다.[85]

조선시대의 세시풍속을 기록한 김매순(1776~1840)은 추석 묘제가 한식 때보다 더

---

72) 『高麗史』卷第20 世家第20 明宗 20年. 8月 丁酉(15日); 卷第137 列傳第50 昌王 卽位年 8月; 卷61 志第15 禮3 吉禮大祀 景靈殿, 권제13 세가제13 예종 11년; 권제16 세가제16 인종 16년; 권제19 세가제19 명종 3년; 권제39 세가제39 공민왕 7년; 권제61 지제15 예3 길례대사.
73) 『高麗史』卷第63 志第17 禮5 吉禮小祀 大夫士庶人祭禮：除四仲月正祭外, 如正朝·端午·中秋. 宜獻時食奠酒, 不用祝文 … 外祖父母及妻父母, 無主祭者, 當於正朝·端午·中秋及各忌日, 用俗祭儀. 祭之.
74) 『牧隱先生文集』권31, 奇尼山申監務兼定山：拜墳欲及中秋去 準擬相逢賞月明.
75) 『耘谷行錄』권2 中秋拜先塋：十載兒心在此崗 每來三酹 一哀傷.
76) 하수민, 2015, 「조선시대 추석의 가례 사명일 전통과 명절론」, 『민속학연구』 36, 111쪽.
77) 『태종실록』권4, 태종 2년(1402) 8월 13일 갑자：上王行秋夕祭于齊陵.
78) 『순종실록부록』권11, 순종 부록 13년 9월 26일 양력 1번째 기사.
79) 『세종실록』오례, 기례, 서례, 시일.
80) 『세종실록』권38, 9년(1427) 12월 21일 갑술.
81) 『세종실록』권94, 23년(1441) 11월 22일 을묘.
82) 국립민속박물관, 2005, 『한국세시풍속자료집성 - 조선후기 문집 편』, 427~472쪽.
83) 하수민, 2015, 「조선시대 추석의 가례 사명일 전통과 명절론」, 『민속학연구』 36, 112쪽.
84) 『擊蒙要訣』祭禮章 第七.
85) 최순권, 2006, 「추석성묘」, 『한국세시풍속사전』, 국립민속박물관.

추석 차례와 성묘

많이 행한다고 하였으며,[86] 유만공(1793~1869)은 추석에도 한식처럼 성묘한다고 하였다.[87] 또한 여타 세시기에도 한식처럼 추석 묘제[88]는 당연한 것으로 인식하였고, 19세기 중엽 김형수金逈洙는 포를 뜬 조기와 말린 북어, 오려 송편, 햅수수로 빚은 술, 박나물, 토란국 등 묘제의 제물을 언급하기도 하였다.[89] 그리고 추석에 가묘에서 제사를 지내는 내용은 조선시대 문집에도 상당수 보인다.[90] 이것은 추석 제례가 삼국시대에서 조선시대로 거치면서 그 위상이 상승되었음을 나타낸다.

추석의 제례 풍속은 근대 시기에 더욱 정형화 된 것으로 보인다. 1926년 <매일신보>의 기사에 "추석은 한식과 함께 선조를 숭배하는 명절"이라고 규정하면서 당시의 풍속을

---

86) 『洌陽歲時記』中秋:士大夫家以正朝寒食中秋冬至四名日行墓祭 而正至或有不行者惟寒食中秋爲盛 而寒食又不如中秋之盛.
87) 柳晩恭,『歲時風謠』八月十五日:棗頰初丹栗顆成, 白新稻飯土蓮羹, 家家上塚如寒食.
88) 趙秀三,『歲時記(秋齋集)』八月十五日:人皆墓祭 如寒食.
　　趙雲從,『歲時記俗(勉菴集)』秋夕:八月十五日 酒果上塚之禮 與寒食同.
　　權用正,『漢陽歲時記』中秋:中秋 祀墳墓.
89) 金逈洙,『嘯堂風俗詩』「농가십이월속시」壯月:鮑石首魚乾北魚, 秋夕佳節用當牲, 早稻葉餠新秋酒, 舐飽炰荼蹄鴉羹, 潔陳玆品祭先壟.
90) 『견한잡록』,『하재일기』,『운양집』,『갈암집』,『계곡집』,『고산유고』,『동계집』,『춘정집』,『경재유고』,『양곡집』,『이암유고』,『사류재집』,『구당집』,『우헌집』,『명곡집』,『희암집』,『후계집』,『매산집』,『성재집』,『담인집』,『면우집』,『녹문집』,『명재유고』,『목민심서』,『백호전서』,『번암집』,『부연일기』,『사계전서』,『성호사설』,『성호전집』 등(출처 한국고전종합DB(https://db.itkc.or.kr)).

설명하고 있다.

> 오늘은 팔월 츄석이다 집집마다 송편을 비져 츄석다례를 지내고 셩묘를 가는 날이니 한식과 아울너 션죠를 숭배하는 죠선사람의 이대 절이라고 할 것이다 상중의 리왕직에서도 이날은 저녁 상식에는 츄석다례를 겸하야 밧드신다고 한다.[91]

(2) 중추절 달 제사

중국에서 달에 대한 제사는 『예기禮記』[92]에 등장할 정도로 그 기원이 오래되었고, 중국 북경北京의 월단月壇은 명나라 황제들이 제사 지낸 장소이다. 중국 중추절 달 제사는 고대 추분秋分에 달에게 제사 지내던 의례[93] 또는 토지신土地神에게 수확에 대한 감사 제사[94]에서 기원했다고 한다.[95]

민간의 중추절 달 제사는 송대에 시작되었지만 그 형식이 비교적 간략하고, 제물을 바치지 않았다. 주로 소년, 소녀들이 달에게 기도하며 소원을 비는 정도였으며, 김영지金盈之 쓴 『신편취옹담록新編醉翁談錄』에도 "중추에 성안의 자녀들이 모두 성인의 복장을 갖추고 장식을 하며, 누각에 오르거나 마당에서 달에게 제사를 지냈다"라고 적고 있다.[96] 제물을 진설한 달 제사는 명대明代에 시작하여 청대淸代를 거쳐 1950년대까지 이어질 정도로 중추절의 중요한 풍속이었으며, 제월祭月, 배월拜月, 공월供月, 제태음祭太陰 등으로 명명하였다.

부찰돈숭富察敦崇의 『연경세시기燕京歲時記』에는 청대 말 제월祭月의 장면을 사실적으로 표현하고 있다. 즉 "중추절 달이 둥글게 뜨면 뜰에 과일을 진설하고, 모두毛豆와 계관화鷄冠

---

91) 〈매일신보〉 1926년 9월 21일자 : 今日은 秋夕 - 성묘와 다례.
92) 『禮記·祭法』: 天子春朝日, 秋夕月。朝日以朝, 夕月以夕.
93) 『禮記』: 天子春朝日, 秋夕月. 朝日之朝, 夕月之夕.
94) 『帝京歲時紀勝』 八月中秋 : 至於先丁後社 享祭報功 衆祀秋成 西郊夕月 乃國家明禋之大典也.
95) 张勃·荣新, 2007, 『中國民俗通志·節日志』, 山东教育出版社.
96) 金盈之, 『新編醉翁談錄』卷4 8月 : 京師賞月之会, 异于他乡, 颇城人家, 不以贫富, 自能行至十二、三, 皆以成人之服饰之, 登楼或于庭中焚香拜月, 各有所期. 男则愿早步蟾宫, 高攀仙桂 …… 女则愿貌似嫦娥, 圆如洁月.

花(맨드라미)도 함께 놓고 제사를 지낸다. 그 시간은 밝은 달빛이 하늘에 가득하고 채색 구름이 사라지기 시작할 때이다. 서로 술잔을 주고받으며 아녀자들은 즐겁게 담소하니 진실로 좋은 명절이라고 할 수 있다. 달 제사 때 남자들은 대부분 절을 하지 않기 때문에 경사의 속언에 '남자는 달에 절하지 않고[男不拜月] 여자들은 부엌에 제사를 지내지 않는다[女不祭竈]'라는 말이 있다"97)라고 하였다. 민국시기에 여성이 달 제사를 주도하였고,98) '남불배월男不拜月 여불제조女不祭竈' 속언은 현재도 중국 전역에 통용되고 있다. 다만, 지역에 따라서는 남자들도 제사에 참여하며, 산서성山西省 동남지역에서는 '여불망월女不望月'이라고 해서 여성들이 오히려 달 제사에 참여할 수 없다.99) 그러나 현재는 가족 모두가 달 제사에 참여하고 이때 여성이 나이순으로 달 제사를 지낸 후 남성들이 마지막으로 한다.

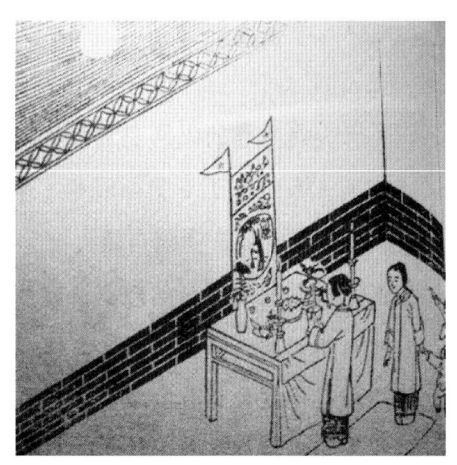

청대 말기 달제사 장면(출처 : 啓蒙畵報)

달 제사의 호칭은 지역에 따라, 재월궁齋月宮(강소성江蘇省 소주蘇州), 사평안謝平安(강소성江蘇省 진강鎭江), 배월궁拜月宮(복건성福建省 정화政和), 원월愿月(하남성河南城 중모中牟), 탁월고椓月姑(광동성廣東省 장악長樂), 배월광拜月光(광동성廣東省 사회四會), 경월광敬月光(귀주성貴州省 수양綏陽), 헌월량獻月亮(감숙성甘肅省 영태靈台) 등 달리 표현한다.100) 그러나 모든 명칭에 '월月'이 들어간 것은 공통점이며, 달의 신격은 항아[月姑, 月亮娘娘]이다. 그러나 청대 이후에 종교적 영향으로 도교의 신인

---

97) 『燕京歲時記』中秋 : 至十五月圓時 陳瓜果於庭以供月 立祀以毛豆 雞冠花 是時也 皓魄當空 彩雲初散 傳杯洗盞 兒女喧嘩 眞所謂佳節也 惟供月時男子多不叩拜. 故京師諺曰 男不拜月 女不祭竈.
98) 若水, 1928.12.11, 「中秋月下」, 『民俗』第33期(中秋專號), 11쪽.
99) 張勃·荣新, 2007, 『中國民俗通志·節日志』, 山東教育出版社.
100) 張勃·荣新, 2007, 『中國民俗通志·節日志』, 山東教育出版社.

태음성군太陰星君, 불교의 신인 월광편조보살月光偏照菩萨, 재물신인 관성제군關聖帝君(관우) 등 다양해졌다.

항아嫦娥 신화[101]는 달을 인격화하여 월신月神 또는 달의 화신化神으로 항아를 숭배한 것이다. 즉, 중추절에 달 숭배가 항아 신화를 탄생시킨 것이다.[102] 항아嫦娥에 대한 기록은 전국시기에 이미 보인다. 『주역周易』에는 항아가 서왕모가 준 불사약을 먹고 달로 표류하여 달의 정령月精이 되었다고 하고,[103] 『산해경山海經』에는 항아를 상희常羲[104]라고 표기하고 있다. 한대漢代 『회남자淮南子』에서는 달의 요정은 본래 두꺼비이고,[105] 후에 항아姮娥로 바뀐 것이고, 姮娥(항아), 常娥(상아), 常羲(상희) 등은 동일인인데 이후 사람들이 嫦娥(항아)로 부르게 되었다고 보았다.[106] 한대 유향劉向(BC77~6)의 『오경통의五經通義』에는 달에 토끼와 두꺼비가 함께 등장하고,[107] 달의 계수나무도 한대漢代에 등장한다.[108] 당대唐代에는 오강이 계수나무를 베려고 하면 할수록 계수나무가 자라 결국 못 베었다는 '오강벌계吳剛伐桂' 신화가 보인다.[109] 항아는 위처럼 일찍이 달의 신이었다. 중국 우주선 명칭에 항아가 들어간 이유도 그 때문이고, 최근에는 '항아 5호'가 달에서 채취물을 가져오기도 하였다.

달의 토끼도 제사 대상이었다. 전설에 의하면, 월궁 안의 옥토끼는 중추절에 선약으로 인간 세상의 질병을 치료하고 사람들의 재앙을 물리쳤다고 한다.[110] 사람들은 옥토끼의

---

101) 『淮南子·览冥训』: 譬若羿请不死之药于西王母, 姮娥窃以奔月, 怅然有丧, 无以续之. 何则不知不死之药之所由生也. 是故乞火不若取燧, 寄汲不若凿井. 高诱注 : 羿请不死药于西王母, 未及服食之, 姮娥盗食之, 得仙, 奔入月中为月精也.
『灵宪』: 姮娥窃王母不死药, 服之以奔月.
102) 黃濤, 2008, 『中秋節』, 中國社會出版社.
103) 『周易·歸藏』: 昔嫦娥以西王母不死之药服之, 遂奔月为月精.
104) 『山海經·大荒西经』: 帝俊妻常羲, 生月十有二, 并为月亮洗澡(袁珂, 2011, 『山海经校译』, 上海古籍出版社, 272쪽).
105) 『淮南子·精神训』: 日中有踆乌, 而月中有蟾蜍.
106) 『淮南子·览冥训』: 讲月精实为蟾蜍, 是由后羿妻姮娥所变. 姮娥常娥常羲实为一人, 即后世所说的嫦娥.
107) 刘向, 『五经通义』讲 : 月中有兔与蟾蜍.
108) 『淮南子·览冥训』: 月中有桂树.
109) 『酉陽雜俎』: 称汉朝西河人吴刚, 学仙犯错, 被罚在月宫砍桂树. 树高五百丈, 刚砍过的地方立刻长好, 因此他一直在砍.
110) 임선우, 2018, 『재미있는 중국풍속이야기』, 지식과감정, 273~274쪽.

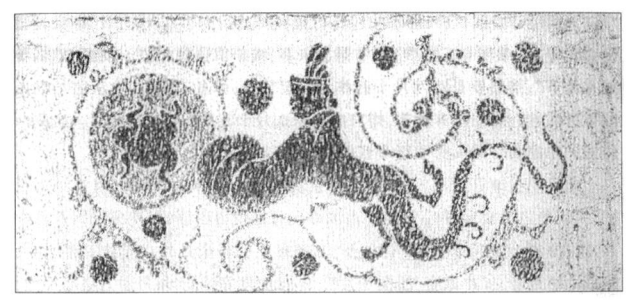

항아가 달로 날아가는 화상석
달과 함께 별자리가 표시되어 있고, 달의 정령으로 두꺼비가 있다(河南城 南陽 출토 화상석).

은덕에 보답하기 위해 중추절에 제사를 지냈고, 명대 기곤紀坤에 따르면, "북경北京의 장인들은 추석에 흙으로 만든 토끼에 옷을 입히고, 사람의 형상으로 만들어 자녀들이 제사를 지냈다"[111]고 적고 있다. 청대 말기에는 100㎝가 넘는 대형 옥토끼를 1만 냥이 넘는 거금으로 장만해서 향과 화병, 과일을 진설하고 제사를 지내기도 하였다.[112] 모두[毛豆]는 달의 옥토끼를 위한 중추절 특별한 제물이다. 토끼가 그것을 좋아하기 때문이다.[113] 산서성山西省에서 누런 콩을 껍질 채 익힌 '금추金秋'를, 산동성山東省 지역에서는 푸른 콩[靑豆] 한 단을, 귀주성貴州省 개양開陽 지역에서는 해바라기, 천진天津에서는 맨드라미[鷄冠花], 무 등을 바쳐 풍년을 기원한다.

흙으로 빚은 토끼를 북경北京에서는 '토아야兎兒爺(토끼할아버지)',[114] 천진天津에서는 '토이야兎二爺(토끼 작은할아버지)', 제남齊南에서는 '토자왕兎子王(토끼왕)'으로 불렀다. 보통 중추절 한 달 전에 토끼 인형이 판매되기 시작하였고, 북경北京의 동사패루東四牌樓 일대와 산동성山東省 제남齊南의 보리문普利門에서 순정舜井거리 일대의 노점에서 토끼 인형 판매가 유명하였다. 상인들은 토끼할아버지와 토끼할머니와 짝을 지어 배치해 고객을 관심을 끌어 모았다. 토끼인형은 처음에는 중추절 제사 용품으로 사용하다가, 후에 어린이 장난

---

111) 紀坤, 『花王閣剩稿』: 京師仲秋節多以泥搏兎形, 衣冠踞坐如人狀, 兒女祀而拜之.
112) 徐柯, 『清稗类钞·时令类』: 中秋日, 京師以泥塑兔神, 兔面人身, 面貼金泥, 身施彩绘, 巨者高三四尺, 值近万钱. 贵家巨室多购归, 以香花饼果供养之, 禁中亦然.
113) 张勃·荣新, 2007, 『中国民俗通志』, 山东教育出版社.
114) 『燕京岁时记』 中秋: 市人之巧者, 用黄土抟成蟾兔之像以出售, 谓之兔儿爷.

감으로 바뀌었다.[115]

달 제사는 안마당(정원)에 제상을 설치하고, 그 위에 신상神像, 월병, 과일 등을 진설하고, 하늘의 보름달이 보이면 제사를 지낸다. 제상의 위쪽에는 향로, 촛대, 꽃병 등을 놓고, 꽃병에는 옥토끼에게 바치는 모두毛豆[116] 가지와 달의 계수나무를 상징하는 자홍색의 맨드라미를 각각 꽂는다. 제상 아래에는 신에게 바치는 노랑돈, 원보, 천장 등의 지전과 양식을 상징하는 종이류를 둔다.

제물 가운데서 빠지지 않는 것이 수박과 월병이며, 그밖에 석류, 배, 대추, 밤, 감 등이다.[117] 강남江南 일대에서 연근[鮮藕]과 마름[紅菱]을, 광동성廣東省과 광서성廣西省에서는 토란과 자몽을 제물로 쓴다. 과일 제물의 공통점은 달처럼 둥근 과일만을 사용하며, 거기에 길상吉祥의 의미를 부여한다. 수박은 발음이 기쁨 '희喜'와 같고, 붉은색과 많은 씨는 발전과 다산, 둥근 모습은 단원團圓의 의미를 지녀 달 제사에서 월병과 함께 가장 중요한 제물이다.[118] 또한 수박은 보통 연꽃 모양으로 잘라 제상에 올리는데,[119] 이것은 계속해서 귀한 자식을 출산하라는 '연생귀자連生貴子'의 염원이 담겨 있다. 그밖에 다자多子의 석류, 만사를 뜻하는 감, 장수를 뜻하는 땅콩[長生果], 애가 일찍 들기를 바라는 대추와 밤이다. 그런데 배는 중국 북방지역에서는 제물로 사용하지만, 절강성浙江省, 상해上海지역에서는 리梨자가 이별의 리離자와 동음이기 때문에 제물로 올리지 않는다.

과일 제물은 서로 관련지어 길상의 의미로 해석하기도 한다. 북경北京에서 감[柿]과 사과[苹果]는 '사사평안事事平安', 대추[枣]와 사과는 '조조평안早早平安', 밤[栗子]과 감은 '이시리市(이윤)'이다. 복숭아와 석류는 '도헌천년수桃獻千年寿, 류개백자도榴开百子图'라고 해

---

115) 天津日報, 2013, 「中秋节里的"兔儿爷": 祭祀神仙变成儿童玩具」, 『民族藝術』 第1期.
116) 모두(毛豆)는 콩의 어린 꼬투리로, 표면에 가느다란 털이 있고 꼬투리 속에는 푸른 콩이 들어 있어 채소처럼 삶아 먹을 수 있다. 토끼가 좋아한다고 여겨 달의 옥토끼를 위해 별도로 마련한 제물이다.
117) 『帝京歲時紀勝』 八月中秋: 十五日祭月 香燈品供之外 則團圓月餅也 雕西瓜爲蓮瓣 摘蘿葡葉作娑羅 香果蘋婆 花紅脆棗 中山御李 豫李岡榴 紫葡萄 綠毛豆 黃梨丹柿 白藕靑蓮.
118) 수박의 원산지는 아프리카이고, 오대시기에 재배하기 시작하여 중국 전역으로 퍼진 것은 원대시기로 본다 (刘启振·王思明, 2017, 「西瓜与中国传统岁时节日民俗的融合及其成因」, 『民俗硏究』 第5期, 79~88쪽).
119) 『北京岁华记』 蓮瓣西瓜: 凡中秋供月 西瓜必參差切之 如蓮花瓣形.

서 복숭아는 장수, 석류는 많은 자식을 의미한다. 상해上海에서는 마름[菱], 석류, 연근, 감 등 4색 채소와 과일을 '전류후사前留后嗣(앞뒤 계승자)'라는 의미로 사용한다.

달 제사를 마치면 제상에 올려 둔 '지마紙馬'의 일종인 '월광지月光紙'를 불태운다. 월광지月光紙는 신상이 그려진 종이로, '월광신마月光神馬', '월광신아月光神兒', '월량마아月亮馬兒', '토아야마아兔兒爺馬兒', '월궁고月宮糕', '월모낭마月姥娘馬' 등 다양하게 불린다. 월광지는 목판 인쇄로 찍어내며, 종이색은 붉은색, 노란색, 흰색 등 세 가지가 있다. 노란색은 '월광편조보살月光偏照菩薩'(불교)이나 '태음성군太陰星君'(도교)이 그려져 있고, 일반 가정에서 가장 많이 사용한다. 붉은색에는 재물신, 관우, 달마 등의 신상과 광한궁廣寒宮, 계수나무, 절굿공이를 든 옥토끼 신선[長耳定光仙] 등이 그려져 있다.

월광지에 대한 기록은 명대 『북경세화기北京歲華記』에 등장한다. "북경北京에서는 중추절에 각 가정의 정원에 월궁신상 부적[月宮符象]을 세워두고, 과일과 월궁의 토끼와 두꺼비 그림의 월병을 진설하고 남녀가 향을 피우며 제의를 지냈다. 제의가 끝나면 월궁신상 부적을 불에 태워 날려 보냈다"[120]라고 하였다. 청대 『제경세시기승帝京歲時紀勝』에서는 월광지를 '지마紙馬'라고 하였고, 그 표제에 도교 신상인 '월부소요태음황군月府素曜太陰皇君'을 새겼다고 한다.[121] 1906년 문인 돈숭敦崇이 쓴 세시기인 『연경세시기燕京歲時記』에는 월광지月光馬의 그림, 크기 등에 대해 상세하게 정리하고 있다.[122] 즉, 태음성군太陰星君을 그린 신상神像을 '신마아神馬兒'라고 불렀으며, 신상 아래에는 월궁月宮과 약을 찧고 있는 옥토끼가 사람처럼 서서 절구를 잡고 있는 모습이 등장한다. 그리고 월광지의 채색이 정밀하고 금벽金碧이 휘황찬란하며 여러 곳의 시장에서 팔았다. 긴 것은 7~8척이고 짧은 것은 2~3척인데, 신상 머리 위에는 홍록색이나 황색으로 만든 두 개의 깃발이 있다. 분향하고 제의가 끝나면 천장千張이나 원보元寶(화폐) 등과 함께 태우는데, 천장千張은

---

120) 『北京岁华记』 中秋 : 中秋夜, 人家各置月宮符象, 符上免如人立 ; 陈瓜果于庭, 饼面绘月宮蟾免, 男女肅拜烧香, 旦而焚之.
121) 『帝京歲時紀勝』 八月中秋 : 雲儀紙馬 則道院送疏 題曰月府素曜太陰皇君.
122) 『燕京歲時記』 月光馬兒 : 京師謂神像爲神馬兒 不敢斥言神也 月光馬者 以紙爲之 上繪太陰星君 如菩薩像 下繪月宮及搗藥之玉兎 人立而執杵 藻彩精製 金碧輝煌 市肆間多賣之者 長者七八尺 短者二三尺 頂有二旗 作紅綠色 或黃色 向月而供之 焚香行禮 祭畢與千張 元寶等一竝焚之 按宛署雜記 千張鑿紙爲條 與冥錢同.

종이를 뚫어 묶음으로 만든 것으로 저승길을 가는 차비이다.

3) 근친覲親과 반보기

한국이나 중국 모두 추석에 부인들이 친정을 방문하는 풍속이 존재하였다. 한국에서는 새색시들이 추석 전후로 친정에 근친覲親을 가는데, 그것을 '온보기'라고 한다.[123] 옛날 봉건적 가족제도에서 며느리는 명절, 부모의 생신, 제일祭日에만 말미를 받아 근친을 갈 수 있었다.[124] 출가한 딸이 출가 후 3년 내에 근친하지 못하면, 일생동안 근친하여서는 안 된다고 여겼다. 3년 후에 근친하면 부모님이 단명 한다는 속신俗信이 있어서 한 번도 근친하지 못하는 여자도 있었다.

근친 풍속은 근대에도 지속되었고, 으레 시댁이나 남편은 한 해 고생한 며느리를 위해 근친하는 것을 당연한 것으로 인식하였다.

> 한가위는 근친(覲親)의 명절이다. 친정어머니를 뵈오려가는 가정주부인네의 깃들어잇다. 봄, 가을, 여름, 겨울할 것 업시 一년 동안을 집안에 폭 파무쳐 가사에 골몰하는 주부는 이 째를 만나서 활개를 펴는 것이다. 봄이면 논과 밧헤 씨를 쑤리고 갈며 여름이면 김을 메고 호미질을 한다. 九十月이면 거두기에 바샏고 엄동설함을 마질 準備에 바샏다. 이러한 가정주부로선 친정이라고 해서 어느 하가에 갈 수 잇을가. 심하면 친부모가 병이 들어 알는다 해도 가지못 할 적이 한두 번이 아니다. 이러한 향촌부녀로서 八月 한가위를 마즐 째에는 얼마나 기샏고 반가우랴 의례희이 한가위면은 싀부모도 며느리를 그 친가에 보낼 줄을 안다 보내는 것이 례인 줄을 알고 그 보낼 모든 준비를 한다. 친부모도 역시 내 자식이 도라올 것을 기대한다. 어린아이들도 한가위면 어머니를 싸라서 외가에 갈 줄로 안다. 남편도 역시 자기 마누라를 친가에 보낼 줄 알고 그에 가진 채비를 하여주는 것이다. 신곡

---

123) 임동권, 1933(3판), 『韓國歲時風俗研究』, 집문당, 201쪽.
124) 국립민속박물관, 2003, 『조선대세시기』 I, 국립민속박물관, 269쪽.

을 거두워 새로운 맛이 드는 여러 가지의 음식을 만드러 가지고 어린 애를 압세우며 친가를 차저가는 그 안악네의 거름은 갓듯 갓든 하다. 강을 건너 산을 넘어가쌘 줄도 모르고 가는 것이다. 一년 동안 싸인 회포를 어머니께 하소연하는 마음 출가한 쌀과 재가(在家)한 어머니의 서로 맛나는 기쎔은 八월 한가위의 명절 쌷이다. 오직 가정부녀에게 모든 우슴을 주고 기쎔을 주는 八월 한가위! 조선의 농어산촌에 잇서서 특히 부녀에게 잇서서 업지 못할 명절이다. 위안의 명절이다.[125]

만일, 시댁이 엄하여 근친을 못하거나, 어떤 사정이 있어서 친정에 가지 못할 때에는, 양가兩家가 미리 연락하고 '반보기'를 하여 친정 식구를 만난다. 반보기는 양쪽 집 중간쯤 되는 곳에 만난다 하여 '중로상봉中路相逢' 또는 '중로보기'라고도 한다.

19세기 중엽 「농가월령가」에는 추석에 근친을 갈 때 시가에서 며느리에게 인절미, 술, 닭이나 개고기 등을 싸서 보냈고, 농사일에 고생한 딸에게 가족들이 여러 위로의 말을 건넸음을 노래하고 있다.[126] 『세시풍요歲時風謠』를 쓴 유만공柳晚恭도 여인들이 인절미와 쌀떡을 수레 가득히 싣고 근친하는 풍속을 소개하고 있다.[127]

반보기 풍속은 경기 이남지방에서만 볼 수 있고, 추석뿐만 아니라 봄, 가을에 날씨가 좋을 때 안사돈끼리 서로 정한 장소에서 만나 회포를 풀었다고도 한다.[128] 현재 반보기 풍속은 사라졌지만, 반보기와 관련해서는 구전 노랫말이 전해지고 있다.[129]

---

[125] 〈매일신보〉 1935년 9월 12일 : 부인네들의 名節 八月한가위! - 一년에 한번 주부가 활개를 펴는 이 째.
[126] 金逈洙, 『嘯堂風俗詩』「농가십이월속시」 壯月 : 媤家給由婦覲親 餌籃酒瓶雞狗隻 濃綠袒衣淡青裙 禳饙傅粉鏡中瘠 嫜姑且隣且慰語 經夏舊容猶未蘇 正逢清秋醒肺氣 爾其好去休來乎 今月身世雖云仙 明年爲計且不無 牟麥刈後仍秋懇.
[127] 柳晚恭, 『歲時風謠』 八月十五日 : (俗稱秋夕 亦稱嘉俳日) 何村騎犢歸寧女, 滿駄杭瓷稻餅來, [嘉俳宴名東史 歸寧餠瓷有農家八月謠].
[128] 『춘추』 1924. 10. 秋夕 風俗.
[129] 〈매일신문〉 2019. 07. 04 장정옥 소설가 [매일춘추] 반보기 : 하도하도 보고저워 반보기를 허락받아/ 이 몸이 절반가고 어메가 절반 오시어/ 새 중간의 복바위에서 눈물콧물 다 흘리며/ 엄마엄마 울엄마야, 날 보내고 어이 살았노. 딸의 하소연에 어머니가 응답한다. 딸아 딸아 연지 딸아!/ 너를 구워 먹을 것을 삶아 먹을 것을/ 금옥 같던 네 손이사 갈고리가 되었구나/ 두실 같은 두 볼이사 돌 족발이 되었구나/ 금쪽같은 정내 딸이/부엌 간지 다 되었네.

중국 중추절을 '단원절團圓節'이라고 하듯이, 출가한 여성들은 이날 친정으로 가서 부모님과 재회하고, 그날 바로 시댁으로 돌아와 부부가 함께 보낸다. 그런 풍속은 명나라 때 이미 시작되었으며,[130] 산서성山西省에서는 신부가 시댁으로 돌아갈 때 사위도 함께 가며, 이때 사위를 술로 잘 대접하고 돌아갈 때는 사돈집에 월병을 선물한다. 그래서 산서성山西省에서는 중추절을 '사위를 맞이하는 날'이라고 해서 '영서절迎婿節'이라고도 한다. 강소성江蘇省 양주揚州에서는 8월 16일 딸을 친정으로 데려와 월병을 함께 먹는다.

이와 반대로 친정에서 지낸 새색시는 중추절에 반드시 시댁에 가야만 한다. 중국 산동성山東省 교동반도膠東半島에서는 "가을 내내 딸이 친정에서

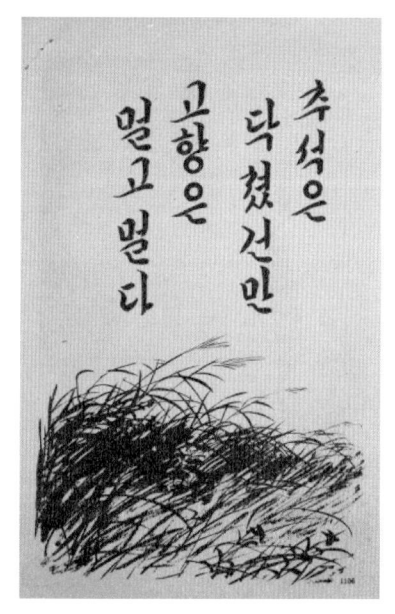

6·25 전쟁 심리전 전단지에 등장하는 추석

지내더라도 중추절만큼 안 된다"라는 속담이 있듯이, 중추절에는 시댁 가족과 함께 지냈다. 결혼한 지 1년 미만의 새색시들은 밀가루로 만든 생선 튀김, 모양이 다양한 구운 음식, 만두 등을 만들어 시댁을 방문한다. 이들 음식에는 축복의 뜻이 담겨 있다.[131]

4) 월병과 송편

추석의 대표적인 절식으로는 송편을 빼놓을 수가 없다. 송편 속에는 콩·팥·밤·대추 등을 넣는데, 모두 햇것으로 한다. 송편은 한자로는 송편松䭏, 송병松餠, 송엽병松葉餠,

---

130) 『帝京景物略』: 八月十五日祭月 … 其有婦歸宁者, 是日必返夫家, 曰團圓节也.
131) 런샤오리, 리샤오나, 2012, 「쟈오둥 반도 중추절 풍습 검토」, 『아시아문화연구』 27, 가천대학교 아시아문화연구소, 13쪽.

송엽협병松葉夾餅, 엽자발葉子餑 등으로 적으며, 〈한도십영漢都十詠〉를 쓴 서거정徐居正 (1420~1488)은 추석 달의 모습을 '황금병黃金餅'[132]으로 표현 하였다. 「도문대작屠門大嚼」 (1611)에는 송편을 가리키는 '송병松餅' 명칭이 보이고,[133] 1680년경(숙종) 발행된 저자미상의 음식책인 『요록要錄』에는 "멥쌀가루로 떡을 빚고 솔잎을 켜켜 놓아 쪄서 물에 씻어낸다"고 송편 만드는 법을 설명하고 있다.[134] 실학자 이익李瀷(1681~1764)은 "우리나라 풍속에는 송편[松䭏]이란 떡이 있다. 이는 쌀가루를 물로 반죽하여 떡을 만들고 채소와 콩 따위로 속을 넣는다. 시루에 익힐 때는 시루 밑에 솔잎을 먼저 펴고 그 위에다 떡을 얹어서 서로 들어붙지 않도록 하므로 떡 이름을 송편이라고 한다"[135]라고 자세히 묘사하고 있다. 또한 고려 때 송고병[松膏餠]이 송편과 이름은 유사하나 다른 것임을 설명하였다. 즉, 송고병은 고려 고종 때 김유金裕가 소나무 위에서 저절로 생긴다고 중국인을 속였으나, 실은 소나무 흰 껍질을 벗겨서 삶아 익힌 다음, 절구에다 여러 차례 찧은 뒤에 꿀도 넣고 쌀가루도 섞어서 만든 떡이라고 설명하였다.

송편은 조선시대 절기 음식이자 일상식이며, 추석뿐만 아니라 머슴날(2월 1일), 삼짇날, 사월 초파일, 단오, 유두, 가을, 겨울철 등 수시로 먹었다. 또한 사당이나 종묘에서 제사를 모실 때 제병으로 만들었으며,[136] 임금이 하사품으로 송편을 내리기도 하였다.[137] 이문건李文健(1494~1567)이 쓴 『묵재일기』에는 송편이 삼짇날의 명절 음식으로,[138]

---

132) 『東文選』 속동문선 제4권 七言古詩 漢都十詠 : 秋光萬頃瑠璃靜, 畫棟珠簾醮寒影, 長空無雲淨如掃, 坐待月出黃金餅.
133) 원선임 외 7명, 2008, 「17세기 이전 조선시대 떡류의 문헌적 고찰」, 『한국식품조리과학회지』 제24권 제4호, 419~424쪽.
134) 이성우·조준하 역주, 1983, 「요록(要錄)」, 『한국생활과학연구』 창간호.
윤숙자, 2006, 「송편[松餅]」, 『한국세시풍속사전』, 국립민속박물관.
135) 『星湖僿說』 제6권 만물문(萬物門) 청호·송고(青蒿松膏) : 又按高麗史趙彝傳元丞相安童信金裕之詒来求松膏餅三十斤裕以為自生扵松上其實取松白皮熟煉百杵和蜜汁粘㭒作餅者也今市上最多此物俗之流傳以而不衰如此東俗又有松餅者溲米為餅㩧以菉豆之類就甑中蒸熟而取松葉先鋪攤餠其上使不黏着故名松餅也彼未必是此物而名則雅好今以松上餅為稱亦可.
136) 나경수, 2018.5, 「대표적인 세시절식의 주술적 의미」, 『한국민속학』 67, 101쪽.
137) 『다산시문집』 제1권 詩 〈雪夜閣中賜饌 恭述恩例〉: 珍羞天降十人擎, 蹜踖赴筵不敢後, 群公待我總傳觥, 紅棗糕團蜜作餡, 綠藕切細蔗俱甍.
138) 나경수, 2018.5, 「대표적인 세시절식의 주술적 의미」, 『한국민속학』 67, 101쪽.

농암聾巖 이현보李賢輔(1467~1555)는 9월 14일 수동水東에서 추수하는 상황을 살펴보고, 정방사淨方寺에서 하룻밤을 잘 때 스님 설순雪淳으로부터 송편을 대접받았다.[139] 유몽인柳夢寅(1559~1623)도 4월에 산행 갔을 때 승려 선수善修로부터 송편[松䭏] 등을[140] 대접받은 것을 보면 송편은 사찰에서도 즐겨 먹었음을 알 수 있다. 여기에 사월 초파일[燈夕] 제물로 송편[松餠]을 올린다고 이식李植(1584~1647)은 전하였으며,[141] 허균許筠(1569~1618)은 서울에서 철따라 먹는 음식으로 봄에 송편[松餠]을 들었고, 추석의 송편은 아예 언급이 없다.[142] 신흠申欽(1566~1628)은 유두에 송편[松餠] 빚어 이웃집에 선물하는 것을,[143] 다산 정약용丁若鏞(1762~1836)은 봄날 누산樓山에서 회현방會賢坊 담연재澹然齋로 이사 갔을 때 '뾰족한 송편 고기로 떡소를 만드느라 아내의 바쁜 모습'을 시로 지었다.[144]

조선 후기 세시기 가운데 『경도잡지』(김매순金邁淳, 1776~1840)[145]와 『열양세시기』(1819)[146]에 따르면, 송편[松餠]은 음력 2월 1일 노비날에만 먹었다. 이와 반해 『동국세시기』(1849)에는 노비날[147]과 추석[148]에 송편을 만들어 먹었는데, 노비날 송편은 대보름에 세웠던 볏가리대의 곡식으로 만든 다음 노비들에게 그들의 나이 숫자만큼 먹였다. 이때 송편은

---

139) 『농암집』 제3권 詩 〈九月十四日. 檢田水東. 會淨方寺僧雪淳走沙彌來. 報山中秋色. 乘興便往. 一宿而歸〉: 椒茶與松餠. 種種作人情.
140) 『於于集』(어우집 후집) 제6권 잡지(雜識) 遊頭流山錄 : 有名僧善修居之 奉徒第演經 四方釋子多歸之 與詢之頗相善 餉之以松䭏蓼㽞八味茶湯.
141) 『澤堂集』 택당선생 별집 제16권 잡저(雜著) 제찬(祭饌) : 燈夕松餠 上元藥飯 三三日艾餠 燈夕松餠 七夕霜花之類 重九引餠.
142) 『성소부부고』 제26권 설부(說部) 5 餠餌之類 : 都下時食. 春有艾糕. 松餠, 槐葉餠, 杜煎, 梨花煎. 夏有薔薇煎, 水團, 雙花, 小饅頭. 秋有瓊糕, 菊花餠, 柿栗糯餠. 冬有湯餠. 而煮餠, 蒸餠, 節餠, 月餠, 蓼餠, 松膏油蜜餠, 舌餠等味. 通四時.
143) 『象村集』(상촌선생집 제10권) 詩 五言律詩 流頭日題 : 佳節流頭日, 荒村放逐臣, 水團遵土俗, 松餠餽鄕鄰.
144) 『다산시문집』 제1권 詩 〈春日澹齋雜詩〉: 芹菜青調作乳黃, 新篘少麴湛盈觴, 松䭏尖尖魚作餡, 山妻每到午時忙.
145) 『京都雜誌』 二月 初一日 : 卸下上元禾竿, 作松餠夾餠, 饋奴婢, 如其齒數, 俗稱奴婢日. 東作伊始.
146) 『洌陽歲時記』 二月 朔日 : 俗謂二月朔, 日直奴婢. 粉米作餠, 如饅頭樣. 小豆去皮爲餡, 入甑中, 覆松葉蒸熟, 名曰松餠.
147) 『東國歲時記』 二月 朔日 : 卸下上元禾竿穀, 作白餠, 大者如掌, 小者如卵, 皆作牛璧樣. 蒸豆爲餡, 隔鋪松葉於甑內, 蒸熟而 出, 洗以水, 塗以香油, 名曰松餠. 饋奴婢如齒數, 俗稱是日爲奴婢日.
148) 『東國歲時記』 八月 秋夕 月內 : 賣餠家造早稻松餠菁根南苽甑餠. 又蒸糯米粉, 打爲䭏, 以熟黑豆黃豆芝麻粉粘之, 名曰引餠, 以賣之, 卽古之粢䭏, 漢時麻餠之類也. 蒸糯米粉成團餠如卵, 用熟栗肉和蜜附之, 名曰 栗團子.

송편 만들기

첫 수확 올벼를 걸어 풍년을 기원한다.

농사의 시작을 맞이하여 노비들을 대접하는 의미를 지닌다. 그런데 추석 송편과 노비날 송편의 큰 차이점은 추석에는 햅쌀로 송편을 빚는다는 점이다. 그래서 추석에 수확한 올벼로 만든 송편이라는 의미에서 '오려송편'[149]이라고 한 것이며, 햇곡식으로 만든 떡이기에 조상께 감사하는 뜻으로 차례상과 묘소에 올린 것이다. 술도 마찬가지로 추석의 술은 햅쌀로 빚기에 추석 송편과 함께 조상께 천신薦新의 의미를 가진다.

송편이 추석 절식으로 등장한 것은 18세기이다. 조선 후기 의성 출신 학자인 임필대任必大(1709~1773)는 단오, 칠석, 추석 절기 음식으로 송편을 들고 있으며,[150] 앞서 밝혔듯이 『동국세시기』(1849)에도 추석에 송편을 만든다는 구절이 나온다. 19세기 말 『최병채일기崔炳彩日記』에 따르면, 4월 8일, 6월 1일, 6월 6일, 6월 20일, 7월 8일(말복), 8월 15일(추석) 등 절기, 평일에 송편을 만들어 먹었다.[151] 조면호趙冕鎬(1803~1887)의 기록에도 추석에

---

149) 〈매일신보〉 1917년 9월 19일 : 추석은 오려송편에 햅쌀로 술 담아 선영에 제사하고 즐겁게 노는 명절이다.
150) 任必大, 『剛窩先生文集』 俗節饌品圖 : 俗節饌品圖 果盞盤 魚肉 蔬菜匙筯 餅盞盤 餅用時食, 正朝餅羹, 上元藥飯, 淸明花煎, 或未及則代以他餅, 端午 蒸餅或松餅, 荇七松餅或霜花引餅, 秋夕引餅或松餅, 重陽菊煎或 他餅, 冬至豆粥.

집집마다 송편과 토란을 먹었으며,[152] 정학유(1786~1855)의 『농가월령가』[153]와 김윤식金允植(1835~1922)의 시[154]에도 추석 음식으로 송편[葉餠]을 들고 있다. 또한 이웃들과 나눠 먹었다.[155] 『하재일기荷齋日記』(1891~1911)를 쓴 지규식池圭植은 8월 17일 두세 명의 동료와 집으로 돌아와 송편[松餠]을 쪄서 함께 먹었으며,[156] 『해동죽지』를 쓴 최영년崔永年(1856~1935)은 추석에 송편[新松餠]을 만들어 산소에서 제사 지냈고, 이를 '추석송편'이라고 하였다.[157] 월령체月令體의 형식을 빌려 각 계절의 떡을 노래한 '떡타령'에도 "8월 가위 오려송편"이란 가사가 보인다.

1920~30년대 송편은 추석의 절식으로 자리를 잡았지만,[158] 1970년대까지 쌀농사가 풍족하지 못한 일부 도서지방에서는 송편을 먹지 못한 것[159]으로 보인다. 쌀농사가 거의 전무한 제주도에서도 1970년대 이후에는 송편을 '곤떡' 즉 고운 떡이라고 하여 추석에만 먹었다.

송편을 중국에서 '고려병高麗餠'이라고 하여 판매되기도 하였다. 동지사冬至使 사절단의 일원으로 중국 연경燕京에 간 이해응李海應(1775~1825)과 1828년 연행사신의 수행원인 박사호朴思浩는 압록강 너머 병자호란(1636~1637) 때 잡혀간 사람들이 정착한 마을인 고려보高麗堡에서는 조선의 송편[松餠]을 본떠서 만든 것을 '고려병高麗餠'이라고 해서 사행이 이곳을 지날 때 마을 사람들이 떡함지를 끼고 길에 나와 앞을 다투어 판매 하는

---

151) 나경수, 2018. 5, 「대표적인 세시절식의 주술적 의미」, 『한국민속학』 67, 102쪽.
152) 趙冕鎬, 『玉垂先生集』 卷23 詩 嘉俳 八月十五日 : 名日嘉俳天下無。家家松餠佐羹芋。當年我亦豪華者。新稻樽前任醉呼。
153) 『농가월령가』 8월 : 신도주 올여송편 박나물 토란국을 선산에 제물하고 이웃집 나눠 먹세.
154) 『雲養集』 제1권 시(詩) 歸川紀俗詩 : 葉餠松醪八月中 稻鄕佳節喜成功 家家設祭晨燈碧 俗禮還羞上墓風
155) 『雲養集』 제4권 시(詩) 中秋節與紫泉共賦 : 秋醪葉餠從隣飽 風味年年慣異鄕.
156) 『荷齋日記』 3 계사·癸巳甲午陰晴 계사년(1893) 8월 17일 : 說罷與數三僚歸家 蒸松餠共喫而歸.
157) 崔永年(1856~1935), 『海東竹枝』 舊俗 八月十五日 家家作餡餠 隔松葉蒸之 上墓祭祀 名之曰 추석송편
158) 〈동아일보〉 1921년 9월 16일 : 금일은 팔월추석이다. … 철이 이른 해에는 햇쌀로 오려송편을 맨드러 먹는 곳도 있다.
   〈동아일보〉 1930년 10월 6일 : 내일은 음력으로 팔월보름날이니 추석이 이날이다. … 가을 성묘를 행하는 날도 이날이오 송편을 먹는 날도 이날이니.
159) 김용갑, 2018, 「추석 대표 음식으로서 송편의 발달 배경」, 『인문논총』 75-2, 서울대학교 인문학연구원, 194쪽.

모습을 기록하였다.[160] 한 마디로 조선인이 송편을 좋아함을 간접적으로 표현한 것이고, 배고플 때 속을 채우기에도 안성맞춤이다.

한국의 송편은 중국의 둥근 월병과 달리 반달 모양이다. 이에 대해 장정룡은 반달이 성장과 발전을 뜻하는 의미로 보았으며,[161] 민간에서도 만월은 점차 기울지만, 반월을 점차 충만해진다고 본다. 나경수는 송편에 대해 속이 꽉 차고 또 그만큼 크게 맺히기를 기대하는 주술적 심리에서 발원한 볍씨의 형상으로 보기도 하였다. 즉, 송편 피는 쌀겨, 고물은 쌀알이며, 고물을 넣을 때 가능한 꾹꾹 눌러 속을 꽉 채우는 것은 벼가 알알이 속이 가득 차서 여물기를 기대하는 심성이 송편 모습에 그대로 실린 것으로 보았다. 따라서 송편은 풍년기원의 주술적 절식으로 보았다.[162] 그런데 햅쌀을 둥글게 만들고, 그 다음 가운데 홈을 내서 그 안에 콩이나 팥 등의 곡물을 채워 다시 접어 만드는 송편의 과정은 곡물을 갈무리하는 섬으로 바뀌는 모습이다. 정월대보름 섬을 나타내는 복쌈을 먹듯이 추석에도 송편을 먹으면서 농사의 풍년을 기원하는 것으로 여겨진다.

'월병을 먹지 않으면 중추절을 보낸 것이 아니다'라는 말이 생겨났듯이, 월병月餠은 중국 중추절의 대표 상징물이다.[163] 중국의 월병은 달과 같이 둥근 모양으로 '단원團圓', '원만圓滿'의 의미를 지닌다. 월병이란 이름은 남송 때『몽양록夢粱錄』에 '월병月餠'이라는 단어가 보이나,[164] 민간에 절기음식이자 제물이 된 것은 명대 때이다. 명대明代 지방지를 보면 중추절에 월병, 술, 과일 등을 진설하고 제사를 지낸 후 월병을 먹었다는 것이 중국 전역에서 보인다.[165] 또한 제사를 마치면 사람 수 만큼 동일한 크기로 잘라 먹었다[166]

---

160) 『薊山紀程』 제5권 附錄 飮食 : 白而圓曰松餠 … 高麗餠 卽松餠 栗切餠之屬也 高麗堡所賣 而依樣我國餠 故稱 高麗餠.
『心田稿』 제1권 燕薊紀程 무자년(1828, 순조 28) 12월 21일 : 自渡江至此數千里之間 … 市有栗切餠松餠之屬. 俗謂之高麗餠. 此亦賣餠者. 亦依樣我國之餠故也. 目前我國人多買食. 故每使行之過此. 村人擁路.
161) 장정룡, 1988, 『한·중세시풍속 및 가요연구』, 집문당, 205쪽.
162) 나경수, 2018.5, 「대표적인 세시절식의 주술적 의미」, 『한국민속학』 67, 101~113쪽.
163) 黃涛·王心愿, 2014, 「中秋月饼考」, 『温州大学学报(社会科学版)』.
164) 『夢粱錄』 卷四 中秋.
165) 常建华, 2020, 『中国古代岁时节日』, 中国工人出版社, 176~177쪽.
166) 高天星, 2008, 『中國節日民俗文化』, 中原农民出版社, 194~199쪽.

라는 기록을 통해 여러 사람이 한 개의 월병을 나눠 먹을 정도로 컸음을 알 수 있다.

명대 때부터 월병은 선물용품으로 주고받았다. 명대 전여성田汝成의 『희조락사熙朝樂事』에는 월병月餠을 선물하는데 이는 둥근 달처럼 온 가족이 원만하고 단란하기를 기원하는 뜻을 담았다고 하였다.[167] 또한 월병 표면에는 토끼나 두꺼비, 선녀 등 항아嫦娥와 관련된 설화의 주인공들이 새겼으며, 중추절에 먹는 월병月餠을 '단원월병團圓月餠'이라고 달리 말하였다.

월병

월병 포장지의 항아

월병은 곡식의 가루를 반죽하여 얇게 편 다음 그 속에 여러 가지 과일류나 꿀 채소 따위를 넣고 싸서 만든 둥근 모양으로, 음식 크기도 일정하지 않아서 개인이 여러 개를 먹을 정도로 작은 것부터 온 가족이 1개를 놓고 잘라서 먹을 정도로 엄청나게 큰 것까지 다양하다.[168] 명대 때 월병 지름이 60㎝ 되는 것도 있었다.[169]

월병의 유래에 대해서는 여러 설이 있다. 가장 보편적인 것은 원나라 때 주원장朱元璋이 원나라에 봉기할 날짜를 적은 쪽지를 추석을 빙자하여 월병 속에 감추어 백성들에게 나누어 준 떡으로 판본에 따라 그 내용이 약간의 차이가 있다.[170] 그밖에 서역의 호병胡餠을 맛본 당 고종高宗이 그 맛이 좋고 모양도 달처럼 둥근 모양이라서 신하들에게 나눠주고 함께 먹었다고 한다. 그 이후에 호병胡餠이 월병이 되었다고 한다. 또 다른 전설은 당나라 때 장건출張騫出이 서역에서 가져온 깨와 호두를 속으로 해서 둥근 떡을 만들었는데,

---

167) 『熙朝樂事』: 八月十五日 謂之中秋 民間以月餠相遺 取團圓之義.
168) 국립민속박물관, 2006, 『중국대세기 Ⅱ』, 국립민속박물관, 196쪽.
169) 『帝京景物略』卷二: 八月十五日祭月 … 月餠月果 戚屬餽相報 餠有徑二尺者.
170) 黃濤·王心愿, 2014, 「中秋月餅考」, 『溫州大學学报(社会科学版)』.

당 현종과 양귀비楊貴妃가 중추절 달구경을 하면서 호병을 먹었는데, 그 이름이 좋지 않다고 하여 월병으로 바꾸어 불렀다고 한다. 그러나 문헌에 근거하면 월병 명칭은 송대에 등장하고, 명대에는 달 제사 제사용품으로 사용되었고, 청대에는 월병의 표면에 글자를 써넣기도 하고[171] 향료를 첨가하는 등 그 크기와 종류가 매우 다양해졌다. 결국, 중국의 월병은 자국의 것이 아닌 호병胡餠이었으며, 장건출張騫出, 주원장朱元璋의 월병 유래설은 중국인의 애국주의를 반영한 것으로 보인다.

월병은 지역에 따라 크기나 맛이 다르다. 월병의 생산도 떡살에서 기계화되어 대량생산 체제로 바뀌었다. 현재 북방지역에서는 북경北京 월병을, 남방지역에서는 소주蘇州 월병이 가장 유명하다. 월병의 외피는 바싹바싹하여 잘 부서지며, 겉이 부드럽고 하얀 것일수록 좋다. 또한 월병의 속도 설탕·깨·물고기·차·과일·채소·돼지고기·소고기 등 다양하여 취향에 따라 골라 먹는다.

현재, 한국 추석의 떡인 송편이 여전히 가정에서 직접 만든다면, 월병은 모두 판매점을 통해 구입하고 선물용으로 사용하는 것이 다르다. 물론 『동국세시기東國歲時記』(1849)나 일제시기 신문[172]을 통해 송편이 판매된 사례도 있지만, 송편은 여전히 가정에서 빚어야 되는 것으로 인식하고 있다. 이와 반해 중국의 월병은 상업화가 흥행하여, 다양한 재료와 맛을 가진 새로운 월병이 등장하고, 고급 포장[173]을 곁들인 비싼 월병이 판매되고 있다.

추석 절식 중 토란土卵은 동북아시아 3국이 모두 먹으며, 일본의 '츠키미'를 토란의 명월이라고 할 정도이다.[174] 「농가월령가農家月令歌」 8월령에 "북어쾌 젓조기로 추석 명절 쉬어보세, 신도주, 올벼송편, 박나물, 토란국을 선산에 제물하고 이웃집 나눠 먹세."[175]라는 구절이 나오고, 『세시풍요歲時風謠』를 쓴 유만공柳晚恭도 시절 음식으로 토란국[土蓮羹]

---

171) 『燕京歲時記』月光馬兒 : 中秋月餅以前門致美齋者爲京都第一 他處不足食也 至供月月餅到處皆有 大者尺餘 上繪月宮 蟾兎之形 有祭畢而食者 有留至除夕而食者 謂之團圓餅.
172) <매일신보> 1918. 9. 20. 인력거 버리는 만하지고 송편은 밧삭죠러.
173) 한지예평, 서한석, 2019, 「중국 10대 월병 포장디자인의 소비자 선호도에 대한 연구」, 『한국콘텐츠학회논문지』 19(7), 120~129쪽.
174) 노성환, 2011, 「한일 중추절에 대한 비교연구」, 『일어일문학』 50, 대한일어일문학회, 272쪽.
175) 『농가월령가』 : 신도주(新稻酒), 오려 송편, 박나물, 토란국.

을 소개[176]하였다. 『하재일기荷齋日記』에도 추석에 송편과 토란국을 제사상에 바쳐 모친을 위로 한다는 내용[177]이 보인다. 이것은 토란이 추석 때 절식이었으며, 이 시기에 나온 토란이 영양도 높고 맛도 좋다고 한다. 한국 민화民畵나 문양紋樣에서 토란은 무병장수無病長壽를 나타낸다. 현재 토란은 서울, 경상도 사람들이 즐겨 먹는다.

중국 북방,[178] 남방지역[179]에서 토란국을 먹으며, 중국 산동성山東省 교동반도膠東半島의 토란은 1638년 청나라 강희康熙 황제 때 남방에서 들어왔고, 토란의 종류가 다양한데 그 중에서 강동진姜瞳鎭의 고우孤芋와 화우花芋가 가장 유명하다.[180] 여기서 나온 토란은 껍질이 얇고 전분과 당분이 많으며 크기가 크고 고소한 맛이 난다. 토란은 '육지에서 나온 연꽃'이라고 불리며, 가을의 보신 식품으로서 매해 많은 양이 해외로 수출된다. 또한 토란의 발음이 '여유餘裕'란 단어와 비슷해서 사람들은 행운의 음식이라고 생각한다. 이 때문에 명절이나 결혼, 잔치에 행운을 기원한다는 의미에서 토란을 삶아 먹는다. 그러나 한국처럼 국으로 먹지는 않는다.

5) 추석과 중추절의 민속 상징

(1) 첫 수확과 풍농기원

"5월 농부 8월 신선"이란 속담처럼 추석은 8월 수확의 풍요를 맛보는 때이다. 『동국세시기東國歲時記』를 쓴 홍석모洪錫謨(1781~1857)는 추석은 곡식이 이미 익었고 가을 농작물을 추수할 때가 멀지 않은 시기로 닭을 잡고 술을 빚어 온 동네가 취하고 배부르게 먹으면서 즐기는 명절[181]로 보았다. 『세시풍요歲時風謠』를 쓴 유만공柳晩恭(1793~?)은 농가에서는

---

176) 柳晩恭, 『歲時風謠』 八月十五日 : 棗頰初丹栗顆成, 白新稻飯土蓮羹.
177) 『荷齋日記』 6 경자년(1900) 八月十五日 : 秋夕感懷 芋羹松餅■初新 堂上慇懃慰母親.
178) 런샤오리, 리샤오나, 2012, 「자오둥 반도 중추절 풍습 검토」, 『아시아문화연구』 27, 가천대학교 아시아문화연구소, 14~15쪽.
179) 大林太良, 1993, 『正月の來た道 - 日本と中國の新春行事 - 』, 小學館, 137~147쪽.
180) 런샤오리, 리샤오나, 2012, 「자오둥 반도 중추절 풍습 검토」, 『아시아문화연구』 27, 가천대학교 아시아문화연구소, 14~15쪽.

더도 말고 덜도 말고 가배와 같기[無加無減似嘉俳]를 바랐으며, 속담에도 그런 말[無加又無減 長如嘉俳日]이 있다고 하였다.[182] 『열양세시기洌陽歲時記』를 쓴 김매순金邁淳(1776~1840)도 추석에 아무리 궁벽한 시골의 가난한 집이라도 으레 쌀로 술을 빚고 닭을 잡아먹으며, 안주나 과일도 분수에 넘치게 가득 차리기에 '더도 말고 덜도 말고 한가위만 같아라[加也勿 減也勿]'고 전하였다.[183] 조운종朝雲從은 8월 15일을 경성에서도 중요하게 여기지만, 농가에서는 훨씬 더 소중하게 여기며, 대개 햇곡식이 이미 무르익어 수확이 멀지 않은데다가 가을 기운이 넉넉하고 풍요롭다고 보았다.[184]

한편, 한국에서 보름달과 관련된 풍속은 벼농사와 밀접한 관련이 있는 것으로 보인다. 1년 열두 달 대보름과 관련된 풍속은 정월대보름(1월 15일), 유두(6월 15일), 백중(7월 15일), 추석(8월 15일) 등으로 한정되어 있다. 즉, 정월대보름은 한 해 풍년 기원, 유두는 벼가 한참 익어가는 시기로 성장의례, 백중은 벼 김매기가 마치는 달, 추석은 그동안 농사가 잘되게 해준 것을 감사하는 농공감사일農功感謝日이며, 곧 농사의 결실을 보게 되는 절일節日이다. 아울러 한해 농사를 마무리하는 시기로서, 또 이듬해의 풍농을 기리는 시기로서 깊은 의미가 있다.

추석에는 날씨를 통해 농사의 풍·흉점을 친다. 추석날 청명하면 풍년이고, 그와 반대로 비가 오면 흉년이 든다고 보았다.[185] 추석 전에 서리가 내리면 이듬해 보리농사가 흉작이 된다. 이는 강우와 서리는 수확을 앞둔 작물에 치명적이기 때문에 생긴 말이다. 추석에 구름이 너무 많거나 구름이 한 점도 없으면 그해 보리농사가 흉년이고, 구름이 적당히 떠서 벌어져 있어야 풍년이라고 한다. 중국에서도 중추절에 날씨가 흐리거나 비가 오는 것을 부정적으로 여겼으나, 그 표현을 우회적으로 하였다. 가령, 중추절에

---

181) 『東國歲時記』秋夕：十五日東俗稱秋夕 又日嘉俳 肇自羅俗 鄕里田家爲一年最重之名節以其新穀已登西成不遠 黃鷄白酒四隣醉飽以樂之.
182) 柳晩恭, 『歲時風謠』 八月十五日：無加無減似嘉俳, 野諺日 無加又無減 長如嘉俳日.
183) 『洌陽歲時記』中秋：嘉排之稱昉於新羅 而是月也百物成熟 中秋又稱佳節 故民間最重 是日雖窮鄕下戶 例皆釀稻爲酒殺鷄爲饌 肴果之品侈然滿盤爲之 語日加也勿減也勿.
184) 趙雲從, 『歲時記俗(勉菴集)』秋夕：京俗非不重此日 而田家則尤有甚焉 蓋新稻已登 西成不遠 氣象豊裕故然也.
185) 장주근, 1989, 『한국의 세시풍속』, 형설출판사, 277쪽.

비가 오면 다음해 정월대보름에 반드시 흐리거나 눈이 온다고 여겼고, 하북성河北省에서는 '중추절에 비가 내리면, 가뭄이 내년 5월에 끝난다'라고 하였다. 강소성江蘇省과 북경北京에서는 '7월 15일에 홍수가 나면, 중추절은 풍년이다'라고 하여 중추절 보다 앞 선 달에 비가 내리는 것이 더 좋다고 보았다.

달의 모양을 봐서 풍흉을 점치기도 하였다. 충남지역에서는 추석날 달이 잘 보여야 보리농사가 잘 되고, 해안지역에서는 달이 밝고 둥글면 가을 어장이 좋다고 여긴다.[186] 부산지역에서는 보름달이 희고 밝으면 이듬해 물이 흔해 풍년이 들고, 달이 붉으면 가물어서 이듬해 흉년이 든다고 한다. 또한 달이 이지러져 있는 방향의 마을은 흉년이 든다.[187] 그리고 달이 보이지 않으면 메밀을 비롯한 곡식도 흉작이라고 여긴다.[188] 한편, 조선 후기 조재삼趙在三은 『쇄쇄록瑣碎錄』에서, "날이 흐리거나 구름이 있어 추석 달이 보이지 않으면 토끼가 새끼를 배지 못하고 개구리가 알을 낳지 못하며, 또 메밀이 결실을 맺지 못한다."라고 하였다.[189] 산서성山西省 분양汾陽에서도 중추절 달빛이 흐리면 토끼 새끼가 잘 안생기고 내년 농사가 흉년이라고 여겼다. 이런 관념은 이미 송대에 등장할 정도로 오랜 역사를 지닌다.[190]

중국도 한국과 마찬가지로 중추절 달빛이 밝으면 풍년, 흐린 것은 흉년이라고 인식을 하고 있다. 상해上海에서는 달이 밝으면 내년에 풍년이라고 여기고, 강서성江西省 포성浦城에서는 달빛이 흐리면 내년 봄에 많은 비가 내린다고 본다. 이와 달리 하남성河南省 림현林縣에서는 중추절 보름달이 구름에 가려지면 내년에 밀 수확이 풍년을, 강서성江西省 남창南昌, 호남성湖南省 도원桃源, 복건성福建省 포성浦城 등지에서 호수에서 많은 물고기를 잡을 것으로 여긴다. 즉, 불길함을 다른 방식을 통해 긍정적으로 풀이한 것이다.

추석에 달맞이를 하는 행위는 달을 소생 또는 생명력의 상징물로 여기는 믿음에서

---

186) 국립문화재연구소, 2002, 『충청남도 세시풍속』, 국립문화재연구소.
187) 김승찬, 1999, 『부산지방의 세시풍속』, 세종출판사.
188) 국립민속박물관, 1997, 『韓國의 歲時風俗 Ⅰ-서울·경기·강원·충청도 편-』, 國立民俗博物館, 209쪽.
189) 趙在三, 『松南雜識』「歲時類」 視月孕胎條.
190) 『歲時廣記』 引 〈瑣碎錄〉: 中秋無月則兔不孕, 蚌不胎, 乔麥不实, 盖缘兔蚌望月而孕胎, 乔麥得月而实.

기인한 것이다.[191] 따라서 정월대보름과 더불어 일 년 중 가장 밝고,[192] 둥근 달이 뜨는 추석에 달맞이를 함으로써 풍성한 수확에 감사하고, 내년 농사의 풍작과 못다 이룬 소망을 기원하는 것이다.

다음해 풍년 기원의 의미로 추석을 전후해서 잘 익은 벼, 수수, 조 등 곡식의 이삭을 한 줌 베어다가 묶어 기둥이나 대문 위에 걸어 두는데 이것을 '올게심니'라고 한다. 올게심니 곡식은 다음해에 씨로 쓰거나 떡을 해서 사당에 천신하거나 터주에 올렸다가 먹는다.[193] 전남 진도에서는 추석 전날 저녁에 아이들이 밭에 가서 발가벗고 자기 연령 수대로 '밭고랑 기기'를 한다. 그러면 아이 몸에 부스럼이 나지 않는다고 한다. 또한 음식을 밭둑에 놓고 하는 경우에는 밭농사도 잘된다고 여긴다.

중국에서는 봄 파종을 앞두고 토지신에게 풍년을 기원하는 제사를 '춘기春祈', 중추절에 풍년 감사 제사를 '추보秋報'라고 한다. 농민들은 중추절 보름달과 항아에게 오곡 풍년을 기원하고,[194] 토곡신土穀神에게도 제사를 지낸다.[195] 사천성四川省 합천合川에서는 집집마다 돈을 추렴하여 향초와 제물을 마련하고, 토지신에서 제를 올린 후 북을 치거나 양금을 타는 것을 '땅 장난 한다[鬧土地]'라고 한다. 복건성福建省 장포漳浦에서도 술과 고기를 가지고 밭에 나가 토지신에게 제사를 지내고, '후토사后土祠'에서 공연을 하며 신을 즐겁게 해준다. 복건성福建省 용암龍巖에서는 각 마을마다 등불을 사람 형태로 만들어 행진을 하며 토지신을 맞이한다.

산동성山東省에서는 토지신에게 제사를 마치면 아이들이 달처럼 생긴 밀가루 음식을 손에 들고 거리에 나가서 팔을 원모양으로 휘두르며 노래를 부른다. 전해 오는 가사는 아주 다양하지만 내용은 거의 풍년을 기원하는 것이다.[196] 예를 들면, "달을 향하여 노래를

---

191) 박종오, 2006, 「달맞이」, 『한국세시풍속사전』, 국립민속박물관.
192) 歐陽詹, 『玩月』: 十五于夜, 又月之中。稽天之道, 則寒暑均 ; 取之月數, 則蟾魄圓。
193) 장주근, 1989, 『한국의 세시풍속』, 형설출판사, 274~275쪽.
194) 葉婷, 2010, 「湖北咸安大屋雷村中秋祭月仪式调查报告」, 『民间文化论坛』, 94~101쪽.
195) 张勃・荣新, 2007, 『中国民俗通志』, 山东教育出版社.
196) 런샤오리, 리샤오나, 2012, 「자오둥 반도 중추절 풍습 검토」, 『아시아문화연구』 27, 가천대학교 아시아문화연구소, 17쪽.

부르자. 밀 한 말씩 한 말씩 수확되겠네. 노래를 부르자. 풍년이 되겠네. 벼도 다 익고 집도 생기겠네. 노래를 부르자. 말들도 우물을 둘러싸고 춤을 추네.", "달이 둥글어졌다. 달이 둥글어졌다. 수확량도 많이 늘겠다. 달이 높아졌다. 달이 높아졌다. 일 년에 한 번밖에 없는 기회.", "달이 밝아지자 아이들은 향을 피우고, 달이 둥글어지자 아이들은 재미있게 논다." 등이 있다. 노래는 한 명씩 이어 부르는데 깊은 밤까지 한다.

중추절에는 여성이 중심이 되어 달의 신[月姑]을 불러 점복을 친다. 복건성福建省 상항上杭지역에서 달 제사 때 '월고月姑'를 청하는데, 이때 제상에 신의 신체로 삼은 광주리를 올려놓고 광주리가 스스로 흔들리면 신이 강림한 것으로 여긴다. 그 다음 광주리가 흔들리면서 내는 소리의 횟수를 세어 길흉을 점친다. 천진天津 지역에는 '방해파월螃蟹爬月'이라고 해서 게의 등에 등잔을 매어둔 후 게가 기어가는 방향을 보고 한 해 재물운을 점친다. 게가 집 안쪽으로 들어가면 재물이 생기고, 집 밖으로 기어 나가면 재운이 없는 것으로 간주한다.

강서성江西省 임천臨川지역에서는 중추절 저녁에 가족 수만큼 찻그릇에 바늘을 넣고 뚜껑을 덮어 정원에 놓는다. 그 다음날 뚜껑을 열어 바늘 끝이 녹이 슬면 청년기에, 바늘 가운데 녹이 슬면 중년에 운수가 나쁘다고 여긴다.

한편, 산동성山東省 미산호微山湖지역에서는 중추절 달 제사에 앞서 '대왕大王', '호대왕湖大王', '장군將軍'이라고 호칭하는 호신湖神에게 제사를 융성하게 거행한다. 어선 앞에 흑돼지와 흰양, 물고기 등의 제물을 진설하고 폭죽을 터뜨린 후 나이순으로 차례로 절을 하며 많은 물고기를 잡기를 바란다. 배 제사를 '화계신伙計神', '경화계敬伙計'라고 하며, 제사가 완료되면 배 곳곳에 제물을 나눠 올린다. 한국에서도 미역 등을 양식하는 곳에서는 '갯제'를 추석에 거행하여 풍어를 기원하였다.

중국 양나라 때 절강성浙江省 전당현錢塘縣에서는 8월 11일부터 18일까지는 조수潮水를 구경하는데, 군수가 조신潮神에게 제사를 지내는 18일이 가장 성대하였다.[197] 남녀들이

---

197) 『熙朝樂事』: 郡人觀潮 自八月十一日爲始 至十八日最盛 蓋因宋時以是日教閱水軍 故傾城往看 至今猶以十八日爲名 非謂江潮特大于是日也 是日 郡守以牲醴致祭於潮神 而郡人士女雲集 儳情幕次 羅綺塞塗 上下十餘里

구름처럼 몰려들고 행사를 위해 설치한 천막과 비단 물결이 10여 리의 거리를 가득 메웠다. 이때 수십 명의 아이들은 채색 깃발을 들고 파도타기 묘기를 부리는 등 온갖 놀이가 행해졌다. 또한 어른들은 격구擊毬와 도박[關撲]을 즐기고, 어고魚鼓를 두드리며 탄사彈詞를 부르는데 그 소리가 요란하였다. 사람들은 조수 구경을 구실로 삼아 마음껏 즐긴 것이다. 한국에서도 고려 때 위와 유사한 기록이 보인다. 즉, '정유일에 왕[예종]이 흥복사興福寺와 영명사永明寺에 가서 조수를 구경하였다'[198]라는 내용이다. 영명사는 평양의 금수산 부벽루 서쪽에 있는데, 예종 등 여러 왕들이 대동강에서 용선놀이를 하다가 이 절에서 휴식을 취하며 헌향하였을 정도로 유명한 절이다.

음력 8월 15일에 조류를 구경하는 이유는 15일 사리(6-7물) 때 밀물이 강하기 때문이다. 해안가에서 추석날 간조干潮에서 만조滿潮로 수위가 높아지면서 밀려드는 밀물의 양이 많은가 적은가를 보고 한해의 풍흉을 점쳤다. 물은 창조의 원천이며 생산적 원리를 상징하기 때문에 밀물의 양이 많을수록 그 생산력 또한 크다고 믿는 데서 기인한다. 바닷물의 양이 많으면, 시절時節이 좋고 풍년을 이룬다고 여긴다.[199]

(2) 기자祈子

한·중 모두 추석 보름달을 향해 자식 얻기를 빌었다. 전남지역에서는 달을 보고 절을 하면서 소원을 빌기도 하고, 남보다 먼저 달을 보게 되면 아들을 낳게 된다고 여겨 주변 사람들은 아들이 없는 집의 사람이 먼저 달을 보도록 양보하였다.[200] 달의 생명은 영원하고 재생의 상징이다. 달의 주기와 여성의 생리가 동일하고, 임산부의 배가 커지듯 달의 크기도 커져 달을 기자 숭배 대상으로 삼는다.

처녀들이 송편을 예쁘게 빚으면 좋은 신랑을 만나고, 임산부가 송편을 예쁘게 빚으면

間 地無寸隙伺 潮上海門 則泅兒數十 執綵旗樹畫傘 踏浪翻濤 騰躍百變 以跨材能 豪民富客 爭賞財物 其時 優人百戲 擊毬關撲 魚鼓彈詞 聲音鼎沸 蓋人但藉看潮爲名 往往隨意酣樂耳(재인용, 2006, 『중국대세시기 Ⅱ』, 국립민속박물관, 51~53쪽).
198) 『高麗史』 「世家」 14 예종(睿宗) 경자(庚子) 15년(1120) 8월조.
199) 김승찬, 1999, 『부산지방의 세시풍속』, 세종출판사.
200) 박종오, 2006, 「달맞이」, 『한국세시풍속사전』, 국립민속박물관.

예쁜 딸을 낳는다고 하여 송편 빚기에 정성을 다하였다. 그리고 덜 익은 송편을 깨물면 딸을 낳고 잘 익은 송편을 깨물면 아들을 낳는다고 하여 임산부들이 찐 송편을 일부러 씹어보기도 하였다. 또 송편 속에 솔잎을 가로로 넣고 찐 다음 뾰족한 부분을 깨물면 아들, 반대면 딸을 낳는다고 믿었다.

중국에서는 중추절 보름달을 볼 수 있는지 여부에 따라 임신 여부를 평가하기도 하였다. 또한 북방 농촌에서는 아이를 낳으면, 국수를 두꺼비 모양으로 해서 이웃에게 선물하는데 이때 두꺼비 입에 호두와 대추를 넣어 아들과 딸 등 자손이 번성하기를 바란다.[201] 달의 두꺼비는 항아가 불사약을 먹은 징벌로 표현한 것이라고 하나, 두꺼비의 강한 번식능력을 빌려 다산을 기원한 것이다. 서한 말부터 달의 정령으로 두꺼비 대신 토끼가 자리를 잡으면서 옥토끼에게 임신을 기원하기도 하였다.[202] 오늘날 섬서성陝西省 여성들은 시집갈 때 토끼 문양이 들어간 치마를 입는데, 속히 아이가 잉태하기를 바라는 것이다.[203]

달 속의 계수나무는 당나라 고봉인顧封人의 시에 등장하며,[204]『태평어람太平御覽』에는「회남자淮南子」를 인용한 것을 보면 그 역사가 오래되었다.[205] 달의 계수나무는 귀貴자와 동음으로 중추절에 계수나무에도 아이가 생기길 빌었다.

중추절에 제물로 사용되는 수박, 포도, 석류, 대추, 밤, 콩 등은 모두 다자多子의 뜻을 담고 있다. 또, 민간에서는 중추절 기자祈子 활동을 '주월량走月亮', '답월踏月'이라고 한다. 중추절에 달빛을 받으면 여성들이 임신한다고 여긴 것으로, 보통 새벽닭이 울 때까지 달구경을 하고 늦게 돌아온다. 강소성江蘇省 남경南京에서 아들을 원하는 부녀자들은 중추절 달밤에 부자묘夫子廟를 유람한 뒤 다리를 건너면 아들을 잉태할 수 있다고 믿는다.

중국 남방 지역에서는 남과南瓜를 서로 선물하고 먹는데, 씨를 많이 가진 남과를 먹음으로써 아이를 잉태하기를 바란다.[206] 남과의 꽃이 피고 열매를 맺는 모습은 여성이

---

[201] 杨冬梅, 2014.11,「论月亮神话及其民俗事象的传播与衍化」,『齐齐哈尔大学学报』(哲学社会科学版), 105쪽.
[202] 郭精锐, 2012,「神话与民俗」,『中山大学学报』第4期, 10~14쪽.
[203] 杨冬梅, 2014.11,「论月亮神话及其民俗事象的传播与衍化」,『齐齐哈尔大学学报』(哲学社会科学版), 105쪽.
[204] 〈月中桂樹〉: 芬馥天邊桂, 扶疏在月中. 能齊大椿長, 不與小山同. 皎皎舒華色, 亭亭麗碧空. 亏盈宁委露, 搖落不關風. 歲晚花應發, 春余質詎豊. 無因逢攀賞, 徒欲望青葱.
[205]『太平御覽』引《淮南子》云 : 月中有桂樹.

아이를 임신하여 낳는 현상과 비슷하여, 소흥紹興지역에서는 달 제사 제품으로 사용한 남과를 임신하지 못한 여성의 이불 속에 넣어 두면, 오래 지나지 않아 임신을 할 수 있다고 여긴다. 귀주貴州에서는 남과를 훔쳐서 옷을 입힌 후 아이를 낳지 못한 집에 보내면 아이를 잉태한다고 여기며 주인은 감사한 마음으로 월병을 선물한다. 남과 인형은 침상에 하루 두었다가 그 다음날 삶아 그 씨를 먹으면 아이를 바로 잉태한다고 보았다.

중국 남방지역에서는 부녀자들이 중추절 밤에 몰래 남의 채소밭의 참외, 토란, 푸성귀[青菜]를 따면 아이를 낳는다고 믿는데, 그것을 '모추摸秋(가을만지기)'라고 한다. 복건성福建省 숭안崇安지역에서도 남의 집 토란[芋頭]을 훔쳐 달 아래에서 졸인 토란을 먹으면 아이를 잉태하게 된다고 여긴다. 강소성江蘇省 남통南通의 아이 없는 부녀자들은 다른 집 중추절 제물 중 토란을 훔쳐 집으로 가져와 먹으면 아이가 잉태하고, 강서성江西省 남창南昌에서는 어린 부인이 밤에 이웃집 참외를 훔쳐 옷깃에 싸가지고 오는데, 이를 '모청摸青'이라고 하고 그러면 아이를 잉태한다고 본다. 안휘성安徽省에서 부녀자들이 남의 집의 호박을 훔치는 행위, 상해上海에서 훔쳐온 호박을 오두막에 감추는 행위 등을 '자손 훔치기[偸子孫]', 부녀자가 호박을 안고 자는 것을 '씨앗 남기기[留籽子]'라고 한다. 위와 반대로 남의 것을 훔치는 대신 친지들이 보내주는 것을 '송과送瓜(씨 보내기)', '송자送子(자식 보내기)', '송보送寶(보물보내기)'라고 하며, 계절적으로 가을에 행하기에 호북성湖北省에서는 '송추送秋'라고 한다. 그밖에 절강성浙江省 구주衢州에서는 '헌생자獻生子'라고 하여 아이가 일찍 잉태하기를 바란다. 광서성廣西省 전현全縣에서는 몰래 훔친 참외를 아이 없는 부녀자의 침대로 보내는 것을 '송자送子'라고 한다. 씨 있는 작물 중 호박을 주로 훔치는 것은 호박의 한자 '남과南瓜'와 사내 남남자가 해음諧音이기 때문이다. 그밖에 동과冬瓜, 토란[芋頭] 등이 주로 이용된다. 한국에서 추석에 토란국을 먹는 것도 중국과 마찬가지로 기자를 바라는 풍속일 것이다.

호박 주인은 도둑에 대해 책망하지 않지만, 호북성湖北省, 귀주성貴州省 귀주貴州에서는

---

206) 杨冬梅, 2014.11, 「论月亮神话及其民俗事象的传播与衍化」, 106쪽.

주인이 욕을 많이 할수록 효과가 더 좋다고 여긴다. 자식을 잃어버린 부모의 마음이 더 잘 표현된 것으로 본 것이다. 호박을 훔친 뒤에 호박에 채색을 하고 옷을 입혀 아이 모양으로 만든다. 호북성湖北省에서는 호박에 구멍을 내서 고추를 꽂아두기도 한다.[207] 안휘성安徽省, 호남성湖南省에서는 호박에 진흙을 덧대 애기처럼 만들고 아이가 없는 집에 가마에 태워 보낸다. 이때 장수한 사람이 등불을 들고 행렬을 이끌고, 고함과 폭죽을 터뜨리며 요란하게 아이 없는 집으로 이동하고, 집에 도착 후에는 호박 애기를 침대에 눕히고 이불로 덮어준다. 그리고 '호박 심으면 호박 나고 콩 심으면 콩 난다'라는 상서로운 말도 해준다. 그 다음날 보내 준 호박을 아이 없는 부녀자가 익혀 모두 먹으면 아이를 잉태한다고 한다. 『동경몽화록東京夢華錄』에도 중추절에 호박과 대추를 받으면 일찍 아이를 잉태한다고 여기며,[208] 청대에도 중추절에 호박을 선물하여 잉태를 기원하였다.[209] 호박의 씨와 대추가 기자 풍속에 일찍 이용하고 있음을 알 수 있다.

광동성廣東省 광주廣州에서는 중추절에 깃대를 세워 누대에 등롱을 걸고, 한 가족이 모여서 술을 마시며 즐기는데, 이것을 '수중추竪中秋'라고 한다. 수竪은 정丁과 해음으로 등롱을 거는 것을 '아들을 낳다[添丁]'라는 의미를 지닌다. 복건성福建省에서는 사발에 등롱을 걸고 월궁에 아이를 기원한다. 아이가 없는 부녀자들은 중추절에 못을 만지는 풍속이 있다. 상해上海에서는 중추절 밤에 '답월踏月' 행위 중 공자묘 문의 둥근못을 만지면 아들을 낳을 수 있다고 여기고 그것을 '모정동摸丁東'이라고 한다.

중국 민간에서는 항아를 '월로月老'라고 하고, 그녀에 의해 혼례가 이루어진다고 여긴다. 만약 성장한 자녀들이 아직 짝을 맺지 못한 경우에는 중추절 깊은 밤[三更]에 촛불을 밝히고 향을 피워 자녀들에게 짝을 맺어주기를 기도한다.[210] 또한 화합할 수 있는 사람을 만나기를 바라는 의미로 종이로 그릇과 신발을 만들어 둔다. 즉, 그릇의 한자 합盒과 합合이, 신발 혜鞋와 해諧자가 동음이기 때문이다. 이것들은 보관해두었다가 자식이 결혼

---

[207] 張勃·榮新, 『中国民俗通志』, 山东教育出版社, 2007.
[208] 『东京梦华录』 八月秋社：人家妇女皆归外家, 晚归, 即外公姨舅皆以新葫芦儿枣儿为遗. 俗云宜良外甥.
[209] 常建華, 2020, 『中国古代岁时节日』, 中国工人出版社, 178~179쪽.
[210] 容媛, 1928.12.11, 「東莞中秋節風俗談」, 『民俗』 第33期(中秋專號), 18쪽.

을 하면 태워버리고 항아에게 감사를 드린다.

(3) 민속놀이

한국의 추석놀이는 달밤에 농사와 보름달 관련 놀이를 집단으로 즐긴 반면, 중국 중추절은 아이들 중심으로 토끼 인형놀이를 하였다. 추석의 대표 놀이로는 소놀이와 거북놀이, 강강술래, 줄다리기 등을 뽑을 수 있는데, 소놀이와 거북놀이는 충청도, 경기도, 황해도 등에, 강강술래와 줄다리기는 각각 전라도 해안지역과 제주도에서 행해졌다. 그런데 조선시대 이익은 추석의 놀이는 주로 달밤에 이루어졌다고 하여,[211] 추석놀이가 달과 깊은 관련 있음을 말해준다.

소놀이는 한 해 동안 농가에 노동력을 제공해준 소와 마을에서 일을 잘한 머슴을 뽑아 그간의 노동에 위로한다. 거북놀이는 수신水神인 거북에게 감사를 표현하며 풍년을 기원하는 것이다. 여성들만 즐기는 강강술래의 원무圓舞는 보름달의 형상을 상징한 놀이로, 농경사회에서 보름달과 여성은 풍요를 상징한다. 충무공의 의병술擬兵術의 하나로 창안되었다는 설과 오랑캐가 물을 건너온다는 뜻의 "강강수월래强羌水越來 또는 강강수월래江江水越來"라고 해석[212]하지만, 강강술래와 유사한 원무는 동북아시아에 공통적으로 나타나는 집단 놀이이며, 추석을 맞이하여 수확을 축하하는 의미에서 달과 같은 모양의 춤으로 볼 수 있다. 제주도의 '조리지희照里之戱'는 '조照'자를 통해 달밤에 줄을 당겼으며, 이긴 쪽이 풍년이 든다고 여겼다.[213] 중국에서도 당나라 때 줄다리기를 하였지만,[214] 현재 전통 줄다리기인 '발하拔河'는 사라졌다.

---

211) 『星湖僿說』 제10권 人事門 正朝秋夕; 我國俗節上墓以八月十五日稱秋夕此與正朝相勘朝者日也夕者夜也此則下元月明之最也民俗行樂必趁夜圖之故也.
212) 장주근, 1989, 『한국의 세시풍속』, 형설출판사, 280쪽.
213) 『동국세시기』에 의하면, "제주도에서는 남녀가 함께 모여 노래하고 춤추며 흥겹게 논다. 또 좌우로 편을 갈라 큰 줄의 양쪽을 잡아당겨서 승부를 겨루는데 만약 줄이 중간에서 끊어지면 양편이 모두 땅에 넘어지게 되는데 이것을 보고 구경꾼들이 폭소를 터뜨린다. 이것을 조리지희(照里之戱)라 하며, 이기는 쪽이 풍년이 든다"『東國歲時記』秋夕: 濟州俗每歲八月望日男女共聚歌舞分作左右隊曳大索兩端以決勝負 索若中絶兩隊仆地則觀者大笑以爲照里之戱 是日又作觝䑋及捕鷄之戱]".
214) 張勃, 2013年 1期, 「重月传统与文化选择: 中秋节在唐代的形成」, 『民族艺术』.

이천 지방에서 전승 중인 거북놀이

추석 즈음에 3년마다 행하는 향사례와 관련하여 놀이를 즐겼다. 대표적인 것으로 활쏘기와 가마싸움, 원놀이 등이 바로 그것이다. 『세시풍요歲時風謠』를 쓴 유만공柳晚恭은 추석에 농가의 아이들이 활쏘기 놀이를 하는 모습을 적고 있다.[215] 활쏘기는 사회射會라고 해서 『동국세시기東國歲時記』에 "서울과 지방의 무사武士와 마을 주민들이 과녁을 펼쳐 놓고 편을 나누어 사회를 하여 승부를 겨루는데, 술을 마시면서 즐긴다."라는 기록이 있다. 이것은 과거 향사례鄕射禮와 관련이 깊은 것으로, 주나라 때 향대부가 3년마다 어질고 재능 있는 사람을 왕에게 천거할 때, 그 선택을 위해 활을 쏘는 유교의식이다. 조선시대 『국조오례의國朝五禮儀』 향사의는 오례 중 군례軍禮 의식으로서 "매년 3월 3일, 9월 9일에 개성부 및 여러 도·주·부·군·현에서 그 예를 행한다"고 하였다.

가마싸움은 1900년대 초까지 경북 의성지역에서 전해오던 서당 학동들의 놀이로, 가마와 가마끼리 부딪쳐 부서지는 쪽이 지는 놀이이다. 이긴 편의 서당에서는 과거

---

[215] 국립민속박물관, 2005, 『조선대세시기 Ⅱ』(국립민속박물관 세시기번역총서 2), 113~114쪽.

추석놀이를 나타낸 추석 기념 우표

급제자가 많이 나온다고 여기는데, 이것 역시 향사례와 관련이 깊은 놀이로 보인다. 그리고 원놀이는 문장력과 재치 있는 사람을 원님으로 하고, 학동 중에서 소송을 하는 사람과 소송을 당하는 사람으로 나누어 원님이 판관이 되어 옳고 그름을 판가름하는 놀이이다. 원놀이는 과거 급제해서 관원이 되기를 바라는 학동들이 지혜를 연마하는 놀이이다. 중국 명·청 시대에 3년에 한 번 향시鄕試를 보는데, 그 시험일이 중추절 즈음이라서 장원하기를 바라는 마음을 '추위탈원秋闈奪元', '월중절계月中折桂', '섬궁절계蟾宮折桂' 등으로 표현한다.[216]

중국 중추절에 용춤, 등 놀이 등을 즐기지만[217] 대표적인 전통놀이 토끼 인형 놀이이다. 토끼 인형은 황토를 재료로 틀 기구로 만들어 채색을 한다. 전체적인 모습은 토끼의 특징을 살리면서 인격화하여 토끼머리에 사람 몸으로, 얼굴에 금칠을 하고 몸은 채색을 하였다. 큰 것은 크기가 1m 정도이고, 작은 것은 5~7㎝에 불과하다. 토끼 인형의 형상도 왼손에 절구, 오른손에 절굿공이를 들고 있는 것부터 하여 맹수(사자·호랑이·기린), 초식동물(사슴·코끼리·말·소·낙타), 날짐승(공작, 두루미) 등을 타고 있다. 또한 무장을 하여, 머리에 금모를 쓰고, 갑옷을 걸치고, 등에 종이 깃발이나 종이우산을 메고 있다. 또한 〈연배투連杯套〉, 〈전마초戰馬超〉, 〈금전표金錢豹〉, 〈호화탕芦花蕩〉 등 희곡에 등장인물을 배경으로 한 토끼 인형은 얼굴이나 몸짓이 살아있는 듯하다. 그리고 실을 당겨 팔과 입술을 상하로 움직이게 하는 일명 '빠따쭈이叭噠嘴兎兒爺'는 아이들에게 인기가 높다.

1950년 이전까지만 하더라도 토끼 인형은 성행하였으나 그 이후 문화대혁명 등 정치

---

216) 杜春燕·刘海峰, 2020, 「科举游戏民俗的传承特色 - 对中秋博饼的考察」, 『东南学术』 第2期, 110~118쪽.
217) 黃濤, 2010, 『中秋』, 三聯書店, 132~144쪽.

적 요인으로 사라졌다가 개혁개방 이후 재등장 하고 있으나 그 인기는 예전만 못하다. 그리고 토끼 인형은 중추절은 물론 평상시에도 인형으로 판매되고 있어, 절기성이 사라진지 오래되었다. 처음에 토끼 인형의 표정은 입 모양을 그대로 표현하여 엄숙하고 진지했으나, 어린이 장남감으로 판매하다보니 귀여운 캐릭터 요소가 첨가되어 그 표정이 밝다. 또한 고정된 귀에 스프링을 달아 동적으로 만들어 아이들이 좋아하게 하였다. 예전에는 모두 용이나 호랑이, 기린 등을 타고 있었는데, 요즘에는 단독으로 만드는 경우가 많다.

산동성山東省 서북西北지역인 임청臨清지역에서는 '달 자르기[铰月亮]' 풍속이 있다. 중추절에 집집마다 창문에 항아, 석류, 연꽃, 모란, 나비 등의 문양이 들어간 크고 둥근 달 그림을 붙인다. 그런 다음 그날 바로 그림을 찢으면 악귀를 몰아내고 행운을 가져다준다고 여긴다. 전설에 따르면, 강태공이 신으로 모셔질 때 그의 처는 가난의 신이 되었다. 강태공은 그의 처가 가난한 사람들을 함정에 빠뜨릴 것이 걱정되어 파괴하는 것을 보면 물러나게 하였다. 사람들이 달을 찢는 것은 빈곤의 신을 뒷걸음치게 하고 잘 살기를 바라는 것이다. 이와 유사하게 복건성福建省 복주福州에서도 보름달이 지날 때 강한 빛이 나오는데 이때 가위로 강한 빛을 자르면 사람이 행복해진다고 여긴다. 이것을 '달빛 자르기[剪月光]'이라고 한다.

상해上海지역에서는 사람들이 대오를 지어 3개의 다리를 넘으면 모든 병에 걸리지 않는다고 믿는다. 절강성浙江省 건덕建德에서도 다리를 밟으면 요통이 사라진다고 믿는다. 한국의 정월대보름 다리밟기 풍속과 유사하다.

옛날 제나라[齊國]시대 못 생긴 무염無鹽이라고 하는 여자가 있었다. 그 여자는 어렸을 때부터 정성을 다해서 달에게 기원하였다. 그녀는 자라서 좋은 성품 덕분에 황궁으로 들어가게 됐는데 처음에는 황제의 사랑을 못 받았다. 그러다가 어느 해 8월 15일에 황제가 달맞이하다가 이 여자를 만났는데 너무 예뻐 보여서 황후로 삼았다. 중추절에 달에게 기원하는 풍습

토끼 인형

은 여기서 시작되었다고 한다. 달에 있는 항아가 뛰어난 미모로 유명하기 때문에 이 날 밤에 많은 처녀들이 예쁜 옷을 입고 맛있는 월병과 과일을 차린 후 "얼굴은 항아처럼, 피부는 맑은 달처럼 예쁘게 해 주십시오"라고 기원하였다.[218]

4. 맺음말

지금까지 한국 추석과 중국 중추절의 공통점과 차이점을 키워드를 통해 정리해보았다. 추석의 인식에 대한 강도는 큰 차이를 보이는데, 법정 휴일만 보더라도 한국은 3일, 중국은 1일이다. 심지어 중국 중추절의 1일 휴일은 2008년부터 시작되었으며, 그 이전에는 가족끼리 월병 먹는 것이 전부였다. 또한 한국의 추석 연휴에는 설과 마찬가지로 고향과 부모를 찾아가는 귀성 행렬로 대이동이 이루어지고, 고속도로 교통 체증은 일반적인 현상이나, 중국 중추절은 춘절과 달리 귀성 행렬이 없다. 여기에는 짧은 연휴 기간 탓도 있겠지만, 중추절 조상 차례나 성묘와 같은 풍속이 없기 때문이다.

위의 그림처럼 한국 추석의 가장 큰 특징은 조상에 대한 차례와 성묘이며, 이런 전통은 신라 오묘 제의나 가락국 수로왕 제의로부터 기원하였다. 즉, 선대에 대한 왕실 제의가 후에 민간의 조상제의로 확대된 것이다. 여기에 추석의 위상은 고려시대에 9대 속절[俗節]에서 조선시대 4대 명절로, 현재는 2대 명절로 그 위상이 상승하면서 설과 함께 조상숭배 제의가 지속해서 유지될 수 있었다. 또한 추석을 통해 혈연과 지연의 화목을 다지고, 조상을 추모하는 것은 근본에 보답하는 것이라는 '추원보본追遠報本'의 조상숭배 의식이 반영된 것이다. 임재해는 추석을 한국 사회에 가장 중요한 혈연, 지연의 사회 연결망을 확인하고 강화하는 것으로 이해하였다.[219]

---

218) 런샤오리, 리샤오나, 2012, 「자오둥 반도 중추절 풍습 검토」, 『아시아문화연구』 27, 가천대학교 아시아문화연구소, 16쪽
219) 임재해, 1994, 『한국민속과 오늘의 문화』, 지식산업사.

조선일보 1988년 9월 24일
'한가위 연휴 교통 비상'

조선일보 1993년 9월 27일
"고속도로보다 국·지방도
활용을"

추석은 혈연간의 화목을 다지는 시간이자 제의를 통해 조상의 은덕과 은혜에 대해 보답하고자 한다. 많은 사람이 귀성하는 까닭도 여기에 있다. 추석은 고대사회에 있어서는 달 감상과 관련지었으나, 농경시대에 들어와서 천신 의례와 기풍 의식이, 유교시대에 들어서는 추원보본 하는 조상숭배 의식이 마련되었을 것이다. 산업사회가 가족의 분산을 초래하였으나 추석은 분산된 혈연이 집합하는 계기가 되고, 혈연간의 협동과 화목을 다지는 핵의 구실을 하고 있다.

중국 중추절이 한국의 추석과 가장 다른 점은 달 제사이다. 이 같은 풍속이 일본에서도 성행하여 중일 사이에 중추절의 관련성을 찾을 수 있지만, 한국에서 달 제사는 존재하지 않는다. 중국 중추절 달 제사는 고대 추분秋分에 달에게 제사 지내던 의례에서 기원했으며, 명대明代에 시작하여 청대淸代를 거쳐 1950년대까지 이어질 정도로 중추절의 중요한 풍속이었다. 달 제사의 신격도 항아는 물론 옥토끼까지 숭배하였으며, 불교와 도교 인물, 재물신을 그린 '월광지', 과일 제물에 대한 해음諧音을 통해 길상의 의미를 부여하는 것은 중국 민속의 특징을 엿볼 수 있다.

한국 추석과 중국 중추절의 성격

	한국	중국
명칭	한가위, 추석	중추절(中秋節), 월석(月夕)
제의	조상 차례	달 제사
절식	송편, 토란	월병, 토란
놀이	달구경, 강강술래, 소놀이, 거북놀이	달구경, 옥토끼 인형
풍속	근친(반보기), 귀경	근친
공휴일	3일	1일

또 다른 차이점은 한국 추석이 중국 중추절 보다 그 기원에 대한 역사가 길고, 그 내용이 민속 절기의 조건에 부합된다는 것이다. 따라서 중국학자 일부가 중국 중추절의 기원이 신라 추석이라는 주장은 타당하다고 할 수 있으나, 중화 사상적 사고 관념에서는

나올 수 없는 주장이다. 이것은 역사적 유구성과 다양한 풍속 양상이 존재한 한국 추석의 가치를 말해주는 것이다.

한국 추석과 중국 중추절의 유사점도 많다. 우선 새해 첫 수확에 대한 의미를 부여하고, 달을 통해 앞으로 농사의 풍년을 점치었다. 또한, 달에게 아이의 임신을 기원하는 비손 행위와 달밤에 놀이를 즐긴 점이다. 다만, 한국에서는 농공감사제적 성격으로 소놀이와 거북놀이, 줄다리기, 과거에 합격하기를 기원하는 의미로 원놀이와 가마싸움, 둥근달처럼 원무인 강강술래 등 다양한 놀이가 존재하는 반면 중국에서는 등불놀이를 주로 즐겼다. 추석 차례와 중추절 달 제사에 제물로 햇과일과 곡물을 올리고, 송편과 월병이라는 떡과 토란 등을 절식으로 먹은 점은 유사하다.

중국 중추절이 한국 추석에 영향을 준 것도 사실이다. 가령 한국 추석의 이 명칭인 '중추절'은 중국 중추절의 명칭을 그대로 사용한 것이고, 추석秋夕이란 명칭도 '가을 저녁'을 나타내는 한자를 줄여서 표현한 것이다. 그러나 추석은 중국 중추절의 또 다른 명칭으로 사용하지 않아 한국화 된 단어이며, 한국에도 추석의 고유 명칭인 '가배', '한가위' 등도 즐겨 사용한다. 중국 중추절 습속의 영향을 직접 받은 사람들은 조선시대 문인들이다. 그들은 당송 중추절 관련 시詩의 영향을 받아 시의 소재로 중국의 추석 달과 관련된 신화, 인물, 전설 등을 등장시킨다. 즉, 항아 · 장생약 · 계수나무 · 옥토끼 · 두꺼비 · 월궁 · 광한전廣寒殿 · 이태백 · 당나라 황제 월궁 여행 · 소동파 · 예상의우곡霓裳疑羽曲 등의 단어를 추석 시에서 즐겨 사용하였다. 추석은 신라의 절일인데 조선시대 사대부들은 그 연원을 중국에서 찾고자 하는 사대주의적 사고방식을 엿볼 수 있다.

그러나 한국의 추석은 근대화 과정에서 농경문화에 기반한 다양성이 점차 줄어들었다. 또한 1934년 〈가정의례준칙〉에서 설은 한 해를 시작하는 날, 추석은 하반기를 시작하는 시점으로 규정하면서 추석이 설과 함께 양대 명절로 인식되는 데에 일조하였다.[220] 또한 공진회, 학교, 출판사 및 은행 등 사회 · 교육의 공공 서비스를 제공하는 대민 단체들이 생겨나면서 이들이 점차 전통시대 마을공동체의 역할을 대체하여 나가면서 추석에 각종

---

220) 〈매일신보〉 1926년 9월 21일 : 수日은 秋夕 - 성묘와 다례.

추석 선물 안내
(출처 : 조선일보 2008년 8월 29일)

명절 행사를 개최하였다.[221] 특히, 추석 놀이는 마을 중심으로 조직되지 않고 공적 서비스를 담당하는 각종 근대 기관들에 의해 기획되고 개최되었기 때문에 불특정 일반 대중을 대상으로 각종 민속놀이 '대회'의 형식이 일반화되게 된다. 전통시대에는 세시놀이의 기획자, 개최자, 연행자 및 참여자가 구분되지 않아 구성원 간 강력한 상호작용이 가능하였다. 그러던 것이 근대 공공적 기관들이 세시놀이를 개최하게 되면서 일반 대중은 전통적 세시 민속을 관람자 입장에서 명절 풍속으로 경험하게 된 것이다. 추석 명절의 대표적

---

221) 〈조선일보〉 1921년 9월 16일 : 今日은 秋夕.
　　〈동아일보〉 1923년 10월 14일 : 場内餘興은 無非閑散.
　　〈동아일보〉 1924년 9월 10일 : 어린이社 主催 秋夕 밤 달노리 - 십오세 이하 소년에게 송편까지 노나준다고.
　　〈매일신보〉 1925년 10월 3일 : 秋夕노리 - 이일밤 일곱시에 배영학교 주최로.
　　〈동아일보〉 1929년 9월 16일 : 秋夕놀이.
　　〈동아일보〉 1930년 10월 12일 : 秋夕놀이會.
　　〈조선중앙일보〉 1933년 10월 1일 : 本報釜山支局後援 秋夕映畫大會 - 秋夕名節에 公會堂서 開催, 本報讀者
　　　는 特別割引
　　〈동아일보〉 1934년 9월 22일 : 秋分은 모레 내일이 秋夕 - 新羅 때는 嘉俳節노리.

오락거리로 극장에서의 영화관람이 급부상하게 된 것도 이 시기의 특기할 만한 점이다. 이때부터 현재에 이르기까지 '추석(명절) 극장가'라는 말이 명절 풍정風情을 대표하는 키워드로 등장하고 있다. 또한 추석 선물이 상용화되고 다양한 추석 선물이 등장하면서 추석 물가지수가 단골로 소개되고 있다.

중국 중추절 연구에 대한 단행본을 출판할 정도로 최고의 연구자인 중국 온주대학의 황도黃濤 교수는 2005년 한국의 단오절이 유네스코 세계무형유산으로 선정되어 중국의 문화유산 보호에 경종을 울렸음을 지적하면서 중한中韓 중추절의 기원에 관한 논쟁도 경각심을 가져야 한다고 주장하였다. 그는 중추절은 중화민족의 전통문화에서 기원한 것이 확실하지만 한국, 북한, 싱가포르가 동시에 세계인류무형문화유산으로 신청한다면 중국이 승리할 수 있다고 낙관할 수 없기에 '국가문화 안전'이라는 각도에서 빨리 효과적인 보호와 번영정책을 취해야 한다고 주장하였다.[222] 중국의 중추절은 2006년 5월 20일 자국의 국가급 무형문화유산으로 지정되었고, 그 이후 중국 조선족의 추석이 2012년 국가급 무형문화유산(2차 확장 4차)으로 등재되었다.

한국의 추석도 올해 국가무형문화재 지정을 준비하는 것으로 알고 있다. 필자는 국가의 모든 절기나 명절을 국가나 세계 무형유산으로 올리는 것에 찬성하지는 않지만, 중국이 강릉단오제의 영향으로 전통문화에 대한 경각심과 부흥기를 맞이하고 있듯이 한국도 자국 전통문화에 대한 관심을 많이 갖기를 바라는 마음이다. 아울러 한·중 사이에는 동일한 명칭과 풍속이 많이 존재하기에 상호 경쟁의 대상이 아닌 협조를 통해 학술연구가 공동으로 진행되어야 할 것이고, 그것이 동아시아 문화발전에도 기여할 것이다. 중국학자들은 자국의 민속문화 전승의 실패를 자책하면서 '중국 역사 문헌에 기록된 풍속이 한국에는 여전히 전승되고 있다'라고 종종 말을 하곤 한다. 따라서 양국 민속에 대한 공동연구가 절실하게 필요한 시점에 이르게 된 것이고, 이 글은 그런 취지에서 작성한 것이다.

---

[222] 黃濤, 2008.6,「論中秋節起源于唐朝賞月風尙 - 兼论我国中秋节传统的文化安全隐患」,『文化安全與社會和諧』, 知識産權出版社.

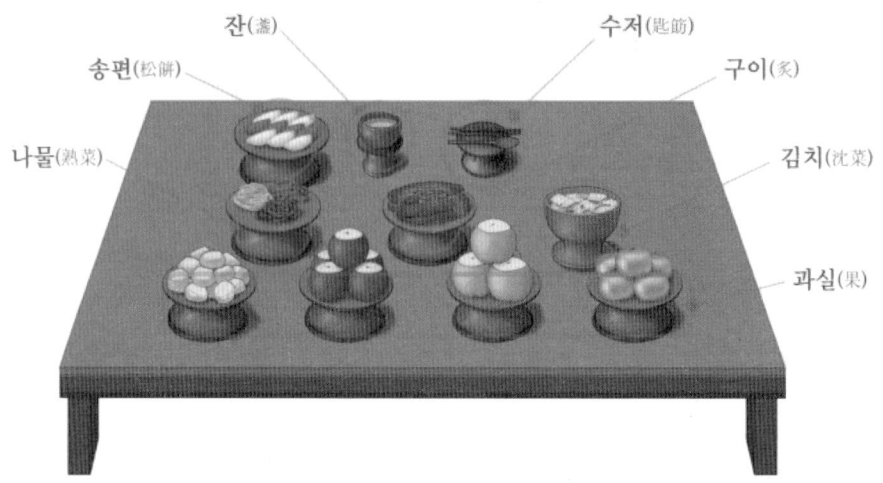

성균관의례정립위원회 차례상 표준안(2022.9.5)

한편, 2022년 9월 10일 추석을 앞두고 성균관의례정립위원회에서 예법과 설문조사를 통해 차례상 간소화를 위한 '추석 차례상 표준안 진설도'를 제시하였다. 표준안 마련에 대해 성균관은 "차례는 조상을 사모하는 후손들의 정성이 담긴 의식이기에 조상을 기리는 마음은 음식의 가짓수에 있지 않으니 많이 차리려고 애쓰지 않아도 된다.", "이로 인해 가족이 고통 받거나 불화가 일어난다면 결코 바람직하지 않다.", "전을 올리는 것도 예법에 있지 않으니 차례상에 올릴 필요가 없다." 등 조상의 관점보다는 후손들의 입장을 고려한 것으로 보인다.

이에 대해 임재해 교수는 자신의 페이스북에서 '가가예문'의 전통을 무시하고 획일화를 조장할 뿐이라고 비평하였다. 그의 말대로 차례상 표준안 진설도에는 메밥과 국 등 최소한의 음식은 보이지 않고 송편과 나물, 구이, 김치, 과일, 술 등 총 6가지를 제시하였다. 명절 추석 차례상이 손님상만도 못한 꼴이며, 차례 음식을 후손들이 먹는다는 점에서 명절 기분을 낼 수도 없다. 여기에 햇곡식과 햇과일을 먹기 전에 조상에게 먼저 바치는 의례가 추석이 존재하는 이유라는 점을 무시한 것이고, 이런 풍속은 어느 나라에서도 볼 수 없는 한국 추석의 독자적 문화라는 것을 잘 모르고 행한 처사로 보인다. 가가호호 자신의 상황에 맞게 차례상을 마련하면 되는 것이지, 나름 예법을 중시한다는 성균관에서 획일화를 꾀하는 것은 바람직하지 않다.

> 참고
> 문헌

>>> 추석의 연원에 관한 연구사 검토 | 서영대

1. 자료

『삼국사기』『동국세시기』

국립민속박물관, 2003, 『한국세시풍속자료집성』 신문·잡지편(1876~1945).

김문경, 2001, 『엔닌의 입당구법순례행기』, 중심.

白化文·李鼎霞·許德楠, 2007, 『入唐求法巡禮行記校注』, 花山文藝出版社.

黑川道祐 편, 『日次紀事』(延寶4년; 1676)

2. 저서

국사편찬위원회 편, 2009, 『쌀은 우리에게 무엇이었나』(한국문화사 26), 두산동아.

김택규, 1985, 『한국 농경세시의 연구』, 영남대출판부.

장주근, 1984, 『한국의 세시풍속』, 형설출판사.

_____, 1986, 『한국민속논고』, 계몽사.

리정순 등, 2002, 『열두달 민속이야기』, 근로단체출판사.

國立中山大學 民俗學會, 1928, 『民俗週刊』32(中秋專號).

王穎 편저, 2007, 『中秋節』(中國傳統節日文化研究 6), 中國青年出版社.

張勃, 2013,『唐代節日研究』, 中國社會科學出版社.

何蘭香, 2010,『中秋節』, 吉林文史出版社.

胡樸安, 1988,『中華全國風俗志』下, 河北人民出版社.

黃濤, 2006,『中秋節』, 中國社會科學出版社

_____, 2008,「論中秋節起源于唐朝賞月風尙—兼論我国中秋節傳統的文化安全隱患」,『文化安全與社會和諧』(社會問題研究叢書編輯委員會 編), 知識產權出版社.

黃海・邢淑芳, 2006,『盤王大歌 - 瑤族圖騰信仰與祭祀經典研究』, 貴州人民出版社.

岡正雄, 1979,『異人その他』, 言叢社.

大林太郎, 1992,『正月の來た道』, 小學館.

山中裕, 1972(2008),『平安朝の年中行事』, 塙書房.

上山春平・佐佐木高明・中尾佐助, 1976,『續 照葉樹林文化』, 中公新書.

西角井正慶, 1958(1974),『年中行事辭典』, 東京堂出版.

小野重朗, 1970,『農耕儀禮の研究 - 南九州における発生と展開』, 雄山閣.

_____, 1972,『十五夜綱引の研究』(常民文化叢書〈8〉), 慶友社.

守屋美都雄, 1963,『中國古歲時記の研究: 資料復元を中心として』, 帝國書院.

宇野圓空, 1941,『マライジアにおける稻作儀禮』, 東洋文庫.

熊谷治, 1984,『東アジアの民俗と祭儀』, 雄山閣.

遠藤元男・山中裕(編), 1981,『年中行事の歷史學』, 弘文堂.

依田千百子, 1985,『朝鮮民俗文化の研究』, 瑠璃書房.

佐々木高明, 1989,『東・南アジア農耕論』, 弘文堂.

_____, 2007,『照葉樹林文化とは何か?』, 中公新書.

竹村卓二, 1981,『ヤオ族の歷史と文化』, 弘文堂.

中村喬, 1994,『續 中國の年中行事』, 平凡社.

中村裕一, 2010,『中國古代の年中行事』3(秋), 汲古書院.

村山智順(박전열 역), 1992(1936),『朝鮮の鄕土娛樂』, 집문당.

萩原秀三郎, 1996,『稻と鳥と太陽の道』, 大修館書店.

坪井洋文, 1979,『イモと日本人; 民俗文化論の課題』, 未來社.

_____, 1982,『稻を選んだ日本人; 民俗的思考の世界』, 未來社.

Mircea Eliade, *Patterns in Comparative Religion*, Merdian Books.

Wolfram Eberhard, 1952, *Chinese Festivals*, Henry Schuman Inc.

_____, 1968, *The Local Cultures of South and East Asia*, E. J. Brill(『中國の地方文化』, 六興出版, 1987).

3. 논문

김인희, 2014, 「적산 법화원의 8월 15일 명절 연구」, 『동아시아고대학』 34, 동아시아고대학회.

김정업, 1975, 「추석고 - 8월 15일의 문화계통을 중심으로」, 『국어교육연구』 1, 조선대 국어교육과.

김택규, 1971, 「한국부락관습사」, 『한국문화사대계』 4(풍속·예술사), 고려대 민족문화연구소.

이경엽, 1993, 「길쌈두레의 구성과 기능」, 『한국민속학』 25, 한국민속학회.

高國藩, 1990, 「拜新月風俗」, 『中國民俗探微』, 河海大學出版社.

劉德增, 2003, 「中秋節起源自新羅考」, 『文史哲』 2003-6(通卷 279), 山東教育學院.

劉忠良, 2020, 「中秋節起源及形成時間研究綜述」, 『攀枝花學院學報』 37-6.

蕭放, 2006, 「中秋節俗的歷史流傳及當代意義」, 『節日文化論文集』(中國民俗學會·北京博物館 編), 學苑出版社.

蕭放·吳靜瑾, 2019, 「中国歲時節日民俗研究綜述(1983—003)」, 中國民俗學網.

孫雪岩, 2010, 「不一樣的月亮—中韓中秋節史料呈現及文化比較」, 『中南民族大學學報(人文社會科學版)』 30-1.

楊泓·孫機, 1996, 「中秋節·千秋鏡·月宮鏡」, 『尋常的精致 - 文物與古代生活』, 遼寧教育出版社.

王穎, 2008, 「中秋節的起源與中秋月的文化意象」, 『北京青年政治學院學報』 17-1.

熊飛, 1996, 「中秋節起源的文化思考」, 『文史知識』 1996-11, 中華書局.

熊海英, 2005, 「中秋節及其節俗內涵在唐宋時期的興起與流變」, 『復旦學報(社會科學版)』 2005-6.

周磊·顏紅, 2009, 「山川異域 風月同天 - 中秋節與韓國秋夕節的異同交流」, 『中外文化交流』 2009-10.

周一良, 1998, 「從中秋節看中日文化交流」, 『日本史與中外文化交流史』(『周一良集』 4), 遼寧教育出版社.

朱紅, 2006, 「唐代中秋新考」, 『九州學林』 2005년 冬季號, 復旦大學出版社, 2006.

黃永林·秦璇, 2015, 「北宋文化演繹下開封中秋節民俗的传承与发展」, 『社會科學家』 2015-8.

關根英行, 2002, 「盆과 추석의 계통문제에 관한 고찰」, 『일본학보』 50, 한국일본학회.

菅原嘉孝, 1994, 「観月の宴(八月十五夜)の儀式と思想について」, 『日本風俗史學』 33-1, 日本風俗史學會.

廣田律子, 2010, 「文献に見る盤王伝承」, 『瑤族文化研究所通訊』 2, 神奈川大學 瑤族文化研究所.

吉田隆英, 1982, 「唐宋拜月考」, 『日本中國學會會報』 34; 1995, 『月と橘』, 平凡社.

大石和世, 2019, 「韓国民俗學における「歲時風俗」の概念について」, 『総研大文化科学研究』 4, 総研大文化科學研究科編集委員會 編.

大曾根章介, 1981, 「八月十五夜」, 『年中行事の文藝學』(山中裕・今井源衛 編), 弘文堂.

牧田茂, 1950, 「八月十五夜考異議」, 『民間傳承』 14-10, 民間傳承刊行會.

本間トシ, 1967, 「儀禮食物としての芋」, 『史論』 18, 東京女子大學史學研究室.

北田英人, 1993, 「十四~十九世紀江南の年中習俗」, 『和田博德敎授古稀記念 明淸時代の法と社會』, 汲古書院.

濱田文・中村充一, 1998, 「觀月宴の成立」, 『東京家政學院大學紀要』 38, 東京家政學院大學人間生活學研究科/東京家政學院大學人文學部日本文化學科.

小野重朗, 1956, 「十五夜考」, 『民間傳承』 20-2, 民間傳承刊行會.

神谷吉行, 1961, 「八月十五夜の民俗と文藝」, 『日本文學論究』 19, 國學院大學國文學會.

依田千百子, 1991, 「年中行事の比較研究」, 『神々の祭祀』(植松明石 編), 凱風社; 2007, 『朝鮮の祭儀と食文化』, 勉誠出版.

赤田光男, 2018, 「南都の仲秋の歲時記」, 『帝塚山大學文學部紀要』 39; 2020, 『中世都市の歲時記と宗教民俗』, 法藏館.

田崎博之, 2002, 「朝鮮半島の初期水田稻作」, 『朝鮮半島考古學論叢』(編輯代表 西谷正), すずさわ書店.

竹田旦, 2008, 「日韓比較民俗學の試み」, 『專修大學社會科學研究所月報』 544.

竹村卓二, 1966, 「華南山地栽培民文化複合から觀た我が国の畑作儀禮と田の神信仰」, 『民族學研究』 30-4.

中尾佐助, 1967, 「農業起源論」, 『今西錦司博士還曆記念論文集 - 自然: 生態學的研究』(森下正明・吉良龍夫 共編), 中央公論社.

池田溫, 2002, 「天長節管見」, 『東アジアの文化交流史』, 吉川弘文館.

直江廣治, 1950, 「八月十五日夜考」, 『民間傳承』 14-8, 秋田書店; 1987, 『民間信仰の比較研究』, 吉川弘文館.

_____, 1968, 「中國の民間信仰」, 『中國文化叢書』 10(日本文化と中國), 大修館書店; 1987, 『民間信仰の比較研究』, 吉川弘文館.

_____, 1980, 「仲秋の行事」, 『祭りと年中行事』, 櫻楓社.

陳馳, 2018, 「平安時代における八月十五夜の觀月の實態」, 『歷史文化社會論講座紀要』 15, 京都大學大學院人間・環境學研究科.

下野敏見, 1989, 「十五夜綱引の源流」, 『東シナ海文化圈の民俗』, 未來社.

鄕田洋文(=坪井洋文), 1959, 「年中行事の社會性と地域性」, 『日本民俗學大系』 7, 平凡社.

〈補論〉 재당 신라인의 추석 명절음식 '餺飥(餺飩)'

1. 자료

김종덕 역, 2006, 『食療纂要』, 예스민.

백두현 역주, 2006, 『음식디미방 주해』, 글누림.

李圭景, 1959, 『五洲衍文長箋散稿』, 고전간행회본.

김문경, 2001, 『엔닌의 입당구법순례행기』, 중심.

白化文·李鼎霞·許德楠, 2007, 『入唐求法巡禮行記校注』, 花山文藝出版社.

足立喜六·鹽入良道, 1970·1985, 『入唐求法巡禮行記』1·2(東洋文庫157·442), 平凡社.

『大日本佛敎全書113, 遊方傳叢書』1, 佛書刊行會, 1915.

『四明餘霞』329, 天台宗宗務廳 文書課, 1914.

『續續群書類從』12, 宗敎部2, 市島謙吉, 1907.

『唐五代筆記小說大觀』, 上海古籍出版社, 2000.

『宋元筆記小說大觀』, 上海古籍出版社, 2007.

『小學名著六種』, 中華書局, 1998.

『金澤文庫本 齊民要術 九卷』, 農林省農業綜合研究所, 1948.

『齊民要術』(四部備要), 臺灣中華書局, 1970.

『齊民要術』(四部叢刊正篇18), 法仁文化社, 1989.

『齊民要術』(中國子學名著集成), 中國子學名著集成編印基金會.

石聲漢 校釋, 1957, 『齊民要術今釋』1~3(西北農學院古農學研究室叢書), 科學出版社.

繆啟愉 校釋·繆桂龍 參校, 1982, 『齊民要術校釋』, 農業出版社.

_____, 2009, 『齊民要術校釋』第2版, 中國農業出版社.

段公路, 1993, 『北戶錄』(『南方草木狀 外 12種』), 上海古籍出版社.

許逸民 輯校, 2020, 『歲時廣記』, 中華書局.

김일권·이정우·박채린 공역, 2015, 『居家必用 역주 - 음식편』, 세계김치연구소.

字典彙編編委會, 1993, 『字典彙編』11, 國際文化出版.

『和名類聚抄』

2. 저서

장지현, 1994, 『한국전래 면류음식사 연구』, 수학사.

王利華, 2000, 『中古華北飲食文化的變遷』, 中國社會科學出版社.

小野勝年, 1964·1966, 『入唐求法巡禮行記の研究』 1~2, 鈴木學術財團.

篠田統, 1978, 「五穀の起源」, 『中國食物史の研究』, 八坂書房.

朝鮮総督府 農事試驗場, 1931, 『朝鮮総督府農事試驗場二拾五周年記念誌』上, 朝鮮総督府 農事試驗場.

中村喬, 2004, 『宋代の料理と食品』, 中國藝文研究會·朋友書店.

3. 논문

김인희, 2014, 「적산 법화원의 8월 15일 명절 연구」, 『동아시아고대학』 34, 동아시아고대학회.

_____, 2021, 「신라시대 시작된 추석」, 『또 하나의 전쟁, 문화전쟁』, 청아출판사.

신종원, 2021, 「추석 명절의 정체성」, 『한국사학보』 84, 고려사학회.

_____, 2022, 「중국 중추절의 기원설과 '문화발명권'」, 『문화의 시대; 한중 문화충돌』(김인희 편), 동북아역사재단.

黃濤, 2011, 「《入唐求法巡禮行記》所載唐代節日習俗考辨」, 『동아시아문화연구』 50, 한양대 동아시아문화연구소.

青木正兒, 1970, 「餛飩の歷史」, 『華國風味』(『青木正兒全集』 9), 春秋社.

>>> 신라의 추석 | 신종원

1. 자료

『三國史記』 『北史』 『入唐求法巡禮行記』 『洌陽歲時記』 『國語』 『周禮』 『隋書』 『翰苑』 『通典』 『隋東藩風俗記』 『五洲衍文長箋散稿』 『澤堂先生別集』 『星湖僿說』

2. 저서

권영숙, 2004, 『중요무형문화재 제14호, 한산모시짜기』, 국립문화재연구소.

김명자, 2005, 『세시풍속사전』.

김문경, 2001, 『엔닌의 입당구법순례행기』, 중심.

김용갑, 2019, 『한국 명절의 절식과 의례』, 어문학사.

김인희, 2021, 『또 하나의 전쟁, 문화전쟁』, 청아출판사.

나승만, 2004, 『중요무형문화재 제8호, 강강술래』, 국립문화재연구소.

양주동, 1962, 「수리·가위고」, 『국학연구논고』, 을유문화사.

에리히 노이만(박선화 역), 2007, 『위대한 어머니 여신』, 살림, 355~366쪽.

요한 하위징아(이종인 옮김), 2010, 『호모 루덴스』, 연암서가.

최남선, 1948, 『朝鮮常識, 풍속편』, 제2판, 東明社.

최상수, 1960, 『한국의 세시풍속 - 연중행사기』, 경기대학교 민속학연구소.

홍석모, 정승모 역해, 2009, 『동국세시기』 풀빛.

Ennin's Diary, 1955, "THE RECORD OF A PILGRIMAGE TO CHINA IN SEARCH OF THE LAW", translated by EDWIN O. REISCHAUER, New York.

小野勝年, 1964, 『入唐求法巡禮行記の研究』 第2卷, 鈴木學術財團.

足立喜六 譯註, 鹽入良道 補註, 1970, 『入唐求法巡禮行記』 1, 東洋文庫 157, 平凡社, 1970.

3. 논문

김용갑, 2018, 「추석 대표 음식으로서 송편의 발달 배경」, 『인문논총』 75-2.

김인희, 2019, 「적산(赤山) 법화원(法華院)의 8월 15일 명절 연구」, 『제13회 신라학국제학술대회, 신라의 민속』, 신라문화유산연구원.

나희라, 2014, 「설화와 의례의 해석과 역사 읽기」, 『한국 고대사 연구의 자료와 해석』.

_____, 2021, 「문헌자료를 통해 본 고려시대의 추석」, 『한국사학보』 84, 고려사학회.

노성환, 2011, 「한일 중추절에 대한 비교연구」, 『일어일문학』 50.

노용필, 2012, 『韓國稻作文化研究』, 한국연구원.

백동인, 2019, 「신라 嘉俳의 정치성 - 위계질서와」, 『한국고대사탐구』 32, 한국고대사탐구학회.

상기숙, 2018, 「중국 민속문헌을 통해본 唐代 세시풍속 연구」, 『동방학』 38.

샤오팡(김지연 외 번역), 「월병과 추석 - 추석 풍습의 변천」, 『중국인의 전통생활 풍습』, 2006.

서영대, 1985, 「삼국사기와 원시종교」, 『역사학보』 105.

_____, 2021, 「추석의 연원에 관한 연구사 검토」, 『한국사학보』 84, 고려사학회.

서재극, 1965, 「가배고」, 『대구교대논문집』 1.

양금평, 2010, 「한·중 양국의 추석에 관한 비교 분석」, 『한국의 민속과 문화』 15, 2010, 경희대학교 민속학연구소.

윤성재, 2013, 「신라 가배와 여성 축제」, 『역사와 현실』 87.

이용현, 2006, 「梁書・隋書・南史・北史의 新羅傳 비교 검토」, 『신라사학보』 8, 신라사학회.

전덕재, 2018, 「삼국사기 신라본기 초기 기록의 사료비판과 활용」, 『삼국사기 본기의 원전과 편찬』, 주류성.

정연학, 2021, 「한국 추석과 중국 중추절 풍속 비교 고찰」, 『한국사학보』 84, 고려사학회.

최광식, 2019, 「문헌상으로 본 신라의 세시풍속」, 『신라사학보』 47, 신라사학회.

최상규, 2018, 「명절과 산림문화」, 『세시・풍속과 산림문화』, 숲과문화연구회・산림청.

林宣佑, 2007, 「韓國秋夕的社會文化內涵、功能及其傳承意義」, 『重慶文理學院學報』 第26卷 第6期, 社會科學版.

孫雪岩, 2011, 「韓國秋夕的文化變遷與功能研究」, 中央民族大學博士學位論文.

黃濤, 2011, 「入唐求法巡禮行記 所載 唐代節習俗考辨」, 『동아시아문화연구』.

劉德證, 「仲秋節源自新羅考」, 文史哲, 2003-6(總279), 山東敎育學院.

熊飞, 「中秋节起源的文化思考」, 『文化史知識』 1996年 11期.

楊琳, 2000, 「中國傳統節日文化」, 宗教文化出版社, 北京.

依田千百子, 1977, 「秋夕考」, 『백초홍순창박사환력기념사학논총』 2, 형성출판사(1985, 『朝鮮民俗文化の研究』).

曹述燮, 2010, 「中秋節 來歷慣習」, 『愛知淑德大學論集 - 文化創造研究科篇』 10.

陳馳, 2018, 「平安時代における八月十五夜の觀月の實態」, 『歷史文化社會論講座紀要』 15.

吳晴, 「朝鮮の年中行事(5)」, 『朝鮮』 171 1929.

中村裕一, 2011, 『中國古代の年中行事』 第三册, 汲古書院.

陳馳, 2018, 「平安時代における八月十五夜の觀月の實態」, 歷史文化社會論講座紀要15.

菅原嘉孝, 1994, 「觀月の宴(八月十五夜)の儀式と思想について」, 『日本風俗史學』 33-1, 日本風俗史學會.

>>> 고려시대의 추석 | 나희라

1. 자료

『三國史記』『三國遺事』『高麗史』『東國李相國集』『東文選』『牧隱詩藁』『陽村先生文集』『三峯集』
『樂學軌範』『成宗實錄』『歲時風謠』『隋書』『宋史』『宣和奉使高麗圖經』『入唐求法巡禮行記』

국사편찬위원회 한국사데이터베이스(http://db.history.go.kr/)

고려시대 史料 database(http://db.history.go.kr/KOREA/)

한국고전종합DB(https://db.itkc.or.kr/)

2. 저서

김열규, 1975, 『한국민속과 문학연구』, 서울 : 일조각.

김택규, 1985, 『한국농경세시의 연구』, 대구 : 영남대학교출판부.

이두현 · 장주근 · 이광규 공저, 1991, 『新稿版 韓國民俗學槪說』, 서울 : 일조각.

이은성, 1988, 『역법의 원리 분석』, 서울 : 정음사.

임재해, 1991, 『한국민속과 전통의 세계』, 서울 : 지식산업사.

이혜구 역주, 2000, 『(신역) 악학궤범』, 서울 : 국립국악원.

高天星 編著, 2008, 『中國節日民俗文化』, 河南 : 中原農民出版社.

楊林, 2000, 『中國傳統節日文化』, 北京 : 宗教文化出版社.

吳晴, 1930, 『朝鮮の年中行事』, 朝鮮總督府 : 영인본 『韓國地理風俗誌叢書』 298, 서울 : 경인문화사.

依田千百子, 1985, 『朝鮮民俗文化の研究』, 東京 : 瑠璃書房.

秋葉隆, 1954, 『朝鮮民俗志』, 東京 : 六三書院.

Eliade, Mircea, 1983, *Traité d'histoire des religions*, Paris : Payot : 이재실 옮김, 1993 『종교사 개론』, 서울 : 까치.

Huizinga, Johan, 1955, *Homo Ludens - a study of the play element in Culture*, Boston : The Beacon Press : 김윤수 옮김, 1981, 『호모 루덴스 - 놀이와 문화에 관한 한 연구』, 까치.

Mauss, Marcel, 1923~24, *Essai sur le don* : 이상률 옮김, 2002 『증여론』, 서울 : 한길사.

3. 논문

김광언, 1998, 「한국인의 상상체계」, 『기층문화를 통해 본 한국인의 상상체계(중) - 시간민속 · 물질문화』, 서울 : 민속원.

김명자, 2006, 「추석」, 『한국세시풍속사전』 [4], 가을편, 서울 : 국립민속박물관.

나희라, 2010, 「사금갑설화와 신라의 왕권의례」, 『역사문화연구』 37, 한국외대 역사문화연구소.

_____, 2014, 「설화와 의례의 해석과 역사 읽기」, 『한국 고대사 연구의 자료와 해석』, 서울 : 사계절.

_____, 2015, 「고구려 패수에서의 의례와 신화」, 『사학연구』 118, 한국사학회.

리우더정[劉德增], 2019, 「신라의 "팔월 보름 명절"과 중국의 중추절」, 『신라의 민속』(제13회 신라학 국제학술대회), 경주 : 용.

서영대, 1994, 「민속종교」, 『한국사』 16(고려전기의 종교와 사상), 과천 : 국사편찬위원회.

윤이흠, 1998 「종교와 의례 - 문화의 형성과 전수」 『宗教研究』 16, 한국종교학회.

이두현, 1971, 「한국세시풍속의 연구」, 『한국민속학개설』, 서울 : 일조각.

임재해, 1998, 「동아시아 세 나라의 세시풍속 비교」, 『기층문화를 통해 본 한국인의 상상체계(하)』, 서울 : 민속원.

최광식, 2019, 「문헌상으로 본 신라의 세시풍속」, 『신라의 민속』(제13회 신라학 국제학술대회), 경주 : 용.

허남춘, 2003, 「수로전승의 희락과 제의 비교 고찰」, 『동아인문학』 4, 동아인문학회.

黃永林·秦璿, 2015, 「北宋文化演繹下開封中秋節民俗的傳承與發展」, 『社會科學家』 第8期 總第22期.

Zuesse, M. Evan, 1987, "Ritual", *The Encyclopedia of Religion* (Mircea Eliade ed.), New York : MacMillan Publishing Company.

>>> 조선~일제강점기의 추석 | 김도현

1. 자료

『三國史記』 『三國遺事』 『高麗史』 『東國李相國集』 『入唐求法巡禮行記』 『朝鮮王朝實錄』

국사편찬위원회 한국사데이터베이스(http://db.history.go.kr/)

고려시대 史料 database(http://db.history.go.kr/KOREA/)

한국고전종합DB(https://db.itkc.or.kr/)

한국민속대백과사전(https://folkency.nfm.go.kr/kr/main)

국립민속박물관(편), 2003, 『조선대세시기 Ⅰ』.

_____, 2003, 『한국세시풍속자료집성(신문·잡지편 1876~1945)』.

_____, 2004, 『한국세시풍속자료집성(조선전기 문집편)』.

_____, 2005, 『조선대세시기 Ⅱ』.

_____, 2005, 『한국세시풍속자료집성(조선후기 문집편)』.

_____, 2007, 『조선대세시기 Ⅳ』.

_____, 2021, 『조선대세시기 Ⅲ』.

2. 저서

김택규, 1985, 『한국농경세시의 연구』, 영남대학교출판부.

오청, 1937, 『朝鮮の年中行事』, 朝鮮總督府.

村山智順, 1941, 『朝鮮の鄕土娛樂』, 朝鮮總督府.

3. 논문

김도현, 2018, 「강릉 대동마을 민속(민간신앙・세시풍속・종교・민간의료)」, 『강릉 대동마을지』, 가톨릭관동대・한국수력원자력.

김도현, 2003, 「삼척지역 추석 小考」, 『삼척MBC사보』, 삼척MBC.

김명자, 2006, 「추석」, 『한국세시풍속사전』 [4], 가을편, 국립민속박물관.

나희라, 2021, 「문헌자료를 통해 본 고려시대의 추석」, 『한국사학보』 제84호, 고려사학회.

서영대, 1994, 「민속종교」, 『한국사』 16 (고려전기의 종교와 사상), 국사편찬위원회.

_____, 2021, 「추석의 연원에 관한 연구사 검토」, 『한국사학보』 제84호, 고려사학회.

신종원, 2021, 「추석 명절의 정체성」, 『한국사학보』 제84호, 고려사학회.

윤이흠, 1998, 「종교와 의례 - 문화의 형성과 전수」, 『宗敎硏究』 16, 한국종교학회.

이두현, 1971, 「한국세시풍속의 연구」, 『한국민속학개설』, 일조각.

임재해, 1998, 「동아시아 세 나라의 세시풍속 비교」, 『기층문화를 통해 본 한국인의 상상체계(하)』, 민속원.

정연학, 2021, 「한국 추석과 중국 중추절 풍속 비교 고찰」, 『한국사학보』 제84호, 고려사학회.

최광식, 2019, 「문헌상으로 본 신라의 세시풍속」, 『신라의 민속』(제13회 신라학 국제학술대회)

허남춘, 2003, 「수로전승의 희락과 제의 비교 고찰」, 『동아인문학』 4, 동아인문학회.

>>> 한국 추석과 중국 중추절 풍속 비교 고찰 | 정연학

1. 자료

『剛窩先生文集』, 『廣德神異錄』, 『舊唐書』, 『高麗史』, 『擊蒙要訣』, 『京都雜誌』, 『薊山紀程』, 『礐巖集』, 『茶山詩文集』, 『東京夢華錄』, 『東國歲時記』, 『東京雜記』, 『東文選』, 『牧隱先生文集』, 『明宮史』, 『夢粱錄』, 『武林旧事』, 『北京歲華記』, 『象村集』, 『三國史記』, 『三國遺事』, 『山海經・大荒西徑』, 『惺所覆瓿藁』, 『歲時記(秋齋集)』, 『歲時記俗(勉菴集)』, 『歲時風謠』, 『西湖遊覽志余』, 『星湖僿說』, 『歲華紀麗譜』, 『嘯堂風俗詩』, 『新增東國輿地勝覽』, 『新編

醉翁談錄』,『心田稿』,『五經通義』,『玉垂先生集』,『洌陽歲時記』,『龍城錄』,『五洲衍文長箋散稿』,『雲養集』,『耘谷行錄』,『於于集』,『燕京歲時記』,『洌陽歲時記』,『禮記』,『入唐求法巡禮行記』,『灵宪』,『酉陽雜俎』,『周禮』,『朝鮮王朝實錄』,『帝京景物略』,『帝京歲時紀勝』,『提要錄』,『太平廣記』,『醉翁談錄』,『清稗类钞』,『荷齋日記』,『漢陽歲時記』,『荊楚歲時記』,『海東竹枝』,『淮南子』,『花王閣剩稿』,『熙朝樂事』,『澤堂集』

2. 저서

국립문화재연구소, 2002,『충청남도 세시풍속』, 국립문화재연구소.

국립민속박물관, 1997,『韓國의 歲時風俗 I - 서울·경기·강원·충청도 편 -』, 國立民俗博物館.

_____, 2003,『조선대세시기 I』, 국립민속박물관.

_____, 2003,『한국세시풍속자료집성-삼국 고려 시대편』, 국립민속박물관.

_____, 2004,『한국세시풍속자료집성 - 조선전기 문집 편』, 국립민속박물관.

_____, 2005,『한국세시풍속자료집성 - 조선후기 문집 편』, 국립민속박물관.

_____, 2006,『중국대세시기 I』, 국립민속박물관.

_____, 2006,『중국대세시기 II』, 국립민속박물관.

喬繼堂, 1992,『中國歲時禮俗』, 天津人民出版社.

김승찬, 1999,『부산지방의 세시풍속』, 세종출판사.

大林太良, 1993,『正月の來た道 - 日本と中国の新春行事 -』, 小學館.

尚秉和, 1989,『歷代社會風俗事物考』, 上海文藝出版社, 445쪽.

蕭放, 2002,『歲時 - 傳統中國民衆的時間生活』, 中華書局.

楊琳, 2000,『中國傳統節日文化』, 宗教文化出版社.

양주동, 1954,『麗謠箋注』, 을유문화사.

吳玉贵, 2001,『中國風俗通史·隋唐五代卷』, 上海文藝出版社.

李斌城, 1998,『隋唐五代社會生活史』, 中國社會科學出版社, 624~625쪽.

임동권, 1933(3판),『韓國歲時風俗研究』, 집문당.

임선우, 2018,『재미있는 중국풍속이야기』, 지식과 감정.

임재해, 1994,『한국민속과 오늘의 문화』, 지식산업사.

張勃·榮新, 2007,『中国民俗通志·節日志』, 山東教育出版社.

장정룡, 1988,『한·중세시풍속 및 가요연구』, 집문당.

장주근, 1989,『한국의 세시풍속』, 형설출판사.

鐘敬文 主編, 1998,『民俗學槪論』, 上海文藝出版社.

黃濤, 2008,『中秋節』, 中國社會出版社.

3. 논문

郭精銳, 2012,「神话与民俗」,『中山大学学报』第4期.

김명자, 1982,「근대화에 따른 세시풍속의 변동과정」,『문화재』, 문화재관리국.

＿＿＿, 2006,「추석」,『한국세시풍속사전』, 국립민속박물관.

김인희, 2014,「적산(赤山) 법화원(法華院)의 8월 15일 명절 연구」,『동아시아고대학』34.

김용갑, 2018,「추석 대표 음식으로서 송편의 발달 배경」,『인문논총』75-2, 서울대학교 인문학연구원.

나경수, 2018,「대표적인 세시절식의 주술적 의미」,『한국민속학』67.

노성환, 2011,「한일 중추절에 대한 비교연구」,『일어일문학』50, 대한일어일문학회.

다케다 아키라, 2008,「歲時習俗に現れる祖先祭祀」,『비교민속학』37.

杜春燕·劉海峰, 2020,「科擧遊戱民俗的傳承特色 - 對中秋博餠的考察」,『東南學術』第2期.

런샤오리, 리샤오나, 2012,「자오둥 반도 중추절 풍습 검토」,『아시아문화연구』27, 가천대 아시아문화연구소.

박종오, 2006,「달맞이」,『한국세시풍속사전』, 국립민속박물관.

백동인, 2019,「신라 嘉俳의 정치성 - 위계질서와」,『한국고대사탐구』32, 한국고대사탐구학회.

송석하, 1935. 11,「乙夜續麻와 嘉俳」,『朝光』1권1호.

徐永大, 1991,「韓國古代 神觀念의 社會的 意味」, 서울대학교 박사논문.

楊東梅, 2014. 11,「論月亮神話及其民俗事象的傳播與衍化」,『齊齊哈爾大學學報』(哲學社會科學版).

若水, 1928. 12. 11,「中秋月下」,『民俗』第33期(中秋專號).

양주동, 1962,「수리·가위考」,『국학연구논고』, 을유문화사.

劉德增, 2003,「中秋節源自新羅考」,『文史哲』第6期(總第279期), 山東教育學院.

熊飛, 1996,「中秋節起源的文化思考」,『文史知識』11期.

熊海英, 2005,「中秋節及其節俗內涵在唐宋時期的興起與流變」,『復旦學報』第6期.

윤숙자, 2006,「송편[松餠]」,『한국세시풍속사전』, 국립민속박물관.

원선임 외 7명, 2008,「17세기 이전 조선시대 떡류의 문헌적 고찰」,『한국식품조리과학회지』제24권 제4호.

葉婷, 2010,「湖北咸安大屋雷村中秋祭月儀式照查報告」,『民間文化論壇』.

이성우·조준하 역주, 1983,「요록(要錄)」,『한국생활과학연구』창간호.

이필영, 2006,「길쌈놀이」,『한국세시풍속사전』, 국립민속박물관.

張勃, 2013,「重月傳統與文化選擇：仲秋節在唐代的形成」,『民族藝術』1期.

張瑞嬌, 2018,「文學共情與節日定型：從《全唐詩》看唐代中秋節俗」, 中國民俗學網.

張澤咸, 1993,「唐朝的节日」,『文史』第37辑.

周一良, 1998,「從仲秋節看中日文化交流」,『周一良集』(第四集), 遼寧教育出版社.

朱紅, 2002,「唐代節日民俗與文學研究」, 復旦大學博士論文.

정승모, 2001,「세시관련 기록들을 통해 본 조선시기 세시풍속의 변화」,『역사민속학』13집, 역사민속학회.

정연학, 2016,「중국조선족 무형문화유산 지정 현황과 문제점」,『민속연구』33, 안동대 민속학연구소.

최순권, 2006,「추석성묘」,『한국세시풍속사전』, 국립민속박물관.

하수민, 2015,「조선시대 추석의 가례 사명일 전통과 명절론」,『민속학연구』36.

黃濤, 2008,「論中秋節起源于唐朝賞月風尙 - 兼論我国仲秋節傳統的文化安全隱患」,『文化安全與社會和諧』, 知識產權出版社.

黃濤·王心愿, 2014,「中秋月餅考」,『溫州大學學報(社會科學版)』.

찾아보기

가

가락국   116, 128, 236, 268

가락국 수릉首陵   128

가락국기   155

가배嘉俳·嘉排   20, 21, 109, 110, 115, 121, 122, 132, 134, 162, 186-188, 224, 225, 228, 256, 271

가배주嘉俳酒   204

가사협賈思勰   57

가위   109, 187, 188, 225, 251

가윗날   111, 127, 224, 225

가을걷이   179

가정신앙   199

간납肝納   206

간옹집   182

갈비찜   214

감자   204

감자 송편   204

강강수월래强羌水越來   105, 190, 193, 194, 209, 214, 217

강강술래   142, 207

강동   193

강령 탈춤   208

개인 간 겨루기   208, 213

개인별 겨루기   197

개인별 놀이   192

개풍   198, 212

갯제   203

거가필용·居家必用(事類全集)   86

거북놀이   190, 195, 196, 198, 208, 209, 215, 218

게[蟹]장국   186, 188

겨루기(game)   101, 108, 111, 113, 120, 128, 151, 152, 162, 192, 197, 207, 208, 210, 213

경도잡지京都雜誌　20, 102, 187, 234, 249
경로회　198, 212
계수나무　178
계회禊會　187, 213
고구려 패수의례　159
고담일고孤潭逸稿　175
고려병高麗餠　251
고려시대 문인　147
고사리따기　195
고성　197
고야왕顧野王　66
고창군　202
고천 대방골　204
공물 바치기 놀이　153, 154, 161
곽원郭元　137
관월觀月　53
광덕　212
광쟁이(완두콩)　204
교자餃子　77, 125
구당서舊唐書　32, 119, 170
9대 속절俗節　170
구로회　185
구름보기　211
구마카이 오사무熊谷治　46
구봉선생집龜峯先生集　174
구원　141
구월 중구일　215
구월 중양일　187
구일회　185, 198, 212

국무원國務院　101
국수　63, 64, 77, 78, 81, 84, 86, 92, 95, 96, 108, 125, 126, 261
국중대회國中大會　108, 127
국화　185, 187
국화떡　186, 188
국화전　187, 216
국화주　185, 186, 191, 216
국화찹쌀떡　188
권근　148
권벽權擘　179
권용정　186
귀리　204
그네　188, 193
근친覲親　186-190, 233, 245, 246, 270
기로회　216, 219
기旗마지　190
기와밟기　193, 194, 207
기자祈子　260-263
길쌈　21, 170
길쌈내기　22, 105, 109, 110, 197, 198
길쌈놀이　197, 210
길쌈짜기　111
김 채취　199
김농사　203
김매순　187
김안로金安老　180
김용갑　102-104
김유신　23, 111-113, 120

김유신 열전　112
김윤중　112, 113, 120
김인희　66, 78, 124
김정업金正業　40
김종직金宗直　183
김춘택金春澤　178
김택규金宅圭　39
김해　193
김형수　186
꼬리따기 놀이　192, 193, 195, 196, 207, 215, 218

나

나오에 히로지直江廣治　41
나화[刺花]　76
난장(orgy)　120, 127, 144
남생이놀이　196, 207
내농작內農作　152
내농작놀이　161
널뛰기　193
노수신盧守愼　184
노진盧禛　184
노치[노티]　206, 207
녹두 묵　187, 188
놋다리밟기 놀이　194
농가십이월속시　186
농가월령가農家月令歌　55, 204, 206
높이뛰기　185

누르미　206
누름적　206

다

단오端午(5·5)　54, 137, 116, 136, 161, 170, 190, 192, 193, 198, 208, 211, 215, 216, 218, 222-224, 227, 237, 248, 250
단원절團圓節　15, 108, 226, 247
단천　193
단풍놀이　188
달　141, 145, 162
달 감상　170
달걀옷　206
달놀이　138
달맞이　107, 108, 111, 115, 127, 156, 174, 176, 185, 192, 193, 211, 214, 215, 217, 218, 233-235, 257, 258, 267
달의 상징　141
달집태우기　192
닭요리　188, 189
닭잡기놀이　188, 195
닭찜　207, 214, 217
당진　197
대보름 의례　154
대비전大妃殿　172
덕석말이놀이　197
덕흥리 무덤그림　128

도당굿　191
도라지　206
도암집陶菴集　175
도작　40
도작의례　44, 59
도절면刀切麵　81
돈치기　197
동강　157
동경몽화록東京夢華錄　32, 118, 122, 231, 234, 236, 263
동국세시기　39, 188
동국이상국집東國李相國集　205
동국이상국후집東國李相國後集　134
동아일보　190, 213
동악선생집東岳先生集　179
동지　202
두대경杜臺卿　118
두류산　183
두화우荳花雨　117
뒤꼍각시　202
들돌들기　209
등고登高　186-188
등고회　185

라 마

류더쩡劉德增　33, 34, 107, 108

마당제　201, 202
막걸리　188
만당기晩唐期　107
말광대놀이　193
말타기　120, 123, 152
망　138
망월望月　31, 107
망월대望月臺　140
매일신보　190
명곡집明谷集　175
명절　14, 15, 18, 19, 24, 32, 33, 39, 40, 52, 62, 63, 65, 78, 82, 100-102, 105-108, 110, 116, 117, 119, 121-123, 125, 128, 133-135, 141, 142, 144, 145, 156, 161, 162, 170, 171, 175, 190, 202, 207, 209, 213, 214, 219, 222-225, 227, 228, 230-232, 234, 238, 240, 245, 255, 268, 272-274
명절음식[節食]　37, 44, 56-58, 62-65, 76, 77, 79, 82, 87, 88, 94, 102, 103, 107, 126, 127
명천　198, 212
모포리의 줄다리기　210
목은시고牧隱詩藁　134
묘제　187
무당　186
무덤제사　137
무동놀이　207, 209
무라야마 지준村山智順　189
무안　197
무후제　216

문경   197

문소전文昭殿   171, 172

문소전제文昭殿祭   199

문지기놀이   193, 196, 207

밀물보기   211

바

박나물   188, 205

박돈餺飩   57

박돈병식餺飩餅食   121

박탁餺飥·飥飥   18, 34, 36, 56, 57, 62-70, 72, 74-92, 94-96, 108, 123, 124, 126, 127

박탁병식餺飥餅食   65, 66, 107, 108, 124, 126

반보기   189, 193, 194, 198, 207, 214, 218, 245, 246, 270

밤단자   188

방언方言   66

밭고랑기기   212

밭농사   41, 59

밭작물   41

백주白酒   205

백중百中   141, 208, 209

뱃놀이   174, 179, 182, 183, 185, 214, 215, 217, 218

벌초   199

벼농사   59

병부餅賦   85

병와집瓶瓦集   181

병탕餅湯   84

보름   144, 145

보름달   28, 33, 54, 60, 101, 106, 113, 121, 122, 140, 141, 143, 144, 149, 160, 176, 179, 183, 192, 215, 218, 225, 226, 233, 243, 256-258, 260, 261, 264, 267

보은   198, 212

북어   188

북헌집北軒集   178

불탁不托   76, 79-81, 84, 85, 91, 86, 123, 124, 127

블탁   79, 127

사

사당제사   137

사당패   187, 188, 214, 217

사례射禮   52

사사키 고우메이佐佐木高明   48

사천   197

사회射會   187

산가山家   175

산놀이   193, 194, 198, 214, 218

산승   186

삼짇날(3월 3일)   63, 114, 187, 248

삼척   182, 203, 204

삼천리   190

상락주桑落酒　187
상월賞月　53
생진이십사기혼돈生進二十四氣餛飩　75
샹빙허尙秉和　25
서긍徐兢　137
서루西樓　176
서숙쌀　204
서천　192
석명釋名　85
석전石戰　197
석전石箭　210
선물　144
선물의 증여　145
선부경膳夫經(手錄)　86
설　202
설기떡　203, 204
설날　211
성당기盛唐期　106
성묘　53, 113, 128, 135, 137, 138, 174, 175, 185-188, 190, 191, 199, 201, 203, 206, 214, 216, 217, 219, 233, 236-239, 268
성묘 휴가　175
성소부부고　184
성재유고醒齋遺稿　182
성주　199, 202
성주고사　202
성주단지　202
성주단지갈기　202
성행위 놀이　158

세시기　185, 186
세시기속　186
세시풍속歲時風俗　132
세시풍요　187, 214, 217
세오녀　111
세존　199
세존단지　199, 202
소놀이　208, 209
소싸움　190, 197, 198, 208, 209
소재선생문집　184
소천어　187, 188
속절俗節　133
손재집損齋集　177
솔잎　81, 101, 103, 203, 248, 261
송병松餠　81
송이적松栮炙　206
송익필宋翼弼　174
송재시집松齋詩集　177
송재시집습유松齋詩集拾遺　184
송편　37, 53, 56, 63, 66, 78, 79, 81, 82, 95, 101-104, 125, 126, 127, 170, 186, 188, 190, 191, 203, 204, 208, 214, 217, 247-252, 254, 255, 260, 261, 271, 274
송편松徧　101
수계회　185
수동번풍속기隋東藩風俗記　119
수로왕　155
수릉왕묘首陵王廟　116
수박따기　195

수서隋書   16, 17, 19, 32, 100, 118, 119, 151, 170
수제비   57, 63, 77, 84, 92, 95, 123-126
수촌집水村集   175, 181
숙주나물   205
순쉐예얀孫雪岩   37
순천   198, 212
술래   105, 208
술병   189
숭릉   175
슝페이熊飛   33, 34, 106, 108
슝하이잉熊海英   26
습재집習齋集   179
승전勝戰   141, 143
승전일勝戰日   107
시루떡   188
시모노 도시미下野敏見   47
10월 보름   145, 146
시의전서是議全書   206
시장   188
식료찬요食療纂要   92
신도주新稻酒   204
신라 6부   20-23, 109
신라유민   106
신읍예배당   213
신익상申翼相   182
신종원   62, 78
신청주   187, 188, 214, 217
십륙국춘추十六國春秋   56
십오야十五夜   41

11월 보름(15일)   145-147
17관등官等   22, 109, 110
쌀떡   79, 81, 127, 187, 246
쌍윷   193
쑥떡   204
쑨지孫機   28
씨름[脚戲]   188, 190, 197, 208, 213, 214, 217
씨름대회   190
씨름무덤   127

아

아명雅名   127
악학궤범樂學軌範   134
안명낭眼明囊   117
양린楊琳   28, 34-36, 106
양산사찰학춤   208
양애간무침   205
양양패다리놓기   210
양웅揚雄   66
양주   193
양주 별산대놀이   208, 214
양주 소놀이굿   209
양주동   116, 225
양평   197
양하蘘荷   205
어울려놀기   192, 193, 207
업신   199, 202

찾아보기   **297**

엔닌圓仁 17, 18, 36, 57, 62, 66, 68, 78, 79, 82, 88-90, 94, 95, 100, 104, 106, 120, 124-126, 128

여흥餘興(entertainment) 120

연날리기 197

연등회 162

열양세시기 187

영등 211

영월시詠月詩 143

영절令節 187

예천 198, 212

오노 쥬우로우小野重朗 45

오려송편 203

오묘제五廟制 114

오묘제五廟祭 23

오숙 175

오시수吳始壽 181

오십천 182

오오바야시 다로우大林太郎 50

오이따기 195

오주연문장전산고 102

옥계선생문집玉溪先生文集 184

옥구 197

옥보고玉寶高 114, 115

옥촉보전玉燭寶典 118

옥편玉篇 66

올개심니 199, 202

올벼 187, 188, 202, 203

완도 197

완월玩月 26, 28, 29, 143, 198, 211, 213, 217, 226

완월시翫月詩 136

왜명류취초倭名類聚鈔 89

요다 치호코依田千百子 104

요오국사 순지瑞雲寺了悟國師順之 빗돌 113

요타 치호고依田千百子 50

용단지 199, 202

용왕 199, 203

우란분절 141

우명월芋名月 41

우왕 157

운주사 축제 208

원천석 139

월광신月光神 232

월병月餠 34, 36, 37, 53, 78, 101, 106-108, 123, 126, 128, 142, 223, 226, 232, 235, 243, 244, 247, 252-254, 262, 268, 270, 271

월석月夕 115, 225, 226, 235, 270

월절月節 122, 226

월편 101, 103

월헌집月軒集 174, 176

유관柳寬 187

유두流頭 209

유득공 187

유만공 187, 214, 217

유재집游齋集 181

유호남민인등륜음諭湖南民人等綸音 79

윷놀이 193, 194

음란 행위 157
의성가마싸움 210
이규경李圭景 23, 81, 116, 124, 128, 236
이규보 145, 149
이방인 146, 147
이방인의 방문 147
이색 138, 139
이순인李純仁 175
이안눌李安訥 179
이우李堣 177, 184
2월 보름 158
이재李縡 175
이천 195, 208
이헌경李獻慶 182
이현석李玄錫 181
이형상李衡祥 181
인엽 202
인재선생문집忍齋先生文集 178
인절미 187-189, 203, 204, 216
일제강점기 189
임방任埅 175
입당구법순례행기入唐求法巡禮行記 17, 22, 32, 33, 35, 56, 57, 62, 65-69, 75, 77, 79, 82, 89, 90, 94, 95, 103, 106, 120, 123, 141, 227, 229, 230

자

잔치 144

잡희 214, 217
잡희 감상 185
장대놀이 185
장독대 202
장보고 120, 121
장수 197
장치기 197
적마績麻 22, 52
적마대회 151
적산赤山 법화원法華院 18, 65, 100, 106, 120, 121, 124, 141, 143, 227, 228
적산촌 121
적인선사寂忍禪師 탑비 113
전사자의 추모 141
전승기념일 18-20, 22, 128
전작 43
전작의례 44, 59
전쟁 141
전쟁놀이 128
전중양 187
점필재집佔畢齋集 183
접이부채[摺扇] 106
정수강丁壽崗 174, 176
정월대보름 144, 146, 152, 158, 162, 190, 192, 193, 198, 202, 203, 209, 211, 215, 218
정학유 186
제기차기 197
제릉齊陵 172
제민요술齊民要術 57

제월祭月　37, 53, 60, 239
제정霽亭　138
제주도　188, 205
조광　190
조기　188
조상　199
조상묘　175
조상제사　170, 185, 213, 214, 217
조선왕조실록　171
조선의 향토오락朝鮮の鄕土娛樂　171, 189, 191, 192
조선일보　190
조선중앙일보　190
조수삼　186
조술섭　105
조엽수림문화照葉樹林文化　46
조운종　186
조재호趙載浩　177
종름宗懍　117, 229, 231
종묘　114, 128, 137, 236, 237, 248
주먹다짐(martial arts)　128
주자사朱子奢　119
죽도竹島　156
죽서루　182
줄다리기　156, 188, 190, 197, 210, 213-215, 217, 218
줄타기　185
중구절　187
중로보기　194
중로상봉　194

중로회견　194
중양　191
중양일　188
중양절重陽節(9월 9일)　114, 118, 185-188, 191, 198, 212, 216, 218, 219
중양절사重陽節祀　216, 219
중양회　185
중추仲秋·中秋　134, 186, 191
중추절仲秋節·中秋節　15, 24-38, 45, 51-54, 100, 101, 103, 105-108, 115, 118, 122, 126, 128, 129, 142, 150, 154, 157, 158, 167, 179, 186, 223-227, 229-236, 239, 241, 242, 244, 247, 252-254, 256-259, 261-264, 266-268, 270, 271, 273
중추절 잔치　154
중추회　183
중추희　174
증보산림경제增補山林經濟　205
지신　199, 202
지신밟기　195, 207, 215, 218
지신밥　202
지키기놀이　193
진공대사眞空大師 탑비　113
진달래　187
진화陳澕　150
진흥왕　143
집단 겨루기　197
짱보張勃　29
짱쩌시안張澤咸　28

쪼우이리앙周一良   26

쭈홍朱紅   26

차

차례   216, 219, 233, 238, 268, 270, 271, 274
천룡신天龍神   202
천문시계   110
천신天神   202
천신薦新   199
천안   195, 196
천파집天坡集   175
철령할마이   202
철륭   199, 202
철륭신   202
철륭지신   202
철원   193
청대콩   203, 204
청대콩밥   207
청어엮기   195, 196
청주   205
초학기初學記   118, 231, 236
최석정崔錫鼎   175
최영년   191
추분秋分   106, 137, 225, 239, 270
추석秋夕   134, 187, 202, 208, 212
추석 성묘   174
추석 잔치   170

추석 제관   175
추석 제사   174, 199
추석놀이회   190, 213
추석별제   171, 173
추석송편   191
추석연秋夕宴   172, 173
추석제秋夕祭   171-173
충렬왕   140
취떡   204
칠월 칠석七夕   209

카

칼국수[刀齊非, 刀切麪]   92
켜떡   204
코우타 히로후미鄕田洋文=坪井洋文   43
콩나물   205
콩떡   187, 188, 214, 217
콩밥   207
콩심기   193, 194

타

타케무라 다쿠지竹村卓二   44
탈춤   193
탕병湯餠   83, 85, 92, 96, 108
태음성군太陰星君   241, 244

택신　186
토끼　231, 241-244, 253, 257, 261, 264, 266
토란　41
토란국　187, 188, 190, 191, 205, 214, 217
토란단자　188
토란탕　206
통진대사 경보玉龍寺洞眞大師慶甫　113
퇴계원 산대놀이　208, 214
투우　213
투우대회　190
투호　152

파

판수놀이　207
팔관회　143, 145, 162
8월 보름(15일)　134, 144, 146, 151, 158, 162
패수의례　152
편싸움 놀이　152, 154-156, 158, 159, 161
평안도　207
포채鮑菜　205
포항　210
풀배겨루기　197, 198
풋콩　203
풍년기원행사　153
풍요의례　155

하

한가위　15, 103, 109, 113, 119, 178, 187, 190, 224, 225, 245, 256, 270, 271
한식　186, 187
한양세시기　186
함평　197
항아嫦娥　148, 232, 234, 241, 242, 253, 258, 261, 263, 264, 267, 268, 270, 271
해남　197
해동죽지海東竹枝　191
햅수수　188
햅쌀 송편　188
햅쌀 술　188
햅쌀밥　187, 188
햇곡식　186
햇녹두　203
허균許筠　184
허왕후　155, 156
헤이안시대平安時代　40, 106
형초세시기荊楚歲時記　117, 229, 231, 236
호박떡　190, 191
호속胡俗　107, 227
홍경모洪敬謨　81
홍석모　188
홍섬洪暹　178
화명류취초和名類聚抄　57
화순　202
화양　206

화양누름적   206

화양적華陽炙   206

화채   188

활쏘기   100, 105, 119, 120, 123, 127, 128, 151,
    152, 154, 161, 162, 197, 265

황타오黃濤   36, 38, 108

회소곡會蘇曲   24, 109, 228

횃불놀이   192

훈몽자회訓蒙字會   80

훈툰餛飩   124-126

희락당문고希樂堂文稿   180

희락사모지사戲樂思慕之事   155

영문

Wolfram Eberhard   30, 45

추석秋夕　　　**無加無減似嘉俳**
더도 말고 덜도 말고 한가위만 같아라

초판1쇄 발행　2023년　5월　5일

지은이　신종원 · 서영대 · 나희라 · 김도현 · 정연학
펴낸이　홍종화

편집 · 디자인　오경희 · 조정화 · 오성현 · 신나래
　　　　　　　박선주 · 이효진 · 정성희
관리　박정대

펴낸곳　민속원
창업　홍기원
출판등록　제1990-000045호
주소　서울 마포구 토정로25길 41(대흥동 337-25)
전화　02) 804-3320, 805-3320, 806-3320(代)
팩스　02) 802-3346
이메일　minsok1@chollian.net, minsokwon@naver.com
홈페이지　www.minsokwon.com

ISBN　978-89-285-1843-2　94380
SET　978-89-285-0359-3　94080

ⓒ 신종원 · 서영대 · 나희라 · 김도현 · 정연학, 2023
ⓒ 민속원, 2023, Printed in Seoul, Korea

이 책은 저작권법에 따라 보호를 받는 저작물이므로 무단전재와 복제를 금지하며,
이 책의 전부 또는 일부를 이용하려면
반드시 저작권자와 출판사의 서면동의를 받아야 합니다.